LA MESURE D'UN CONTINENT

ECHELLE DE 25 LIEUES.

(Page de garde du début)
Carte dieppoise attribuée à Nicolas Vallard, 1547
Tirée d'un atlas attribué à Nicolas Vallard, personnage très peu connu des spécialistes, cette carte est considérée comme un bel exemple du talent des cartographes normands au milieu du XVIe siècle. Le tracé cartographique, les couleurs et la finesse du trait se conjuguent pour offrir une œuvre d'art achevée. Les illustrations dans la vallée du Saint-Laurent rappellent le passage de Roberval au Canada et sa tentative de colonisation avortée. On y voit deux attroupements, l'un européen, l'autre indien, chacun fortement armé. En arrière-plan, la présence d'un fort bien protégé par des canons témoigne aussi de l'importance de l'armement dans toute expédition de colonisation. Plusieurs toponymes, français et portugais, apparaissent au gré des côtes, indiquant que les pêcheurs des royaumes de France et du Portugal sont nombreux à fréquenter les eaux nord-américaines au XVIe siècle. Certains spécialistes croient que Vallard pouvait être lui-même d'origine portugaise. Enfin, plusieurs noms, le long du Saint-Laurent, rappellent la présence d'Indiens, avec qui les Européens échangeaient non seulement des objets matériels, mais aussi des renseignements géographiques.

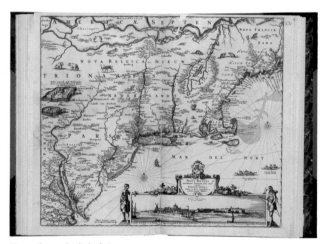

(Page de garde de la fin)
Carte de Nouvelle-Belgique, par Nicolaes Visscher, Amsterdam, 1655
Cette carte de Nicolaes Visscher est un beau témoignage de la présence néerlandaise en Amérique du Nord. Elle représente la Nouvelle-Belgique au milieu du XVIIe siècle, colonie aussi connue sous le nom de Nouvelle-Hollande, couvrant des parties de plusieurs États américains actuels, dont New York, New Jersey, Pennsylvanie, Connecticut, Rhode Island et Vermont. Le territoire cartographié est parsemé de toponymes néerlandais à l'origine de localités toujours existantes : LANGE EYLANDT (Long Island), MANHATTANS, STATEN EYL., BREUKELEN (Brooklyn), VLISSINGEN (Flushing), BLOCK ISLAND, KATS KILL (Catskill), ROODE EYLANDT (Rhode Island), etc. À l'embouchure du fleuve Hudson (GROOTE RIVIER), sur la pointe sud de Manhattan, se trouve la capitale, Nieuw Amsterdam, qui deviendra New York lorsqu'elle passera aux mains de l'Angleterre en 1664. Au bas de la carte figure d'ailleurs l'une des gravures les plus anciennes de la ville, qui fait contraste avec les vues actuelles où dominent les gratte-ciel. Plus au nord, sur l'Hudson, se trouve le fort Orange (Albany) qui assurait à la Compagnie néerlandaise des Indes occidentales un approvisionnement en fourrures auprès des Indiens, notamment les Mohawks et les Mohicans (dont on aperçoit, à gauche, la représentation de deux villages fortifiés).

Note de l'éditeur : Les noms en petites capitales sont tirés des cartes.

Cet ouvrage a d'abord été tiré à 6 000 exemplaires dont 2 300 en langue anglaise pour le compte des éditions du Septentrion qui ont commandé en outre 1 000 exemplaires sur papier mohawk superfin blanc 160M dont 26 exemplaires reliés plein cuir et marqués à la main de A à Z et réservés aux proches collaborateurs et 100 exemplaires présentés sous coffret habillé de toile brillanta par les artisans du Vêtement du livre de Loretteville et offerts avec les reproductions des cartes de Nicolas Vallard et de Nicolaes Visscher, particulièrement appréciées de Denis Vaugeois et Gilles Herman, lointains cousins des deux cartographes.
Ce second tirage, réalisé dans un format légèrement réduit, est de 3 000 exemplaires.

Raymonde Litalien • Jean-François Palomino
Denis Vaugeois

LA MESURE D'UN CONTINENT

Atlas historique
de l'Amérique du Nord
1492-1814

*Ouvrage préparé en collaboration
avec Bibliothèque et Archives nationales du Québec*

SEPTENTRION

Le directeur des éditions du Septentrion, Gilles Herman, se joint aux auteurs pour remercier la présidente-directrice générale de Bibliothèque et Archives nationales du Québec (BAnQ), madame Lise Bissonnette, pour l'accueil qu'elle a réservé à ce projet et pour avoir accordé un accès illimité et gratuit aux diverses collections de son institution, depuis celles qui proviennent de l'ancienne Bibliothèque nationale du Québec et de la Bibliothèque centrale de Montréal jusqu'à celles qui découlent de la fusion avec les Archives nationales du Québec. Ils tiennent à souligner la grande disponibilité du directeur général de la conservation, monsieur Claude Fournier, et à le remercier pour son soutien indéfectible, tout comme ils ont apprécié la grande efficacité et l'implication personnelle de madame Sophie Montreuil, directrice de la recherche et de l'édition. Elle a su coordonner avec habileté les nombreux spécialistes à la fois de l'extérieur et de l'intérieur de BAnQ qui ont été associés à la réalisation du présent atlas, faisant le lien tant avec les auteurs qu'avec l'équipe du Septentrion. Au sein du personnel de BAnQ, il convient aussi de souligner l'apport de Pierre Perrault, photographe, de Michel Brisebois, spécialiste des livres anciens, de Marie-Claude Rioux, restauratrice, de Monique Lord, archiviste, de Michèle Lefebvre et de Carole Melançon, agentes de recherche. Enfin, le soutien apporté par Isabelle Crevier dans les multiples démarches auprès des institutions sollicitées et l'aide discrète d'Éric Bouchard ont été vivement appréciés.

La recherche d'illustrations a profité de la collaboration précieuse de Louis Cardinal, archiviste à Bibliothèque et Archives Canada, d'Ann Marie Holland, bibliothécaire à la Division des livres rares de la Bibliothèque de l'Université McGill, et de Normand Trudel, conservateur au Musée Stewart.

Les éditions du Septentrion remercient le Conseil des Arts du Canada et la Société de développement des entreprises culturelles du Québec (SODEC) pour le soutien accordé à leur programme d'édition, ainsi que le gouvernement du Québec pour son Programme de crédit d'impôt pour l'édition de livres. Nous reconnaissons également l'aide financière du gouvernement du Canada par l'entremise du Programme d'aide au développement de l'industrie de l'édition (PADIÉ) pour nos activités d'édition.

En couverture : au centre, *Carte de l'Amérique septentrionale pour servir à l'histoire de la Nouvelle-France*, par Jacques-Nicolas Bellin, 1743 (BAnQ, Gagnon 971.03C478hi2) ; en haut, *De l'usaige de la presente arbaleste*, Jacques de Vaulx, 1583 (BNF, Manuscrits occidentaux, Français 150) ; en bas, *Mar del Sur. Mar Pacifico*, par Hessel Gerritsz, 1622 (BNF, Cartes et Plans, Ge SH Arch 30 Rés).

Direction éditoriale : Gilles Herman

Conception et réalisation : Denis Vaugeois

Coordination de la recherche cartographique : Jean-François Palomino, également rédacteur principal des légendes

Conseillers scientifiques : Claude Boudreau, Louis Cardinal (Bibliothèque et Archives Canada), Catherine Hofmann (Bibliothèque nationale de France), Jacques Mathieu (Université Laval) et Hélène Richard (Bibliothèque nationale de France)

Choix et traitement des illustrations : Jean-François Palomino, Josée Lesage et Denis Vaugeois

Conception graphique, maquette de couverture et mise en pages : Folio infographie

Révision linguistique : Solange Deschênes

Coordination des index : Roch Côté

Règlement des droits : Sophie Imbeault

Collaboration éditoriale : Roch Côté et Julien Del Busso

Conseillers spéciaux : Gaston Deschênes, Jacques Lacoursière et Michel Lavoie

© Les éditions du Septentrion
1300, av. Maguire
Sillery (Québec)
G1T 1Z3
www.septentrion.qc.ca

Diffusion au Canada :
Diffusion Dimedia
539, boul. Lebeau
Saint-Laurent (Québec)
H4N 1S2

Ventes en Europe :
Distribution du Nouveau Monde
30, rue Gay-Lussac
75005 Paris

Dépôt légal — 1er trimestre 2008
Bibliothèque et Archives nationales du Québec
ISBN 978-2-89448-549-1

Table des matières

Préface

ENTRE LA BORNE DE 1814 où se clôt cet atlas historique de l'Amérique du Nord et le moment où le lecteur va découvrir l'ouvrage, la parenthèse est de deux siècles. Ce qu'on nous propose ici, ce n'est donc pas l'observation toujours fascinante du progrès de la cartographie, une science parmi les plus achevées de notre temps. C'est plutôt une plongée dans une façon d'apprendre qui nous est désormais totalement étrangère, même à l'ère de l'exploration de l'espace.

Ces personnages connus ou inconnus qui ont cartographié l'Amérique, nous les avions souvent rencontrés dans nos livres d'histoire de la Nouvelle-France, du coureur des bois à l'intendant, du commerçant au missionnaire. Nous ignorions à quel point les uns et les autres, qui n'étaient point géographes pour la plupart, avaient contribué à dessiner, du plus flou au plus précis, l'Amérique dont les contours et le relief seront établis pour de bon au début du XIXᵉ siècle. La division du travail dans la quête des connaissances, aujourd'hui si étanche entre amateurs et scientifiques, est alors inexistante. La science n'est pas un « en soi », mais un produit de la vie, réelle.

De même, nous retrouverons en ces pages les modes révolus de la recherche. Elle se déroule à l'air libre. Le progrès de la science carbure aux risques et périls que des centaines d'individus assument en rangs désordonnés, sur des terrains souvent invivables. Aujourd'hui, quand la Terre livre ses secrets les plus souterrains aux satellites inhabités qui l'observent, il est émouvant de découvrir plutôt, dans les humbles et minuscules lignes rapportées sur des papiers jaunis, le long des fleuves d'Amérique, une rivière franchie par des humains, une embouchure dix fois explorée avant d'être dessinée au plus juste, et même la trace d'un campement qui survécut aux pires conditions de nos saisons.

On nous réapprend aussi la sage lenteur de la découverte, en lieu et place de notre impatience envers nos quelques mystères non résolus. C'est un magnifique itinéraire que celui de cet atlas où le dessin de l'Amérique du Nord progresse sur des siècles, à la façon d'un brouillard se levant d'est en ouest, avec une sorte d'éternité devant lui. Le long des côtes où se multiplient au début les essais et erreurs de perspectives, l'imprécision donne la mesure de ce que fut l'immensité de la tâche des cartographes. Il fallut des générations d'entre eux pour atteindre le Pacifique. Et ce n'était jamais terminé puisque s'approfondissait en parallèle la connaissance de la géographie intérieure, la mesure quasiment infinie des reliefs. Aux enfants qui peuvent désormais trouver tout chemin par positionnement électronique, qui n'auront jamais besoin de connaître

les points cardinaux, le sens du levant et celui du ponant, il faudra au moins enseigner cette longue histoire.

S'il se termine à l'aube du romantisme, l'ouvrage met superbement au jour l'une de ses plus fortes inspirations. L'art du XIXᵉ siècle, littérature, musique, peinture, est le fait d'êtres pour la plupart sédentaires mais à l'imaginaire survolté par les récits de voyages. Apparaissent dans leurs bibliothèques ces ouvrages où les contours désormais assurés d'un nouveau monde nourrissent leurs visions de nouveaux peuples. Et ce monde, à défaut de pouvoir l'atteindre, on le vit comme une forme d'art. Le trait de plume, la couleur, la calligraphie, l'illustration des hommes et des animaux de ces contrées fabuleuses font des cartes un objet de beauté. Ainsi que l'écrivait Samuel de Champlain dissertant en 1632 sur les devoirs d'un bon marinier, « un peu de portraiture est très nécessaire, à laquelle on doit s'exercer ». La portraiture achevée qui est présentée ici aura sur nous un effet analogue à celui qu'elle exerça sur les romantiques. L'Amérique des premiers cartographes est un monde en partie imaginé avant d'être fixé et connu sous tous ses angles, un espace où la fiction est encore possible. Ce n'est sans doute pas un hasard si, au XXᵉ siècle, les œuvres les plus puissantes surgies de l'abstraction dans l'art ressemblent, si souvent, à des continents inventés. Le réel n'a pas tous les droits.

Notre institution a voulu s'associer à l'aventure de cet ouvrage depuis ses débuts. Au cours de la dernière décennie, des fusions ont fait de Bibliothèque et Archives nationales du Québec un lieu unique de convergence. Gardienne de la mémoire du Québec sous toutes ses formes et supports, important diffuseur de culture historique, scientifique et littéraire, bibliothèque virtuelle en plein essor, elle a trouvé dans cet ouvrage un complément à la diversité de son travail. À la fois érudit et limpide, élégant et accessible, l'atlas était proposé par une équipe de chercheurs et de rédacteurs chevronnés mais aussi habités par le devoir d'éducation qui est le nôtre. Au moment où, de part et d'autre de l'Atlantique sillonné par le peuple de ce livre, nous célébrons quatre cents années de présence française en Amérique, nos collections et celles de nos partenaires auront donné leur sens véritable à la « mémoire vive ». Que soient remerciés tous les artisans de cette œuvre. Voir et lire l'Amérique du Nord, grâce à eux, est encore un périple de notre temps.

LISE BISSONNETTE
Présidente-directrice générale
Bibliothèque et Archives nationales du Québec

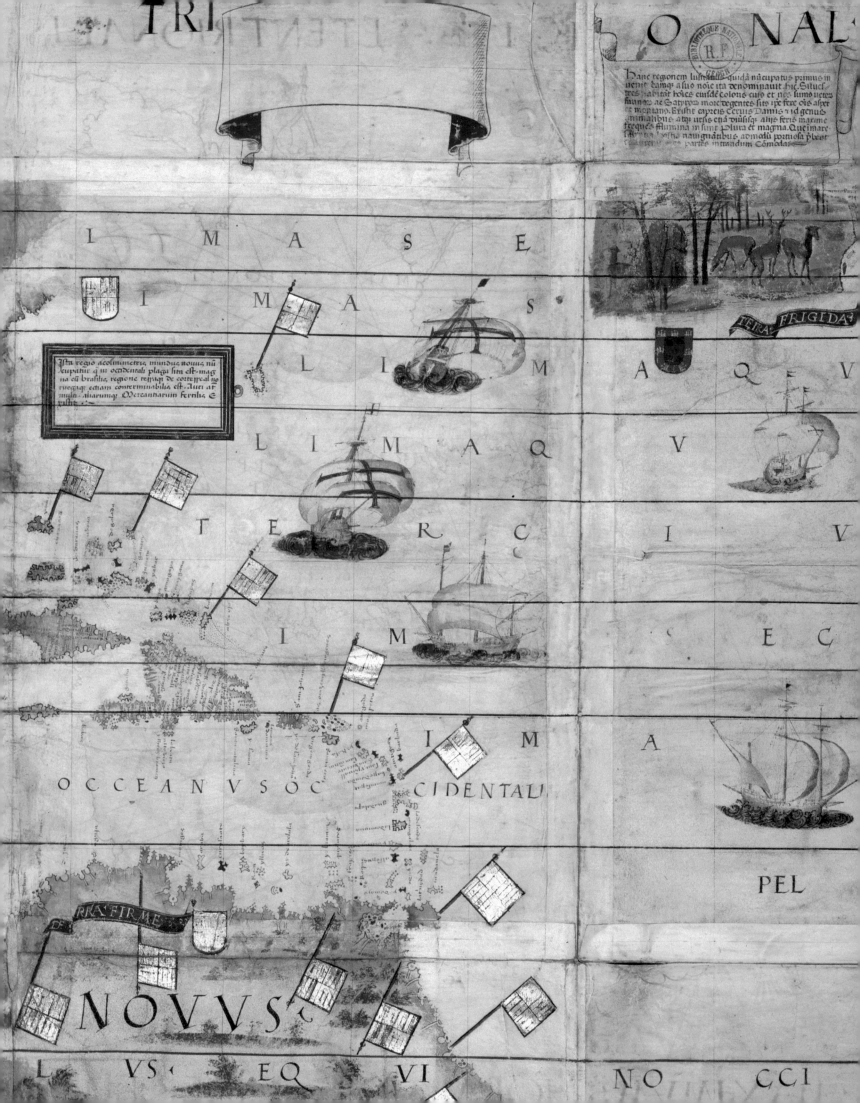

Introduction

DOUBLE CONTINENT désigné par un seul nom à partir du XVIᵉ siècle, l'Amérique reste longtemps hors des réseaux de la connaissance des habitants de l'Europe, de l'Asie et de l'Afrique. Elle est pourtant fréquentée par des populations d'origine sibérienne qui, depuis environ vingt mille ans, traversent le mince détroit séparant l'Asie de l'Amérique du Nord. Au gré du réchauffement progressif du sol, géologiquement jeune par rapport aux autres de la planète, les chasseurs sibériens continuent de poursuivre le gibier jusqu'au Sud. Certains groupes retournent ensuite vers le Nord, se fixent sur des terres devenues propres à l'agriculture, comme dans la région des Grands Lacs, ou nomadisent dans le vaste espace giboyeux que leur offre le continent tout entier. De grandes civilisations se constituent alors au cours des deux millénaires précédant l'ère chrétienne. Seule l'archéologie sait révéler quelques secrets de cette lointaine période préhistorique.

L'Europe de l'Ouest oublie ces émigrants qui ont déserté la partie orientale de son continent. Même la contrée d'itinérance de ces grands chasseurs reste inconnue des Européens jusqu'à la fin du XVᵉ siècle de notre ère. Faisant exception à l'ignorance générale, seuls les Vikings s'installent provisoirement sur les côtes atlantiques du continent au tournant du premier millénaire, mais ils ne créent aucun effet d'entraînement. Le peu d'information sur ces colonies éphémères habitant des rivages sans nom, parvenant aux oreilles européennes, ne suffit pas à déclencher un mouvement de curiosité. Aucun récit, ni aucune carte de première main, ne peut témoigner de cet épisode de l'histoire.

Quelques siècles plus tard, ignorant les pérégrinations de leurs prédécesseurs, des Européens du Nord abordent aux mêmes rivages, collectant des ressources vivrières pour assurer la subsistance de cités à la population croissante. Les pêcheurs français et anglais, dans la seconde moitié du XVᵉ siècle, suivent les courants marins longeant l'Islande, le Groenland vers les bancs de poisson et retrouvent les « terres neufves ». Pour les Espagnols et les Portugais, qui commençaient à imaginer une route occidentale vers la Chine et l'Inde, « vieux pays » pourvoyeurs de soie, d'épices et autres biens précieux, les terres émergeant de l'océan Atlantique ne figurent, sur les premières cartes, que sous la forme de quelques îles, laissant entre elles des passages devant conduire à l'Asie. Mais ces terres se révèlent bientôt une vaste barrière continentale dont la dimension ne cesse d'outrepasser les hypothèses les plus audacieuses des marins. La perception du monde en est bouleversée, les concepteurs de mappemondes déploient des prodiges d'imagination pour faire une place à l'Amérique et la dessiner selon les présomptions du moment.

La partie septentrionale du continent, objet de ce livre, n'offre pas, telle l'Amérique du Sud, les fascinantes richesses minières si convoitées. La morue et le castor deviennent toutefois des ressources suffisamment rentables pour justifier l'établissement de colonies par ailleurs adonnées aussi à l'agriculture. De là, des explorateurs en provenance de toute l'Europe persévèrent, pendant 300 ans, à traverser l'Amérique du Nord, espérant ainsi parvenir à une « mer de l'Ouest » ouvrant sur l'Asie. Leurs récits de voyages font apparaître la géographie du continent dont les cartographes européens dessinent les traits mille fois repris et rectifiés. Les grandes zones d'influence des États européens prennent définitivement forme : les Portugais partagent l'Amérique du Sud avec les Espagnols qui conquièrent aussi l'Amérique centrale, s'attribuant ainsi le littoral de l'océan Pacifique. Les Anglais, attirés d'abord par les ressources de la pêche à Terre-Neuve et sur les bancs, revendiquent cette région et installent des colonies de peuplement sur toute la côte atlantique. De plus, ils deviennent les tenaces explorateurs du « passage du Nord-Ouest », à partir de leurs comptoirs de la baie d'Hudson et de toute la zone arctique, d'où ils rejoindront aussi l'océan Pacifique.

Ci-contre
Détail d'une carte de l'Atlas Miller
(voir carte complète p. 34-35)

Les Français, persuadés d'avoir choisi la meilleure part, avec le golfe et le fleuve Saint-Laurent, sillonnent l'intérieur du continent, vers le nord, mais surtout vers l'ouest jusqu'aux contreforts des montagnes Rocheuses ainsi que vers le sud, jusqu'à l'embouchure du Mississippi, fondant des postes de commerce, établissant des réseaux de solidarité durables avec les nations indiennes. C'est ainsi qu'ils sont omniprésents, dans ce livre, à la faveur des 250 ans d'existence de la Nouvelle-France, période pendant laquelle ils signent leurs itinéraires d'une toponymie souvent d'origine autochtone, élaborent et dressent des cartes de l'ensemble du territoire. En moins grand nombre et souvent à titre individuel, d'autres ressortissants européens participent à l'exploration de l'Amérique du Nord, comme les Hollandais de la Nieuw Amsterdam (New York) et les Russes qui, au XVIIIᵉ siècle, explorent et décrivent le détroit de Béring et la côte du Pacifique.

Ce monde que les Européens qualifient de «nouveau» est habité par les descendants des émigrés de la Sibérie depuis plusieurs millénaires. Ainsi, des fratries se retrouvent sans se reconnaître, mais le destin les enchaîne fatalement. La perception que les Européens ont des «Indiens» nous est bien connue. La contrepartie est plus difficile à saisir, faute d'archives de première main. Au fil des événements et avec le témoignage des explorateurs et des missionnaires, l'historien peut toutefois observer, chez les Indiens, une volonté de s'accommoder des arrivants, aussi bien pour commercer que pour solliciter leur appui militaire. Ils comprennent rapidement que l'objectif principal des colonisateurs est de traverser le continent jusqu'à la «mer de l'Ouest» et la «mer du Sud», tout en finançant les explorations par les pelleteries et l'exploitation de minéraux. Mais qui peut informer les explorateurs, les guider, les nourrir, leur apporter le soutien logistique, sinon les «Sauvages», si bien adaptés à leur environnement? Les précieux renseignements qu'ils apportent aux explorateurs sur les contrées lointaines en ouvrent l'accès et font reculer d'autant la zone de *terra incognita* figurant sur les cartes.

Une *terra incognita*, pour un Européen, est un espace libre de droit. Il peut donc la nommer, se l'approprier et l'utiliser selon son bon vouloir. Il y importe sa toponymie, ses structures administratives et sociales d'origine, ce qui contribue à repousser l'Indien dorénavant exclu de ses terres ancestrales. De plus, Anglais et Français transposent aussi leurs conflits métropolitains en Amérique, trouvant là une occasion de définir les frontières coloniales.

Plus que toute autre source, la cartographie rend compte généreusement de l'avancement de la connaissance du sol nord-américain, de la mobilité des frontières, des enjeux économiques, politiques ou militaires auxquels font face les principaux maîtres du continent. Souvent réalisée, non pas avant mais postérieurement à une exploration, à une guerre ou à un traité, la carte est une archive qui synthétise les données connues. Elle est le produit d'une riche documentation écrite et orale. À ce titre, elle déblaie le terrain de l'historien en présentant un rapport écrit et illustré d'une situation à un moment précis.

Avec cet *Atlas historique de l'Amérique du Nord,* les auteurs ont voulu écrire l'histoire par les cartes, dont ils essaient d'extraire la quintessence. À l'instar de la démarche cartographique, chaque partie et chapitre du livre traite de connaissances et de faits lentement accumulés. Si les quatre parties reconstituent, globalement, l'histoire chronologique de chacune des régions géographiques de l'Amérique du Nord, certains chevauchements

n'ont pas été évités de manière à rendre compte d'événements concomitants et souvent interdépendants. Aussi longtemps que les frontières ne sont pas définies, les explorateurs et les cartographes s'en donnent à cœur joie d'un extrême à l'autre du continent. Pour eux, la notion de «frontière» n'est encore ni politique ni administrative, mais une réalité à dépasser, à traverser par attrait de l'inconnu. Et ainsi de suite jusqu'à l'évidence d'un océan, frontière finale acceptable par un esprit curieux. Exposer le croisement des itinéraires humains, dans l'ensemble de l'espace nord-américain, au cours de quatre siècles aboutit alors à une perception globale de l'histoire de l'Amérique, celle d'un monde «nouveau» adoubé par l'«ancien» émigré de l'Europe orientale et de l'Asie.

1814 est la date retenue pour clore l'*Atlas*, bien que la cartographie complète de l'Amérique du Nord ne soit pas encore achevée. De fait, il est généralement admis qu'à cette date, après le Louisiana Purchase (1803) et avec la synthèse issue de l'expédition de Lewis et Clark, les cartes reconstituent les contours du continent, les masses montagneuses, le cours des rivières, les réseaux de lacs de même que les autres grandes zones géographiques. 1814, c'est aussi le traité de Gand qui met fin, notamment, au conflit entre Britanniques et Américains, une étape déterminante en vue d'une définition de la frontière canado-américaine. Sur le XIXe siècle, qui saura si bien combler les vides de la cartographie, les auteurs donnent un aperçu de quelques grandes étapes de l'exploration de l'Arctique et du littoral du Pacifique.

Plus d'une centaine de cartes anciennes sont reproduites dans ce livre. Une bibliographie générale en fin d'ouvrage est complétée de quelques titres essentiels à chaque chapitre. Ce n'est là qu'une partie des sources utilisées par les auteurs, qui se sont largement servi d'archives diverses ainsi que de leurs travaux antérieurs. Ajoutons que l'écriture des textes et des légendes, bien qu'elle ait été assumée totalement par chacun des signataires, est issue d'une longue élaboration lors de réunions, d'échanges quasi quotidiens de courriels et souvent de discussions passionnées qui ont véritablement abouti à un produit original et homogène.

Il faut saluer l'implication de la haute direction de Bibliothèque et Archives nationales du Québec et de sa présidente-directrice générale, madame Lise Bissonnette, qui confirment ainsi la participation active de leur établissement à la production intellectuelle. Le riche fonds de cartes anciennes, sur lequel se fonde l'*Atlas*, a été complété par un choix judicieux de pièces provenant de très nombreuses autres institutions d'Amérique et d'Europe, principalement de la Bibliothèque nationale de France qui a généreusement accepté de s'associer à la réalisation de ce monumental ouvrage. Sophie Montreuil a assuré la coordination du projet avec beaucoup de professionnalisme, apportant, ainsi que ses collègues de la Dirección de la recherche et de l'édition, un regard averti sur les textes en cours d'élaboration et proposant d'efficaces arbitrages aux débats parfois pointilleux des auteurs, sans jamais perdre de vue le concept d'ensemble. Ainsi, Denis Vaugeois, historien chevronné au dynamisme inlassable, Jean-François Palomino, jeune et néanmoins savant cartothécaire, et moi-même, l'archiviste, avons mis en commun nos savoirs et nos expériences pour élaborer cet ouvrage sur l'histoire de la connaissance de l'Amérique du Nord et de son occupation humaine. 🦫

RAYMONDE LITALIEN

Le castor
Illustrations tirées de la *Carte tres curieuse de la mer du sud* de Chatelain (en haut), un castor du *Codex canadiensis* (au milieu) et deux chapeaux dits de castor du *Castorologia* (au bas). Avec la morue, le castor constitue le principal attrait économique de l'Amérique du Nord. Contrairement à ce qu'on pourrait croire, sa fourrure ne sert pas à protéger du froid mais bien à produire un feutre qui sert à confectionner divers types de chapeaux fort à la mode.

I
ABORDER L'AMÉRIQUE

XVIᵉ SIÈCLE

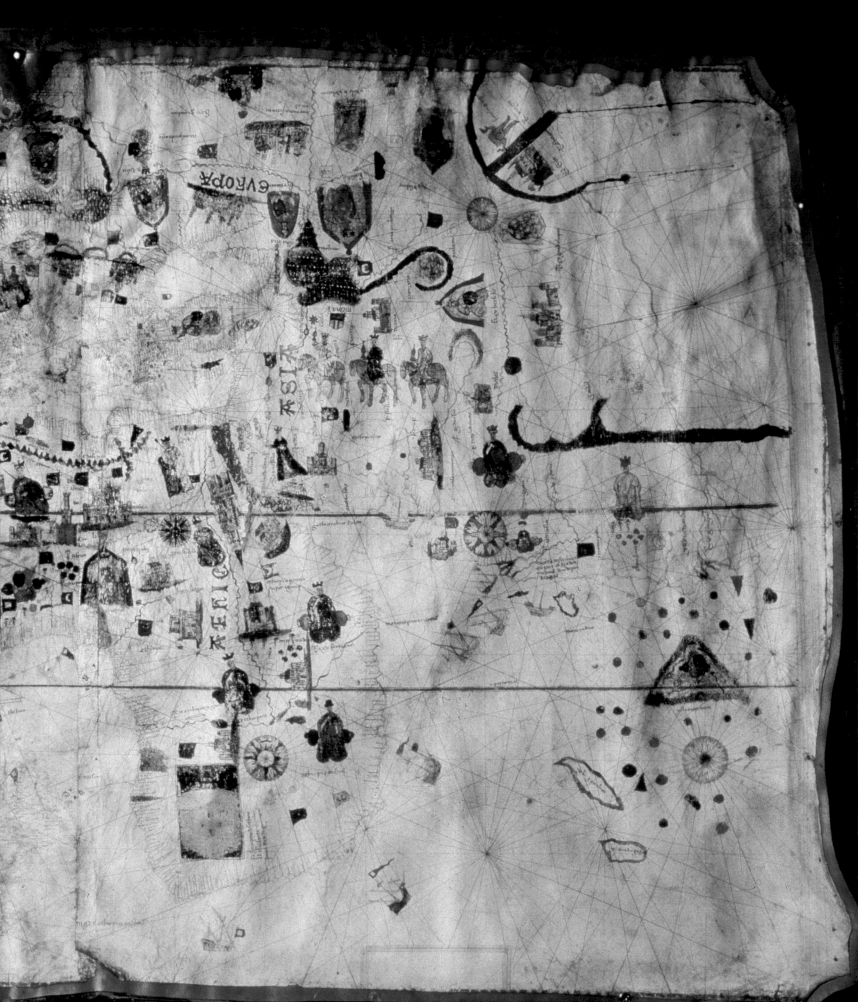

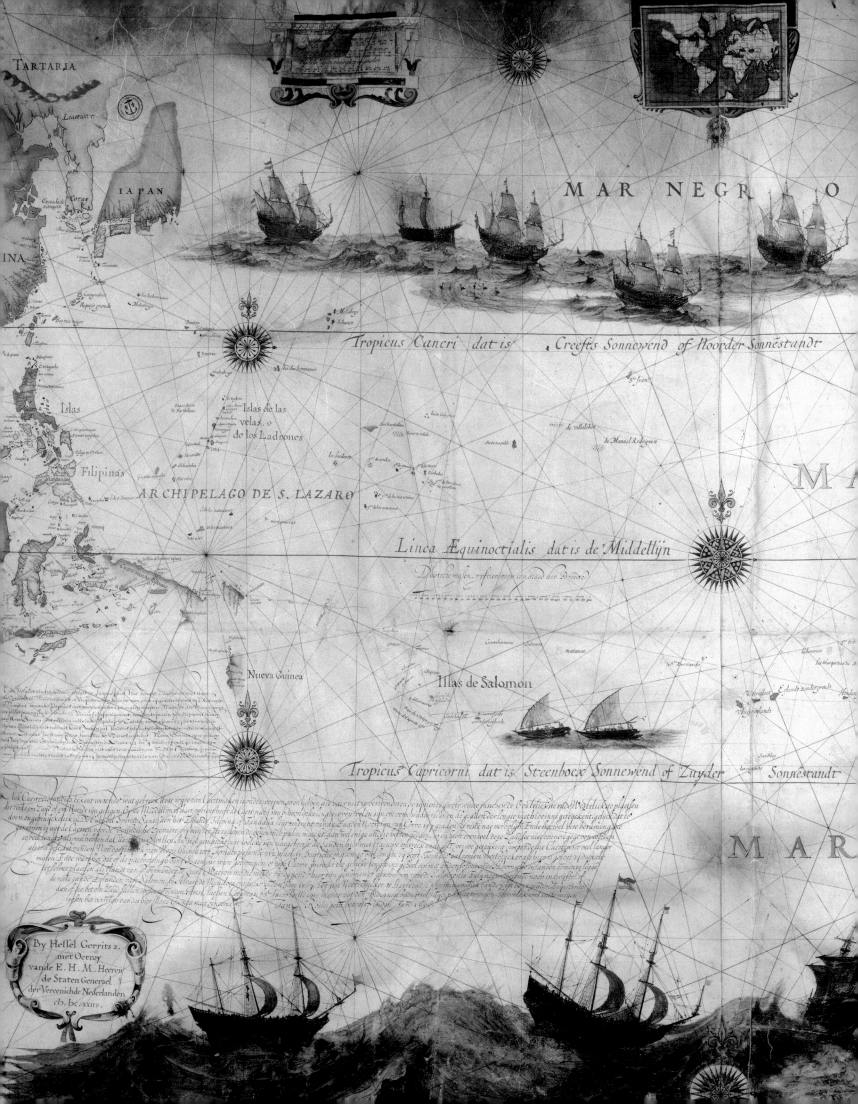

Le mirage de l'Orient

LA ROUTE DES ÉPICES

Très appréciées, presque essentielles, diverses épices font partie du quotidien de l'homme depuis la lointaine antiquité. Elles le comblent par leurs chaudes couleurs, leurs délicieux parfums et leurs douces saveurs. Originaires d'Orient, elles furent longtemps acheminées vers l'Occident par les Arabes qui les cédaient à fort prix aux marchands vénitiens ou génois. Il fut un temps où la livre de gingembre coûtait le prix d'un mouton tandis que le poivre se vendait grain par grain. Ce sont les Portugais qui percèrent le secret de leurs provenances en atteignant l'océan Indien par voie maritime. Aux îles Moluques, ils prirent le contrôle de la culture du clou de girofle et de la noix de muscade.

D'abord destinées à varier les saveurs des aliments, les épices servaient aussi de moyens de conservation, avec la salaison et le séchage, et, au pire, permettaient de masquer le goût et les odeurs d'une nourriture plus ou moins gâtée. Aujourd'hui, on leur attribue parfois des vertus médicinales, comme pour le cumin et le gingembre, mais on les réserve principalement pour la cuisine avec le poivre, la cannelle, la noix de muscade, la coriandre, le clou de girofle. Traditionnellement, on les trouvait donc chez l'apothicaire ou l'épicier.

Fils de tisserand et Génois d'origine, Christophe Colomb connaissait bien l'importance du commerce avec l'Orient. La route de la soie comme celle des épices étaient longues et périlleuses. Celle qui avait été établie par les Portugais permettait d'éliminer les intermédiaires arabes, mais Colomb était convaincu de pouvoir trouver mieux. Il leur proposa ses services. En vain. Par contre, les souverains espagnols finirent par se laisser convaincre qu'il y avait peut-être moyen d'atteindre l'Asie en naviguant vers l'ouest. Disciple de Pierre d'Ailly, lui-même sous l'influence de Claude Ptolémée, Colomb ne doutait pas que la terre fût ronde et l'Asie à portée de navire. Surtout que Ptolémée la prolongeait indûment vers l'Europe en plus de réduire à tort la circonférence terrestre.

Logique avec lui-même et ses informations de départ, en octobre 1492, après dix semaines de navigation, Colomb ne pouvait être ailleurs que quelque part aux Indes. Sur le coup, il n'y trouva pas les épices convoitées, mais il ne douta pas de la présence de métaux précieux et constata l'existence de plantes nouvelles. Elles étaient destinées à révolutionner la vie des habitants du reste de la planète. Mais les premiers explorateurs n'en étaient guère conscients et continuaient à chercher désespérément un passage vers l'Asie. Tout au plus prenaient-ils le temps de noter les richesses que leur offrait ce continent inconnu jusque-là.

Verrazzano fut l'un des premiers à faire exception. À son retour de voyage en 1525, il note sans ambages : « Ce que je tiens pour certain que l'Amérique est un continent distinct de l'Asie et qu'il faut peut-être lui porter un peu d'intérêt et ne pas se braquer uniquement sur le rêve d'une route maritime vers la Chine. Le pays offre en effet plein de promesses et mérite d'être développé pour lui-même. La flore est riche et la faune abondante. »

Dans son sillage et celui de dizaines d'explorateurs qui se heurtent à cette barrière qui se dresse sur la route des Indes, les Européens se construisent des rêves, cherchent à étendre leur empire et entendent gagner à leur foi les populations indigènes. Œuvre de navigateurs, de militaires, de missionnaires et de marchands, l'entreprise coloniale devient rapidement une affaire d'État.

Les Français font quelques explorations dans le Saint-Laurent, puis tentent d'établir des colonies au Brésil et en Floride. Ils y affrontent tour à tour les Portugais et les Espagnols. Rapidement, deux vieux mondes entrent en contact l'un avec l'autre. Chacun propose des modèles passablement différents. De vieilles et grandes civilisations sont ainsi confrontées les unes aux autres. Les récits des premiers explorateurs européens excitent la curiosité, sont rapidement traduits dans plusieurs langues et constamment réimprimés. En Allemagne, les de Bry

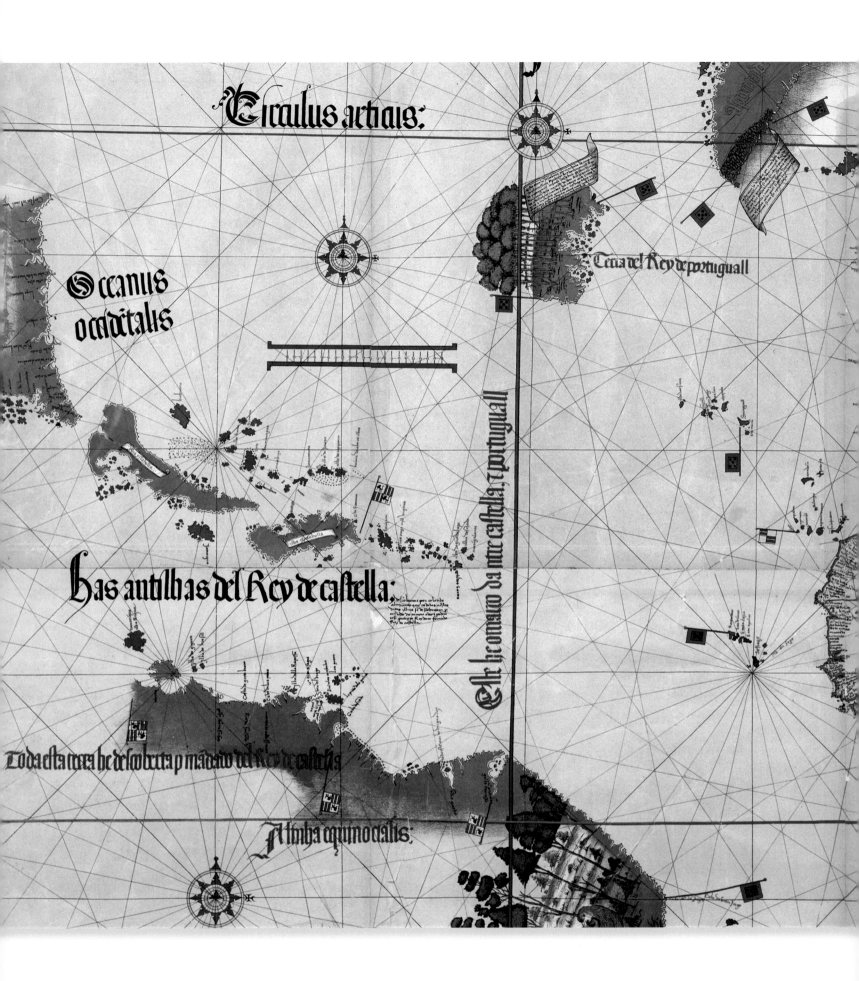

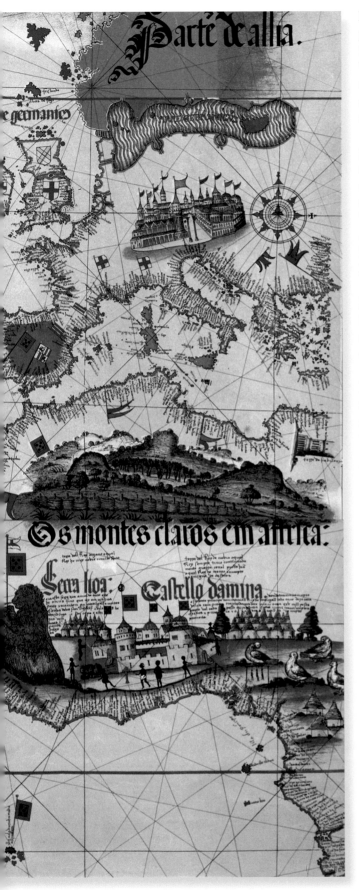

lancent une magistrale collection, appelée America, à partir des récits de voyages de Thomas Harriot, René de Laudonnière et plusieurs autres. Les illustrations de John White tout particulièrement ornent pendant des décennies les cartes des Amériques. Pour les cartographes de cabinet, elles apportent une petite touche d'authenticité, sinon d'exotisme.

Le premier siècle qui a suivi les voyages de Colomb a permis, en quelque sorte, de délimiter les territoires que se partageront les Européens. Les Espagnols se répandent dans les Antilles, en Amérique centrale et en Amérique du Sud, à l'exception de la pointe du Brésil que le traité de Tordesillas attribuait aux Portugais ; les Français se lancent, après beaucoup de tâtonnements et d'hésitations, à la conquête de l'Amérique du Nord, talonnés par les Hollandais et les Anglais.

Moins d'un siècle suffira pour changer en profondeur l'équilibre du monde. À partir de 1492, les Amériques et leurs populations sont livrées à la convoitise des puissances européennes qui font mine de s'intéresser autant aux âmes qu'aux métaux précieux.

Les premiers habitants des Amériques n'eurent guère le temps de profiter des échanges qui s'organisaient tout naturellement. Des maladies nouvelles auxquelles ils furent dramatiquement exposés les rendirent totalement vulnérables. Autrement, pourquoi ne pas croire qu'ils auraient imposé leurs valeurs, leurs modes de vie ? N'avaient-ils pas le nombre pour eux et la connaissance du terrain ? Il leur manquera le temps, et ils seront rapidement dévastés, anéantis par d'effroyables épidémies.

En Amérique du Nord, les Indiens auront tout de même le temps d'accueillir et de guider les nouveaux venus, principalement les Français. Ils leur fourniront les moyens de s'adapter et leur enseigneront les façons de survivre. Ils les aideront à marcher, à explorer et à cartographier le continent avant de s'installer eux-mêmes dans une triste survivance ou de se fondre dans un discret métissage. 🛶

Sources principales par ordre d'importance

Viola, Herman J., et Carolyn Margolis, *Seeds of Change : A Quincentennial Commemoration,* Washington, Smithsonian Institution Press, 1991. Les auteurs adoptent une approche originale et stimulante. — Toussaint-Samat, Maguelonne, *Histoire naturelle et morale de la nourriture,* Paris, Bordas, 1987. Un classique sur le sujet. — Côté, Louise, Louis Tardivel et Denis Vaugeois, *L'Indien généreux : ce que le monde doit aux Amériques,* Montréal/Sillery, Boréal/Septentrion, 1992.

Le partage de l'Amérique entre Espagnols et Portugais

Hélas, l'auteur de ce chef-d'œuvre cartographique daté de 1502 est demeuré inconnu. Au dos, une inscription indique que cette « carte marine des îles récemment découvertes dans les parties des Indes a été offerte au duc de Ferrare, Ercole d'Este, par Alberto Cantino ». Qualifié d'agent secret par Mireille Pastoureau, Cantino était un diplomate italien infiltré à la Cour de Lisbonne. Sous prétexte de vouloir acheter des chevaux, il se serait rendu au Portugal où il réussit à soudoyer un cartographe qui, pour douze ducats d'or, lui cède ce grand planisphère de 101 x 220 cm. Au début du siècle, alors qu'Espagnols et Portugais se livrent une lutte féroce pour le contrôle des mers, les cartes sont des secrets d'État qui ne doivent en aucun cas être dévoilés à l'ennemi. Pas étonnant qu'on ait caché l'identité du cartographe. La ligne nord-sud qui s'impose aux regards rappelle l'un des traités les plus étonnants de l'histoire : le traité de Tordesillas qui partage les nouveaux mondes entre l'Espagne et le Portugal. Au nord, la démarcation passe à l'ouest de terres nommées « Terra del Rey de portugall », qui peuvent être autant Terre-Neuve que l'Acadie. Ces terres, beaucoup trop à l'est, semblent avoir été délibérément placées du côté portugais. Une inscription latine indique que ces terres ont été découvertes par un noble portugais, Gaspar Corte-Real, sur ordre du prince Dom Manuel. Le texte précise qu'une partie de l'expédition est rentrée, mais que le découvreur est porté disparu. Au sud, la ligne dégage une large pointe de terre, peuplée de perroquets, le futur Brésil. Une inscription y décrit comment Pedro Alvares Cabral, en route pour Calicut, fut détourné de sa route et rencontra « cette terre ferme qu'il prit pour un continent ». Des drapeaux indiquent bien les possessions portugaises et espagnoles de part et d'autre de la ligne de partage. Pour le cartographe, ces terres nouvelles sont le prolongement de l'Asie, comme l'atteste l'inscription suivante : « Cette terre découverte par l'ordre du très excellent prince Dom Emmanuel, roi de Portugal, se trouve être l'extrémité de l'Asie. »

E monde selon psid re ou
vve liure des ethmologies
le monde est diuise en trois

parties δ lune est apelee use lautre
europe et la tierce auffrique. Ces trois
parties ne furent pas diuisces egau

Sur la route
des Indes

LE MONDE SANS L'AMÉRIQUE

COMMENT LES EUROPÉENS se représentent-ils le monde avant que certains d'entre eux ne « découvrent » l'Amérique ? Très peu de cartes de la préhistoire et de l'Antiquité ont survécu pour en témoigner. Celles sur bois et papyrus pouvaient difficilement résister aux milieux humides. D'autres sont disparues dans des guerres et des incendies. Parmi le petit nombre de cartes du monde antique qui nous sont parvenues, on retrouve plusieurs copies non conformes aux originales. C'est pourquoi, pour établir des données cartographiques pertinentes, il faut la plupart du temps se rabattre sur des descriptions littéraires, souvent écrites dans un langage poétique, difficile à interpréter.

Si les civilisations préhistoriques, mésopotamiennes et égyptiennes ont donné naissance aux premières esquisses cartographiques, c'est de la civilisation grecque que nous proviennent les premières cartes du monde habité. Plusieurs notions de cartographie moderne sont d'ailleurs apparues tout d'abord chez les Grecs : sphéricité de la Terre, projections, latitudes et longitudes. De grands noms sont associés à cet héritage de l'âge classique : Thalès de Milet, Pythagore, Eratosthène, Hipparque, Strabon, Ptolémée et d'autres encore, tous des Grecs versés dans les domaines de la géographie, de l'astronomie, de la philosophie et des mathématiques. Les véritables progrès en matière de représentation graphique de la Terre se font sentir à partir du IIIᵉ siècle av. J.-C. Le contexte politique et culturel en est en partie responsable.

C'est tout d'abord la croissance d'Alexandrie, grand foyer culturel hellénistique en Égypte, qui a un effet profond sur l'évolution des sciences en général et de la géographie en particulier. Sa bibliothèque constitue alors un centre de documentation idéal et aussi un lieu de rencontre stimulant pour les savants de la Grèce antique. Alexandrie devient ainsi un lieu de production carto-graphique particulièrement prolifique. Mais l'incendie provoqué par Jules César lors de son entrée dans la ville (en 48 av. J.-C.) a détruit une grande partie de l'héritage cartographique hellène. Les conquêtes orientales du roi de Macédoine, Alexandre le Grand (356-323 av. J.-C.), stimulent aussi cette production. L'expansion géographique alimente les cartographes et bouleverse en quelque sorte la description du monde.

Eratosthène (c.275-c.194 av. J.-C.) est un des plus brillants savants de la Grèce antique. Né à Cyrène (l'actuelle Shahhat, en Libye), il est appelé par le roi d'Égypte Ptolémée III (246-221 av. J.-C.) pour diriger la bibliothèque d'Alexandrie et instruire l'héritier au trône. Si Anaximandre (c.610-546 av. J.-C.) est considéré comme le premier cartographe du monde grec, c'est Eratosthène qui est généralement désigné comme le fondateur de la géographie. On lui doit deux grandes réalisations : la première carte du monde, basée sur les mesures de longitudes et latitudes, et le premier calcul de la circonférence terrestre.

La conquête de la Grèce par les Romains n'a pas arrêté les progrès cartographiques. Les Grecs tiennent toujours le haut du pavé de la science géographique. L'œuvre de deux personnages en témoigne éloquemment : Hipparque de Nicée et Ptolémée. Hipparque de Nicée (c.165-c.127 av. J.-C.), le plus grand astronome de l'Antiquité, a su démontrer l'importance de l'astronomie pour la géographie et la pertinence de l'observation du ciel pour mieux décrire la Terre. Hipparque est notamment réputé pour avoir transformé la grille irrégulière d'Eratosthène en système de référence complet permettant de situer n'importe quel lieu géographique. Un autre Grec, Claude Ptolémée (90-168), est, tout au long de l'Antiquité romaine, la référence en matière d'astrologie et de géographie, surtout grâce à deux de ses traités fondamentaux : l'*Almageste* et la *Géographie*. Ce dernier, dans la

La Terre répartie entre les trois fils de Noé, vers 1460
Cette enluminure provenant d'un manuscrit du XVᵉ siècle renferme plusieurs caractéristiques propres aux images cartographiques du monde au Moyen-Âge. Le nord se trouve du côté gauche et l'est en haut. Trois masses continentales, encerclées par la mer océane, sont séparées par trois bras de mer formant un T, d'où l'expression « mappemonde T en O » utilisée pour les désigner. Cette représentation est le reflet de la conception biblique selon laquelle, après le déluge, Dieu partagea le monde entre les trois fils de Noé : Cham, Sem et Japhet. Chacun d'eux figure d'ailleurs sur le continent qui lui est dévolu, l'Afrique, l'Asie et l'Europe. En Asie, on aperçoit le mont ARARAT sur lequel est perchée l'arche de Noé, symbole fondateur de la civilisation judéo-chrétienne.

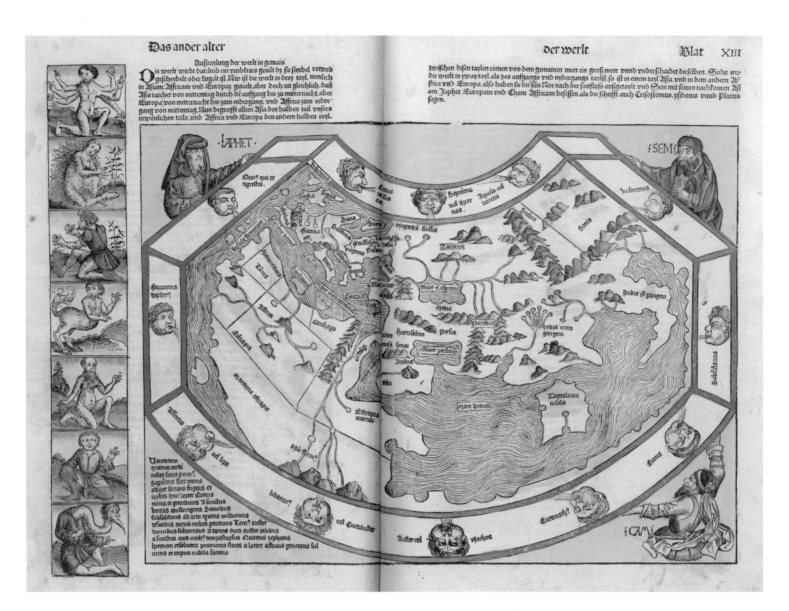

Carte du monde tirée de la _Chronique de Nuremberg_, 1493

Publiée en 1493, la même année que le second voyage de Colomb dans les Antilles, cette carte illustre un monde sans l'Amérique, largement inspiré de Claude Ptolémée, mais aussi de l'Ancien Testament. En effet, les trois fils de Noé sont dessinés dans trois coins de l'image et veillent sur les destinées des continents dont ils sont les protecteurs. Ici, l'océan Indien est une mer fermée qui ne peut être atteinte en contournant l'Afrique. Un cortège de monstres insolites occupe la marge gauche, parmi lesquels l'homme aux six bras, le satyre, l'homme aux quatre yeux et l'homme-grue. Inspirées des bestiaires médiévaux, ces figures sont typiques de la représentation que l'on se faisait des populations extra-européennes. Cette gravure fait partie d'un célèbre ouvrage connu sous le nom de _Chronique de Nuremberg_, qui raconte l'histoire du monde depuis son origine jusqu'à 1492.

lignée des travaux d'Eratosthène et d'Hipparque, vise à représenter le monde connu et à répertorier systématiquement les lieux selon leur latitude et longitude.

Après la chute de l'empire romain, la représentation cartographique du monde s'adapte à la culture, aux croyances et aux besoins des chrétiens. Pendant longtemps, on croit que la Terre est composée de trois continents : l'Europe, l'Asie et l'Afrique. Cette division tripartite du monde est un héritage biblique : après le déluge, Dieu partagea le monde entre les trois fils de Noé – Cham, Sem et Japhet. Les mappemondes médiévales sont les parfaits miroirs de cette conception. Presque toutes dessinées selon un schéma commun, ces représentations hautement symboliques prennent une forme bien reconnaissable : Jérusalem au centre ; le paradis terrestre à l'est, où se lève le soleil ; trois masses terrestres encerclées par la mer océane – l'Asie, l'Europe, l'Afrique – séparées par le Nil, la Méditerranée et le Don. Par idéologie, toutes ces cartes sont orientées d'une façon qui était usuelle à l'époque : le septentrion du côté gauche et l'orient vers le haut. Ces cartes pouvaient comporter

aussi bien les routes menant à Jérusalem que des lieux fictifs issus d'une interprétation littérale de la Bible.

C'est également au Moyen-Âge qu'un moine byzantin, Maximos Planude (c.1260-c.1310), redécouvre la _Géographie_ de Ptolémée qui circulait largement dans le monde arabe. Ainsi réintroduit en Occident, l'ouvrage de Ptolémée est traduit en latin à Florence en 1406 par Emmanuel Chrysoloras (1355-1415) et ses élèves, qui mettent en circulation plusieurs versions manuscrites. En 1475, la _Géographie_ est imprimée pour la première fois, avant d'être rééditée à plusieurs reprises, près de 40 fois en cent ans, _best-seller_ se classant tout juste après la Bible dans le palmarès des ventes de l'époque. Composé de cartes géographiques et de tables déclinant jusqu'à 8 000 noms de lieux avec leurs coordonnées géographiques, cet ouvrage a fait autorité en Europe jusqu'à la fin du XVIᵉ siècle, faisant l'objet de mises à jour régulières pour tenir compte des plus récentes découvertes.

Mais toutes les découvertes ne sont pas consignées dans la cartographie européenne. Vers l'an mille, des Européens du Nord, les Vikings, abordent l'Amérique via le Groenland et y fondent un établissement de courte durée, le Vinland. Cette découverte n'est pas connue ailleurs en Europe, où l'Amérique n'existe toujours pas et où l'on croit encore que l'Europe et l'Asie sont séparées par la mer océane.

Après la guerre de Cent Ans (1337-1453), l'économie européenne reprend de la vigueur. Les royaumes européens les plus prospères cherchent de nouveaux débouchés à leurs produits et convoitent les richesses extra-européennes : soie, poivre, épices et métaux précieux. La seule voie commerciale menant vers l'Asie, celle qui avait été empruntée par Marco Polo quelques siècles auparavant, ne suffit pas. Pour se libérer du contrôle qu'exercent les royaumes musulmans, mais aussi pour

contourner le monopole des Vénitiens et des Génois, les Européens recherchent de nouvelles routes maritimes. Un désir mercantile conjugué à une quête de connaissances intellectuelles est à l'origine d'un formidable mouvement d'expansion, rendu possible grâce aux plus récents progrès réalisés dans les domaines de la finance, de la construction navale, des sciences de la navigation et de la cartographie. L'invention de l'astrolabe au Xe siècle (une invention arabe) puis celle de l'arbalète quatre siècles plus tard permettent de déterminer avec précision la latitude. Vers la fin du XIIIe siècle, une invention chinoise fait son apparition en Occident, la boussole, plus fidèle que le Soleil et l'étoile polaire pour l'orientation en temps maussade. Utilisés en complément de la

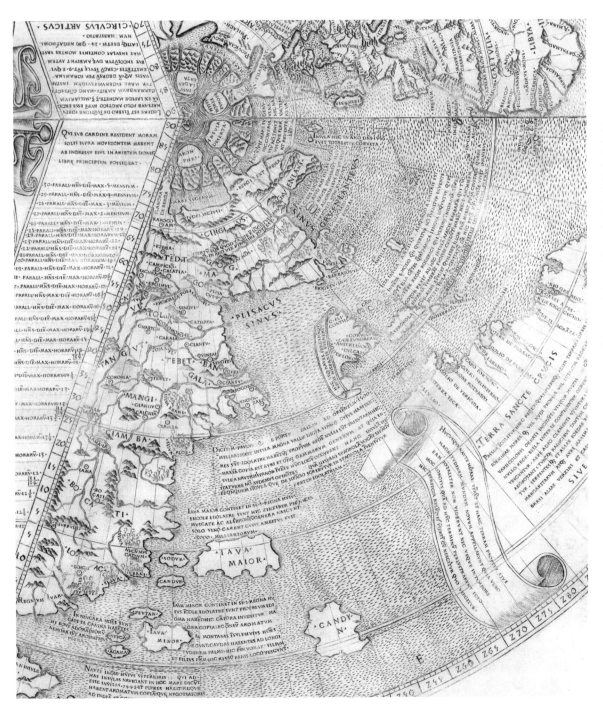

L'océan Atlantique d'après Johann Ruysch, 1507

Les Européens qui débarquèrent en Amérique à la fin du XVe siècle se croyaient en Asie. Cette carte traduit bien cette conception. Elle présente des îles explorées par Colomb et ses successeurs telles que Canibalos, Ispagnola, la dominica. Au sud-ouest, le cartographe a dessiné une immense terre dont la limite occidentale paraît incertaine (l'Amérique du Sud). Au nord, on voit la côte fréquentée par les pêcheurs basques, bretons, normands et portugais. Terre-Neuve (Terra Nova) n'est pas décrite comme une île, mais comme une péninsule rattachée au continent asiatique, tout comme le Groenland (Gruenlanteus) et l'Insula Baccalauras qu'on peut traduire du portugais par l'île aux Morues (certaines sources affirment que ce terme était utilisé par les autochtones). Le cartographe met en garde les pêcheurs : les démons qui hantent les parages de cette région empêchent les vaisseaux d'accoster. À l'ouest des côtes de Terre-Neuve, on voit les terres asiatiques de Gog et Magog, décrites par Marco Polo, et dont l'origine étymologique est biblique. À l'ouest des Açores, on peut apercevoir l'île mythique d'Antilia, à l'origine du nom Antilles, et qui, selon la légende, aurait servi de refuge à un roi d'Espagne. Cette carte, parue dans la *Géographie* de Ptolémée éditée en 1507, est l'œuvre de l'astronome et cartographe flamand Johann Ruysch qui, semble-t-il, aurait visité la région de Terre-Neuve à bord d'un vaisseau anglais.

**Globe terrestre
de Martin Behaim, 1492**

Réalisé en 1492, le globe terrestre de l'Allemand Martin Behaim est la plus ancienne représentation sphérique de la Terre conservée. Il illustre bien la vision du monde des Européens lettrés à l'aube des premiers voyages de Christophe Colomb. L'influence du cardinal d'Ailly et du cosmographe florentin Toscanelli se fait sentir dans cette représentation de la Terre, qui présente un océan Atlantique relativement petit (130 degrés de longitude). Tandis que le cartographe esquisse les côtes de l'Afrique tout juste contournée par les Portugais, il figure à l'ouest de l'Europe une mer parsemée d'îles comme autant d'escales pour les premiers aventuriers d'une route occidentale vers l'Asie : Antilia, l'île des Sept Cités, Brasil, Cipangu, les îles Fortunées, l'île de Saint-Brandan, pour la plupart des vestiges exotiques de l'Antiquité, de mythes celtiques ou du voyage de Marco Polo en Orient.

boussole, le guide nautique et la carte marine, respectivement appelés portulan et carte-portulan, permettent de déterminer la position en mer. À peu près au même moment, les Portugais inventent la caravelle, navire de petite taille et d'une grande manœuvrabilité. Ces progrès technologiques facilitent le travail des navigateurs qui peuvent ainsi planifier des voyages au long cours, sans toucher terre. Ils permettent aussi de voyager à l'encontre du vent, ce qui assure les explorateurs de pouvoir revenir plus facilement à leur port d'attache (pour plus de détails sur les techniques et outils de navigation en mer, voir pages 70 à 73).

Au XVe siècle, les assises sont en place pour se lancer à l'aventure hors de la Méditerranée. Cette expansion de l'espace européen est en partie l'œuvre du prince Henri dit le Navigateur (1394-1460). S'entourant de cartographes chevronnés et fondant une école de navigation à Sagres, sur la côte algarve, le prince portugais envoie ses navigateurs au loin, dans les eaux atlantiques. Sagres est le centre de coordination des opérations, d'où partent et où reviennent les explorateurs, avec de nouvelles informations géographiques qui permettent de mettre à jour les cartes ou d'en faire de nouvelles. Sans cesse perfectionnées, ces cartes sont à la fois le prélude et l'aboutissement des expéditions.

Les marins portugais atteignent les îles de Madère (1418), les Açores (1432) et en Afrique le Rio de Oro (1436), le cap Bojador (1434), le cap Blanc (1441) et le cap Vert (1443). À la mort d'Henri en 1460, les Portugais ont rejoint la Sierra Leone, mais ne s'arrêtent pas pour autant. En 1487, Barthélémy Dias franchit le cap de Bonne-Espérance. Dix ans plus tard, Vasco de Gama rejoint la ville de Calicut en Inde (1497) en contournant l'Afrique. Il revient en Europe avec une cargaison de poivre et la confirmation qu'on peut atteindre l'Asie par la mer. Une fois les îles de l'Atlantique et les côtes africaines mieux connues, on commence à envisager sérieusement l'impensable : atteindre l'Orient par l'ouest, en traversant l'Atlantique.

En 1474, l'astrologue et cosmographe florentin Paolo Toscanelli (1397-1482) est l'un des premiers à proposer cette route dans une lettre envoyée au roi du Portugal. S'appuyant sur une évaluation erronée de la circonférence terrestre par Ptolémée (28 000 km au lieu de 40 000 km), mais aussi sur des descriptions inexactes de Marco Polo sur la situation du Japon (Cipangu), Toscanelli juge suffisamment petite l'étendue de la mer à franchir. Par la même occasion, il fait parvenir au roi une carte qui soutient son argumentation, carte qui n'a jamais été retrouvée.

Si cette missive n'a pas convaincu le roi du Portugal, elle a enflammé un jeune navigateur génois aujourd'hui célèbre : Christophe Colomb (1451-1506). Celui-ci obtient de Toscanelli une carte qu'il apporte lors de ses voyages en mer. Mais Colomb est aussi influencé par d'autres sources, notamment Pierre d'Ailly et son traité de cosmographie *Imago Mundi*. Écrit en 1410, cet ouvrage scrupuleusement annoté par Colomb soutient l'idée que les Indes peuvent être atteintes par l'ouest. Estimant à 2 400 milles marins la distance entre le Portugal et le Japon (alors qu'elle est en réalité de 10 600 milles marins), Colomb convainc les souverains d'Espagne, Isabelle de Castille et Ferdinand d'Aragon, d'appuyer ses projets. En août 1492, trois caravelles, la *Niña*, la *Pinta* et la *Santa Maria*, quittent la côte andalouse vers le soleil couchant, pour aborder, deux mois plus tard, une île que Colomb nomme San Salvador. Croyant avoir atteint l'Asie, il baptise *Indiens* ses habitants. Colomb fait trois autres voyages en Amérique (1493-1496, 1498-1500, 1502-1504) et ne remet jamais en doute le fait d'avoir abordé les côtes asiatiques. À chaque retour, les Espagnols rapportent un peu d'or, une nouvelle forme de syphilis, de nouvelles données géographiques, mais ne réalisent pas qu'ils ont atteint un monde nouveau.

Malgré les découvertes de Colomb et des autres navigateurs dans son sillage, on ne s'imagine pas qu'une immense barrière terrestre bloque le passage. En 1507, un an après la mort de Colomb, une carte de Johann Ruysch montre bien quelle était alors la conception du monde des Européens. Cuba, Hispaniola et d'autres îles vues par Colomb sont placées le long de la côte asiatique. Plus au nord, le Groenland et Terre-Neuve sont présentés comme des péninsules de l'Extrême-Orient. Toujours en 1507, une nouvelle interprétation des découvertes géographiques, une autre conception du monde fait son apparition dans un tout petit ouvrage qui aurait pu passer inaperçu, mais qui sera l'acte de baptême de l'Amérique. 🜨

Sources principales

BOORSTIN, Daniel, *Les découvreurs*, Paris, Robert Laffont, 1988. — *Ciel et Terre*, exposition virtuelle de la Bibliothèque nationale de France, [1998] - [www.expositions.bnf.fr/ciel/].

La naissance de l'Amérique

LA MÉPRISE DE CHRISTOPHE COLOMB

PAR PRUDENCE ET AVEC RAISON, les historiens prennent généralement l'habitude d'écrire «l'un des premiers». Les auteurs de dictionnaires et d'encyclopédies, eux, ne doutent de rien et persistent à dire «le premier» et à parler de «découverte».

Quel fut le premier Européen à atteindre ce continent qui portera le nom d'Amérique? Christophe Colomb, disent les dictionnaires. Pourtant, rien n'est moins sûr. Outre les légendes concernant l'établissement de la 10e tribu d'Israël, la traversée du moine Saint Brendan ou du Normand Jean Cousin, la venue des Chinois vers 1421, il est bien établi que les Islandais ont eu, dès le XIe siècle, une colonie au Groenland. Selon les documents publiés sur l'ordre du pape Léon XIII, un évêché y aurait été maintenu de 1124 à 1378. Quelques années plus tard, soit en 1410, un bateau aurait ramené en Islande les derniers colons chassés par un refroidissement du climat.

Les Vikings qui avaient fait du saut de mouton depuis la Scandinavie jusqu'en Islande (874) et au Groenland (v. 985) atteignirent pour leur part le Labrador et Terre-Neuve vers l'an mille. Cette saga restera toutefois sans lendemain, sauf peut-être pour donner un ancêtre au chien terreneuve, et également pour nourrir une certaine tradition qui parviendra certainement aux oreilles de Christophe Colomb lors de son séjour en Islande en 1476-1477. Esprit livresque, tout indique qu'il sera toutefois peu attentif à ce qu'il aurait pu entendre. Aristote, Ptolémée, Toscanelli, Pierre d'Ailly auront sur lui plus d'influence, principalement celle de le persuader que l'Atlantique peut être traversée assez aisément de façon à constituer une nouvelle route pour atteindre la Chine.

Les Vikings étaient de dangereux guerriers, d'infatigables commerçants; les Islandais de braves pêcheurs et surtout d'habiles chasseurs de baleines, tout comme les Basques. À partir du Xe siècle, la baleine devint en effet un pilier important de l'économie du pays basque. Recherchée surtout pour son huile qui servait à l'éclairage et de lubrifiant dans la fabrication du savon, elle permettait aussi, un peu partout en Europe, de nourrir les plus pauvres ou d'habiller les dames de la haute société entichées des corsets fabriqués avec des fanons de baleines. Rien n'était perdu.

Aussi lorsque les baleines se firent plus rares sur les côtes basques – pour des raisons non expliquées –, les chasseurs basques se déplacèrent vers les côtes des Asturies jusqu'à la hauteur du cap Finisterre. L'emploi de la boussole, à partir du XIIIe ou XIVe siècle, les rendit encore plus audacieux.

Comme tout chasseur qui poursuit sa proie, ils se lancèrent vers l'inconnu. La baleine les conduisit vers l'Islande, puis au Labrador et à Terre-Neuve. Une chronique islandaise de 1412 signale la présence d'une vingtaine de bâtiments basques lancés aux trousses d'un troupeau de baleines. La *balaena biscayensis* plutôt solitaire dans les eaux basques semblait vouloir vivre en groupe au Nord, d'où l'expression *sardako balea* (troupeau de baleines). Les baleines entraînèrent les pêcheurs vers Terre-Neuve, là où d'extraordinaires bancs de morue les attendaient. La baleine allait avoir une «rivale»: la morue. L'affaire se sut. Les Basques furent vite entourés de Bretons, de Normands, de Portugais. La route de Terre-Neuve devint un secret de pêcheur. Elle le demeura jusqu'à l'expédition de Giovanni Caboto en 1497. «The Basque secret was out», soupire Mark Kurlansky (p. 48), l'auteur d'un charmant petit ouvrage consacré à la morue dans lequel il souscrit à une solide tradition de spécialistes persuadés que les Basques ont atteint l'Amérique avant Colomb. Depuis Étienne Cleirac dans *Us et coustumes de la mer* (Bordeaux, 1647), jusqu'à d'Alembert et Michelet, et plus récemment Robert de Loture dans son *Histoire de la grande pêche de Terre-Neuve* (Gallimard,

Pages suivantes (28-29)
Carte du monde de Martin Waldseemüller, Saint-Dié, 1507
Selon toute vraisemblance, cette carte de Martin Waldseemüller a été publiée à Saint-Dié en 1507. Elle montre pour la première fois un nouveau continent détaché de l'Asie, baptisé AMERICA d'après le navigateur italien Amerigo Vespucci. L'importance accordée à Vespucci se devine aussi à son portrait, en haut de la carte, compas à la main et face au grand précurseur de la géographie, Claude Ptolémée. Le tracé de ce nouveau monde, qui paraît déformé à cause de la projection cartographique utilisée, est en réalité d'une étonnante justesse pour l'époque. L'auteur a même dessiné une chaîne de montagnes sur la côte ouest de l'Amérique du Nord. Mais, d'après les documents d'archives connus, ni Balboa, ni Magellan, ni aucun autre Européen n'avait encore aperçu et décrit le Pacifique. Des chercheurs, fascinés par ce constat, n'ont pas manqué d'invoquer l'existence de sources non révélées. De très grandes dimensions, cette carte en douze feuillets aurait été tirée à 1 000 exemplaires, mais un seul semble avoir subsisté, retrouvé en 1901 dans un château du Bade-Wurtemberg. En 2001, la Library of Congress en faisait l'acquisition pour un montant de 10 millions de dollars.

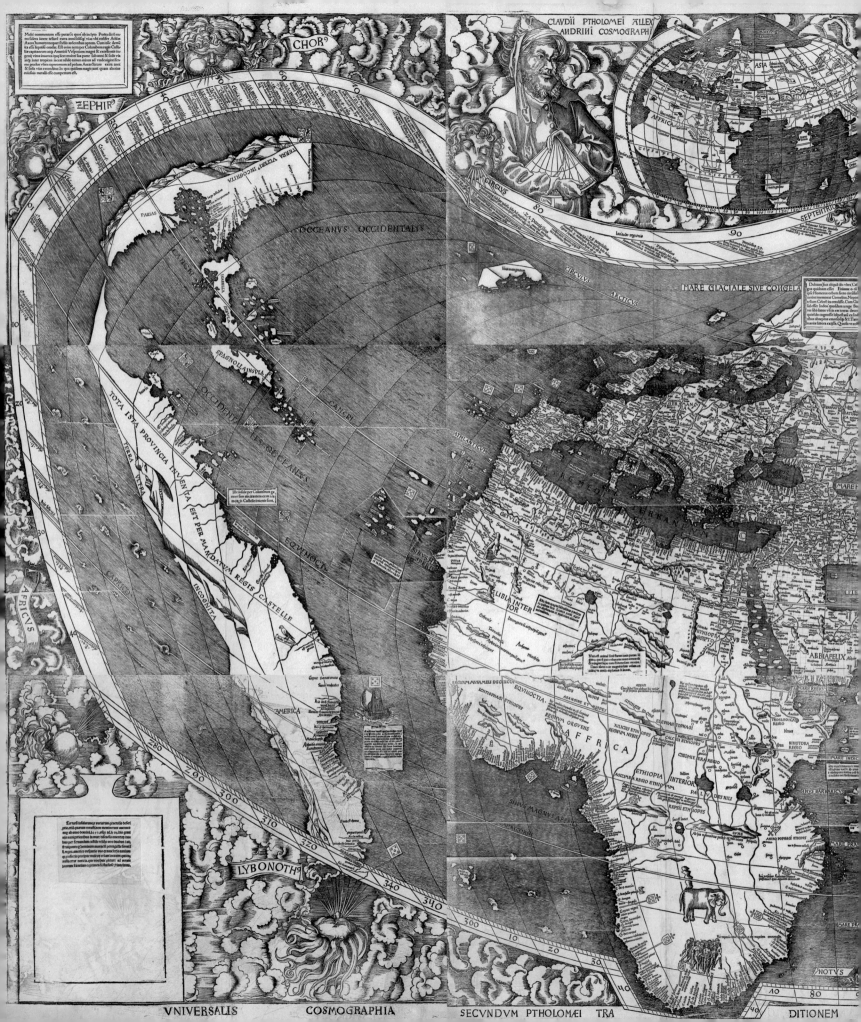

UNIVERSALIS COSMOGRAPHIA SECUNDUM PTHOLOMAEI TRADITIONEM

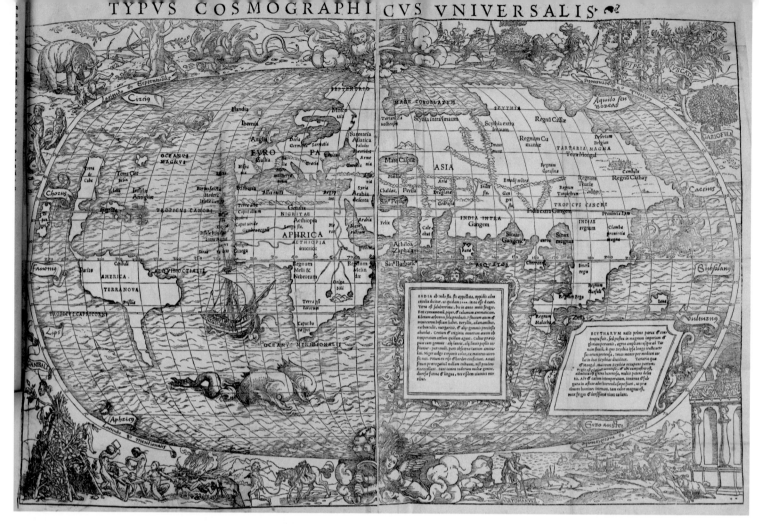

TYPVS COSMOGRAPHICVS VNIVERSALIS

Carte du monde publiée à Bâle, 1537

Cette carte du monde fait partie d'un recueil de récits de voyages compilés par Johann Huttich et Simon Grynaeus et dans lequel figurent notamment les écrits de Christophe Colomb, Amerigo Vespucci et Pierre Martyr d'Anghiera. Publiée en 1537, elle illustre la fortune du nom AMERICA, créé trois décennies auparavant. Le Nouveau Monde est représenté comme un continent distinct, pouvant être contourné par le nord ou le sud, afin d'atteindre le Japon (ZIPANGRI). Étrangement, l'Amérique du Nord est nommée TERRA DE CUBA tandis que l'actuelle île de Cuba est baptisée ISABELLA, en hommage à Isabelle de Castille, protectrice de Colomb. L'iconographie, sur le pourtour, est d'une grande richesse. Le voyageur Varthema (en bas à droite) y côtoie entre autres des chasseurs (en haut), un impitoyable éléphant et des serpents ailés. En bas à gauche, l'illustrateur a inséré une scène de cannibales en train de préparer un repas. Il a également représenté du poivre, de la noix de muscade et du clou de girofle, symboles du continent asiatique. C'est aussi une carte bien singulière, puisque la position des mains des anges en bas et en haut de la carte suggère le mouvement de rotation de la Terre sur son axe nord-sud.

1949), cette hypothèse est constamment mise de l'avant. Jusqu'à présent, les preuves concrètes font défaut mais, face à une tenace tradition orale, on peut presque convenir d'une preuve circonstancielle.

Si, au nord, des terres neuves étaient synonymes de pêches miraculeuses, au sud, une teinture tirée d'un bois de braise, bois de brésil ou *pao brasil*, exerçait un fort attrait. La faim peut guider les pas, une mode aussi. Les Portugais et peut-être même les Dieppois vont au Brésil depuis la fin du XVᵉ siècle. En fait, dès cette époque, l'Atlantique – cette mer dite océane (ou mer ultime) par opposition à la Méditerranée, la mer située au milieu – est sillonnée au nord et au sud par des caravelles, dogres, galiotes, pinasses biscayennes. Des noms de nouvelles terres – Antilia, Brasil – font leur apparition sur des cartes de l'Atlantique, dont celle de 1482 attribuée à Gracioso Benincasa.

Le 12 octobre 1492, *el dia de la raça*, les Tainos de Guanahani souhaitent la bienvenue à un explorateur génois à la recherche des Indes. Les hommes apportent de l'eau et des fruits jugés « bons au goût et salutaires pour le corps ». Les femmes s'offrent aux regards concupiscents des marins andalous et basques. Tous sont nus comme Adam et Ève au paradis terrestre. Christophe Colomb est persuadé qu'il n'en est pas loin d'ailleurs. N'écrit-il pas dans un élan d'enthousiasme : « Le Paradis terrestre se trouve à l'extrémité de l'Orient, car ces régions-là sont parfaitement tempérées ; en sorte que ces terres que je viens de découvrir sont la fin de l'Orient »

(Journal du 21 février 1493). Colomb n'est pas un imbécile. Têtu, un peu illuminé certes, il s'inscrit avec certitude dans la lignée de ses maîtres.

Colomb est de retour le 15 mars 1493 à la barre de Saltes en Andalousie. Quelques semaines plus tard, soit le 4 mai, le pape Alexandre VI propose une ligne nord-sud qui partage « le monde découvert et à découvrir » entre les Espagnols et Portugais. Ces derniers sont mécontents ; ce tracé, fixé à 100 lieues à l'ouest du cap Vert, les prive de terres qu'ils ont déjà vaguement reconnues à l'ouest. Ils obtiennent une rencontre à Tordesillas. Les Espagnols acceptent que ladite ligne soit reculée de 270 lieues, de façon à se situer à 370 lieues à l'ouest du cap Vert.

Évidemment, tout ce branle-bas serait incompréhensible sans les voyages plus ou moins secrets des prédécesseurs de Colomb. Avec ce dernier, le chat sort du sac. À l'ouest, il y a donc plus que quelques petites îles ici et là, même si Colomb reste apparemment convaincu d'avoir touché l'extrémité de l'Asie.

Bien malgré lui, il se verra attribuer la découverte d'un nouveau monde. Les termes sont trompeurs. Le continent en question n'attendait pas les Européens pour exister ; il abrite même de vieilles civilisations. C'est en effet un vieux monde. Ses propres habitants auraient-ils pu se lancer sur les mers ? Atteindre l'Afrique, l'Europe ? Pourquoi l'auraient-ils fait ? Ils s'étaient dotés des embarcations dont ils avaient besoin pour profiter des richesses et des ressources de leur monde. Ceux du Nord avaient mis au point le canot d'écorce, véritable chef-d'œuvre d'ingéniosité. Ceux du Sud ont construit des pirogues. Leur continent est riche. Ils y sont parfaitement adaptés et ont su en développer les richesses de base, principalement sur le plan agricole. Ils les offriront au reste du monde. Ces nouveaux aliments provoquent un peu partout de spectaculaires poussées démographiques. Le métal argent révolutionnera les pratiques commerciales, la quinine et le curare permettront de spectaculaires progrès de la médecine.

Bref, le vrai « nouveau monde » sortira de la rencontre des deux vieux mondes qu'étaient l'Europe et l'Amérique.

Les Européens mettent du temps à se convaincre qu'un continent les sépare de l'Asie. À défaut de le reconnaître comme tel et d'éventuellement lui donner un nom et pourquoi pas le sien ou celui de sa reine bien-aimée, Colomb, persuadé d'avoir atteint les Indes, nomma tout naturellement ses habitants des Indiens, le maïs devint du blé d'Inde, un gallinacé dit poule d'Inde devient la dinde ou le dindon, le cobaye sera aussi appelé cochon d'Inde. Au début du XXe siècle, des anthropologues américains ont proposé de retenir la suggestion d'un lexicographe (1899) de former, à partir des premières lettres d'« American Indian », le mot « amerind » et d'accepter ses dérivés : amerindic, amerindize et amerindian. Les Canadiens français ont peu à peu pris l'habitude d'utiliser le mot « Amérindien » lorsqu'ils parlent des Indiens en général. Les spécialistes conservent le mot « Indien » dans les textes à caractère historique. Les dictionnaires français, tels le *Petit Larousse* et le *Petit Robert*, ont introduit, depuis peu, le terme Amérindien pour désigner les Indiens d'Amérique, tandis que leurs descendants se désignent comme les « Premières Nations ».

Les habitants actuels des États-Unis d'Amérique se disent depuis longtemps Américains et les Européens disent volontiers Amérique pour désigner, à tort, ce pays. 🚢

Sources principales

PASTOUREAU, Mireille, *Voies Océanes : de l'ancien aux nouveaux mondes,* Paris, Hervas, 1990. — KURLANSKY, Mark, *Cod : A Biography of the Fish That Changed the World,* New York, Walker and Company, 1997. — DUVIOLS, Jean-Paul, *L'Amérique espagnole vue et rêvée : les livres de voyages de Christophe Colomb à Bougainville,* Paris, Promodis, 1986. Merveilleux travail d'érudition. — NEBENZAHL, Kenneth, *Atlas of Columbus and the Great Discoveries,* Chicago, Rand McNally, 1990. — HARRISSE, Henry, *Découverte et évolution cartographique de Terre-Neuve et des pays circonvoisins, 1497-1501-1769,* Amsterdam, N. Israël, 1968. — RONSIN, Albert (dir.), *Découverte et baptême de l'Amérique,* 2e édition revue et augmentée, Jarville-La Malgrange, Éditions de l'Est, 1992.

Avec l'aide de madame Louisa Martin-Meras, que je remercie sincèrement, j'ai pu consulter plusieurs ouvrages en langue espagnole au Museo naval et à la Biblioteca National de España de Madrid de même qu'à Las Casas del Tratado de Tordesillas. [D. V.]

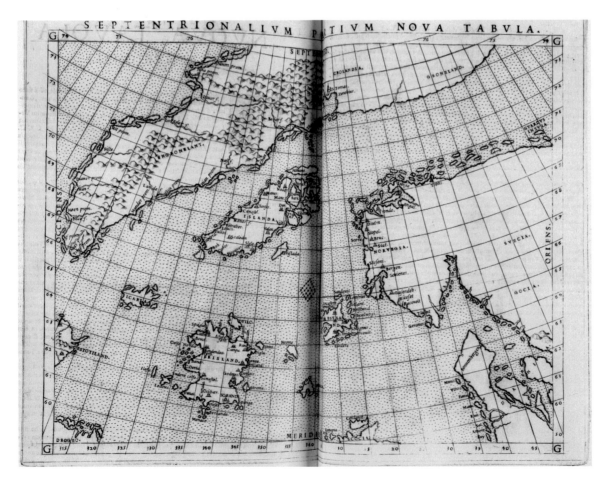

Le voyage des frères Zeno dans la *Géographie* de Ptolémée, 1561
Bien des théories ont circulé sur la découverte de l'Amérique. Phéniciens, Chinois, Irlandais, Écossais, Normands, Basques ont tour à tour été élevés au rang des premiers découvreurs. C'est le cas des frères Zeno, de Venise, dont le voyage sur l'Atlantique vers 1380 est publicisé par un de leurs descendants au XVIe siècle. Une carte du périple circule alors parmi les milieux lettrés, reprise dans l'une des éditions de la *Géographie* de Ptolémée publiée par Girolamo Ruscelli. Cette carte fait voir les îles explorées lors de ce prétendu voyage : FRISLAND, ISLANDA, ICARIA et ESTOTILAND, cette dernière ayant été associée à la pointe nord-est de la Nouvelle-Écosse. Dès le XVIe siècle donc, la carte est un support d'une grande utilité pour donner de la crédibilité à un récit de voyage. Le voyage des frères Zeno est aujourd'hui considéré comme apocryphe.

Le baptême de l'Amérique. *Cosmographiæ Introductio*

D'où vient le nom Amérique ? L'ouvrage expliquant le baptême de l'Amérique a été publié en 1507, à Saint-Dié, petite cité du duché de Lorraine où l'on se passionnait pour les arts et les sciences. Là-bas, à plusieurs centaines de kilomètres de la mer, une poignée de savants se consacrent à la géographie des nouveaux mondes, compilant, traduisant et imprimant les récits de voyages qui leur tombent sous la main. Ces hommes de science, dignes représentants de la Renaissance, se nomment Gauthier Lud, éditeur, Mathias Ringmann, écrivain helléniste, Jean Basin, poète latiniste, et Martin Waldseemüller, cartographe. Vers 1507, leur protecteur René II, duc de Lorraine, leur confie les lettres d'Amerigo Vespucci, navigateur italien évoquant l'existence d'un nouveau monde au-delà de l'Atlantique. Dès lors, ils impriment en latin une carte du monde ainsi qu'un petit livret explicatif intitulé *Cosmographiæ Introductio*, qui, après une partie théorique de géométrie et d'astronomie, présente les récits de Vespucci traduits en latin. Dans le chapitre IX sur les divisions de la Terre, ils introduisent un élément révolutionnaire pour l'époque : la présence d'un quatrième continent entouré d'eau et situé entre l'Europe et l'Asie. Ils attribuent la découverte de ce « nouveau monde » à Vespucci et, en conséquence, le baptisent « Amerige, c'est-à-dire terre d'Amerigo, ou AMERICA, d'après l'homme sagace qui l'a découverte ». La carte de Waldseemüller qui accompagne l'ouvrage porte également l'inscription AMERICA sur des terres sud-américaines fraîchement explorées. Dans ses travaux ultérieurs, le cartographe abandonne toutefois cette indication. Aura-t-il été pris de scrupules pour avoir préféré Vespucci à Colomb ? Il est pourtant trop tard : le nom a déjà été adopté par d'autres cartographes du XVIᵉ siècle, dont Sebastien Münster et Gerard Mercator.

El tratado (1494)

Tordesillas, en Espagne, a été le lieu du plus étonnant traité de l'histoire de l'humanité. Le 7 juin 1494, des diplomates espagnols et portugais s'entendaient sur un partage du monde divisant « el Atlantico por medio de una raya trazada de polo a polo a 370 leguas al oeste de las islas de Cabo Verde ». Le souverain espagnol approuve le texte dès le 2 juillet suivant, tandis que Jean II de Portugal, pourtant installé à proximité (Setubal) pour suivre les négociations, ne confirme son accord que le 5 septembre. Il est probable qu'il attendait des rapports de ses espions et voulait être certain que, cette fois, son pays pouvait accepter ce partage. En effet, l'année précédente, le pape Alexandre VI, après avoir promulgué une bulle prévoyant l'évangélisation des populations des îles découvertes et à découvrir, avait proposé « una raya o linea de polo a polo » à 100 lieues à l'ouest des îles du Cap-Vert et des Açores. Les Portugais avaient tenu à protéger leur route maritime vers le cap de Bonne-Espérance et peut-être à s'assurer la possession de certaines îles dont ils soupçon-naient l'existence à l'Ouest. Ils avaient refusé la ligne alexandrine et exigé un nouveau partage. Le traité leur accordait 270 lieues de plus, soit environ 1 350 kilomètres, c'est-à-dire plus ou moins jusqu'au 46ᵉ degré de longitude ouest. Le Brésil serait portugais, le reste des Amériques tombait théoriquement sous l'autorité espagnole. Au musée consacré au traité appelé « Casas del tratado », (deux maisons étant contiguës), on se sert de la carte de Cantino pour illustrer les méridiens proposés en 1493 et en 1494.

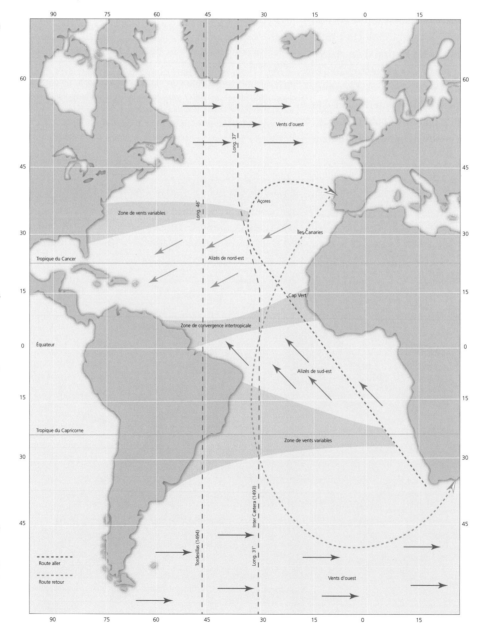

Se chiama Francesca

DE MAGELLAN AUX FRÈRES VERRAZZANO

ÈS LE RETOUR DE CHRISTOPHE COLOMB en 1493, les explorations se multiplient. Les navigateurs européens cherchent fébrilement un passage vers l'ouest. Même si le calcul de la longitude est très difficile, les cartographes esquissent diverses hypothèses : ou bien gagner l'Orient en contournant l'extrémité de l'Afrique, ou bien longer les terres nouvelles vers le nord ou vers le sud dans l'espoir de trouver un passage.

En 1488, Barthélémy Dias avait atteint l'extrémité de l'Afrique. Selon le traité de Tordesillas, cette route par le sud puis l'est est réservée aux Portugais. Les Espagnols multiplient donc les assauts contre ce mur étonnamment imposant que constitue l'Amérique. Rapidement, les dimensions de l'obstacle se précisent. Au nord, des terres s'avancent vers l'est, au sud également. Waldseemüller en a bien montré l'ampleur. Il faut vraiment explorer le centre, chercher au fond du golfe du Mexique.

Le hasard ou une intuition avait amené Vasco Nuñez de Balboa à s'intéresser à la région de Panama. Il avait beaucoup exploré la côte depuis Cartagena jusqu'à Darien. À l'automne 1513, il se lance à l'aventure à travers la jungle, les marais et leurs hôtes, les crocodiles, les serpents et les sangsues. Les Indiens qui lui servent de guides ont compris qu'il veut atteindre les « grandes eaux ». Ils ont choisi l'endroit le plus étroit du continent, soit une distance de quelque 150 kilomètres. L'Espagnol écrase tout sur son passage et se permet quelques massacres. Après avoir pris possession de la mer (la baie de Panama) et de la région au nom de la Couronne espagnole, il rentre à Darien. Les autorités se méfient de lui, mais rien ne l'arrête. Il fait défricher un passage entre les deux mers et échafaude des projets personnels. Son audace inquiète. Le gouverneur le fait juger et condamner pour trahison. En janvier 1517, il est décapité. Le conquistador a goûté à sa propre médecine.

Balboa avait identifié un passage, mais non une voie navigable. Les recherches se poursuivent. Avec témérité, Fernand de Magellan opte pour le Sud. Il quitte Sanlucar de Barrameda en Espagne, le 20 septembre 1519, avec 5 navires et quelque 270 hommes recrutés tant bien que mal. L'expédition projetée faisait peur aux marins les plus expérimentés. La suite leur donna raison. Après treize longs mois de navigation ponctués de deux tentatives de mutinerie, Magellan s'engage enfin dans un sinueux détroit qui portera son nom. Le mercredi 28 novembre 1520, avec les trois navires qui lui restent, il a devant lui un nouvel océan qu'il nommera par la suite Pacifique. C'est le mot que lui inspire cette mer après les 580 kilomètres de vents et de tourbillons rencontrés dans le détroit qui longe la Terre de Feu. Mission accomplie : il ne lui reste plus qu'à rentrer par l'ouest, croit-il.

Après « trois mois et vingt jours sans avoir aucune nourriture fraîche », sans apercevoir la moindre terre, le découragement l'envahit. Où sont les fameuses Moluques que lui annonçaient les cartes portugaises. Irrité, le 20 janvier 1521, il aurait jeté ces cartes par-dessus bord. Le lendemain, raconte Pigafetta dans son précieux journal, ils abordent un petit archipel. Puis des îles se succèdent, permettant aux équipages de se ravitailler. Magellan s'est finalement habitué à ce long périple. Le temps n'a plus la même importance. Il est résigné ou rassuré. Le 28 mars, son esclave malais, Enrique, acquis lors d'un précédent voyage aux Indes (par le cap de Bonne-Espérance), s'adresse à des indigènes en pirogue. À l'étonnement général, ils peuvent se comprendre. Enrique, après une longue escale en Europe, avait finalement fait le tour du monde ; il venait de retrouver des gens de même langue que lui. Son maître avait en quelque sorte également fait le tour du monde. C'est dans cette région, en effet, qu'il avait acheté jadis Enrique. Magellan se sent l'âme d'un conquérant. La frénésie de l'or et des épices le gagne. L'esprit missionnaire aussi. Après bien des palabres, son hôte, le roi de Cebu, accepte d'être baptisé avec les siens.

Pages suivantes (34-35)
Carte portugaise de l'océan Atlantique, 1519
Tirée d'un atlas réalisé vers 1519, cette magnifique carte en couleur, richement illustrée, est un hymne à la gloire de l'expansion portugaise au temps du roi Manuel. Son auteur, Lopo Homem, maître des cartes de navigation du Portugal, exprime son art de façon magistrale. Indiens, animaux, végétation, dessinés avec un certain réalisme, remplissent les zones inconnues. La présence de drapeaux indique la souveraineté portugaise revendiquée sur la portion du territoire qui deviendra la Nouvelle-France. Les toponymes d'origine portugaise sont d'ailleurs relativement nombreux sur les rives de Terre-Neuve, dont quelques-uns ont survécu jusqu'à nos jours tel que C RAZO (Cap Race), B DA CONCEPCION (Conception Bay), Y DAS BACALLAOS (Baccalieu Island). La carte porte également la trace des premières expéditions portugaises dans ces contrées septentrionales, notamment celles des frères Corte-Real, en l'honneur de qui fut nommée la TERRA CORTE REGALIS (actuelle Terre-Neuve-et-Labrador).

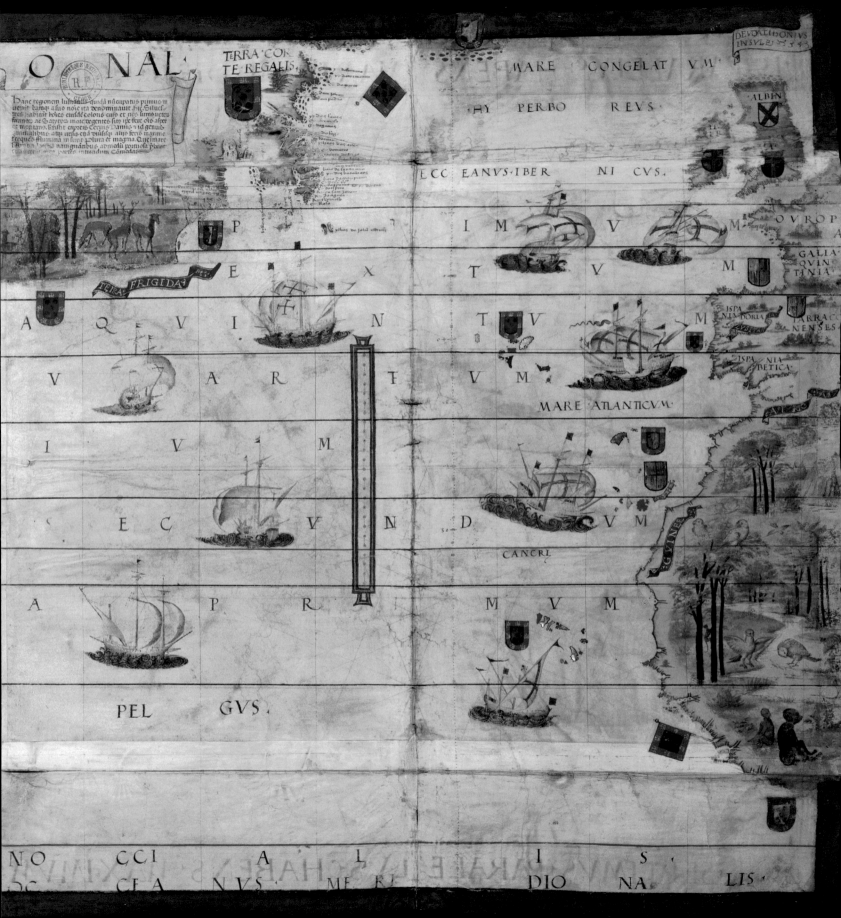

O NAL·

TERRA·CON
TE REGALIS

MARE CONGELAT·V·M·

HY PERBO REVS·

DEVORETIBONIVS
INSVLE

ALBIN

ECCEANVS·IBER NI·CVS·

P I M V M

OVROP
A

E X T V M

GALIA
QVIN
TINIA

TERRA FRIGIDA

A Q E V I N T TV

ISPA
NIA·DORIA

TARRA
NENSES

V A R T V M

ISPA
NIA
BETICA·

MARE ATLANTICVM·

I V M

S E C V N D V M

CANCRI

A P R M V M

PEL GVS·

NOVAE INSVLAE XVI NOVA TABVLA

L'Amérique : une nouvelle île, carte de Sebastien Münster, 1545

Aux premiers temps de l'imprimerie, la *Geographia universalis* de Claude Ptolémée est certainement le traité de géographie le plus populaire. Celui-ci vise à représenter le monde connu et à répertorier systématiquement les lieux selon leur latitude et leur longitude. Cette édition parue en latin en 1545 est l'œuvre de l'Allemand Sebastien Münster, l'un des cartographes de la Renaissance les plus réputés. Sur cette carte, Münster dresse les contours de l'Amérique comme un continent distinct, séparé du Cathay (Chine) et de Zipangri (Japon) par la Mare Pacificum (océan Pacifique, baptisé par Magellan). Au nord, le nom Francisca désigne la portion du continent revendiquée par les Français, à la suite des voyages de Verrazzano. Le cap Britonum est l'un des rares noms figurant en Amérique du Nord, rappelant la présence des pêcheurs bretons.

Magellan doit toutefois l'aider à soumettre un vassal rebelle réfugié dans l'île de Mattan. À la tête de 49 Espagnols, il affronte successivement trois troupes qui auraient compté au total plus de mille guerriers. Pigafetta raconte que Magellan, bien que blessé, tenta de couvrir la retraite de ses hommes. Un ennemi le tua raide avec une « lance de canne au visage ». Un certain Barbasa prit le commandement, se disputa avec Enrique, lequel fomenta une révolte. Au bout du compte, il restait 108 hommes parmi lesquels il n'y avait ni officier, ni pilote, ni astronome.

Le Basque Sebastián Del Cano, qui s'était embarqué pour échapper aux galères, prend le commandement, sacrifie un navire trop avarié et organise le retour, non sans avoir d'abord fait le plein de girofle et diverses épices. En mai 1522, après avoir laissé un navire aux Moluques, le *Victoria* passe le cap de Bonne-Espérance et, le 6 septembre 1522, rentre dans la baie de Sanlucar de Barrameda, soit tout près de trois ans après son départ. Les multiples péripéties et les détails de cet étonnant périple seraient inconnus sans le merveilleux journal tenu par Antonio Pigafetta, jeune Italien, intel-

ligent, instruit et fin diplomate, au sens figuré certes, assez pour compter parmi les 18 survivants.

Un passage vers l'Ouest avait été trouvé, mais il est bien peu praticable. Il fallait continuer à chercher et pourquoi pas au nord des Antilles.

Jusque-là, la France s'en était remise à ses marins basques, bretons et normands pour occuper les mers. Les exploits du flibustier Jean Fleury allaient réveiller les esprits. En 1523, ce fringant capitaine au service de Jean Ango, riche armateur dieppois, s'était emparé d'une petite flottille espagnole chargée d'une partie du trésor de Moctezuma, l'empereur aztèque vaincu par Cortés.

Le roi François Ier ne manque pas d'ambition. Tous ces récits le remuent. Ce sont toutefois des marchands et des banquiers d'origine italienne, installés à Lyon, qui prennent l'initiative de financer, avec la bénédiction royale, de nouvelles explorations au nord-ouest. Ils mettent leur confiance dans le Florentin Giovanni Da Verrazzano.

Ce dernier est un lettré et un marin expérimenté. On a parfois affirmé qu'il avait accompagné le Français Thomas Aubert à Terre-Neuve en 1508. Il a sans doute rencontré son compatriote Pigafetta à Paris même (Mollat, 1982 : 59-60). Au début de janvier 1525, il met le cap vers l'Ouest. Il aborde la côte américaine à la hauteur du 34e degré de latitude et entreprend de la longer en direction nord. Il passe tout droit devant l'immense baie de Chesapeake, mais s'arrête à la hauteur de New York et il nomme Francesca un endroit abrité derrière une longue île, puis il contourne le cap Cod et gagne la Nouvelle-Écosse. Il n'y a plus matière à « découverte », l'endroit est plein de pêcheurs européens et de baleiniers basques.

Tout au long de son voyage de six mois, Verrazzano a soigneusement observé et noté les lieux et les endroits visités. Il a sans doute produit des cartes, mais elles sont aujourd'hui introuvables. Son frère Gerolamo était cartographe ; on lui attribue une intéressante carte du monde qui apporte d'utiles précisions sur la côte atlantique. Elle se trouve dans la riche collection de la Biblioteca Apostolica Vaticana. Une autre de ses cartes est conservée au Musée maritime de Greenwich.

De Giovanni même, il existe une longue lettre rédigée à son retour. Il raconte ce qu'il a vu, décrit les contours des régions visitées et surtout suggère – « ce que je tiens pour certain », précise-t-il – que l'Amérique est un continent distinct de l'Asie et qu'il faut peut-être lui porter un peu d'intérêt et ne pas se braquer uniquement sur le rêve d'une route maritime vers la Chine. Le pays offre en effet plein de promesses et mérite d'être développé pour lui-même. La flore est riche et la faune, abondante. Ses habitants, parfois belliqueux, sont en général beaux, intelligents et ingénieux. Comme trop de voyageurs, il résiste mal à la tentation de ramener des indigènes. Un jour, il se retrouve devant « une très vieille femme et une jeune de 18 à 20 ans qui, effrayées, s'étaient cachées dans l'herbe. La vieille portait deux petites filles sur ses épaules et contre son cou un garçonnet ; tous ces enfants devaient avoir environ huit ans. [...] La vieille nous fit comprendre par un signe que les hommes s'étaient enfuis dans les bois. Nous lui donnâmes à manger un peu de nos provisions ; elle accepta très volontiers ; la jeune refusa tout et le jeta par terre avec colère. Nous enlevâmes le petit garçon à la vieille pour l'emmener en France, et nous voulions prendre la jeune femme, qui était très belle et de haute taille, mais il fut impossible de l'entraîner jusqu'à la mer, tellement elle hurlait. Comme nous devions traverser un bois et que le bateau était loin, nous décidâmes de la laisser et d'emmener seulement l'enfant » (Mollat, 1982 : 23). Plus tard, ils fraterniseront avec d'autres Indiens aux « proportions dignes de tout homme bien fait ». « Leurs femmes ont la même beauté et la même élégance. Très gracieuses, elles ont l'extérieur séduisant et l'aspect agréable. Leurs manières et leur réserve sont, comme chez toutes les femmes, celles qu'inspire la nature humaine » (Mollat, 1982 : 30).

Outre d'intéressants passages du point de vue ethnographique, les frères Verrazzano ont laissé une toponymie qui sera éphémère, à l'exception d'Arcadie qui deviendra

Le baptême de la Nouvelle-France par Gerolamo Verrazzano, 1529
Conservée à la bibliothèque du Vatican, cette carte est en quelque sorte l'acte de baptême de la Nouvelle-France. Elle fait voir ce nom pour la première fois, sous sa forme latine, Nova Gallia qui se substitue à Francesca. Dessinée par Gerolamo Verrazzano, elle décrit entre autres les terres explorées en 1524 par son frère Giovanni lequel avait noté « come tutta la terra trovata se chiama Francesca per il nostro Francesco ». Un peu au nord de la Floride, l'explorateur croyait avoir aperçu la mer d'Asie cachée derrière un isthme. Il rêvait probablement d'un passage facile vers l'Asie sans avoir la moindre idée de l'étendue de l'Amérique. Pour la carte complète, voir les pages suivantes.

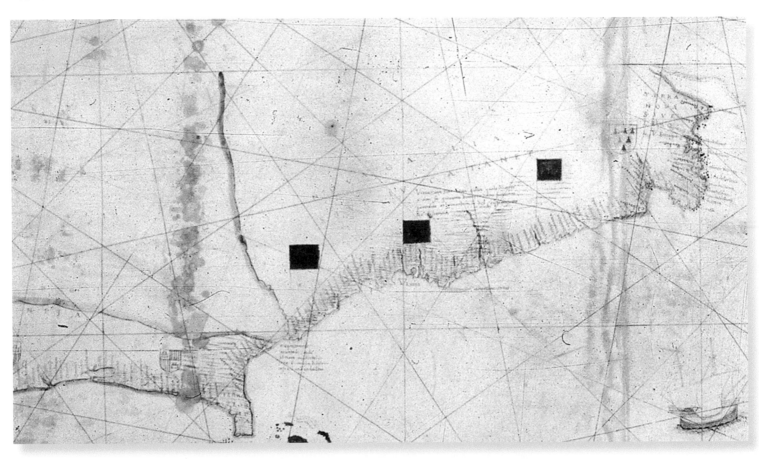

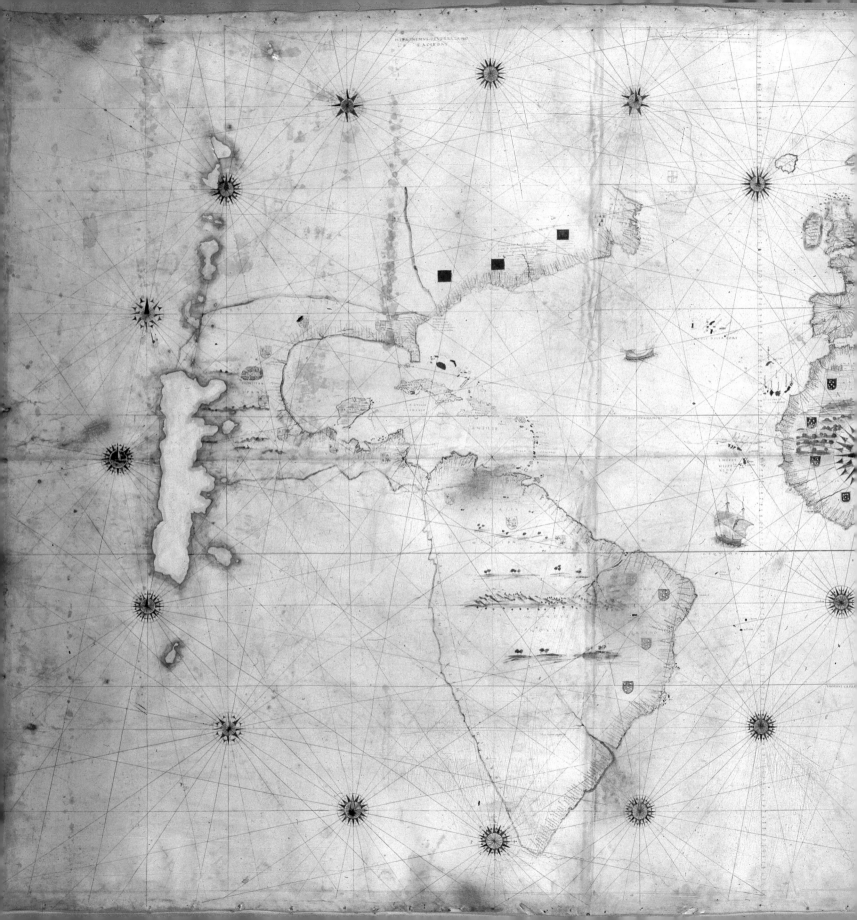

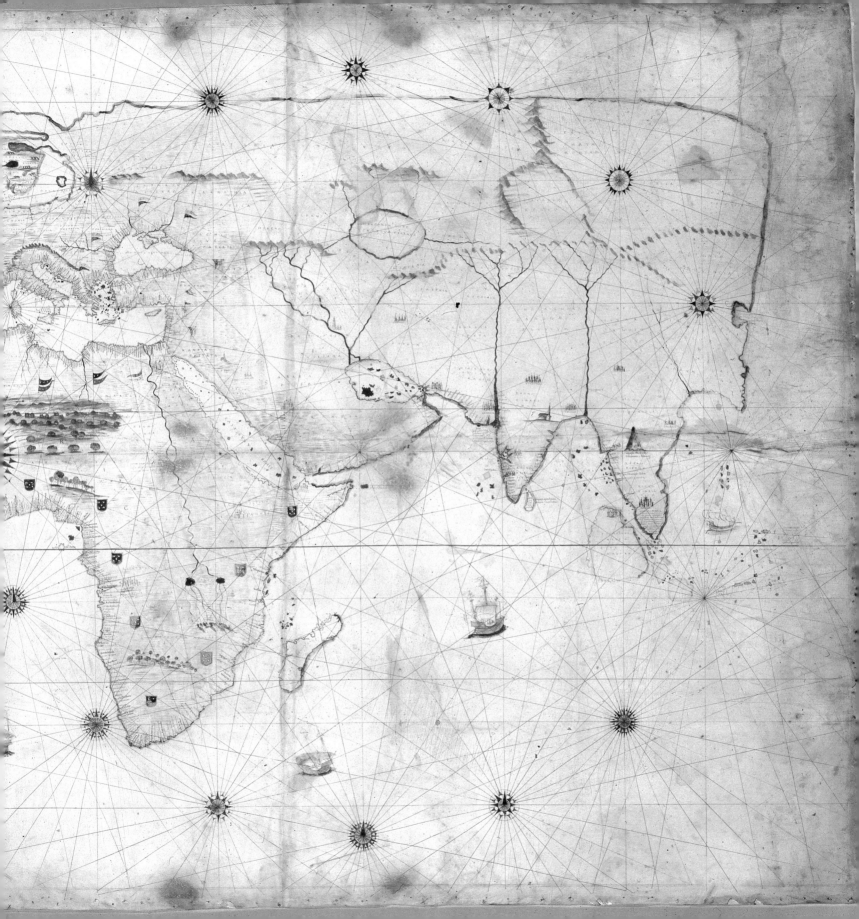

**Le Nouveau Monde
de Thomaso Porcacchi, 1576**

Cette carte du Nouveau Monde est
tirée de *L'isole piv famose del
mondo*, un insulaire de Thomaso
Porcacchi publié à Venise et dédié
à l'infant Don Juan d'Autriche.
L'insulaire, sorte d'atlas comportant
uniquement des cartes d'îles, est un
genre littéraire fort prisé au XVIe
siècle. L'ouvrage, en effet, connaît
un beau succès éditorial puisqu'il
est publié en 1572 puis réédité à
plusieurs reprises les années
suivantes. Cette image de
l'Amérique du Nord, présentée
sous des traits simplifiés, presque
sous la forme d'une île, était
couramment véhiculée à l'époque.
La Nová Franza occupe une place
de choix en lettres capitales au
cœur du continent, aux côtés de
Larcadia, du Canada, de la
Florida et de la Terra del
Laborador.

Acadie sous la plume de Champlain. L'appellation
Francesca en l'honneur du roi fera place à Nova Gallia,
puis Nova Franza (Zaltieri, 1566), Nova Francia (Mercator,
1569 et Wytfliet, 1597), et enfin Nouvelle-France avec
Champlain, Sanson d'Abbeville, Franquelin, etc. La région
dite de Norembègue, retenue par Gerolamo, fera longtemps rêver les explorateurs et continue d'occuper certains chercheurs.

La baie de Verrazzano, une hypothétique « mer de
l'ouest » ainsi nommée plus tard et qu'avait cru apercevoir l'explorateur dès le début de son voyage, perdra
progressivement cette appellation, mais ses admirateurs
réussiront à faire accepter son nom pour désigner l'immense pont suspendu qui se trouve dans la baie de
New York. ⚓

Sources principales par ordre d'importance

Pigafetta, Antonio, *Relation du premier voyage autour du monde
de Magellan : 1519-1522*, Léonce Peillard (éd.), Paris, Tallandier, 1984.
— Mollat du Jourdin, Michel, et Jacques Habert, *Giovanni et
Girolamo Verrazano, navigateurs de François Ier*, Paris, Imprimerie
nationale, 1982. L'ouvrage de référence par excellence sur les
Verrazzano que les auteurs écrivent Verrazano. — Fite, Emerson D.,
et Archibald Freeman, *A Book of Old Maps : Delineating American
History from the Earliest Days Down to the Close of the Revolutionary
War*, New York, Dover Publications, 1969.

De Cabot à Cartier

UNE TERRE DE CAÏN

Qui a découvert le canada? Giovanni Caboto (Jean Cabot) ou Jacques Cartier? À qui revient l'antériorité de la « découverte »? Qui, des Anglais ou des Français, furent les premiers? Questions d'autant plus futiles qu'il y avait déjà des êtres humains sur place.

En outre, où est allé exactement Cabot? À l'exemple de Colomb, il s'est cru au pays du Grand Khan. Quelques minces rapports de contemporains permettent de croire qu'il a touché la côte nord-américaine qu'il n'a pas explorée toutefois. Il y aurait aperçu des signes de présence humaine. Sans plus. Par ailleurs, le poisson s'y trouvait en si grande abondance qu'on pouvait pêcher « not only with the net, but in baskets let down with a stone », dira la légende.

Bref, la lumière reste à faire sur l'endroit visité par Jean Cabot en 1497. Pour le second voyage (1498), les informations se font encore plus rares : personne n'en est revenu.

Il en va tout autrement pour Jacques Cartier. Ses deux premiers voyages sont largement documentés, même si les récits anonymes qui nous sont parvenus sont des traductions pour le premier voyage et une transcription pour le second.

Un premier voyage officiel (1534)

Le capitaine malouin est le choix du roi François Ier qui lui demande d'aller aux terres neuves « pour découvrir certaines îles et pays où l'on dit qu'il doit se trouver grande quantité d'or et autres riches choses ». Les instructions royales précisent qu'il devra aller au-delà de la « Baye des Chasteaulx » (aujourd'hui le détroit de Belle Isle). Ces précisions, de même que la rapidité de la traversée, 20 jours à l'aller et 21 au retour, permettent de croire que la route est connue. Au-delà du détroit de Belle Isle, Cartier a le loisir d'observer, de noter, de

nommer. Mais il n'est pas seul. Un peu à l'ouest, il aperçoit un navire. Cartier a-t-il craint un instant d'avoir affaire à des Espagnols? C'est bien possible. Le torchon brûle entre les deux coqs, François Ier et Charles Quint. Les deux rivaux s'affrontent un peu partout. La partie du monde où se trouve Cartier a été attribuée à l'Espagne selon les termes du traité de Tordesillas de 1494.

Le pape Clément VII, à la vie aussi tumultueuse qu'Alexandre VI, cherchait une alliance avec la France pour réduire un peu la puissance de Charles Quint. Il n'avait guère été difficile de le convaincre de réinterpréter le fameux traité de façon à permettre à d'autres nations chrétiennes de se lancer dans des entreprises de découvertes. On raconte que l'abbé Jean Le Veneur du Mont-Saint-Michel, admirateur et protecteur de Cartier, aurait obtenu, à l'occasion du mariage (1533) du fils de François Ier avec la nièce de Clément VII, cette nouvelle interprétation. Est-elle connue des Espagnols? Peut-être, mais de là à être acceptée il y a lieu d'en douter.

À l'ouest de Belle Isle, fausse alerte, le navire rencontré par Cartier est de La Rochelle. Son capitaine fait en outre mine de ne pas savoir très bien où il est. Il est à la recherche d'un havre pour pêcher. Cartier aura un commentaire devenu célèbre : « Si la terre était aussi bonne qu'il y a de bons havres, écrit-il le 12 juin 1534, ce serait un bien mais elle ne se doit nommer Terre Neuve, mais pierres et rochers effroyables et mal rabotés [...]. J'estime mieux que autrement, ajoute-t-il laconiquement, que c'est la terre que Dieu donna à Caïn. »

Pourtant, « il y a des gens à la dite terre qui sont assez de belle corpulance, mais ils sont gens effarables et sauvaiges », vêtus de peaux de bêtes tant hommes que femmes, encore que celles-ci les portent « plus serrées et ceintes par le corps ». Ils ont des barques d'écorce de bouleau, plus précisément « faictes d'eschorche de bouays de boul », sur lesquelles « ils peschent force loups

Vignes américaines, dans l'histoire des plantes du Canada de Cornuti
Imprimée en 1635, cette gravure couleur d'une exceptionnelle beauté rappelle la fertilité des terres américaines. Un siècle plus tôt, en 1535, l'île d'Orléans avait été nommée île Bacchus par Jacques Cartier, en l'honneur du dieu romain de la vigne et du vin. La plante représentée (apios americana) était cultivée par les Indiens pour les vertus alimentaires de sa racine.

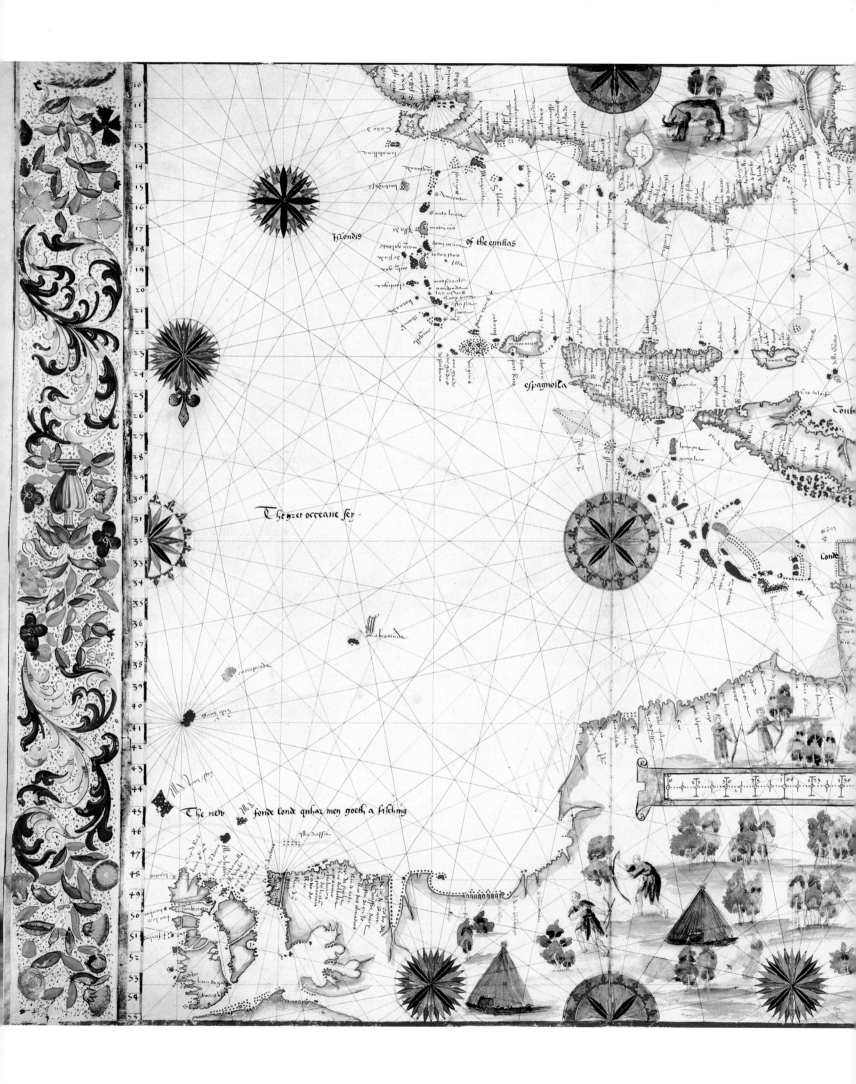

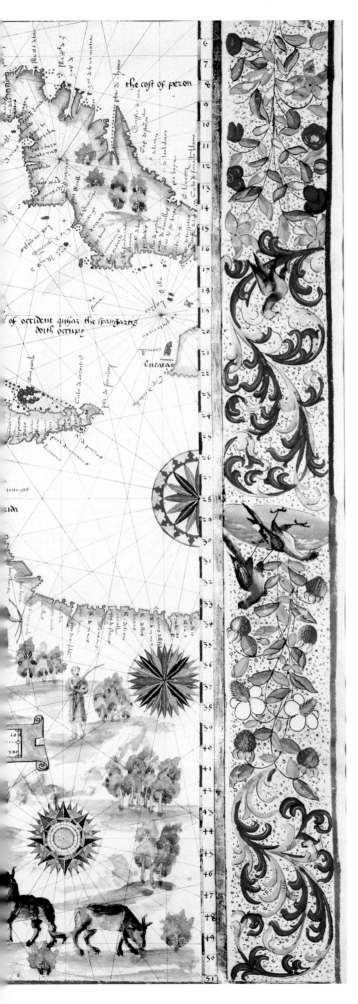

marins ». Cartier conclut que ces gens viennent de « terres plus chaudes » et qu'ils sont là, tout comme les Européens, pour « prendre desditz loups marins et aultres choses pour leur vie ».

Le lendemain, Cartier reprend la mer vers le sud-ouest, longe Terre-Neuve, croise l'île Brion de l'archipel des îles de la Madeleine et note « des prairies, du blé sauvage, des groseilliers, des fraisiers, des ours, des renards, des morses »; il poursuit sa route vers l'ouest. Au début de juillet, il aperçoit une ouverture qui a toutes les apparences d'un golfe. Prudemment, il y pénètre. Des Indiens qui s'y trouvent ont l'habitude des Européens; les deux groupes s'adonnent à quelques échanges, mais Cartier est préoccupé surtout d'exploration. Le 8, il équipe des barques pour « allez descouvriz ladite baye ». Le lendemain, les Français doivent se rendre à l'évidence. Dès dix heures du matin, « eusmes cognoissance du font de la dite baye, dont fusmes dollans et masriz ». Ils avaient atteint la rivière Ristigouche. « Voyant qu'il n'y abvoict passaige, commanczames à nous en retournez. » Comme pour les consoler, des Indiens leur apportent des « pieces de lou marin tout cuict, qu'ilz mysrent sur des pieces de bouays et puis se retirèrent nous faisant signe qu'ils les nous donnoient ». Pour ne pas être en reste, les Français leur envoient des haches et des couteaux. Le signal est donné. Les échanges commencent. C'est la fête. Les Indiennes dansent et chantent, certaines s'approchent « franchement » des Français et leur frottent les bras avec leurs mains, puis lèvent les mains jointes vers le ciel « en fessant plusieurs signes de jouays ». Cartier souligne que « ces gens seront fassilles à convertir ». L'endroit est tempéré et la terre « la plus belle qui soit possible de voir ». Avant de la quitter, Cartier nomme « ladite baye, la baye de Chaleur ».

Deux semaines plus tard, soit le 22 juillet 1534, les Français sont dans la baie de Gaspé (nom sans doute d'origine micmaque qui sera donné par la suite à cet endroit). De nouveaux Indiens les attendent. Ils parlent une autre langue que les précédents. Le 24, Cartier fait

Carte du Dieppois
Jean Rotz, vers 1542
Né à Dieppe, fils d'un émigré écossais et d'une mère française, le cartographe Jean Rotz avait une bonne expérience de la mer. Pilote, marchand et corsaire, il quitte la France en 1542 et se rend à la Cour d'Angleterre, pour offrir ses services au roi Henri VIII. Par la même occasion, il lui présente un magnifique atlas préparé à l'origine pour François Ier, connu sous le nom de *Boke of Idrography*. Dans cet ouvrage, l'une des cartes montre la côte nord-américaine, le sud en haut. L'embouchure du Saint-Laurent y est dessinée, mais non pas l'estuaire. On a supposé que Rotz avait eu vent de la première expédition de Jacques Cartier en 1534, sans connaître la seconde expédition (1535-1536). Vu l'absence de noms français sur la carte, il est possible également que ce tracé provienne d'une tierce personne, un navigateur portugais par exemple.

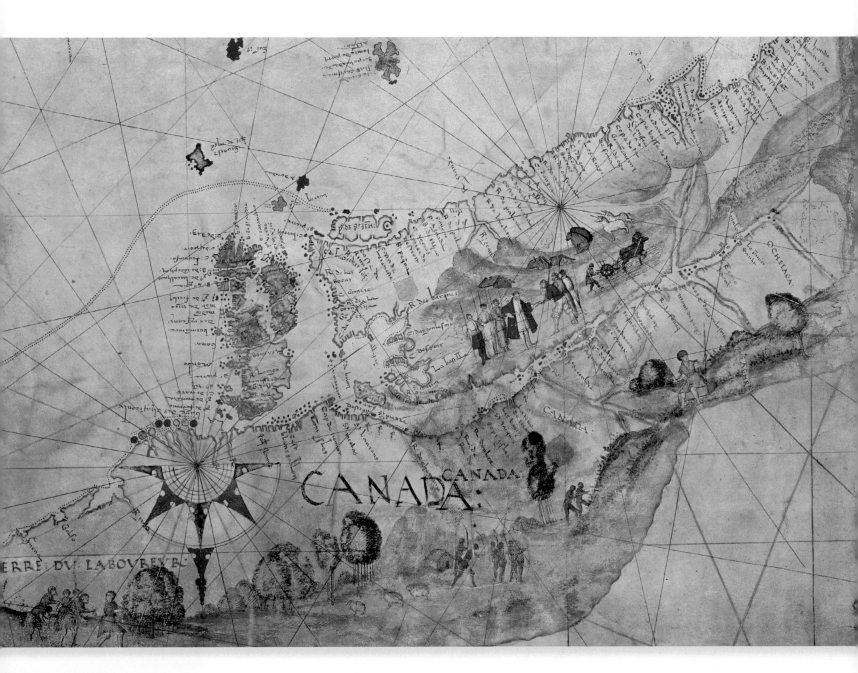

ériger une immense croix « de trente pieds de hault », sur laquelle est inscrit : « Vive le Roy de France. » Les Français s'agenouillent et les Indiens observent, admiratifs. Mais Donnacona, le chef iroquoien, qui a accueilli Cartier, se ravise et se rend auprès des Français auxquels il adresse « une grande harangue » en montrant ladite croix puis en désignant « la terre tant à l'entour de nous, comme s'il eust voullu dire que toute la terre estoit à luy, et que nous ne devyons pas planter ladite croix sans son congé ». Le capitaine français se fait rassurant et explique qu'il s'agit d'une forme de balise, car les Français ont bien l'intention de revenir. Jusque-là, Donnacona et les Indiens qui l'accompagnaient étaient demeurés dans un canot à proximité du navire de Cartier. Soudainement, des Français attrapent le canot et font monter ses occupants à leur bord tout en leur manifestant « grand signe d'amour ». Cartier explique avec insistance l'utilité de la

croix pour faciliter leur retour. Justement, pourquoi ne pas amener avec lui quelques Indiens qui pourront témoigner de leur monde et en même temps servir d'interprètes à l'avenir. Domagaya et Taignoagny, qu'on présente toujours comme les deux fils du chef, sont désignés pour faire le voyage en France. Point de tumultes, semble-t-il. En grand nombre, des Indiens viennent faire leurs adieux, selon le récit attribué à Cartier, apportant du poisson tout en « faisant signe qu'ilz ne habbatereroyent ladite croix ».

Cartier repart vers le nord, atteint l'extrémité d'Anticosti, longe sa rive nord, se croit dans une baie alors qu'il est dans le Saint-Laurent. Le temps est mauvais. Est-ce déjà la fin de l'été ? L'équipage est soucieux. Il vaut mieux rentrer. Le retour est presque aussi facile que l'aller. Cartier converse avec les deux Indiens. Sont-ils inquiets ? Nostalgiques ? Certes ils en disent assez à Cartier pour que ce dernier soit partant pour un autre voyage, le plus tôt possible.

Dès le 30 octobre 1534, un mois et demi après son retour, il obtient une nouvelle commission du roi. Il pourra repartir dès le printemps avec trois navires plutôt que deux pour parachever ses explorations. Les deux Indiens lui font comprendre qu'il a raté une grande rivière qui coule en provenance de l'ouest et qui conduit à un village important nommé Hochelaga, situé à proximité de forts rapides qui empêchent d'aller plus loin.

Second voyage (1535-1536)

Après une traversée de près de deux mois cette fois, Cartier s'engage résolument dans le détroit de Belle Isle et longe sans hésitation la côte nord. Le 10 août 1535, il est à la hauteur de l'île d'Anticosti à peu près à l'endroit où il a fait demi-tour l'année précédente. Et au même temps de l'année. Un vent contraire souffle, Cartier s'abrite dans une baie à laquelle il donne le nom de Saint-Laurent dont c'est le jour de fête, anniversaire fort célébré en Bretagne. Cette baie se nomme aujourd'hui Sainte-Geneviève, mais en revanche le nom est passé au golfe puis au fleuve avant de donner Laurentides et Laurentie.

Pour ses deux guides qui ont survécu un peu miraculeusement, moins aux deux traversées qu'aux microbes européens, cette rivière mène à Canada et à Hochelaga. Cartier les écoute. Domagaya et Taignoagny décrivent les étapes à venir. Bientôt, ils traverseront « le royaume de Saguenay ». Ils sont bien sur « le chemyn et commancement du grand fleuve de Hochelaga et chemyn de Canada », toponyme nettement d'origine amérindienne et adopté immédiatement par les Français. L'eau deviendra douce, annoncent-ils, et ce fleuve s'étend sur une telle distance que personne n'est jamais allé jusqu'au bout. Cartier reste hanté par la recherche d'un passage ; avant de se lancer vers l'infini, il décide d'aller explorer au sud où il longe la rive sur une bonne distance, retraverse au nord, revient sur ses pas jusqu'au point de sa traversée, puis reprend la direction du Canada.

Le 6 septembre, il longe une île qu'il nomme « Isle es couldres ». Le voilà au « commencement de la terre et provynce de Canada ». Le lendemain, ils accostent sur la rive nord. Les gens du pays s'enfuient jusqu'à ce que Domagaya et Taignoagny se fassent reconnaître. C'est alors la joie qui éclate. Les Indiens apportent « force anguilles et aultres poissons, avecq deux ou troys charges de groz mil, qui est le pain duquel ilz vivent ». Cartier répond avec des petits présents, « de peu de valeur » précise sa relation.

« Le lendemain, le seigneur de Canada, nommé Donnacona » se présente avec un cortège de douze canots, se lance dans « une predication et preschement », puis s'adresse à Domagaya et Taignoagny, lesquels racontent « le bon traictement qu'il leur avoyt esté faict » en France. Rassuré, Donnacona fraternise avec Cartier, puis chacun se retire. Cartier choisit de jeter l'ancre à l'embouchure de la rivière Saint-Charles (Sainte-Croix), tout à côté du lieu dont Donnacona est le seigneur et qui est sa « demeurance, lequel se nomme Stadaconé, qui est aussi bonne terre qu'il soit possible de veoyr ».

Sans perdre de temps, Cartier examine les environs, s'émerveille de la beauté de l'île de « Bascus » (île d'Orléans) ainsi nommée en raison des vignes qu'il y trouve. Mais il n'oublie pas son objectif : Hochelaga. Domagaya et Taignoagny se disent volontaires pour l'accompagner. Tout s'embrouille toutefois dans les jours qui suivent. Donnacona est contrarié. Il cherche noise à son visiteur. À chaque jour qui passe, les Indiens usent de nouvelles ruses et répètent que Hochelaga ne vaut pas le déplacement. Donnacona insiste et demande à Domagaya et Taignoagny de ne pas accompagner les Français. Pour les convaincre, les Indiens multiplient les cadeaux, dont une jeune fille d'une douzaine d'années, la propre fille du chef selon Taignoagny, et deux petits garçons un peu plus jeunes. Face à la détermination de Cartier, ces offrandes sont remises en question, puis les Indiens se ravisent et Cartier juge bon de remercier Donnacona d'un magnifique plat. Mais les Indiens ne sont pas au bout de leurs ressources. Alors que Donnacona a souhaité un tir de canons, Taignoagny profite de la frayeur générale pour annoncer la mort de deux des leurs. Il est vite contredit. Reste à faire intervenir le Grand Esprit. Trois Indiens déguisés en diable viennent prévenir les Français que leur dieu nommé Cudouagny prédit « tant de glasses et neiges qu'ils mourroient tous ».

Finalement, Cartier se met en route sans guide. Il s'émerveille du spectacle qu'offrent les deux rives du Saint-Laurent. Onze jours après son départ de Stadaconé, soit le 28 septembre 1535, il arrive à un grand lac (le lac Saint-Pierre) au-delà duquel surgissent quatre ou cinq rivières et autant d'îles. Sur l'une d'entre elles, cinq Indiens sont à la chasse. Ils vont vers les Français et l'un prend même Cartier dans ses bras pour le porter à terre sans le moindre effort tant il est « homme fort et grand ». Les Indiens confirment la direction pour Hochelaga.

Le 2 octobre, Cartier est accueilli par un millier de personnes enthousiastes. La fête terminée, il explore les environs, se rend sur une montagne qu'il nomme « mont Royal », constate les fortifications de la « ville » – le mot est de lui ou du moins se trouve dans le manuscrit 5589-B conservé à la Bibliothèque nationale de France – et dénombre environ 50 maisons longues qui sont soigneusement décrites, non sans une certaine admiration. De leur côté, les Indiens l'observent avec respect et lui prêtent naturellement des pouvoirs particuliers. Les malades et les infirmes se présentent à lui. Désemparé, Cartier choisit, devant les Indiens recueillis, de lire l'Évangile selon saint Jean.

Sa visite de rapides, jugés fort impétueux, le convainc qu'il a touché la dernière étape de son voyage. Au-delà,

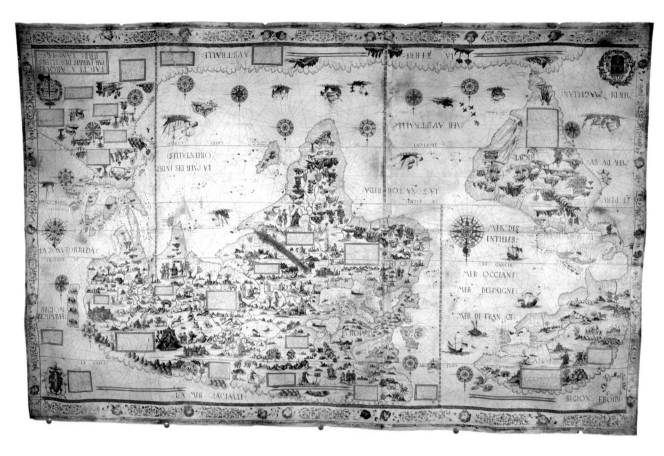

Ci-dessus, Carte du monde du Dieppois Pierre Desceliers, Arques, 1550 et ci-contre, détail

Pierre Desceliers est certainement l'un des cartographes normands les plus réputés. Considéré par certains comme le père de l'hydrographie française, ce prêtre d'Arques (commune située à sept kilomètres de Dieppe) était mathématicien, enseignant d'hydrographie et examinateur de pilotes reconnu par les autorités. Si Desceliers ne quitte jamais le continent européen, ses fonctions lui permettent de soutirer aux marins les informations nécessaires pour mettre à jour la cartographie du monde. Même si l'on sait que Desceliers était prolifique, seules deux cartes originales nous sont parvenues, maintenant conservées en Angleterre (à la British Library et à la John Rylands Library). Sur celle-ci, datée de 1550, la côte nord-américaine, de la Floride au Labrador, est somme toute bien représentée. On y retrouve plusieurs noms espagnols, portugais et surtout français. Le cartographe a dessiné le Saint-Laurent jusqu'aux rapides de Lachine. On remarque également le merveilleux royaume du SAGUENAY, le long de la rivière du même nom. Certains ont prêté les traits de Jacques Cartier au personnage central situé sous le Saint-Laurent. D'autres croient qu'il peut s'agir d'un chef autochtone vêtu et coiffé à l'asiatique. Une note descriptive explique pourquoi les Français abandonnent l'établissement de FRANCE-ROY (Cap-Rouge), sur le Saint-Laurent, en 1543 : « Il n'a esté avec les gens dudit pays faire trafic a raison de leur austérité intempérance dudit pays et petit profit sont retournés en France espérant y retourner quand il plaira au roi. » La carte est aussi remarquable pour ses nombreuses illustrations réalistes ou fantastiques : ours, baleines, navires, roses des vents et même un combat de pygmées et de grues. La présence d'une licorne provient probablement des récits de Jean Alfonce à qui les Indiens auraient décrit cet animal fabuleux. À l'époque, il n'y avait pas encore de convention clairement établie selon laquelle il fallait placer le nord en haut de la carte. Cette carte présente une double orientation : au nord de l'équateur, le texte et les images sont inversés, ce qui laisse supposer que la carte était posée à plat afin de pouvoir être lue de tous les côtés. Malgré cette caractéristique et d'autres telles que la présence de rhumbs et roses des vents qui étaient propres aux portulans, elle ne servait pas à la navigation. Ce chef-d'œuvre cartographique, somptueusement enluminé, était destiné plutôt à des personnages de prestige : le roi de France, l'amiral Claude d'Annebaut et le connétable Anne de Montmorency dont les armes se trouvent dessinées sur la carte.

une autre étape de « trois lunes », lui dit-on, est à prévoir pour traverser un pays peuplé de « mauvaises gens » armés jusqu'au bout des doigts qui mènent une « guerre continuelle ».

Les Français avaient laissé *L'Émerillon*, leur plus petit navire avec lequel ils avaient voyagé depuis Stadaconé, à l'extrémité du lac Saint-Pierre. Le 5 octobre, ils appareillaient vers Sainte-Croix où se trouvent leurs deux autres navires, la *Grande Hermine* et la *Petite Hermine*. Le 7, ils passent devant Trois-Rivières où ils notent quatre petites îles à l'embouchure d'une rivière qu'ils nomment « De Fouez ». Le 11, ils sont de retour au havre de Sainte-Croix, nom tristement prédestiné pour un hiver d'horreur.

Donnacona et les siens font mine de se réjouir du retour des Français. Mais la méfiance s'est installée. Mauvais présage, ils étalent « les peaulx de cinq testes d'hommes » tués lors d'un récent combat contre des Toudamans (peut-être des Etchemins). Cet épisode a piqué la curiosité de Cartier qui s'emploie à noter les habitudes et les mœurs des Indiens. Il note avec insistance leur habitude de fumer et regrette leur façon de préparer les jeunes filles à la vie. Ce qu'il voit l'inquiète. Il fait renforcer le fort où ils se sont installés. Il ne peut hélas se prémunir contre un ennemi insoupçonné : une maladie mystérieuse (le scorbut) qui éclate en décembre tant à Stadaconé que dans leurs rangs. Prières, messes, processions n'y changent rien. Vingt-cinq des 112 hommes ont déjà succombé, presque tous les autres sont atteints, lorsque Cartier observe Domagaya qui semble en pleine forme alors qu'il était terriblement souffrant quelques jours plus tôt. Compatissant, ce dernier explique sa guérison par le « juz de feuilles d'un arbre » et accepte d'envoyer auprès des Français deux Indiennes qui leur apporteront les fameux « rameaulx » et leur montreront la façon de se soigner avec l'annedda, nom qu'il donne à l'arbre en question. Le remède fait miracle.

Avec le printemps, les tensions s'apaisent. Donnacona a ramené une bonne chasse dont il fait profiter les Français. Ces derniers préparent leur départ. Fidèle à lui-même, Taignoagny intrigue auprès de Donnacona, répand la rumeur d'un complot contre son chef, sème l'inquiétude chez les femmes. Finalement le seigneur de Stadaconé se laisse convaincre de se rendre en France. Il a tant à raconter et d'ailleurs, à cet égard, il ne décevra pas. Il en mettra plein les yeux au roi. Le 6 mai, il quitte son pays ; le 16 juillet 1536 il est en France.

Roberval choisi comme chef de mission (1541-1542)

François Ier sera ébloui par la faconde de Donnacona qui lui parle de pygmées et d'hommes unipèdes, de production de clou de girofle, de muscade et de poivre, surtout de la présence d'« infiny or, rubiz et aultres richesses ». Le chef indien avait bien décodé les Européens ; il savait quoi leur dire. François Ier était perplexe. Le mystérieux

Saguenay du chef indien serait-il la porte d'entrée du fameux Cathay ?

Mais le temps passe. Les ambitions de Charles Quint l'occupent beaucoup ; pour autant, il n'a pas oublié le Canada. Son rival non plus. En 1540, l'empereur délègue le commandeur de l'ordre d'Alcantara auprès du roi de France afin de le dissuader de poursuivre ses projets. Il n'en fallait pas plus pour tout relancer. « Le soleil luit pour moi comme pour les autres, aurait-il lancé à l'émissaire. Je voudrais bien voir la clause du testament d'Adam qui m'exclut du partage du monde. » Cartier est rappelé aux affaires. Cette fois, François Ier pense colonisation.

À partir du moment où l'intention du roi passe de l'exploration à la colonisation, il est assez normal qu'il cherche un lieutenant du côté de ses proches. Ruiné mais bien-né, Jean-François de La Rocque, sieur de Roberval, appartenait à une très ancienne famille noble. François Ier en fit son vassal chargé de gouverner, défendre et développer un pays dont il garderait la souveraineté. Le Canada était habité d'autochtones, il le savait, mais si peu, selon ce qu'on lui disait ; surtout il n'était occupé par aucun autre prince chrétien. Pour le roi, une découverte, pour avoir un sens politique, devait être suivie d'une occupation effective, voire d'une capacité de défense.

Cartier avait reconnu et exploré un territoire. En janvier 1541, Roberval recevait instruction d'en prendre possession « par voie d'amictié ou amyable », au besoin « par force d'armes ». Une fois occupé, le pays serait aménagé et peuplé avec des gens de « chaque sexe », de tous métiers et de toutes conditions et doté de « villes et fortz, temples et églises ».

François Ier en avait entendu suffisamment, Donnacona lui en avait mis plein les yeux. En provoquant ce tête-à-tête, Cartier avait été pris à son propre jeu, il n'était plus l'homme de la situation, il sera le guide de Roberval. Les pouvoirs de ce dernier seront considérables ; il aura « plaine puissance et auctorité » sur le territoire et pourra concéder « en fief et seigneurie ». Les bases du futur régime seigneurial sont déjà esquissées.

Une question se pose pourtant. Comment le roi pouvait-il faire concéder des terres déjà occupées ? Il a eu devant lui leur chef Donnacona. Il ne peut pas feindre l'ignorance. Le récit du second voyage de Cartier parle abondamment de « gens », « peuples », « hommes », « personnes » et « habitants ». Le mot sauvage employé à la fois comme épithète et substantif dans le récit du premier voyage est à peu près absent du second. On ne sait de quelle main sont ces récits mais leur vocabulaire doit ressembler à celui de Cartier. Ce sont les désignations que le roi a sûrement entendues. Lui-même parle, dans ses instructions à Roberval, de « peuples d'iceulx bien formez de corps et de membres et bien disposez d'esprit et d'entendement » (Biggar : 128). Il se préoccupe d'ailleurs d'eux, d'autant que Cartier a déjà conclu : « Ils seront faciles à convertir. » Roberval, le huguenot, devra

Pin blanc, dans l'*Histoire des arbres forestiers de l'Amérique septentrionale* de Michaux
Le texte qui accompagne cette illustration mentionne que « cet antique et majestueux habitant des forêts de l'Amérique du Nord n'en est pas moins le plus élevé comme le plus précieux des arbres qui les composent et sa cime, élancée dans les airs, les surpasse tous de beaucoup et le fait apercevoir à de grandes distances ». Cet arbre magnifique, aujourd'hui rare, a été utilisé pour la construction de maisons et de navires de guerre.

Le sapin pour guérir le scorbut
« C'est avec les jeunes branches de l'*abies nigra* [...] qu'on fabrique la bière [...]. On les fait bouillir dans l'eau, et l'on ajoute ensuite une certaine quantité de mélasse ou de sucre d'érable, on laisse fermenter le tout, et on obtient ainsi cette liqueur salutaire et très utile dans les voyages de long cours, pour prévenir le scorbut. » (François-André Michaux) Pourrait-il s'agir de l'annedda recommandé à Cartier par les Iroquoiens ?

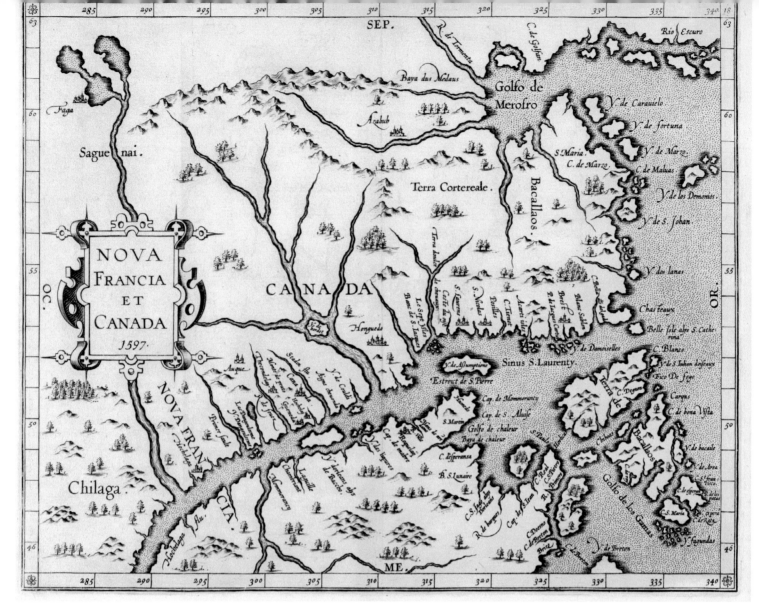

Nova Francia et Canada, par Cornelis Wytfliet, 1597

Cette carte du Flamand Cornelis Wytfliet fait voir le territoire exploré par les Français au XVIe siècle, le long du golfe et du fleuve Saint-Laurent. Le fleuve, ici nommé HOCHELAGA, est parsemé de picto-grammes de villes indiquant les endroits peuplés par les Indiens. Le cartographe présente la NOVA FRANCIA et le CANADA comme deux provinces distinctes. Au nord-est, il figure une réminiscence des explorations portugaises en Amérique avec l'inscription de la TERRA CORTEREALE. Un lieu, plus particulièrement, a suscité l'attention des Français : le SAGUENAI que le cartographe ne situe pas à la source de la rivière Saguenay, mais au sud-ouest d'HOCHELAGA, près d'un affluent qui semble correspondre à la rivière des Outaouais. Le chef indien Donnacona avait fait miroiter « infiny or, rubiz et aultres richesses » à ceux qui atteindraient ce royaume. Cette carte publiée trois fois entre 1597 et 1605 deviendra vite désuète avec la parution des premières cartes de Samuel de Champlain.

y veiller. Parti avec trois navires en avril 1542, il était rapatrié l'été suivant en piteux état.

Le choix de Roberval avait choqué Cartier. Sans attendre son supérieur, mais avec son accord, il avait pris la mer avec cinq navires et « 1500 » personnes selon un espion espagnol. Il se rend à Stadaconé, mais renonce à s'installer à l'embouchure de la rivière Saint-Charles (Sainte-Croix) comme en 1535, et choisit un nouvel emplacement à proximité de la rivière du Cap-Rouge. Il fait construire deux forts, l'un sur le cap, l'autre en bas. L'hivernement est difficile, la maladie frappe de nouveau, mais l'annedda n'a pas été oubliée. L'hostilité des Indiens ou encore la découverte de « certaines feuilles d'or » et de quelques pierres semblables à des diamants l'auraient incité à rentrer et à faire faux bond à Roberval lorsqu'il le croise à Terre-Neuve en juin 1542. Or, sa précieuse cargaison n'était que pyrite de fer et quartz. La légende s'emparera de sa méprise : « Faux comme des diamants du Canada », dira le bon peuple. Les pêcheurs et les baleiniers n'en ont cure, ils resteront fidèles au Saint-Laurent jusqu'à Samuel de Champlain.

Dans un contexte de terribles guerres de religion, l'initiative reviendra aux huguenots. Ils mettront le cap sur le Brésil et la Floride. ⚜

Sources principales par ordre d'importance

BIGGAR, Henry Percival (éd.), A *Collection of Documents Relating to Jacques Cartier and the Sieur de Roberval*, Ottawa, Public Archives of Canada, 1930. — POULIOT, Joseph-Camille, *La grande aventure de Jacques Cartier : épave bi-centenaire découverte au Cap des Rosiers en 1908*, Québec, s.é., 1934. Les citations proviennent de cette édition. — BIDEAUX, Michel (dir.), *Jacques Cartier. Relations*, Montréal, Presses de l'Université de Montréal, coll. « Bibliothèque du nouveau monde », 1986. — CAMPEAU, Lucien, « Jean Cabot et la découverte de l'Amérique du Nord », *Revue d'histoire de l'Amérique française*, vol. 19, n° 3, décembre 1965, p. 384-413. — POPE, Peter Edward, *The Many Landfalls of John Cabot*, Toronto, University of Toronto Press, 1997. Bonne recherche assez convaincante. — CROXTON, Derek, « The Cabot Dilemma : John Cabot's 1497 Voyage & the Limits of Historiography », *Essays in History*, vol. 33, 1990-1991. Published by the Corcoran Department of History at the University of Virginia. — GAGNON, François-Marc, et Denise PETEL, *Hommes effarables et bestes sauvaiges : images du Nouveau-monde d'après les voyages de Jacques Cartier*, Montréal, Boréal, 1986. — MORISON, Samuel Eliot, *The European Discovery of America*, New York, Oxford University Press, 1971, 2 vol. — QUINN, David B., *England and the Discovery of America, 1481-1620, from the Bristol Voyages of the Fifteenth Century to the Pilgrim Settlement at Plymouth*, New York, Knopf, 1974. — WILLIAMSON, James Alexander, *The Cabot Voyages and Bristol Discovery under Henry VII*, Cambridge [Royaume-Uni], Cambridge University Press, 1962.

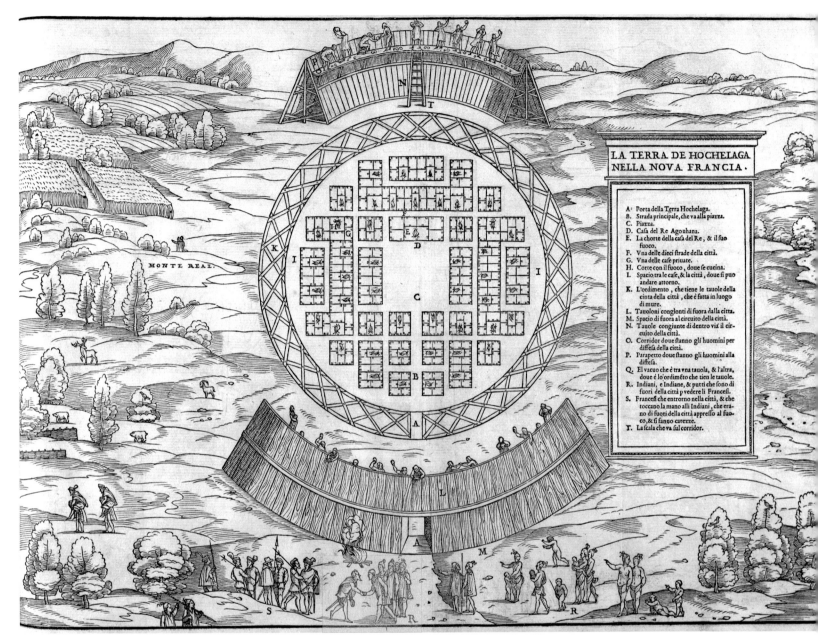

Plan de Hochelaga, publié à Venise en 1556

Au XVIᵉ siècle, les voyages de Jacques Cartier au Canada ont été popularisés grâce à la publication, en italien, d'un recueil de Giovanni Battista Ramusio intitulé *Delle navigationi et viaggi*. Cet ouvrage présente plusieurs cartes gravées sur bois, dont ce plan d'HOCHELAGA qui est la première représentation d'un village indien diffusée en Europe. Le plan évoque la visite de Cartier à l'automne 1535. Le nom MONTE REAL fait référence au mont Royal baptisé ainsi par Cartier lors de son passage. À l'extérieur des palissades, des terres labourées rappellent que les Indiens rencontrés étaient sédentaires et cultivaient le blé. Au bas, des personnages font revivre la rencontre entre Français et Indiens qui semble avoir lieu dans l'allégresse, faisant ainsi contraste avec les illustrations de la carte de Vallard. Il est difficile de croire que ce plan est l'œuvre de Jacques Cartier ou d'un autre membre de l'expédition. La forme circulaire de la palissade, la place carrée au cœur du village, la disposition symétrique des cabanes font plutôt penser à une place forte européenne qu'à un village indien. Il y a lieu de croire que l'artiste s'est inspiré du récit de voyage et non d'un relevé cartographique pour réaliser cette gravure. En fait foi l'extrait suivant tiré de la relation du voyage de Cartier en 1535 : « Et au milieu de ces campagnes est située et assise ladite ville d'Hochelaga, tout près d'une montagne qui est, tout autour, labourée et fort fertile, de sur laquelle on voit fort loin. Nous nommâmes cette montagne le mont Royal. Ladite ville est toute ronde, et clôturée de bois, sur trois rangs, à la façon d'une pyramide, en croix par le haut, la rangée du milieu étant perpendiculaire ; puis bordée de bois couché en long, bien joint et cousu à leur manière ; et sur une hauteur d'environ deux lances. Et il n'y a dans cette ville qu'une porte d'entrée, qui ferme à barres, sur laquelle, et en plusieurs endroits de ladite clôture, il y a des sortes de galeries, et des échelles pour y monter, lesquelles sont garnies de rochers et de cailloux, pour la garde et la défense de celle-ci. »

La Normandie
et la cartographie au XVIᵉ siècle

AU XVIᵉ SIÈCLE, Dieppe, Rouen, Le Havre et Honfleur sont parmi les ports commerciaux les plus actifs du royaume de France. Fenêtres ouvertes sur l'océan et sur les territoires d'outre-mer, ces villes normandes prennent leur essor grâce au commerce maritime. Les marchands normands défient les monopoles ibériques en établissant des réseaux commerciaux lucratifs en Afrique, en Asie et en Amérique, au nez et à la barbe des Portugais. Des Indes, ils rapportent du poivre, du gingembre, du sucre, du girofle, de la cannelle. Au Brésil, ils exploitent un arbre, le bois de *brasil*, servant à la fabrication d'une teinture pourpre. Aux Terres neuves, ils pêchent une étonnante quantité de poissons. Faune, flore et indigènes provenant de pays lointains débarquent en Normandie, pour le plus grand plaisir des gens fortunés en quête de luxe et d'exotisme, mais aussi pour celui des esprits curieux voulant approfondir le savoir des Anciens.

Des marins honfleurois atteignent l'Amérique du Nord en 1506. Thomas Aubert et son équipage dieppois réalisent le même exploit deux ans plus tard. Aubert est d'ailleurs un des premiers à capturer quelques Amérindiens qu'il ramène à Rouen. En 1523, Verrazzano quitte les quais de Dieppe à la recherche d'un passage vers l'Asie qui contournerait l'Amérique par le nord. En 1529, Raoul et Jean Parmentier partent aussi de Dieppe, vers l'est cette fois, à la découverte des Moluques, îles de l'océan Indien regorgeant d'épices. L'expédition atteint l'île de Sumatra, mais les deux frères meurent de fièvre jaune et l'équipage est ramené à bon port par Pierre Crignon, l'historiographe et astrologue de service.

Les villes normandes abritent également quelques corsaires qui harcèlent sans cesse les galions espagnols et portugais. Le principal responsable de ce dynamisme maritime est le Dieppois Jean Ango (1480-1551). En finançant et en organisant bon nombre de ces expéditions aujourd'hui célèbres, cet armateur a construit une fortune colossale et est devenu l'un des hommes les plus puissants d'Europe. D'une prospérité sans précédent, Dieppe est l'endroit de prédilection des cartographes les plus habiles, en quête de renseignements sur les voyages d'exploration. Les activités maritimes, marchandes et interlopes des villes normandes expliquent en bonne partie l'étonnant foisonnement cartographique de la région au XVIᵉ siècle, auquel prirent part les Pierre Desceliers, Jean Rotz, Guillaume Le Testu, Nicolas Desliens, Nicolas Vallard, Jacques et Pierre de Vaulx, Guillaume Levasseur ainsi que Nicolas Guérard. On connaît mal la vie de ces hommes. Ils ont pourtant légué à la postérité des chefs-d'œuvre cartographiques.

Les cartes de ce corpus normand possèdent un certain nombre de caractéristiques communes. Ce sont d'immenses planisphères ou des atlas sous forme manuscrite et de grande valeur esthétique, qui présentent le monde connu des navigateurs européens vers le milieu du XVIᵉ siècle. Si ces cartes affichent de nombreux éléments propres aux cartes portulans, tels que le réseau de lignes correspondant aux orientations de la boussole (lignes de rhumbs), elles ne servaient pas à la navigation, du moins pas celles qui nous sont parvenues. Le tracé cartographique, les enluminures, les couleurs et la finesse du trait en font de sompteuses œuvres d'art, à la hauteur de leurs destinataires parmi lesquels figurent entre autres les Henri II, Henri VIII d'Angleterre, le connétable Anne de Montmorency, les amiraux Gaspard de Coligny et Claude d'Annebaut.

Les illustrations, remarquables, reflètent l'imagerie mentale d'une Renaissance encore imprégnée de la mythologie du Moyen-Âge. Les territoires extra-européens évoquent les épices, l'or, l'argent, mais aussi des mondes étranges, peuplés d'êtres bizarres. Des êtres difformes, aux comportements anormaux, occupent les marges de l'œkoumène. L'Afrique, surtout, regorge d'hommes sans tête (blemyes) ou à tête de chien (cynocéphales), de corps à une seule jambe (sciapodes), de visages à œil unique (monoculi). Ces monstres côtoient le prêtre Jean et son royaume mythique en Éthiopie. L'Amérique du Nord comporte aussi quelques illustrations fabuleuses. L'une des cartes de Desceliers fait voir des licornes et des pygmées en guerre contre une armée de grues tandis que l'atlas de Le Testu montre des hommes à tête de loup en pleine chasse, côtoyant des singes et des animaux ressemblant au kangourou.

Mais les illustrations fabuleuses sont plutôt rares comparées à l'iconographie réaliste, qui véhicule à sa manière des renseignements sur les territoires cartographiés. Ainsi peut-on apercevoir, sur l'une ou l'autre des cartes normandes, des images de baleines, de caribous, d'ours, d'Indiens vêtus de peaux ou d'Indiens en raquettes. Des personnages dessinés à la hauteur du fleuve Saint-Laurent, sur la carte de Vallard et sur une autre carte anonyme, ont attiré l'attention des chercheurs. Sur l'une de ces images, on voit des femmes et des soldats attroupés et menés par un chef, sur l'autre des paysans labourant un champ et prêtant serment à un seigneur. On a interprété ces scènes comme des références au passage de Jacques Cartier et Roberval au Canada.

Les cartographes normands savaient très bien dessiner les contours de l'Europe, de l'Afrique, de l'Asie et de l'Amérique; du moins, les côtes donnant sur l'Atlantique et l'océan Indien sont minutieusement décrites. Le trait fait voir clairement les caps, les havres, les ports, les embouchures des rivières, les îles qui sont souvent rehaussées de rouge, de bleu, de vert et autres couleurs éclatantes.

Parmi les formes continentales propres aux cartographes normands, il y a l'immense et mystérieuse terre de Java la Grande, située à l'extrémité orientale de l'océan Indien. Des chercheurs ont cru voir là les côtes de l'Australie, qui auraient ainsi été découvertes par les Européens dans la première moitié du XVIᵉ siècle, un siècle avant l'arrivée des Hollandais. D'autres penchent plutôt en faveur de l'hypothèse d'un tracé représentant le Vietnam ou même d'un tracé totalement fictif. La source de cette représentation est tout aussi controversée, mais on peut probablement l'attribuer à l'expédition des Parmentier et Pierre Crignon à Sumatra, eux-mêmes au fait d'un voyage portugais qui les aurait précédés.

À l'opposé du globe, les côtes nord-américaines, de la Floride au Labrador, sont relativement bien tracées. Deux importantes entités géographiques font leur apparition: le golfe et le fleuve Saint-Laurent. Ainsi, l'île de Terre-Neuve ressort nettement détachée du continent. Les toponymes français et portugais qui noircissent la côte est et la côte sud de l'île sont nombreux et constants, ce qui démontre que les pêcheurs européens fréquentent les lieux depuis plusieurs années. Plusieurs noms qui figurent sur les côtes ont d'ailleurs résisté à l'usure du temps, notamment les îles Saint-Pierre, Plaisance, la baie des Trépassés (Trepassey Bay), le cap Degrat, l'île Fichot, Belle Isle et Bonavista.

Comment des cartographes normands du XVIᵉ siècle ont-ils pu dessiner des documents aussi justes et détaillés? S'il est difficile

Carte de Terre-Neuve et du fleuve Saint-Laurent, par Guillaume Le Testu, 1556

L'auteur de cette carte, Guillaume Le Testu, n'est pas un cosmographe comme les autres. Aux antipodes du savant de cabinet, ce corsaire du Havre-de-Grâce (Le Havre) connaissait bien la mer océane pour y avoir passé une grande partie de son existence. Le Testu était un habitué des côtes brésiliennes. C'est d'ailleurs pourquoi, en 1555, on le charge de conduire au Brésil l'expédition de Durand de Villegaignon, qui désire implanter une colonie connue sous le nom de France-Antarctique. À son retour en France, l'année suivante, Le Testu offre un superbe atlas à l'amiral de Coligny, atlas intitulé *Cosmographie universelle selon les navigateurs, tant anciens que modernes*. Le Testu connaissait bien l'Atlantique, mais avait-il navigué dans les eaux du golfe du Saint-Laurent ? Possible, mais on pourrait aussi en douter, d'après l'arsenal iconographique déployé sur cette carte de la *Cosmographie*, à première vue trop fantaisiste. Le dessinateur présente des hommes à tête de loup en pleine chasse, côtoyant des singes et des animaux ressemblant au kangourou. Le golfe et le fleuve Saint-Laurent sont relativement bien représentés. Quant à la toponymie, elle est en grande partie d'origine portugaise, avec, par exemple, une baie des Chaleurs traduite en BAIA DE CALLENO, ce qui laisse supposer que le cartographe s'est alimenté à des sources autres que sa propre expérience. Le Testu perd la vie en 1573, lors d'une attaque d'un convoi de mules transportant l'or et l'argent du Pérou à travers l'isthme de Panama. Son compagnon d'armes, l'illustre Francis Drake, s'en tire quant à lui indemne, s'empare du butin et poursuit sa fructueuse carrière de corsaire, protégé par la reine Élisabeth d'Angleterre.

d'élucider cette question, quelques indices peuvent nous éclairer. Tout d'abord, les cartographes navigateurs (Le Testu, Rotz) ont exploré eux-mêmes une partie des territoires. Un court extrait de la dédicace de Rotz dans son *Boke of Idrography* (offert au roi d'Angleterre Henri VIII) le confirme : « [...] drawing as much from my own experiences as from certain experience of my friends and fellow navigators ». Dans cet extrait, le cartographe rappelle également que les « amis navigateurs » étaient mis à contribution.

La cartographie nord-américaine est en grande partie redevable aux voyages de Cartier et Roberval qui précèdent de quelques années l'apogée de la production normande. Parfois, la référence aux deux explorateurs est explicite, comme sur l'une des cartes de Desceliers :

> « A iceluy pays a esté envoyé par ledit roi [...] monsieur de Roberval avec grande compagnie [...] pour habiter le pays lequel avait été premièrement descouvert par le pilote Jacques Cartier. »

Autre fait intéressant, les cartes présentent un grand nombre de toponymes absents des récits publiés. Plusieurs de ces toponymes sont d'ailleurs portugais. On retrouve, à titre d'exemple, une *b[aie] de calleno* (baie des Chaleurs) dans l'atlas de Le Testu, et un havre *Arcablanc*

(Blanc-Sablon) dans l'atlas de Vallard. En examinant l'ensemble des cartes normandes, il est donc impossible de passer sous silence l'influence portugaise. Les cartographes normands ont-ils eu accès à des cartes portugaises dérobées par les corsaires français ? Ont-ils été renseignés par les pilotes portugais, débauchés par les armateurs français, à l'instar du pilote Jean Alfonce ?

En l'absence de sources pour vérifier ces hypothèses, on ne peut que spéculer sur l'origine de ces noms géographiques qui sont, à tout le moins, une trace inestimable de la présence européenne et autochtone en Amérique du Nord.

Sources principales par ordre d'importance

LA RONCIÈRE, Monique de et Michel MOLLAT DU JOURDIN, *Les portulans : cartes marines du XIIIe au XVIe siècle*, Paris, Nathan, 1984.— MOLLAT DU JOURDIN, Michel, « Le témoignage de la cartographie » dans Fernand BRAUDEL (dir.), *Le monde de Jacques Cartier : l'aventure au XVIe siècle*, Montréal/Paris, Libre-Expression/Berger-Levrault, 1984, p. 149-164. — MOLLAT DU JOURDIN, Michel, « Les ports normands à la fin du XVe siècle » dans Philippe MASSON et Michel VERGÉ-FRANCESCHI (dir.), *La France et la mer au siècle des grandes découvertes*, Paris, Tallandier, 1993, p. 83-90.

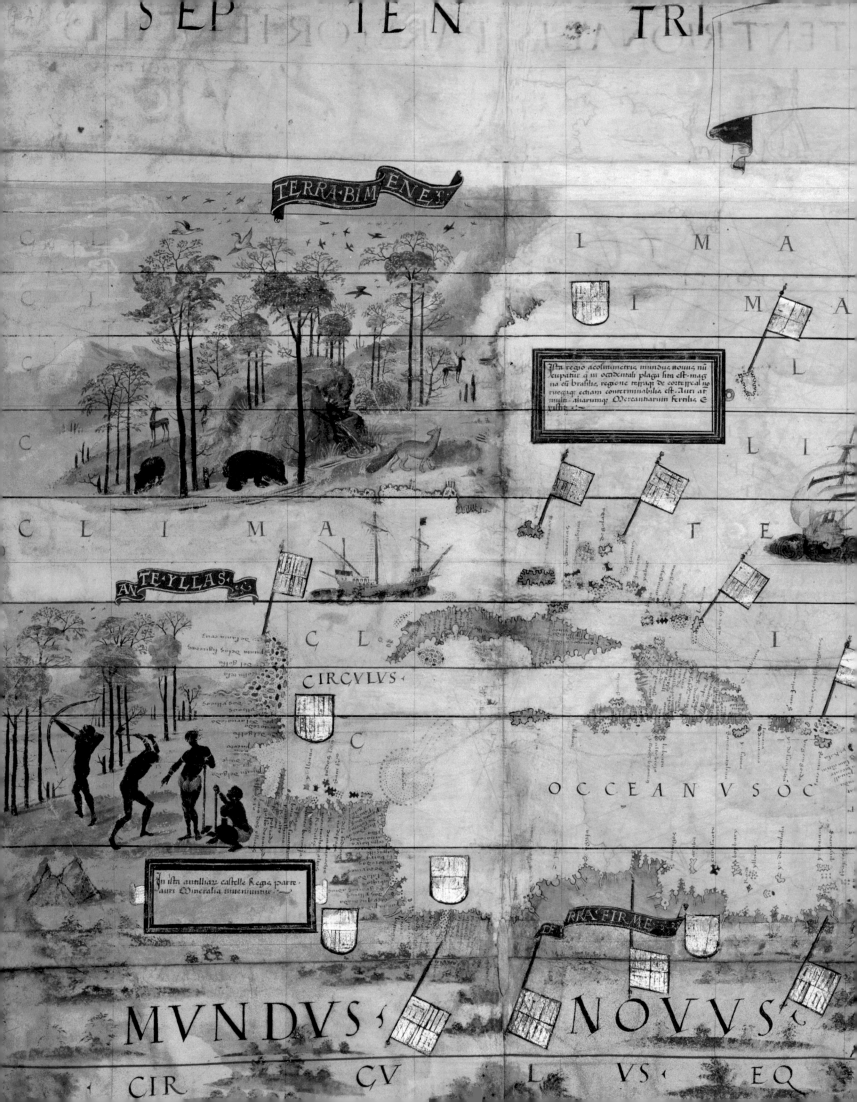

SEP   TEN   TRI

TERRA·BIM ENES

LI   M   A

LI   M   A

C   L   I   M   A

L

C

L   I

ANTE·YLLAS

CLIMA

L

CIRCVLVS·

C   L

C

OCCEANVSOC

TERRA FIRME

MVNDVS   NOVVS

CIR   CV   LVS·   EQ

La légende noire

LES EXPLORATIONS DES ESPAGNOLS

DANS LES ANNÉES 1520, la recherche d'un passage vers les Indes n'est plus le seul motif des explorations. L'or vaut bien les épices et la soie. Les Espagnols qui en cherchent désespérément en trouvent ici et là. Au cœur de l'empire aztèque, Hernán Cortés tire le gros lot à Tenochticlan en 1521-1522. Dix ans plus tard, c'est au tour de Francisco Pizarro de faire main basse sur les trésors incas.

Après la conquête de Puerto Rico, Ponce de Leon, ancien compagnon de Colomb, avait reçu l'autorisation d'aller à la recherche de terres fabuleuses au nord. Il rêvait d'y trouver la fontaine de Jouvence. Le dimanche des Rameaux, *Pascua florida* pour les Espagnols, de l'année 1513, il aborda une côte située au nord de Cuba. L'endroit était agréable et méritait bien le nom de Florida (fleurie). Ce nom devait désigner pendant plus d'un siècle une bonne partie de la côte atlantique. En 1521, Ponce de Leon y tente un projet de colonisation, mais il est repoussé par les Indiens et meurt des suites de ses blessures.

À la suite de diverses missions d'exploration le long de la côte atlantique, toujours à la recherche d'une voie navigable vers l'Asie, Lucas Vasquez de Ayllon amorce une tentative de colonisation à la hauteur de la rivière Savannah, et fonde ce qui est considéré comme la première ville espagnole de l'Amérique du Nord, San Miguel de Guadalupe. De nouveau, les Indiens s'opposent, les esclaves africains qui accompagnent l'expédition se révoltent, les fièvres se mettent de la partie et Ayllon lui-même est terrassé. Les 150 survivants abandonnent les lieux à la fin de 1526 pour rentrer à Hispaniola (Saint-Domingue).

D'abord perçue comme une île, la Floride apparaît rapidement comme une partie de continent. En longeant la côte depuis la Floride jusqu'au Mexique, en 1519, Alonzo Alvaro de Pineda le confirme hors de tout doute.

Les conquistadors se lancent dans cette direction en quête de richesses.

En 1528, Panfilo de Narvaéz assemble une troupe de 400 hommes et s'embarque à destination de la Floride. La troupe se met en marche à l'intérieur des terres, mais l'expédition tourne vite à la catastrophe. Les Espagnols réquisitionnent de la nourriture auprès des Indiens. La révolte ne tarde pas. On gagne la côte : il faut rentrer. On construit des embarcations de fortune. Trois font immédiatement naufrage, deux autres s'échouent sur les rives. On connaît quatre survivants, dont Alvar Nuñez Cabeza de Vaca et un esclave noir du nom d'Estevan. De 1529 à 1534, tantôt réunis, tantôt dispersés, les quatre survivants errent d'une tribu à l'autre. Puis, quelque part en 1534, ils se retrouvent bien déterminés non plus à survivre mais à rentrer au Mexique. Ils se mettent en marche vers l'ouest puis obliquent vers le sud. Au printemps 1536, des chasseurs d'esclaves les recueillent. L'étonnement des uns et des autres est total. En juillet, ils sont à Mexico. Leur récit effraie et rassure en même temps. Les Indiens ne sont pas que des ennemis ! Et, partout, on finit par trouver des secours et de la nourriture.

Cabeza De Vaca et Estevan en redemandent. Le premier entreprendra une longue marche de plus de 1 500 kilomètres au Brésil. Estevan pour sa part offre ses services à Vasquez de Coronado. Cette fois l'expédition projetée gagnera le Pacifique et longera la côte en direction nord. Estevan est envoyé en mission de reconnaissance. Un frère franciscain l'accompagne, Marcos de Niza. On lui parle de la proximité des Sept Cités de la légende. Estevan va en éclaireur en direction des villages de Cibola. Il n'en reviendra pas vivant, victime de la méfiance des Indiens zunis. Marcos rentre précipitamment et, sans avoir lui-même rien vu, en met plein les yeux au gouverneur de la Nouvelle-Galice, Vasquez de Coronado. En 1540, ce dernier se met en route à la tête

Ci-contre
Détail d'une carte tirée de l'Atlas Miller, complète en pages 34-35.

HAVANA Portus. St. DOMINGO. CARTAGENA. MEXICO CUSCO

Groenlandi.

Virginiani.

Rex et Regina Floridæ.

Novæ Albionis Rex.

Mexicani.

C. Mendocino
Terra de Mentanias

AMERICA
SEP TENTRIONALIS FRANCIA

NOVA

Septentrionalissimas Americæ par-
tes, Groenlandiam puta, Islandiā
et adjacentes, quod Americæ ta-
bulæ commodé comprehendi
non potuerint, peculiari hac ta-
bella Spectatoribus exhibendas
duximus.

Tropicus Cancri

MAR DEL.

CIRCULUS ÆQUINOCTIALIS OCEANUS

ZUR

Tropicus Capricorni PERUVIANUS

MARE PACIFI

CUM

AMERICÆ
nova Tabula.
Auct. Guiljelmo Blaeuw.

Cum privilegio
decem annorum. TERRA AUSTRALIS INCOGNITA.

**Carte d'Amérique,
de Willem Janszoon Blaeu, 1645**

En 1581, les Provinces-Unies (nord des Pays-Bas) font sécession de l'empire espagnol. Amsterdam connaît alors une prospérité économique sans précédent qui favorise l'émergence de cartographes locaux, dont les plus importants sont Willem Janszoon Blaeu et son fils Joan. Le père, qui était à l'origine fabricant de globes et d'instruments scientifiques, s'aventure dans l'édition de cartes et entame un projet de grande envergure : la publication d'un atlas du monde en plusieurs tomes. À sa mort (en 1638), son fils Joan poursuit le travail et publie plusieurs volumes, tout d'abord sous le titre d'*Atlas Novus*, puis sous celui d'*Atlas Maior* qui comprend entre 9 et 12 volumes (selon la langue d'édition) et près de 600 cartes. Ces atlas sont, à leur parution, les plus chers sur le marché, destinés aux plus riches aristocrates et marchands d'Europe. Cette carte publiée dans l'un des atlas de Blaeu illustre l'empire que l'Espagne s'est taillé en Amérique. Installés dans les îles des Antilles (Hispaniola, Porto Rico et Cuba), les Espagnols font graduellement la conquête des terres continentales les plus riches en or et en argent. Après avoir assujetti l'empire aztèque (1517-1522) puis l'empire inca (1533), ils exploitent, grâce au travail forcé des Indiens, les gisements de Potosí (en Bolivie) et de Zacatecas (au Mexique). D'autres richesses américaines sont aussi mises en valeur, parmi lesquelles le cuir, le tabac, l'indigo, le sucre, les perles. Au haut de la carte, l'auteur a fait ajouter le plan des principales villes telles que La Havane, Carthagène, Santo Domingo, Mexico et Cuzco. Très rapidement, sous le règne de Charles Quint et Philippe II, les Espagnols étendent leur empire dans toutes les directions, au sud jusqu'au Chili, et au nord jusqu'en Floride, Nouvelle-Grenade et Californie. Ils rencontrent alors divers peuples indiens dont plusieurs sont illustrés sur les côtés de la carte, notamment les Mexicains, Péruviens, Chiliens, Floridiens et Virginiens.

Carte de Nouvelle-Espagne publiée à Venise en 1561

Dès le XVIe siècle, l'Espagne partage son empire américain en plusieurs provinces distinctes, dont la Nouvelle-Espagne (NUEVA HISPANIA), premier territoire continental assujetti, qui correspond à peu près au Mexique actuel. MEXICO, la capitale, est représentée sur un lac. On y voit une partie de CUBA, occupée par les Espagnols dès 1511. La rive nord du golfe du Mexique semble relativement bien connue, délimitée par la Floride (FLORIDA). Le nom du « découvreur », Ponce de Leon, est apposé à une baie tout juste à l'ouest de la péninsule. La rivière SPIRITO SANTO correspond à l'actuel Mississippi. Sur la côte du Pacifique, le cartographe a localisé CIBOLA trop au sud. Il a aussi esquissé la péninsule de Californie et la fameuse mer Vermeille (MAR VERMEJO), qui plus tard hantera les explorateurs français.

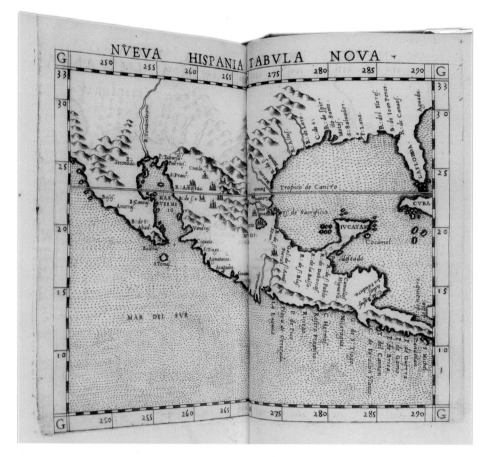

d'une énorme troupe de 330 Espagnols, la plupart à cheval, et de quelque 1 000 Indiens chargés de bagages. Pour progresser plus rapidement et multiplier les chances de trouver les Sept Cités de Cibola, la troupe se divise en petits groupes. Les uns se rendent chez les Hopis, d'autres atteignent Santa Fé et Taos. Un Indien des Plaines, surnommé le Turc, fait miroiter l'existence d'une ville très riche, Quivira, où les ustensiles sont d'argent et les plats en or, « des cloches du même métal bercent leur sommeil ». Le Turc servira de guide. Hélas pour lui, le paradis n'est pas au rendez-vous. On lui reproche même de s'être égaré. Les seules pistes rencontrées sont celles de bisons que Don Juan de Onate a décrits avec effroi : « La première fois que nous rencontrâmes des bisons, tous les chevaux prirent la fuite en les apercevant, car ils sont terribles à voir. Ils ont la face large et courte, les yeux à deux palmes l'un de l'autre, et tellement saillants sur le côté qu'ils peuvent voir celui qui les poursuit. » En juin 1541, Coronado atteint le point le plus au nord de son expédition, Quivira, sans doute un village wichita de belle apparence mais occupé de huttes de paille, quelque part au Kansas.

Sur le chemin du retour, il retraverse la rivière Arkansas et passe à quelque 500 kilomètres de l'expédition que dirige Hernando de Soto, un des plus cruels des conquistadors de son temps. Parti en 1539 à la tête d'une petite armée de 200 cavaliers et 400 hommes de troupe accompagnés de chiens de combat et, précaution ultime, de 300 cochons. De Soto affiche ses couleurs, il multiplie les razzias, rançonne et massacre. Désespérément à la recherche d'or et de trésors de toutes natures, de Soto monte vers le nord, oblique vers l'est, revient vers le sud, remonte vers l'ouest et croise un fleuve géant, le Mississippi, aussi nommé le *Rio del Spirito Santo*. La troupe hiverne à proximité de novembre 1541 à mars 1542. Désespéré, hagard, de Soto est au bout de son rouleau. Il meurt en mai 1542. On a écrit qu'il était mort repentant. Il ne pouvait pas l'être à la mesure de sa cruauté. Il est l'un de ceux qui ont alimenté l'image d'inhumanité des Espagnols, racontée par Las Casas en particulier dans sa *Très brève relation de la destruction des Indes* (1552) qui, malgré la censure et la controverse, contribuera avec son ton apocalyptique à fissurer la bonne conscience espagnole.

Un jeune voyageur italien, Girolamo Benzoni, qui parcourut les colonies espagnoles pendant 14 ans, ajoute son témoignage impitoyable dans *La Historia del Mondo Nuovo* publiée en 1565 et traduite immédiatement dans presque toutes les langues, sauf en espagnol.

Si les Espagnols pouvaient être impitoyables avec les Indiens, ils savaient l'être tout autant avec d'autres Européens. Le massacre de St. Augustine (1565), raconté au chapitre suivant, en est une terrible illustration. 🐚

Sources principales

CUMMING, William Patterson, Raleigh Ashlin SKELTON et David Beers QUINN, *La découverte de l'Amérique du Nord*, Paris, Albin Michel, 1972. — FRAÏSSÉ, Marie-Hélène, *Aux commencements de l'Amérique, 1497-1803*, Arles, Actes Sud, 1999. — GOETZMANN, William H., et Glyndwr WILLIAMS, *The Atlas of North American Exploration : From the Norse Voyages to the Race to the Pole*, Norman, University of Oklahoma Press, 1998. Ouvrage bien construit et extrêmement précieux. — LITALIEN, Raymonde, *Les explorateurs de l'Amérique du Nord, 1492-1795*, Sillery, Septentrion, 1993. — WEBER, David J., *The Spanish Frontier in North America*, New Haven/Londres, Yale University Press, 1992.

La filière huguenote

LE BRÉSIL ET LA FLORIDE

D'OÙ VIENT LE MOT HUGUENOT ? Son origine est complexe. Le mot protestant pose évidemment moins de problèmes. Un protestant proteste. Il est difficile aujourd'hui d'imaginer l'état de l'Église catholique vers 1500. Alors qu'on débat toujours du célibat des prêtres, apprendre que plusieurs papes de l'époque eurent des enfants laisse passablement perplexe. Constater le soin qu'ils prennent de leur progéniture pourrait inciter à une certaine clémence s'ils ne le faisaient pas en s'appuyant sur l'intrigue et la fourberie. Bref, la papauté traverse alors une crise extrêmement grave marquée par la simonie et la corruption. Plusieurs papes sont des dévoyés. L'un est fortement soupçonné d'avoir acheté des votes pour son élection, l'autre est accusé d'inceste. Le ton est donné, les prélats sont à l'image du pape. Ils achètent leur charge et en profitent de façon scandaleuse. Le bas clergé est ignorant, le petit peuple également. « Autres temps, autres mœurs », dit-on. C'était tout de même trop.

Martin Luther figure parmi les premiers protestataires. Ce moine augustin, bouleversé par la déliquescence qu'il constate dans la Rome des Borgia, amorce un vaste mouvement de réforme. Sous l'impulsion de l'empereur Charles Quint, lui-même catholique, inquiet des divisions que les querelles religieuses suscitent, se dessine la nécessité d'une contre-réforme. Lentement et péniblement, le concile de Trente (1545-1563) convoqué par Paul III parvient à fixer la doctrine de l'Église et à imposer un minimum de discipline. C'était trop peu, trop tard. L'objectif était de rapprocher catholiques et protestants. Le concile laisse dos à dos papistes et hérétiques. Le fossé est plus large qu'auparavant.

Une guerre est toujours une horreur. Une guerre de religion les surpasse toutes en fanatisme et en cruauté. D'Allemagne, la réforme de Luther avait gagné les autres pays d'Europe, soutenue par d'autres esprits forts tels Jean Calvin et Ulrich Zwingli.

La France compta bientôt une importante proportion de protestants appelés huguenots ou réformés. Le mouvement prit une dimension politique. On se disputa le pouvoir par des affrontements, des conspirations, des assassinats.

Gaspard de Châtillon, seigneur de Coligny, fut nommé amiral de France en 1552. Séduit par le protestantisme, il se sentait au cœur de la tourmente. Il jugea bon de faire diversion en attirant l'attention sur l'extérieur. Déjà, il encourageait les corsaires français à « courir sus » à l'ennemi catholique. Les Espagnols, gorgés d'or et d'argent, étaient la cible par excellence. Le nombre de

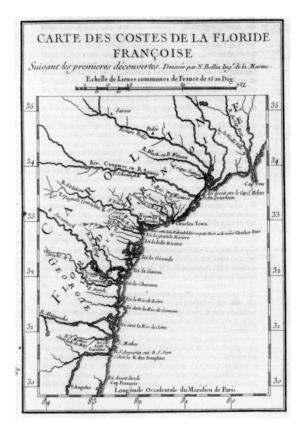

Carte des costes de la Floride françoise, par Nicolas Bellin, 1744
Les créations toponymiques ont parfois une étonnante résistance au temps qui passe. Au XVIe siècle, les Français entreprennent de coloniser la FLORIDE, mais en vain. Ils en sont violemment chassés par les Espagnols qui ne leur laissent aucun espoir de retour. L'héritage toponymique a par contre meilleure fortune. Les noms créés à cette époque – rivière de LOIRE, de GIRONDE, de GARONNE, sans oublier la CAROLINE nommée en l'honneur de Charles IX – sont perpétués par la cartographie française jusqu'au XVIIIe siècle, comme sur cette carte de Bellin. L'une des raisons en est bien simple. Floride et Louisiane sont des territoires voisins. En rappelant, consciemment ou non, la présence française en Floride, on pouvait plus facilement revendiquer le territoire louisianais, convoité par les Espagnols et les Anglais.

Montes Apalatci, in quibus aurum, argentum & æsinuentur
Apalatci

In hoc lacu Indigenæ
argenti grana inveniunt

Oustaca
Onatheagua
Appalou

Potanou
Ehiamana
Anouala
Hicaranaou

F L O R I D A   P R O   V I N C I A

AB INDIGENIS DICTA IAQVAZA

Aftina
Choya

Vtina

Patchica
Eloquale
Aquouena
Edelano
Cadica
Chilili
Calanay
Mocoso
Mayarca
Onachaquara
Mathiaca

Maira

Murracou

Sorrochos

F. Sorrochos.

Adeo magnus est hic lacus
ut ex una ripa conspici altera
non possit. Distat a Charles
fort 180 leucis.

Oathaqua

Mocossou

Promi: Cānaueral

Mexicani Sinus pars

Sinus Ioan
nis Ponce

F. Canores

F. Pacis

Lacus &
Insula Sarrope

Yocajouque siue maior
Lucaya.

Bahara.

Zagateo.

Bimini

A quatio

C A L O S

Iar di ner

Æstuaria

Rupes

Haec maris pars plena est Insulis, scopulis, breuibus et puluiris valde insidi

Calos

Insula dicta
Testudines

Prom. Florida.

Scopuli dicti
Martyres

Hauana

Cuba insula.

Cuspis S.
Antonij

Xagua
Guanaynarico

Mons Christi

Cauana

Insula
Pinorii

Isabella
Portus Patris
Cubanacan

Iardines scopuli, na
uigantibus formidabiles

S. Ber Christi.

S.   Trinitatis.

Albayhamo

Baracoa

S. Jacobi.

Portus absconsus.

corsaires se multiplia. François Le Clerc, dit Jambe de bois, et Jacques de Sores, surnommé l'Ange exterminateur, entreront dans la légende.

Coligny jugea qu'il fallait faire davantage. Les cartographes de Dieppe déposaient sur sa table des représentations séduisantes des Amériques. Les yeux se tournèrent vers le Brésil ; les Français s'y rendaient depuis des lunes. En mars 1554, Henri II acceptait d'accorder une forte somme d'argent au « chevalier de Villegaignon » pour y jeter les bases d'une colonie française. Ce fut un échec. « L'oubli dans lequel est tenu cet épisode historique, écrit Jean-Christophe Rufin dans son merveilleux roman *Rouge Brésil* (Goncourt, 2001), tient au refus d'en cultiver la mémoire et non à l'absence de documents. » On peut en dire autant de l'échec des Français en Floride. Les documents abondent, mais le silence s'est imposé. Pourtant.

Si Rufin a ramené l'attention sur l'aventure de Villegagnon (ou Villegaignon), c'est sans doute les gravures des de Bry qui ont tiré de l'oubli les tentatives d'établissement de Jean Ribaut et René Goulaine de Laudonnière. Les de Bry étaient des luthériens qui ont quitté Liège pour Francfort où ils ont décidé de dénoncer les excès des entreprises de colonisation espagnole en Amérique par l'édition de récits de voyages accompagnés de superbes gravures. Ces dernières années, Marc Bouyer et Jean-Paul Duviols les sortaient de l'ombre grâce en particulier à un magnifique ouvrage intitulé *Le Théâtre du Nouveau Monde* publié par Gallimard en 1992.

Aucun des de Bry, tant le père Théodore que ses fils Jean-Théodore et Jean-Ismael, n'est venu en Amérique. Ils se sont toutefois appuyés sur de remarquables illustrateurs. Trois occupent une place d'honneur : Hans Staden au Brésil, Jacques Le Moyne de Morgues en Floride et John White en Virginie.

Les rares historiens qui évoquent la présence des Français en Floride insistent sur les difficultés vécues, les chicanes internes, l'hostilité des Indiens et un massacre épouvantable perpétré par les Espagnols. Dans ce dernier cas, le drame est d'une telle ampleur qu'on se demande comment le récit de ces événements a pu parvenir jusqu'à nous. En examinant le tout de plus près, on apprend que Jacques Ribaut, le fils de Jean, a réussi, en 1565, à ramener une cinquantaine de survivants parmi lesquels René de Laudonnière, Nicolas Le Challeux, un charpentier, et Jacques Le Moyne de Morgues, un peintre. Comment ce dernier a-t-il pu sauver ses dessins ? Mystère. Ou peut-être les a-t-il reconstitués de mémoire ? Possible. De toute façon, les originaux sont aujourd'hui disparus, à l'exception d'une pièce représentant un chef timucua, Athore, montrant à Laudonnière (1564), avec fierté, une colonne érigée par Jean Ribaut deux ans auparavant et que les Indiens entourent du plus grand respect.

Le Moyne avait échappé de justesse à la mort. Peu après son retour, il gagna l'Angleterre où Henri VIII avait

Carte de la Floride par Le Moyne de Morgues, publiée par Théodore de Bry en 1591
Parue dans le recueil des *Grands voyages* de l'éditeur Théodore de Bry, cette carte est un témoin important de la courte présence française en Floride. Son auteur, Jacques Le Moyne, était un dessinateur très talentueux. Parvenant à échapper au massacre de la colonie française par les Espagnols, Le Moyne passe en France puis en Angleterre où il fait connaître ses dessins. Cette représentation sert de modèle aux cartographes hollandais, puis aux cartographes français des XVIIᵉ et XVIIIᵉ siècles, soucieux d'accorder à leur royaume un droit de possession, tout théorique fût-il.

Armoiries du royaume d'Espagne, qui figurent sur la carte dans la partie méridionale du continent, signifiant ainsi l'occupation espagnole de ce territoire.

Armoiries du roi de France placées sur la carte à proximité du littoral atlantique où la France tente de s'implanter, de la péninsule floridienne au golfe du Saint-Laurent.

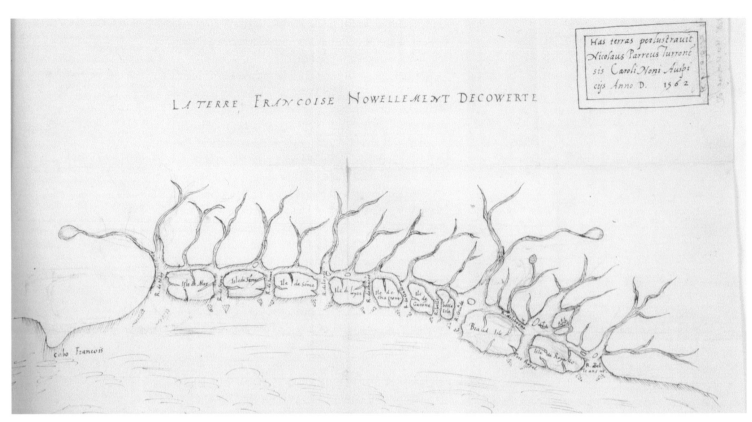

La Terre Françoise Nowellement Decowerte

Has terras perlustrauit Nicolaus Parreus Turronesis Caroli Noni Auspicijs Anno D. 1562

Carte de la Floride française de Nicolas Barré, 1562

En 1562, quelques centaines de Français protégés par l'amiral de Coligny sont envoyés en Floride pour implanter une colonie huguenote. Cette carte du pilote Nicolas Barré témoigne de cette entreprise malheureuse. Elle montre bien que les Français ont exploré les côtes du sud-est des États-Unis et nommé les lieux à leur convenance. On y voit le cap Français, la rivière de May, la rivière de LOIRE, l'île de GARONNE, l'île de SEINE, des noms dont l'usage a perduré jusqu'au XVIIIe siècle. Barré fait partie des quelques hommes laissés en renfort à Charlesfort. Après avoir tué leur capitaine trop autoritaire, ils attendent des secours qui n'arrivent pas. Les mutins décident finalement de construire un brigantin pour rentrer en France, avec l'aide d'Indiens qui leur procurent des cordages et leur montrent l'usage de la résine. Après des semaines d'errance sur mer, forcés de boire leur urine ou de manger leurs souliers, ils jugent « plus expédient, raconte Laudonnière, qu'un seul mourut que tant de gens périssent ». Le sort désigne un dénommé La Chère, « la chair duquel fut partie également à ses compagnons. Chose si pitoyable à réciter que ma plume même diffère de l'écrire ». Les survivants furent rescapés par un navire anglais.

instauré l'anglicanisme à la suite de son schisme avec Rome. Il reprit ses pinceaux et retourna à ses premiers amours : les plantes, les fruits et les fleurs. Grâce à la filière protestante, il rencontra John White et Théodore de Bry. Tous trois furent en étroits contacts et solidaires des projets des de Bry. À la mort de Le Moyne, Théodore de Bry se porta acquéreur d'une série d'aquarelles à partir desquelles il a gravé quarante-deux planches. Celles-ci renseignent sur l'expérience vécue par les Français et beaucoup sur les Indiens. Le Moyne a aussi laissé le récit, en latin, de ses aventures dans lequel il porte un regard fort bienveillant sur Athore et les siens.

En fait, la double tentative des Français (1562 et 1564) en Floride est très largement documentée. En effet, Laudonnière et Le Challeux ont aussi laissé des écrits importants, de même que Solis de Méras, beau-frère de Pedro Menéndez de Avilés qui commandait la petite armada de dix navires envoyée par Philippe II pour

déloger les Français. Méras est l'un des deux hommes qui ont mis à mort Jean Ribault. Dans son rapport adressé au roi, Menendez se félicite de la mort de « Ribao », lequel « pouvait faire davantage en un an que les autres en dix ». « En effet, ajoutait-il, on ne connaît ni marin ni corsaire plus expérimenté et il était très expert dans cette navigation aux Indes occidentales et sur la côte de la Floride. »

Sources principales par ordre d'importance

LUSSAGNET, Suzanne, *Les Français en Amérique pendant la deuxième moitié du XVIe siècle. Les Français en Floride*, Paris, Presses Universitaires de France, 1958, vol. II. Textes de Jean Ribault, René de Laudonnière, Nicolas Le Challeux et Dominique de Gourgues. — BOUYER, Marc, et Jean-Paul DUVIOLS (dir.), *Le Théâtre du Nouveau Monde : les grands voyages de Théodore de Bry*, Paris, Gallimard, 1992. Un splendide ouvrage à tous points de vue. — GAFFAREL, Paul, *Histoire de la Floride française*, Paris, Firmin-Didot, 1875.

Découverte ou rencontre

LES AUTOCHTONES AU MOMENT DU CONTACT

LES TAINOS DE GUANAHANI, les Iroquoiens d'Hochelaga et les Timucuas de Floride ont plusieurs points en commun. Tout d'abord, ils furent les premiers Indiens de leur région respective à « découvrir » des Européens. En octobre 1492, les sentinelles des villages tainos sont fort intriguées par les caravelles de Christophe Colomb. Le moment de stupeur passé, ils distinguent sur ces montagnes flottantes des êtres étranges, barbus, lourdement vêtus. S'agit-il de monstres ? Ou plutôt de dieux ? Les Tainos sont vite ramenés à la réalité ; ils ont bien en face d'eux des êtres humains. Ils discernent rapidement les bouffées de concupiscence que dégagent Colomb et ses hommes. Ces derniers sont, bien sûr, heureux de se voir offrir de l'eau, du poisson, des fruits, mais leurs yeux cherchent des bijoux, des pierres précieuses, des pièces d'or. Pour leur part, les Indiennes qui « vont nues » en plus d'être « très belles » décodent vite le désir qu'elles éveillent. Aucun doute possible, elles sont en face d'hommes semblables à tous les hommes. Elles-mêmes sont des femmes normales, fières de l'intérêt qu'on leur porte, attirées également par l'exotisme des visiteurs.

Avec le premier équipage de Colomb, il n'y a pas de religieux. Ils viendront par la suite, absolument découragés par ce qu'ils verront. Il faut rappeler qu'à cette époque l'Église venait à peine de vaincre les habitudes de nudité qui avaient caractérisé les sociétés européennes. Bien qu'elle était signe de pauvreté plutôt que de lubricité, la nudité avait été réprimée par les prêtres. Les voyageurs européens de la fin du XVIᵉ siècle en avaient donc perdu l'habitude, aussi ils ne finissent plus de s'en étonner de la part des Indiens.

Les missionnaires, eux, associaient nudité à absence de vertu, encore qu'il s'en trouve, comme Jean de Léry, pour considérer que la coquetterie des Françaises incite davantage à la lubricité et à la paillardise que la simplicité des Indiennes. « Je maintiens, écrit ce calviniste sincère,

que les attifets, fards, fausses perruques, cheveux tortillés, grands collets fraisés, vertudales [vertugadins], robes sur robes, et autres infinies bagatelles dont les femmes et les filles de par deça se contrefont et n'en ont jamais assez, sont sans comparaison cause de plus de maux que n'est la nudité ordinaire des femmes sauvages : lesquelles cependant , quant au naturel, ne doivent rien aux autres en beauté. » Sur ce point, il y a unanimité : les Indiens sont beaux et bien proportionnés. Colomb le note avec insistance, Cartier souligne leur « belle corpulance » tandis que Jean Ribaut laisse libre cours à son enthousiasme : « Ils sont entièrement nus et d'une belle stature, puissants, beaux, et aussi bien bâtis et proportionnés qu'aucun peuple au monde, très doux, courtois et de bon naturel. […] Les femmes sont belles et modestes : elles ne souffrent pas qu'on les approche de près de façon déshonnête. »

Les Français en Floride
Athore, roi des Timucuas, montre fièrement à Laudonnière la stèle érigée deux ans auparavant (1562) par Ribaut. Le Moyne de Morgues, l'auteur de ce tableau, a aussi laissé un texte fort intéressant. « Athore est bel homme, avisé, honorable, fort et de très haute taille, beaucoup plus grand que le plus grand de nos hommes », note l'artiste qui insiste sur le port majestueux de l'Indien. (Voir R. Litalien et D. Vaugeois, *Champlain*. Septentrion, 2004 : 28-29.)

En haut : Indienne huronne écrasant sans doute du maïs avec un long pilon. Au menu, de la sagamité, une bouillie composée de maïs, de morceaux de viande ou de poisson et de légumes.

Au centre : Indien kaskaskia, tribu installée sur le Mississippi non loin de Cahokia.

En bas : Indienne almouchiquoise tenant un épi de maïs dans une main et une courge ou « sitroule » dans l'autre.

Mais ce n'est pas toujours le cas, Ainsi, Ignace de Loyola, ce Basque de bonne famille, devait être bien découragé en parcourant la lettre d'un de ses missionnaires : « Les femmes vont nues et ne se refusent à personne, lui écrit le père José de Anchieta en 1554, elles provoquent même et importunent les hommes pour s'unir à eux dans des hamacs, car il est de leur honneur de coucher avec des chrétiens. » Dans ses écrits, le valeureux jésuite ne se débarrasse jamais de ses perceptions catholiques et européennes. En vérité, à partir de 1492, Indiens et Européens se découvrent, s'apprivoisent, parfois s'affrontent. Les échanges sont nombreux et dans les deux sens. L'Europe ne sera plus jamais la même, les Amériques non plus.

Des sociétés équilibrées et saines

Les Tainos, les Iroquoiens, les Timucuas appartiennent à de vastes réseaux d'échanges. Ils ont un même réflexe en recevant des « ferrements ». Voilà de beaux objets de troc qui leur donneront un net avantage dans leurs échanges, se disent-ils ; encore faut-il qu'ils puissent jouir d'une certaine exclusivité. Ils négocient en ce sens. Tous les Indiens rencontrés par les Européens ont la même réaction. Ils invitent leurs visiteurs à ne pas aller plus loin. Au-delà, ils s'en chargent. Ce que convoitent les Européens, ils le leur apporteront. Ils se proposent comme des intermédiaires et suggèrent des alliances. Ils ont des concurrents, des rivaux et souvent des ennemis. Les Européens doivent choisir leurs camps tout comme ultimement les Indiens seront invités à le faire.

Sédentaires, les membres des trois nations mentionnées ci-dessus ont aussi en commun une vie collective bien organisée. Ils sont regroupés dans des villages, logés dans des maisons bien aménagées, pourvus de réserves de nourriture et, ce qui ne manque pas d'étonner les Européens, de tabac. Toutes trois cultivent le maïs, ont une connaissance approfondie des plantes et profitent d'une large pharmacopée. Les Indiens en question sont en santé et savent si bien se soigner qu'ils cachent une forme quasi endémique de syphilis. Ils en ont l'accoutumance et n'en souffrent pas ou en contrôlent rapidement les effets lorsque c'est nécessaire. Les Espagnols ne se méfient pas. Et même si ! C'est ainsi qu'en même temps que des échantillons de diverses plantes, comme le maïs et le tabac, faisant l'étalage d'objets tel le hamac qu'ils adopteront sur-le-champ puisqu'il est si commode à bord des navires infestés de rats, les hommes de Colomb ramènent la syphilis, version américaine. Elle se répandra à une vitesse étonnante en Europe et viendra s'ajouter aux versions françaises, napolitaines et anglaises. Même les hauts gradés comme Martin Alonso Pinzon n'y ont pas échappé. Celui-ci aura tout juste le temps de rentrer en Espagne pour y rendre son dernier souffle.

Les Indiens savaient affronter les maladies de leur territoire, y compris les fièvres qu'ils maîtrisaient avec des décoctions d'écorce de quina – en quelque sorte l'annedda du Sud –, mais ils furent tragiquement pris de court face à de nouvelles maladies européennes comme la grippe, la rougeole et surtout la variole, aussi appelée petite vérole par opposition à la vérole ou à la syphilis.

L'anéantissement

Les Tainos de Guanahani, les Iroquoiens d'Hochelaga et les Timucuas de Floride ont connu un sort commun. Ils ont à peu près disparu. Exterminés par les guerres ? Anéantis par leurs ennemis ? Non. Le temps de le dire, les Tainos qui étaient plus d'un million sont passés à 50 000, puis à presque rien. Lorsque Cartier revient à Hochelaga en 1541, le village d'Hochelaga n'est plus là ; Champlain lui-même trouvera la vallée du Saint-Laurent quasi déserte. Les Iroquoiens du temps de Cartier ont pratiquement disparu. Les Timucuas de leur côté se sont dispersés et les survivants ont joint les tribus voisines.

Le destin de ces trois nations n'est pas l'exception, c'est la règle. L'ampleur des épidémies qui ont fauché les populations indiennes commence tout juste à être admise. L'historien Léo-Paul Desrosiers avait rencontré pas mal de scepticisme lorsque, au moment de la parution du premier tome d'*Iroquoisie* (1947), il avait laissé tomber : « J'ai 10 000 morts à expliquer pour cette année-là. Les guerres ne suffisent pas ; elles peuvent être la cause d'un millier tout au plus. » En 1985, à partir de l'avis du « comité catholique », le ministère de l'Éducation avait refusé d'approuver un manuel d'histoire du Canada parce que les auteurs suggéraient que les missionnaires avaient contribué à la propagation d'épidémies.

Les ravages de la variole sont particulièrement bouleversants. On peut être atteint de cette maladie et en être contagieux sans en avoir les signes externes. Quand ceux-ci apparaissent, les gens s'éloignent du malade et souvent s'enfuient vers un autre village où on les accueille sans méfiance. C'est ainsi que des nations entières ont été balayées de la surface de la Terre. Il est maintenant bien connu que cette maladie pouvait voyager plus vite que les troupes des conquistadors. Il suffisait que les éclaireurs des deux camps entrent en contact, ne fût-ce parfois qu'avec les mêmes objets, pour qu'une épidémie progresse.

Les conquêtes des Cortés, Pizarro et autres s'expliquent moins par la supériorité des armes, la présence de chevaux et de chiens de combat que par les épidémies qu'ils déclenchent, assorties d'intrigues pour diviser les Indiens et d'une cruauté étonnante qui n'épargne personne. Au point de coûter parfois la vie aux conquistadors eux-mêmes.

Malgré ses erreurs, la colonisation espagnole prend une avance énorme sur celle des Français et des Anglais. En 1600, alors que ces derniers n'ont aucun établissement permanent en Amérique et qu'ils s'en tiennent à la course (forme de piraterie), l'Espagne a projeté en

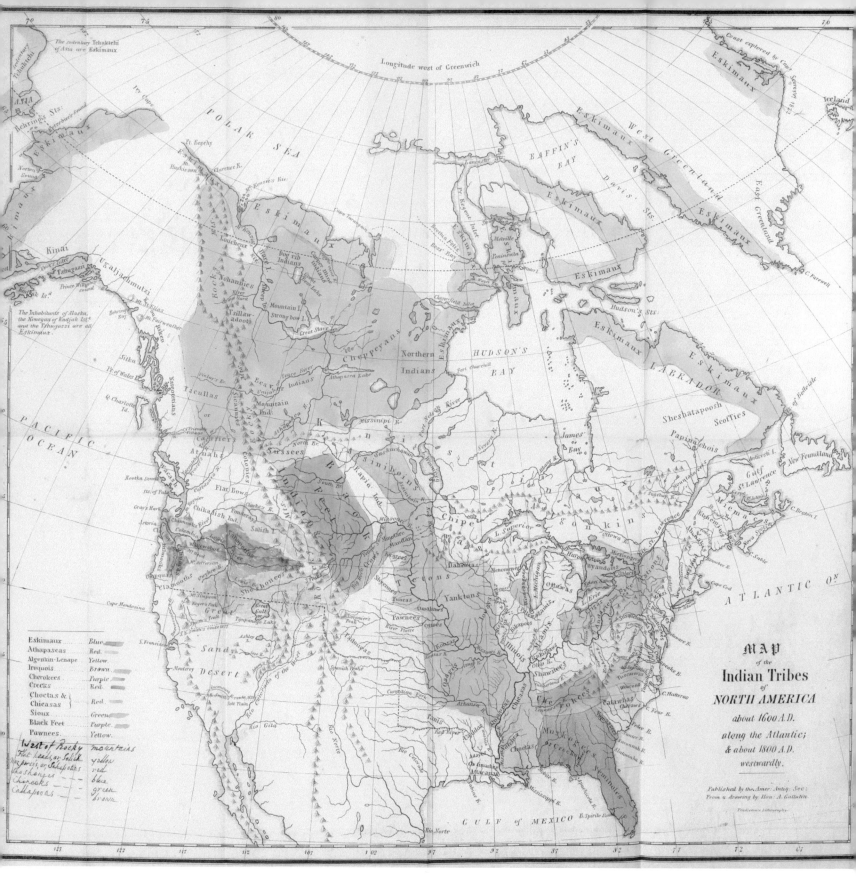

Les Indiens d'Amérique du Nord (vers 1600 sur la côte atlantique et vers 1800 à l'intérieur du continent) selon Albert Gallatin
Cette tentative de classification des tribus indiennes est due à la patience et au talent d'Albert Gallatin, financier, diplomate et ethnologue à ses heures. De façon fort astucieuse, il eut l'idée de faire un relevé des tribus indiennes à deux moments différents : en 1600 pour celles de la côte Atlantique et en 1800 pour celles de l'intérieur. Les premières furent anéanties ou déplacées, les secondes ne furent guère connues des Américains avant le milieu du XVIIIᵉ siècle. Gallatin relève quelque 80 tribus qu'il regroupe en 8 familles linguistiques identifiées sur la carte par autant de couleurs. Au lendemain de l'expédition de Lewis et Clark sur la côte du Pacifique, il ajoute à la main de nouvelles familles dont les SALISH, les CLATSOPS, les SHOSHONEES et les CHINNOEKS. À l'autre extrémité du continent, il n'a pas oublié les MONTAINEERS, les PAPINACHOIS, les MICMACS, les ETCHEMINS, les ABENAKIS. Document absolument exceptionnel, cette carte fut accompagnée d'un *Synopsis of the Indian Tribes* dans lequel Gallatin fait une large place aux langues indiennes observées avec le plus grand soin par Lewis et Clark. Leurs notes, aujourd'hui disparues, ont-elles servi à Gallatin ? C'est probable.

En haut, une personne en réconforte une autre atteinte de la variole. Ce dessin bien connu est tiré du *Codex de Florence* du frère Bernardino de Sahagún.
L'illustration du bas, exécutée par Théodore de Bry, rappelle le récit de Hans Staden qui eut la vie sauve grâce à l'apparition d'une fulgurante épidémie.
(Voir R. Litalien et D. Vaugeois, *Champlain*. Septentrion, 2004 : 274.)

Amérique environ 200 villes dans lesquelles vivent 160 000 colons.

À l'arrivée de Colomb, il existait, en Amérique du Nord, une quinzaine de grandes familles linguistiques correspondant à quelque 300 nations indiennes. Au fur et à mesure qu'elles sont entrées en contact avec les Européens, elles ont commencé à disparaître. Ce triste phénomène se poursuivra et même s'intensifiera. Les Indiens en prendront peu à peu conscience.

Pour avoir une idée de l'ampleur des ravages, on peut suivre l'arrivée des Blancs au cœur du continent, à la hauteur du Missouri par exemple. Dans leurs journaux soigneusement tenus, les Américains Lewis et Clark soulignent l'importance d'épidémies toutes récentes. Ainsi, le 3 août 1804, ils rencontrent quelques Indiens missouris, tristes survivants de l'épidémie de 1801-1802, réfugiés chez les Indiens otos. Plus loin, ils visitent les Aricaras répartis en trois villages faiblement peuplés sur les 18 qu'ils habitaient précédemment. Les Mandans, près desquels ils hiverneront, ont abandonné trois des cinq villages qu'ils occupaient (Vaugeois, 2002 : 38). Et c'est pour peu de temps. En 1837, pour plusieurs de ces peuples, ce sera la fin.

En 1492, la population des Amériques se comparait à celle de l'Europe, l'une a fondu tragiquement, l'autre a proliféré. Excellents cultivateurs, les Indiens sédentaires étaient mieux nourris que les Européens. Le maïs est une plante quasi miraculeuse ; la pomme de terre suffit à elle seule à garder un être humain en vie. Les Indiens en avaient développé d'infinies variétés et les avaient adaptées à des conditions de sol ou de climat extrêmement variables. Ces deux aliments ont progressivement modifié les habitudes alimentaires des Européens (avant de faire de même pour l'Asie) ; ils furent rejoints par de nombreux autres produits : la tomate, divers piments et poivrons, des fèves, des courges, l'ananas, la papaye, l'avocat, etc. Et que dire des saveurs sans lesquelles on imagine mal une carte des desserts : chocolat, vanille, érable, fruit de la Passion ?

Bien sûr, l'Europe c'était la Civilisation, oui avec un C majuscule. Le grand Fernand Braudel, fidèle à sa Méditerranée, à son centre du monde, a d'abord soutenu que « la conquête du Nouveau Monde, c'est aussi l'expansion de la civilisation européenne sous toutes ses formes » pour finalement reconnaître qu'« une fois entrée dans la vie de l'Europe, l'Amérique en a changé peu à peu toutes les données profondes, elle en a même réorienté l'action ».

La question reste ouverte. Tôt ou tard, il faudra bien réexaminer l'histoire du monde atlantique, en fait celle de toute la planète, et admettre que 1492 marque une rencontre entre deux univers qui s'ignoraient, une découverte réciproque, le début d'une nouvelle ère d'échanges, la naissance progressive d'un vrai nouveau monde issu de deux vieux mondes. 🐚

Sources principales

Cet article est en quelque sorte un texte de synthèse qui reprend divers aspects que j'ai traités dans des ouvrages précédents, dont *America* (Septentrion, 2002) et *L'Indien généreux* (CÔTÉ et autres, Boréal et Septentrion, 1992). [D. V.] Voir aussi :

FENN, Elizabeth Anne, *Pox Americana : The Great Smallpox Epidemic of 1775-82,* New York, Hill and Wang, 2001. Pour suivre la guerre de l'Indépendance des États-Unis qui se déroule sur un fond d'épidémie de variole. — JONES, David Shumway, *Rationalizing Epidemics : Meanings and Uses of American Indian Mortality since 1600,* Cambridge [États-Unis], Harvard University Press, 2004. Captivant, en particulier sur les premières épidémies et les réactions qui suivent. — JULIEN, Charles-André, *Les voyages de découverte et les premiers établissements : XVe-XVIe siècles,* Paris, Presses Universitaires de France, 1948. — MANN, Charles C., *1491 : New Revelations of the Americas before Columbus,* New York, Knopf, 2005. Ouvrage fascinant. — MORIN, Michel, *L'usurpation de la souveraineté autochtone : le cas des peuples de la Nouvelle-France et des colonies anglaises de l'Amérique du Nord,* Montréal, Boréal, 1997. — WALDMAN, Carl, *Atlas of the North American Indian,* New York, Facts On File, 1985.

Les Treize Colonies

LES DÉBUTS DU RÊVE AMÉRICAIN

TANDIS QUE LE GOLFE DU SAINT-LAURENT et le golfe du Mexique bourdonnaient d'activités, la côte qui allait de Terre-Neuve à la pointe de l'actuelle Floride tardait à retenir l'attention des Européens. Bien sûr, les Espagnols la considéraient comme leur chasse gardée, mais ils ne pouvaient tout de même pas empêcher Français, Anglais, Hollandais et même Suédois de chercher à en percer progressivement les mystères.

Placée au bon endroit, au bon moment, l'Espagne, libérée de l'occupation maure et forte de sa récente réunification, se considérant investie d'une mission providentielle, avait pris les devants en Amérique. Charles Quint et son fils Philippe II avaient eu les moyens d'imposer leur hégémonie. Au début de son règne, la reine Élisabeth (Ire d'Angleterre) jugea plus prudent de garder ses distances. Née du mariage d'Henri VIII et d'Anne Boleyn, elle était considérée, par bien des catholiques, comme enfant illégitime et indigne de régner. Elle se tourna donc vers le protestantisme et rétablit l'Église anglicane que sa demi-sœur Marie Tudor avait écartée pendant son court règne. Du même souffle, elle entreprit de soutenir, contre les Espagnols, une certaine agitation qui se développait dans les Flandres. Élisabeth prenait peu à peu ses distances de ses voisins, de Philippe II tout particulièrement. Elle encourageait même ses corsaires à harceler et à piller les colonies espagnoles et renoua avec le vieux rêve d'une route vers la Chine. Francis Drake, en réussissant un spectaculaire tour du monde (1577-1580), lui apporta une grande satisfaction.

L'échec des Français en Floride n'allait pas rester sans lendemain. Jean Ribaut qui avait dirigé l'expédition de 1562 avait dû se réfugier en Angleterre. Retenu plus longtemps qu'il ne l'aurait souhaité, il en profita pour publier le récit de son voyage. Il fut rejoint par Nicolas Barré, deux fois survivant, d'abord du Brésil puis de la Floride, qui ajouta son témoignage.

Progressivement plus audacieuse, la reine autorisa, en 1580, Sir Humphrey Gilbert à explorer des territoires qui échappaient à l'autorité d'un prince chrétien. Malgré son enthousiasme et ses vastes connaissances, Gilbert n'alla pas beaucoup plus loin que Terre-Neuve avant de disparaître en mer. Son demi-frère, Sir Walter Raleigh, un des favoris d'Élisabeth, reprit le flambeau et dépêcha une petite expédition sous le commandement de Philip Amadas et Arthur Barlowe. Le 13 juillet 1584, ils débarquent sur l'île Roanoke, un peu au nord des endroits visités par les Français de 1562 à 1565. L'endroit plaît. La fertilité étonne. « Une telle abondance est presque indescriptible », écrit Barlowe. Mieux encore, les Indiens sont « très beaux, très gentils aussi et firent preuve d'un comportement très civil ; leurs manières valaient celles de bien des gens d'Europe (*as lived after the manner of the golden age*) ». Barlowe raconte qu'un Indien, après avoir visité leurs deux bateaux et avoir accepté quelques cadeaux, regagna sa pirogue, se mit à pêcher et, après une demi-heure, déposa sur la rive deux paquets de poisson, faisant comprendre que c'était sa façon de remercier et de rembourser.

Raleigh n'en demandait pas plus. Non seulement obtint-il l'autorisation d'établir un établissement permanent, mais celui-ci pourrait porter le nom de Virginia en l'honneur d'Élisabeth, surnommée la reine vierge parce qu'elle n'avait pas d'enfant. C'est d'ailleurs son neveu, un catholique, qui lui succéda.

Roanoke pourrait devenir, dans l'esprit de Raleigh, une colonie bien sûr, mais aussi une base d'opération pour attaquer les convois espagnols. Deux personnages sont associés à sa brève histoire : un mathématicien, Thomas Harriot, et un peintre, John White. Malgré leur savoir-faire (et l'aide de Manteo, un Indien croatan qui sert d'interprète), la colonie est un échec. Le mauvais sort s'acharne sur elle. Une disette, suivie d'une absence de

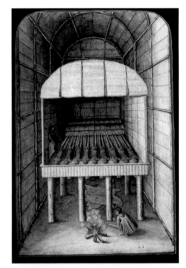

En haut, dessin de John White intitulé *Regulorum Sepulcra*. En bas, l'empereur Powhatan domine ses sujets.
Même les monarques sont mortels. Smith se moque-t-il ? En tout cas, la structure de la chambre des morts l'a inspiré.

Détail de la carte de Virginie, par John White, publiée à Francfort par Théodore de Bry, 1590

La première tentative de colonisation anglaise en Amérique du Nord a lieu en 1585 sur l'île de Roanoke (actuellement située en Caroline du Nord). Dès les premiers temps, les relations entre colons anglais et Indiens ne sont pas très cordiales. Cela n'empêche pas l'artiste John White de réaliser plusieurs dessins d'Indiens (du village de Pomeiock) et aussi de dresser une carte de la Virginie, d'une grande précision pour l'époque. Cette carte a été popularisée par l'éditeur Théodore de Bry qui la publia avec le récit *A briefe and true report of the new found land of Virginia* de Thomas Hariot. On y voit l'île Roanoac située entre les actuels Pamlico Sound et Albemarle Sound et protégée par les dunes des îles Hatteras (Hatorask). Plusieurs nations indiennes sont indiquées par le cartographe. Entre 1587 et 1590, on perd mystérieusement la trace de ceux qui sont demeurés sur l'île de Roanoke, que l'on a surnommée pour cette raison la « colonie disparue ».

ravitaillement, incite les survivants à rentrer avec Drake en juin 1586. L'année suivante, White amène un nouveau groupe de colons, mais les liaisons avec la métropole sont difficiles à organiser dans le contexte d'une mobilisation générale contre la fameuse Armada espagnole (1588). Finalement, en 1590, White réussit à retourner à Roanoke. Ses colons, de même que sa fille Elenor et sa petite-fille née sur l'île en août 1587, sont introuvables ; sans doute ont-ils été recueillis et adoptés par une tribu indienne. Divers éléments permettent de le croire.

Il faudra près d'une vingtaine d'années pour qu'une nouvelle tentative de colonisation s'organise. Après bien des péripéties, une compagnie dite de Virginie jette les bases, dans la partie méridionale de la Virginie, de ce qui deviendra le premier établissement permanent des Anglais en Amérique. Le 26 avril 1607, ils pénètrent dans la baie de « Chesupioc ». Les débuts de Jamestown seront difficiles. En décembre, l'effectif de départ est réduit de moitié. Les instructions des administrateurs de la compagnie qui les invitaient à retrouver les survivants de Roanoke, à se mettre à la recherche d'un passage vers la « mer des Indes orientales » et à découvrir des « minerais de prix » sont bien loin dans les esprits. L'heure est à la survie. *Primo vivere*. John Smith, désigné comme un des sept membres du conseil, s'impose rapidement comme chef. « He who does not work, will not eat », aurait-il fait savoir. « Tous au boulot » devient son mot d'ordre.

John Smith mérite-t-il l'image de héros qu'il a laissée ? Sans doute, même s'il est bien difficile dans son cas de départager le vrai du faux. A-t-il sauvé la colonie ? A-t-il eu lui-même la vie sauve grâce à l'intervention de Pocahontas, la jeune fille de Powhatan, chef des Powhatans, tribu parlant l'algonquin ? Rapatrié pour soigner une blessure en octobre 1609, il ne retourne en Amérique qu'en 1614 pour un court voyage. Il consacre le reste de sa vie à se remémorer une vie fort mouvementée et à écrire. Il meurt en 1631, à l'âge de 51 ans, ce qui lui laisse le temps de raconter et peut-être de se fabriquer une incroyable existence. Enrôlé très jeune, il participe à diverses guerres pour se retrouver en Transylvanie à combattre les Turcs, raconte-t-il dans ses nombreux livres. Trois fois, il triomphe de son adversaire dans des duels singuliers. Blessé au combat, il est capturé, vendu comme esclave, offert en cadeau à une dulcinée d'Istanbul, Charatza Tragabigzanda, laquelle, devenue amoureuse de lui, le confie à son frère pour lui permettre de joindre les rangs de la garde impériale ; mais il tue son protecteur (ou son maître) et s'enfuit à travers la Russie, la Pologne, rentre en Transylvanie où on le récompense pour sa bravoure. Il voyage ensuite en Europe et en Afrique du Nord avant de rentrer en Angleterre en 1604 tout fin prêt pour partir à la rencontre de nouvelles aventures où l'attend le grand chef Powhatan.

Hâbleur, vantard, fabulateur, Smith est insaisissable. Il n'est certes pas dénué d'imagination ni de talent. Il en

mettra plein la vue aux Indiens, aux colons et à ses compatriotes. Avec lui, le vrai signal de départ a tout de même été donné. En 1609, l'Anglais Henry Hudson explore, pour le compte des Hollandais, le fleuve auquel il laissera son nom. Quatre ans plus tard, le Hollandais Adrien Block démarre une petite colonie à son embouchure ; en 1626, le Wallon Pierre Minuit élargit les perspectives de développement en achetant des Indiens l'île Manhattan. Ainsi prend forme une colonie hollandaise, le long du fleuve Hudson, laquelle, dans l'esprit de Minuit, est fondée sur la rencontre interethnique et le respect mutuel.

Entretemps, les Anglais ont fondé une seconde colonie, à Plymouth cette fois. Tout comme à Jamestown, les débuts sont difficiles. L'hiver de 1620 sera terrible pour les 102 pèlerins du Mayflower. La moitié d'entre eux meurent. En mai 1621, un Indien abénaquis, Samoset, qui a appris quelques mots d'anglais au contact des pêcheurs qui fréquentent la côte, leur redonne un peu d'espoir. Le chef des Indiens Massasoits prend les choses en mains et arrête les termes d'un traité avec l'aide de Squanto, considéré comme le dernier des Pawtuxets. Jadis prisonnier des Anglais, Squanto avait ainsi échappé à l'épidémie qui avait anéanti les siens. Il avait appris, par la même occasion, l'anglais. Les résultats seront au rendez-vous. À l'automne 1621, Indiens et Européens fêtent ensemble l'arrivée des nouvelles récoltes. C'est l'origine de la Thanksgiving.

L'attrait de ce monde outre-atlantique est plus fort que les récits de misère qui en proviennent. Des crises successives jettent sur la côte américaine autant de vagues de réfugiés qui donneront naissance à treize colonies différentes. Le rêve américain prend forme. Il gagne même la Suède. En 1638, Thomas West, baron de La Warr, fonde une petite colonie un peu au nord de la baie de Cheasapeake au fond d'une baie profonde (baie Delaware) où sera érigé le fort Christina. Déjà installés à Nieuw Amsterdam (1623) et Breukelen (1646), les Hollandais font aussitôt la vie dure aux Suédois et finalement annexent la Nouvelle-Suède en 1655 avant de subir le même sort aux mains des Anglais à la suite de la paix de Breda (1667).

Wallons, Flamands, Hollandais rejoints par des huguenots d'origine française se fondent parmi les immigrants britanniques qui fuient une métropole en constants soubresauts politiques et religieux. Les colonies qui naissent en portent la marque. À l'intérieur de celles-ci, les querelles se poursuivent parfois : chassé de Salem, Roger Williams instaure la religion baptiste au Rhode Island ; le New Hampshire se détache du Maine, se rattache au Massachusetts puis reçoit une charte distincte ; des catholiques irlandais s'installent dans ce qui devient le Maryland ; une population puritaine domine en Nouvelle-Angleterre, appellation qui désigne le Rhode Island, le Massachusetts, le New Hampshire et le

Connecticut; William Penn fait une large place aux Quakers dans sa colonie justement nommée Pennsylvanie et un autre philanthrope, James Oglethorpe, accueille des marginaux et des condamnés dans une colonie que lui a concédé George II et qu'il nomme Georgie. Des hugnenots français renouent avec la Caroline de Ribaut et Laudonnière et viennent rejoindre des immigrants de toutes origines. Des Allemands affluent un peu partout. Tantôt l'initiative est entre les mains de la Couronne britannique, tantôt ce sont des propriétaires privés ou des compagnies qui tiennent les rênes.

Les Treize Colonies qui naissent les unes après les autres sont autant de fiefs marqués par des rivalités, sans véritables liens entre elles ni souvent avec la métropole. Pour cette raison, elles deviennent terres de refuge, ce qui n'empêche pas une forme de prospérité de s'installer. Les immigrants convoitent la terre, chassent les premiers occupants mais restent longtemps tournés vers la mer. Selon les règles du colonialisme, ils importent de l'Angleterre, y exportent peu et compensent par un commerce de plus en plus développé vers les Antilles et le reste de l'Europe.

Les Anglais occupent la façade atlantique depuis le Maine jusqu'à la Georgie. Ils ne s'aventurent guère à l'intérieur. À l'ouest, la ligne des Appalaches leur tient lieu d'horizon. Au lendemain de l'ultime French and Indian War (1760), ils se feront plus audacieux et se rendront jusqu'au Mississippi en ouvrant le Tennessee et le Kentucky. L'indépendance (1783) leur donne des ailes. Le jour n'est pas loin où, sous l'impulsion d'un président, Thomas Jefferson, ils renoueront avec la recherche d'une voie navigable vers la mer de l'Ouest. Un cadeau inespéré de Napoléon, la vente de la Louisiane, leur permet de doubler leur territoire, leur ouvrant alors les portes de l'Ouest. Leur *manifest destiny* soutiendra le reste. 🏵

___

Sources principales par ordre d'importance

APPELBAUM, Robert, et John Wood SWEET (dir.), *Envisioning an English Empire: Jamestown and the Making of the North Atlantic World,* Philadelphie, University of Pennsylvania Press, 2005. — STEELE, Ian Kenneth, *Warpaths: Invasions of North America,* New York, Oxford University Press, 1994. — TOWNSEND, Camilla, *Pocahontas and the Powhatan Dilemma,* New York, Hill and Wang, 2004. — AXTELL, James, *Natives and Newcomers: The Cultural Origins of North America,* New York, Oxford University Press, 2001.

Carte de Virginie, par John Smith, Londres, 1612

C'est en Virginie, à Jamestown, que les Anglais implantent en 1607 leur première colonie permanente. Ce territoire est cartographié un an plus tard par John Smith. Pour réaliser cette carte, Smith explore la baie de Chesapeake et l'ensemble de son réseau hydrographique. Les Anglais ont alors le souci d'imposer une toponymie anglaise, inspirée surtout des noms de la famille royale (cap Henry, cap Charles, Jamestown), mais la majorité des entités décrites sont en langue indienne, pour un total de près de 200 noms. Dans un souci d'authenticité, l'auteur dessine également deux Indiens, un guerrier Susqueanna et le chef Powhatan, largement inspirés des dessins de John White. Smith marque sa carte de petites croix pour distinguer le territoire qu'il a vu de celui qu'il n'a pas lui-même exploré.

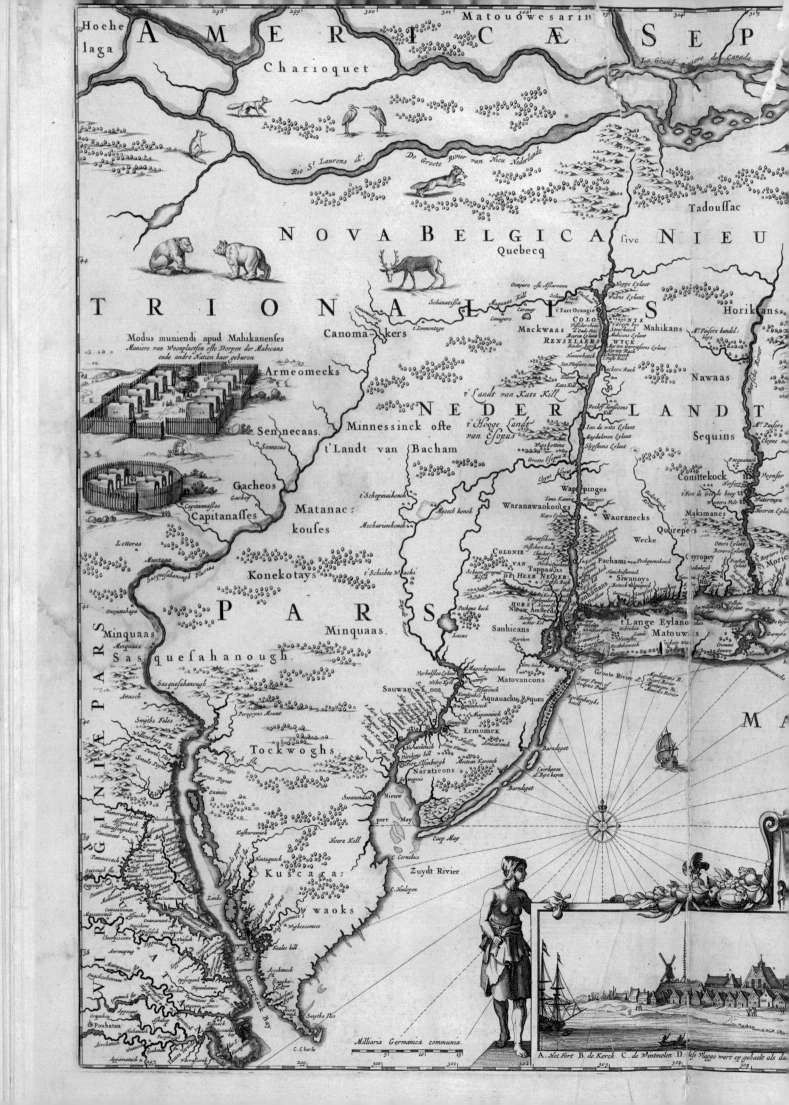

Carte de Nouvelle-Belgique, par Nicolaes Visscher, Amsterdam, 1655

Cette carte de Visscher est un beau témoignage de la présence néerlandaise en Amérique du Nord. Elle représente la Nouvelle-Belgique au milieu du XVIIᵉ siècle, colonie aussi connue sous le nom de Nouvelle-Hollande, couvrant des parties de plusieurs États américains actuels, dont New York, New Jersey, Pennsylvanie, Connecticut, Rhode Island et Vermont. Le territoire cartographié est parsemé de toponymes néerlandais à l'origine de localités toujours existantes : LANGE EYLANDT (Long Island), MANHATTANS, STATEN EYL., BREUKELEN (Brooklyn), VLISSINGEN (Flushing), BLOCK ISLAND, KATS KILL (Catskill), ROODE EYLANDT (Rhode Island), etc. À l'embouchure du fleuve Hudson (GROOTE RIVIER), sur la pointe sud de Manhattan, se trouve la capitale, Nieuw Amsterdam, qui deviendra New York lorsqu'elle passera aux mains de l'Angleterre en 1664. Au bas de la carte figure d'ailleurs l'une des gravures les plus anciennes de la ville, qui fait contraste avec les vues actuelles où dominent les gratte-ciel. Plus au nord, sur l'Hudson, se trouve le fort Orange (Albany) qui assurait à la Compagnie néerlandaise des Indes occidentales un approvision-nement en fourrures auprès des Indiens, notamment les Mohawks et les Mohicans (dont on aperçoit, à gauche, la représentation de deux villages fortifiés). Certains coureurs des bois du Canada n'hésitent d'ailleurs pas à se rendre à Orange pour commercer en contrebande dès les années 1670 et peut-être même avant. Ils ne devaient certainement pas utiliser cette carte très imprécise dans sa description du Canada, notamment dans celle du LAC DES IROQUOIS (lac Champlain) placé beaucoup trop à l'est.

Dompter l'Atlantique Nord : marins et savoir nautique

AU TEMPS des Verrazzano, Cartier, Frobisher, Hudson et Champlain, plusieurs conditions doivent être réunies pour réussir une traversée transatlantique. Il faut des navires solides et suffisamment armés, des capitaines et des pilotes expérimentés, un équipage de confiance, des cartes, des instruments de navigation et des instructions nautiques fiables, permettant d'échapper aux pièges de l'océan, ainsi qu'une bonne dose de courage et de témérité. À cette époque, il n'existe pas de véritable marine française ou anglaise, mais plutôt des négociants et des aventuriers engagés dans le commerce privé, obligés ponctuellement de servir l'armée royale. Ces écumeurs de mers n'ont pas, le plus souvent, été sur les bancs d'écoles, mais ont appris sur l'océan les rudiments de la navigation. Les meilleurs navigateurs sont aussi formés lors des campagnes de pêche morutière dans les eaux froides de Terre-Neuve, véritable pépinière de matelots. L'apprentissage familial et la tradition orale sont de mise alors que le recrutement est encore nettement une affaire de famille. Indépendants, les marins jouissent d'une large autonomie par rapport au pouvoir royal.

Ils sont plutôt redevables aux financiers qui arment et avitaillent leurs navires en espérant tirer d'importants profits de leurs mises de fonds.

Sur un bateau, le capitaine est maître, après Dieu. Ce commandant en chef doit connaître les secrets des vents et des courants, tout en sachant se faire obéir de son équipage. Il est responsable de la cargaison et de la vie à bord, depuis la préparation jusqu'au désarmement. Dans les moments cruciaux, il peut parfois solliciter l'opinion des principaux officiers. En témoigne d'ailleurs la relation des voyages de Cartier de 1534, alors que la décision de rentrer en France, sans explorer le fleuve Saint-Laurent, est prise après consultation de «tous les capitaines, pilotes, maîtres et compagnons». Pour mener à bon port un voilier cinglant à travers l'océan, le capitaine a besoin d'un équipage spécialisé, plus ou moins nombreux selon la taille du bâtiment, où chacun doit remplir des fonctions bien précises. Ainsi, le pilote commande la route et s'assure d'avoir tous les instruments de navigation sous la main. Le maître d'équipage organise et supervise le rôle de chacun. Des matelots spécialisés sont en charge de l'entretien de la charpente, du calfatage,

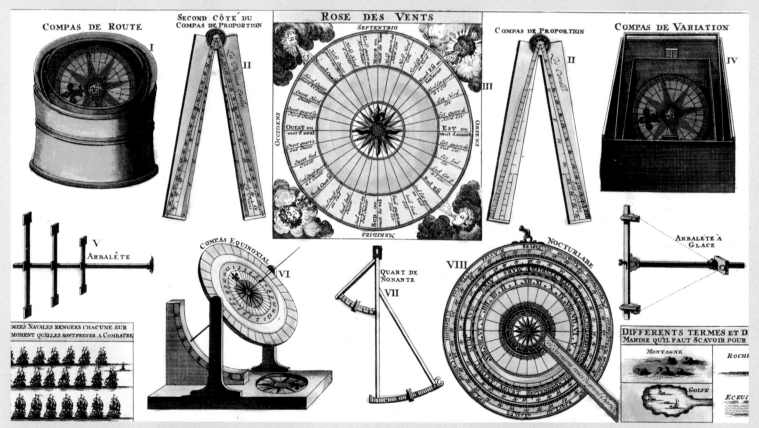

Instruments de navigation, par Chatelain, 1739
Si les Européens parviennent à quitter la Méditerranée pour parcourir le monde, c'est en grande partie grâce aux progrès de la navigation survenus depuis la fin du Moyen-Âge. Les quelques instruments utilisés par les pilotes ont permis de faciliter les traversées océaniques, de parcourir toutes les mers pour aller chercher les richesses convoitées à l'étranger, notamment en Amérique. À la vue de ces instruments reproduits dans l'*Atlas historique* de Chatelain, on devine qu'au XVIIIe siècle la navigation est devenue une affaire de mathématiques et de géométrie. Tous ces instruments permettent aux marins de situer sur une carte marine l'endroit où ils se trouvent. Le compas de route (ou boussole) et le compas de variation permettent de connaître une direction et de mesurer les angles, l'arbalète, le quart de nonante (ou quart de cercle) et le nocturlabe servent à mesurer la hauteur des astres, le jour comme la nuit et ainsi mesurer la latitude.

de la voilure, de l'artillerie. Sur un navire, il n'est pas rare de croiser tonnelier, boulanger, aumônier, écrivain, chirurgien, et même chien et chat pour chasser les intrus indésirables.

Si, au Moyen-Âge, les côtes de l'Atlantique Nord sont fréquentées par la grande galère italienne, le voilier, mieux adapté à l'océan, ne tarde pas à s'imposer. Les innovations technologiques amènent le développement de la caravelle, qui permet aux Européens de s'aventurer loin des côtes méditerranéennes. Inventé par les Portugais au XIVe siècle, ce voilier initialement doté de voiles latines triangulaires peut naviguer à la bouline, en zigzag contre la direction dominante du vent. Aux XVIe et XVIIe siècles, ce sont surtout des navires de petite taille qui voguent entre la France et la Nouvelle-France, comparés notamment aux monstres de 800 tonneaux (1 tonneau = 2,83 mètres cubes) et plus qui font voile entre Lisbonne et Goa. Afin de mieux se défendre contre les pirates qui sévissent le long des côtes européennes, les expéditions se font généralement en convoi armé. Même les terre-neuviers, dont l'unique cargaison est la morue fraîche ou salée, peuvent être munis de plusieurs canons.

Même s'il n'y a pas de véritable enseignement d'État avant la fin du XVIIe siècle, on peut quand même accéder à un certain nombre d'ouvrages nautiques à caractère scientifique. Ces livres spécialisés, qui ont bénéficié de l'essor de l'imprimerie, préludent le passage d'un savoir entièrement expérimental à une science en partie écrite. Dès l'aube du XVIe siècle paraît le *Grand Routier* de Pierre Garcie, dit Ferrande. Les éditions de l'école du Conquet sont à signaler, car elles s'adressent à un public peu lettré, grâce à l'usage d'images et de croquis. En 1554, l'*Arte de navegar* de Pedro de Medina est traduit de l'espagnol au français et publié à Lyon. Écrite par un compagnon d'Hernán Cortés, cette œuvre est considérée comme la pierre d'assise de la littérature maritime. Plus tard, Samuel de Champlain, bien connu pour ses relations de voyages en Nouvelle-France, publie aussi un *Traitté de la marine et du devoir d'un bon marinier*, en appendice à ses *Voyages* de 1632. En véritable praticien et pédagogue, Champlain communique dans cet ouvrage toute sa science nautique, mise à profit lors des voyages au Canada. Il décrit, avec force détails, différentes techniques propres à la navigation : relèvement de côtes, cartographie, détermination de la vitesse d'un navire, calcul de la latitude avec l'arbalète et de la longitude par déduction trigonométrique. Dans le domaine du savoir maritime, un des ouvrages phares est rédigé par le père jésuite Georges Fournier et s'intitule *Hydrographie contenant la théorie et la practique de toutes les parties de la navigation*. Cette somme monumentale de 922 pages, publiée en 1643, est une œuvre à la fois historique, théorique et pratique, sur la science hydrographique qu'on commence alors à enseigner dans les principaux ports de France. En effet, afin de doter son royaume d'une véritable marine d'État, le cardinal Richelieu puis, plus tard, Colbert créent des écoles d'hydrographie destinées à former pilotes et officiers de marine. Les élèves y étudient différentes matières, autant théoriques que pratiques, telles que l'arithmétique et la géométrie, les calculs de la navigation, l'usage des cartes et de la boussole, les courants et marées, le calcul des routes. Des écoles sont créées à Dieppe, Bayonne, Brest, Rochefort, Marseille, Toulon et aussi à Québec, où des cours d'hydrographie sont donnés au collège des Jésuites dès 1666 et où un poste d'hydrographe du roi est ouvert en 1686.

Du temps de la Nouvelle-France, le jugement, le sens de l'observation, la mémoire et l'expérience sont les meilleurs gages de compétence chez les pilotes. Naviguant à l'estime dans des eaux qui leur sont la plupart du temps familières, ils se guident par la topographie et les amers naturels ou artificiels : caps, rochers, îles, croix. Outre ces points de repère, ils ont aussi recours à divers instruments leur permettant de se situer approximativement en mer. Le principal outil est certainement la

Hæmisphærium scenographicum australe cœliti stellati et terræ, par Andreas Cellarius, 1708

Depuis l'Antiquité, les hommes ont cartographié la Terre, mais aussi le ciel. Pendant très longtemps disciplines cousines, la géographie et l'astronomie s'appuyaient mutuellement. Pour se déplacer plus facilement sur la mer ou en terres inconnues, l'homme avait intérêt à connaître la disposition des astres. Cette planche, tirée de l'atlas céleste *Harmonia macrocosmica*, est une parfaite illustration des accointances entre la science du ciel et la science de la Terre. Avec ingéniosité et un grand sens artistique, l'auteur a superposé le tracé de l'hémisphère sud et celui de la sphère céleste parée de constellations. En bas à gauche, des savants observent le ciel à l'aide d'instruments scientifiques. À droite, un professeur enseigne la géographie à un aristocrate, peut-être un prince revendiquant des territoires outre-mer.

boussole, apparue en Méditerranée à la fin du XIIIe siècle et dont l'usage s'est rapidement généralisé. Fixée sur une rose des vents comprenant généralement 32 directions, l'aiguille aimantée permet de connaître l'orientation du navire ou de relever un amer.

À peu près au même moment, une autre aide précieuse fait son apparition : le portulan ou routier. Il s'agit cette fois d'instructions nautiques indiquant les ports et les distances à parcourir d'un lieu à un autre. Au XVIe siècle, on publie les premiers routiers français de l'Atlantique Nord, ceux du Portugais Jean Alfonce (1544) et du Basque Martin Hoyarsabal (1579). Chacun de ces textes renferme des observations sur les routes, atterrages, rades et ports d'Europe et d'Amérique. Jean Alfonce, par exemple, fort de ses voyages sur le Saint-Laurent en compagnie de Roberval, donne la distance et l'orientation des lignes qui séparent la baie des Chaleurs, la baie des Morues, Gaspé, Ognedoc, Sept-Îles, l'île Raquelle, l'île aux Lièvres, et ainsi de suite jusqu'à France-Roy, colonie éphémère fondée par Roberval près du site actuel de Québec.

La meilleure alliée de la boussole et du routier était la carte marine, aussi nommée carte portulan. Confectionnée dès la fin du Moyen-Âge, à l'origine par les Génois et les Majorquins, elle devait aider les marins à repérer les îles, les côtes et les ports de la Méditerranée. Jusqu'au XVIe siècle, elle est construite sur un réseau enchevêtré de lignes, rhumbs ou aire de vents, permettant de situer une position en mer en suivant la

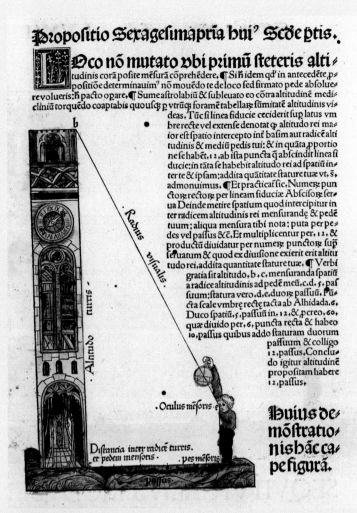

L'utilisation de l'astrolabe, par Jean Stoefler, 1513
Tirée d'un traité allemand en 1513 consacrée à la fabrication des astrolabes, cette illustration explique comment prendre des mesures de distance à l'aide de cet instrument.

ligne correspondant à l'orientation du navire. Outre cette caractéristique, on la reconnaît aussi grâce à son support de parchemin, à son tracé schématique des côtes et à l'alternance des couleurs utilisées pour écrire les noms de lieux. Avec l'essor du commerce sur l'Atlantique, son usage se répand hors Méditerranée, où les cartographes s'en servent pour compiler des données recueillies lors des voyages d'exploration. Pour mesurer les distances parcourues en mer, on a recours à partir de la fin du XVIᵉ siècle à un procédé simple, mais efficace : le loch. Ce morceau de bois, attaché à une corde graduée de nœuds équidistants, est jeté à l'eau pendant une période de trente secondes. En comptant le nombre de nœuds qui défilent, on peut estimer la vitesse du navire.

Les bons navigateurs savent aussi faire le point en observant les astres. Cette navigation astronomique, impossible par temps nuageux, permettait de corriger les estimations trop approximatives. Au XVIᵉ siècle, on construit les premières cartes marines avec le canevas des latitudes puis des longitudes. Ces unités de mesure, de plus en plus utilisées, avaient été inventées en Grèce antique pour situer un point sur la surface terrestre. Pour mesurer la latitude, il suffisait d'observer la hauteur du Soleil au-dessus de l'horizon. Pour ce faire, les navigateurs utilisèrent différents instruments : l'arbalète ou l'astrolabe et plus tard le sextant et l'octant de Hadley. Dès l'arrivée des premiers Européens en Amérique, les mesures de latitude sont d'une grande précision, comme

en font foi les récits des voyages de Cartier et le routier de Jean Alfonce.

Le calcul de la longitude est plus complexe que le calcul de la latitude. Les premières mesures se fondaient sur des estimations d'orientation et de distances parcourues, sur terre comme sur mer. Mais l'imprécision de la boussole et du loch et la présence de courants et de vents qui faisaient dériver les navires incitèrent la recherche de nouvelles méthodes de calcul. Très tôt, les savants exploitèrent le principe du décalage horaire, directement proportionnel au décalage en longitude. Comme la Terre est en constante rotation, il faut, pour connaître la distance entre un point quelconque et le méridien d'origine, déterminer leur différence d'heure. Cela est notamment possible en observant des phénomènes prévisibles, qui arrivent en même temps dans toutes les parties du monde : éclipses de lune et éclipses des satellites de Jupiter. À Québec, le 27 octobre 1633, le jésuite Paul Le Jeune observe une éclipse de Lune à six heures du soir. L'almanach que Le Jeune possède indique que cette éclipse doit arriver en France à minuit. Le prêtre en conclut qu'il y a une différence de six heures entre les deux endroits, donc une distance d'environ 90 degrés. En 1642, Jérôme Lalemant fait la même observation à Sainte-Marie-du-Sault et obtient une différence d'environ 5 heures avec la capitale française. Plutôt approximatives, ces mesures se précisent à la fin du siècle avec l'amélioration des instruments et des calculs astronomiques. Ainsi, le 11 décembre 1685, l'hydrographe envoyé par l'Académie des sciences, Jean Deshayes, observe à Québec une éclipse de Lune qui lui permet de calculer entre Québec et Paris une distance de 4 heures 48 minutes 52 secondes, c'est-à-dire 72 degrés 13 minutes, une erreur de seulement 1,5 degré.

Toutefois, comme les éclipses sont des phénomènes plutôt rares et les mesures très précises difficiles à faire en mer, le problème des longitudes pour la navigation hauturière demeurait entier. Des tragédies maritimes causées par leur méconnaissance devenaient insupportables pour les pouvoirs publics, les milieux scientifiques et les armateurs. Les enjeux étaient tels qu'en 1714 le Parlement britannique vota le Longitude Act qui promettait une récompense substantielle (jusqu'à vingt mille livres sterling) à celui qui pourrait calculer avec précision la longitude en mer. Ceux qui cherchent des solutions innovantes et pratiques comprennent vite que la clé du mystère ne se trouve pas uniquement entre les mains des astronomes, mais aussi entre celles des horlogers. Comme la longitude est tributaire du décalage horaire entre deux points, on peut la calculer en emportant avec soi une horloge qui garde précisément l'heure du port d'attache. Cette heure doit ensuite être comparée avec l'heure locale du navire, établie par l'observation de la hauteur absolue du Soleil. Déjà, au début du XVIIᵉ siècle, Champlain avait exprimé cette idée dans son *Traitté de la marine* : « Le soleil estant à son meridien regardez aussi tost à l'instrument ou horloge, le midy de ce lieu, et regardez la difference qu'il y a du midy où l'on est party, et celuy où l'on se trouve, qui fait la distance du chemin [...] », s'empressant d'ajouter qu'il est difficile de trouver « des instruments justes, ou des horloges qui ne s'altèrent peu ». Plus tard, en 1670, Jean Richer, alors mathématicien de l'Académie des sciences, se rend en Acadie muni du pendule de Huygens pour mesurer les longitudes des côtes. Mais en cours de route le pendule se brise et l'expédition n'offre pas les résultats escomptés. Il fallut inventer une horloge suffisamment robuste et précise pour résister au mouvement de la mer ainsi qu'aux variations thermiques et hygrométriques. En 1759, l'horloger anglais John Harrison met au point un chronomètre qui répond à toutes les attentes ; portatif et précis, il n'accumule que cinq secondes de retard dans un voyage entre l'Angleterre et la Jamaïque. L'apparition du chronomètre de haute précision, véritable triomphe technologique, allait bouleverser à jamais

L'usage de l'arbalestrille par Jacques de Vaulx, 1583

Cette illustration tirée d'un magnifique traité de navigation de Jacques de Vaulx illustre la manière d'utiliser l'arbalestrille, c'est-à-dire l'arbalète ou bâton de Jacob, qui au XVIe siècle permettait de déterminer la latitude. Cet instrument est composé d'une longue tige de bois graduée ainsi que d'un viseur qui permet de mesurer la hauteur du Soleil par rapport à l'horizon. Un relevé de la hauteur du Soleil à son zénith (à midi) permettait de connaître la latitude d'une position. D'autres instruments, au principe similaire, succèdent à l'arbalète: l'astrolabe, l'octant puis le sextant, qui jusqu'à l'invention récente du système de positionnement mondial (Global Positioning System ou GPS), était utilisé en mer pour calculer la latitude.

les pratiques de navigation, en la rendant plus précise et plus sûre. Enfin, le problème de la longitude en mer était résolu.

Les premiers explorateurs à naviguer sur l'Atlantique ont dû apprendre, de façon empirique, les vents et les courants dominants, avant de transmettre ce savoir à leurs successeurs. Comme pour contourner l'Afrique, des routes importantes sont ainsi rapidement balisées pour se rendre aux Antilles poussé par les alizés ou pour atteindre Terre-Neuve et le Canada par le nord. Si cette dernière route n'est pas aussi longue et périlleuse que la Carreira da India, elle n'en comporte pas moins certaines difficultés. Après environ quatre ou cinq semaines de navigation, cap à l'ouest par 45 degrés de latitude nord, le grand banc de Terre-Neuve est le premier point de repère rencontré. Lorsque le temps est favorable, les voyages les plus courts sont effectués en une vingtaine de jours, comme la traversée de Champlain en 1610. Mais le trajet peut aussi être beaucoup plus long, si les cieux ne sont pas cléments. Lorsque l'intendant Jean Talon se rend à Québec en 1665, son navire met 117 jours pour faire la traversée. En général, les navires quittent les ports français au mois d'avril, car un départ trop précoce risque de précipiter une flotte sur un mur d'icebergs. Champlain en fait d'ailleurs l'expérience au printemps 1610, par une nuit brumeuse, alors qu'il rencontre des «glaces» qui passent sous le beaupré et contre le bord du vaisseau. Le lendemain, il voit d'autres icebergs «qui sembloient des isles à les voir de loin». L'un d'entre eux est si immense qu'on passe au travers sans le contourner. Mais, ne trouvant pas la sortie, le navire est pris au piège. Champlain relate avec émotion ce moment où l'équipage est pris d'affolement:

[…] plus de 20 fois ne pensions sortir nos vies sauves. Toute la nuict se passa en peines & travaux & jamais ne fut mieux fait le quart, car parsonne n'avoit envie de reposer, mais bien de s'esvertuer de sortir des glaces & perils. Le froid estoit si grand que tous les maneuvres dudit vaisseau estoient si gelez & pleins de gros glacons, que l'on ne pouvoit manouver, ny se tenir sur le tillac dudit vaisseau […] [Nous] fusmes quatre ou cinq iours en ce peril en extremes

peines, jusques à ce qu'à un matin, jettans la veue de tous costez nous apperceusmes [enfin un passage] […] Estant hors nous louasmes Dieu de nous avoir delivrez.

D'autres périls guettent également les voyageurs. Des vents contraires, des tempêtes ou l'absence de vents peuvent ralentir et parfois mettre en péril une traversée. Le missionnaire Paul Le Jeune, qui se rend pour la première fois au Canada en 1632, en fait part dans sa première relation publiée. Cet extrait exprime bien l'état d'esprit du voyageur inquiété par les caprices du climat:

Nous eûmes au commencement un très beau temps, et en dix jours nous fîmes environ six cents lieues, mais à peine en pûmes nous faire deux cents les trente trois jours suivants. Ces bons jours passés, nous n'eûmes quasi que tempêtes ou vent contraire, hormis quelques bonnes heures qui nous venaient de temps en temps. J'avais quelque fois vu la mer en colère des fenêtres de notre petite maison de Dieppe, mais c'est bien autre chose de sentir au-dessous de soi la furie de l'océan, que de la contempler du rivage. Nous étions des trois ou quatre jours à la cappe, comme parlent les mariniers, notre gouvernail attaché, on laissait allé le vaisseau au gré des vagues et des ondes qui le portaient parfois sur des montagnes d'eau, puis tout à coup dans les abîmes. Vous eussiez dit que les vents étaient déchaînés contre nous. À tout coup, nous craignions qu'ils ne brisassent nos mâts ou que le vaisseau ne s'ouvrît. Et de fait, il se fit une voie d'eau, laquelle nous aurait coulé à fond si elle fut arrivée plus bas, ainsi que j'entendais dire. C'est autre chose de méditer de la mort dans sa cellule devant l'image du crucifix, autre chose d'y penser dans une tempête et devant la mort même.

En raison de l'âpreté et de la précarité des conditions de vie sur un navire, la traversée vers la Nouvelle-France est tout sauf un voyage d'agrément. Il faut s'armer d'une bonne dose de témérité pour affronter affres de la mer, pirates, malnutrition, scorbut, avaries, récifs et tempêtes, qui guettent toute expédition. Mais, sans ces aventuriers de la mer, ces capitaines, ces matelots et ces voyageurs intrépides, nulle Nouvelle-France, ni aucune autre colonisation européenne n'auraient été possibles.

II

EXPLORER
ET CARTOGRAPHIER
L'AMÉRIQUE

XVIIᵉ SIÈCLE

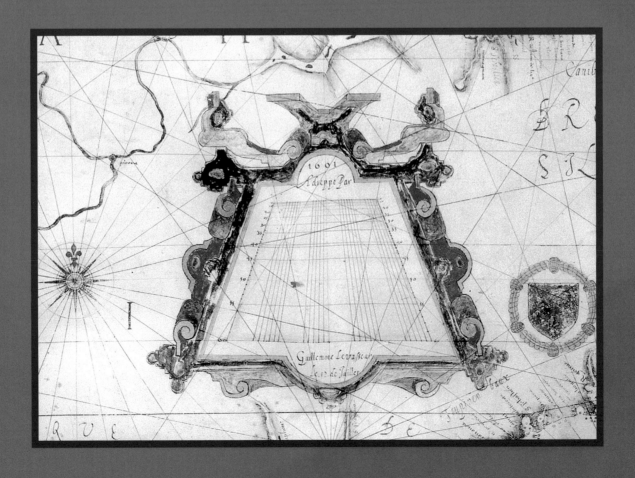

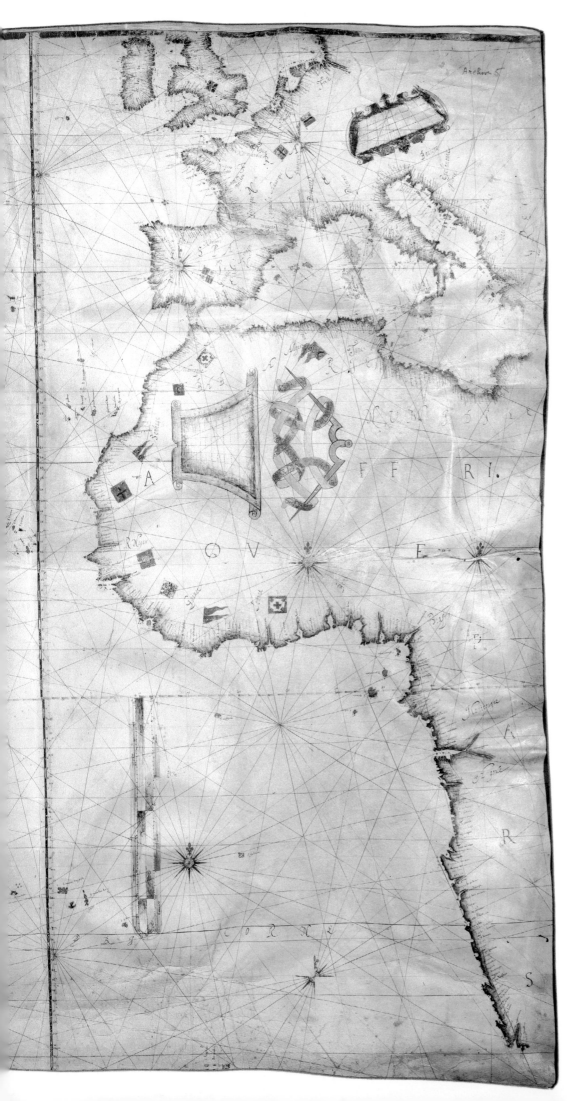

Carte de l'océan Atlantique, par Guillaume Levasseur, Dieppe, 1601

Réalisée en 1601 à Dieppe par Guillaume Levasseur, cette carte portulan de l'océan Atlantique est un document fort étonnant. Le cartographe inscrit le long du fleuve Saint-Laurent le nom QUEBECQ, deux ans avant le premier voyage de Champlain au Canada (1603) et sept ans avant la fondation de la ville du même nom (1608). Plus à l'ouest, on aperçoit le nom 3 RIVIERES, lieu visité par le traiteur François Gravé Du Pont qui en a probablement informé le cartographe. Entre ces deux endroits, Levasseur a ajouté plusieurs inscriptions dont HOCHELAY, FORT DE CHARTRES ET VILLAGE DE CANADA. Encore plus à l'ouest, le lac Saint-Pierre est nommé LAC DENGOULESME. HOCHELAGA, MONT ROYAL et la RIVIÈRE DU SAULT complètent le tracé. Dans le golfe du Saint-Laurent, l'île ST-JEAN (île du Prince-Édouard) fait également son apparition. Tous ces noms témoignent de la présence de pêcheurs et de traiteurs européens sur la côte atlantique et dans le fleuve Saint-Laurent, avant l'arrivée de Champlain. Les nombreux toponymes d'origine indienne rappellent les relations suivies entre ces pêcheurs et les autochtones. De par la quantité et l'originalité des toponymes affichés, mais aussi de par la projection utilisée (projection de Mercator), il faut admettre que Guillaume Levasseur était un cartographe d'une habileté remarquable.

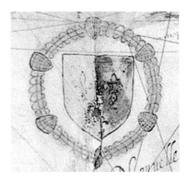

Commerce, religion et explorations

PERCER L'AMÉRIQUE

Un siècle après les explorations de Giovanni Caboto aux « terres-neufves », il ne s'y trouve encore aucun établissement européen. Les Français fréquentent assidûment le littoral du golfe et du fleuve Saint-Laurent pour la pêche à la morue et la traite des pelleteries mais ne sont pas pressés de s'installer. La manne venue de la mer et les peaux collectées par les Amérindiens leur suffisent et ne nécessitent pas de présence constante. La France se trouve ainsi très bien placée pour fonder une colonie au bord du « fleuve de Canada », pour le remonter et parvenir, d'après les dires des autochtones, à la « mer de l'Ouest ».

Les expéditions françaises de Jacques Cartier et de Jean-François de La Roque de Roberval, de 1534 à 1543, se concentrent principalement sur la vallée du Saint-Laurent, avec la certitude d'y avoir trouvé le passage tant recherché. Ainsi, au début du XVIIe siècle, on croyait savoir déjà beaucoup de choses sur le littoral atlantique et sur celui du fleuve jusqu'à Montréal, assez pour y placer des colons à demeure. Les pêcheurs, ces explorateurs anonymes, racontaient à leurs compatriotes ce qu'ils avaient vu et entendu. D'après la carte du dieppois Guillaume Levasseur (1601), avec sa toponymie d'origine française ou issue des langues amérindiennes, on peut aisément admettre que ces territoires côtiers et leurs habitants étaient effectivement devenus familiers aux marins français.

D'ailleurs, c'est sans doute à Dieppe, ce haut-lieu de la cartographie et du commerce nord-atlantique, qu'a germé le projet de postes commerciaux stables. L'élément déclencheur tient à un homme, François Aymar de Chaste, amiral du Ponant. Il est gouverneur de la ville en 1600, quand l'armateur dieppois Pierre Chauvin de Tonnetuit reçoit le mandat de fonder un établissement à Tadoussac. De Chaste s'intéresse au nouveau monde, aux conquêtes espagnoles et portugaises. Il croit aussi en l'importance, pour la France, de se tailler un empire en Amérique du Nord. Le *Brief discours des choses les plus*

remarquables reconnues aux Indes Occidentales, rapporté par Samuel de Champlain de son séjour aux Antilles et au Mexique (1599-1601), finit de le convaincre. Après la mort de Chauvin, en février 1603, le vieil amiral reprend lui-même le monopole commercial de la Nouvelle-France, envoie un navire faire la traite à Tadoussac, sur lequel il demande à Champlain de s'embarquer. À son décès, de Chaste est remplacé par un autre de ses proches, Pierre Dugua de Monts, gentilhomme ordinaire de la Chambre du roi, auparavant lieutenant pour le roi en la ville de Honfleur, sous les ordres du commandeur de Chaste, durant la campagne contre les Ligueurs.

Au tournant du XVIIe siècle, le roi Henri IV, malgré les réticences de son conseiller principal, le duc de Sully, réussit enfin à fixer les bases d'une Nouvelle-France en Acadie puis à l'étendre à la vallée du Saint-Laurent. Le roi et ses explorateurs sont encore loin de soupçonner le temps et les efforts que cette partie septentrionale de l'Amérique exigera avant de se révéler complètement au reste du monde. Un réseau de grands commis de l'État, proches du roi Henri IV, entretenant de solides liens avec le parti huguenot et fortement engagés dans le commerce atlantique, se trouve ainsi à l'avant-garde de l'entreprise française au Canada. À ces nobles s'adjoignent des techniciens de la mer, comme François Gravé Du Pont, capitaine au long cours, et Samuel de Champlain, d'abord explorateur et cartographe, puis appelé à diverses fonctions de commandement, si bien qu'il apparaît bientôt comme la pierre d'angle de l'édifice français en Amérique. Pour la gestion de la nouvelle colonie, des compagnies de commerce se succèdent, regroupant des négociants des grands ports maritimes et toujours dirigées par un fidèle du roi. La Compagnie de la Nouvelle-France, dite des Cent-Associés, créée en 1627 par le cardinal de Richelieu, est chargée, comme les précédentes, d'associer commerce, peuplement et conversion des autochtones. Elle arrivera péniblement à fixer environ 3 000 habitants d'origine

Trois détails de la carte de Pierre de Vaulx (1613). En haut, les Montagnais sont à l'honneur. Plus bas, des « monstres » marins bien sympathiques. Faut-il voir des sirènes armées l'une d'un miroir, l'autre d'un peigne ?

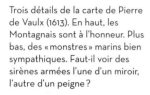

Sources principales

Ickowicz, Pierre (dir.), *Dieppe-Canada : cinq cents ans d'histoire commune*, Paris, Magellan & Cie, 2004. Pour les premiers contacts par les pêcheurs et la cartographie au XVIe siècle. — *Henri IV et la reconstruction du royaume*, Paris, Éditions de la Réunion des musées nationaux, Archives nationales, 1990 (Jean-Daniel Pariset, commissaire de l'exposition). Un bon éclairage sur le parti huguenot et son rôle dans la fondation des premiers établissements de la Nouvelle-France.

française, en 1663, au moment où Louis XIV décide d'assurer personnellement l'administration des colonies.

Avec le double objectif du commerce des fourrures et de la recherche de la « mer de l'Ouest », handicapée par la faiblesse numérique constante de sa population européenne, la Nouvelle-France ne pouvait exister qu'en pratiquant un système d'alliances avec les Amérindiens. L'évangélisation s'impose alors naturellement. Comprise dans tous les mandats de colonisation, elle rehausse, au vu des autres États européens, le niveau du projet par ailleurs essentiellement matérialiste et conquérant. Alors, les missionnaires se font aussi explorateurs et ethnologues. Après « les descouvertures » de Champlain et jusqu'à la fondation de Détroit (1701), les missionnaires récollets et jésuites sont, avec leurs « donnés » et quelques truchements, les principaux informateurs fiables à propos du bassin hydrographique de la baie d'Hudson, de celui des Grands Lacs et du Mississippi. Après avoir reconnu les voies d'eau et repéré les lieux propres à la création de missions et de postes de traite, les missionnaires sont relayés par des laïcs comme Simon-François Daumont de Saint-Lusson (1671), René-Robert Cavelier de La Salle (1682-1687) et Pierre Le Moyne d'Iberville (1698-1699). En prospectant des indices de la « mer de l'Ouest », on avance de plus en plus profondément dans le centre et le sud du continent.

Durant le premier siècle de la France au Canada, force est d'admettre que l'État, le commerce et la religion sont étroitement imbriqués. Et pas n'importe quelle religion. Sous Henri IV, un effort de cohabitation catholique et protestante a été tenté en 1604, avec un pasteur et un prêtre embarqués, avec les colons, sur le bateau destiné à l'Acadie. L'histoire n'en a retenu qu'une constante mésentente durant leur bref séjour à Sainte-Croix où ni l'un ni l'autre n'a survécu au premier hiver. L'expérience n'est pas renouvelée, d'autant qu'après la mort du roi la Contre-réforme s'impose. Il est même devenu obligatoire d'être catholique romain pour s'installer et faire commerce en Nouvelle-France, ce qui est imposé par la Compagnie des Cent-Associés. L'arrivée à Québec, en 1659, de François de Montmorency-Laval, d'abord vicaire apostolique puis, en 1674, premier évêque de la Nouvelle-France et membre du Conseil souverain, va renforcer l'intervention de l'Église dans le gouvernement de la colonie, notamment des pratiques commerciales. Ce sera d'ailleurs au prix de fréquents désaccords avec le gouverneur général et l'intendant, quand les mesures d'austérité préconisées par l'évêque sont considérées comme nuisibles au commerce. Mais l'autorité épiscopale est forte, relayée par le clergé séculier de trente-cinq paroisses (1688), par les missionnaires ainsi que par les communautés religieuses féminines enseignantes et hospitalières. La France de la Réforme catholique, par

ses structures et son imprégnation dans l'espace, va marquer durablement la nouvelle colonie.

Aux marges de la Nouvelle-France, la présence anglaise, déjà sensible lors du premier établissement en Acadie, ne tarde pas à s'affirmer, précisément dans cette région atlantique aux multiples attraits. Il s'en est fallu de peu que Martin Pring ou George Weymouth ne croisent Champlain et Dugua de Monts sur les côtes de la NOREMBÈGUE ou NEW ENGLANDE ainsi nommée par John Smith sur sa carte de 1616. Avec l'installation des Pilgrims, en 1620, s'ajoutant aux Virginiens déjà sur place plus au sud, c'est tout le littoral atlantique qui devient anglais à la fin du siècle, ayant même réussi à absorber la colonie hollandaise de Nieuw Amsterdam (New York) pour qui Henry Hudson avait exploré le fleuve jusqu'à Albany. Plus enclins aux activités sédentaires qu'aux explorations, les colons anglais ont tendance à se concentrer entre les Appalaches et la mer, dans un espace qui n'atteint pas trois cents kilomètres dans sa plus grande largeur. Au sud des Grands Lacs, le Mississippi s'impose alors comme axe central d'expansion de la Nouvelle-France.

L'effort d'exploration anglaise se concentre plutôt au nord du continent, entre Terre-Neuve et le Groenland, pour la recherche du passage du nord-ouest. Pendant un demi-siècle, de 1577 à 1631, une douzaine d'expéditions frayent leur chemin au travers des glaces. Celle d'Henry Hudson, en 1610 dans la baie qui porte son nom, constitue une étape marquante de la connaissance de l'Arctique. Après plusieurs autres incursions et la fondation de postes de traite, cette région drainera désormais les plus belles fourrures de la toundra vers le commerce britannique. Par l'installation de la Compagnie de la Baie d'Hudson, à partir de 1668, et malgré de brèves périodes d'occupation française, le secteur du passage du nord-ouest et de la baie d'Hudson reste définitivement exclu du champ exploratoire français.

Au cours du XVIIe siècle, les espaces d'influence européenne en Amérique du Nord sont grossièrement définis : l'Angleterre marque ses repères sur les giboyeuses régions environnant la baie d'Hudson ainsi que sur un vaste littoral atlantique où, vers 1700, se concentrent quelque 400 000 habitants.

Pour sa part, avec moins de 20 000 habitants, la France s'enracine dans la vallée du Saint-Laurent, persuadée d'y avoir trouvé une ouverture centrale vers la « mer de l'Ouest ». Elle a en outre tissé une toile de postes commerciaux axés sur la fourrure et encadrés d'une forte présence religieuse. Par l'espace extraordinaire ouvert à la connaissance, et par un mportant métissage avec les populations indigènes, la France a ainsi fixé durablement son ancrage sur le continent américain. 🐟

De l'Arcadie
à l'Acadie

ENTRE UTOPIE ET RÉALITÉ

TERRITOIRE NORD-AMÉRICAIN le plus proche de l'Europe, après Terre-Neuve, l'Acadie est l'un des lieux privilégiés où se portent les fantasmes des explorateurs-conquérants. Ne serait-elle pas le fructueux *Vinland* des Vikings ? Comparée aux rochers de Terre-Neuve et du Labrador, l'Acadie, plus méridionale et plus accueillante, est la « terre promise », celle où coulent le lait et le miel, où vivent les « bons sauvages ». On n'y pratique pas moins, comme à Terre-Neuve, de formidables pêches miraculeuses. On y trouve aussi, en abondance, des animaux dont les luxueuses fourrures, soigneusement préparées par les habitants et échangées contre de la pacotille et des outils de peu de valeur, font la richesse des acquéreurs.

L'Acadie, c'est aussi l'espoir, sinon la certitude maintes fois renouvelée, d'un passage traversant le continent pour atteindre l'Asie. Les Européens y trouvent la concrétisation d'un rêve séculaire justifiant leur volonté d'établissement. Nombreux à convoiter le même espace, les rivaux français, anglais et hollandais, en viennent rapidement aux conflits armés, après avoir assisté au retrait volontaire, vers le sud, des Espagnols et des Portugais.

Les historiens s'entendent généralement pour reconnaître à Giovanni Verrazzano la paternité toponymique du territoire. Dans sa relation de voyage (1524), il affirme : « Nous la baptisâmes Arcadie pour la beauté de ses arbres. » Mais la provenance du nom ne fait pas l'unanimité. Pour certains, le fin lettré florentin aurait rapproché la fertilité du lieu de celle de l'antique Arcadie, dont l'orthographe, avec le temps, évolue en Cadie, Accadie ou Acadie. Pour d'autres, il s'agirait d'un terme amérindien, dont la consonance se retrouve chez des toponymes comme Passamaquody et Tracadie. Quoi qu'il en soit, la coïncidence est heureuse, propre à rapprocher autochtones et explorateurs. L'avenir confirmera une étonnante connivence entre Français et Amérindiens de

l'Acadie, qui deviendront des partenaires complémentaires et solidaires, aussi bien pour le commerce que pour la résistance aux voisins et concurrents.

Si l'origine du nom est incertaine, l'emplacement de l'Acadie l'est encore plus. Dans sa relation, Verrazzano la situe sur le territoire de l'actuelle Nouvelle-Écosse, mais le cartographe Giacomo Gastaldi la place au sud de la baie d'ANGOULESME (New York), sans indication de limites. Peu à peu, les explorateurs remontent l'Acadie vers le nord, où Verrazzano l'avait d'abord signalée. À la fin du XVIᵉ siècle, elle recouvre approximativement la place qui lui sera reconnue au cours de la période de colonisation de la Nouvelle-France, soit le territoire allant de la baie des Chaleurs au fleuve Penobscot et du cap Breton au fleuve Saint-Jean, recoupant ainsi une bonne partie du Nouveau-Brunswick et de l'État du Maine.

Aussitôt repérée, cette Acadie, aux frontières encore plus qu'incertaines, est néanmoins convoitée par les Anglais. Ils sont omniprésents à Terre-Neuve, mais aussi au nord de la Virginie découverte et nommée par Walter Raleigh en 1585. À partir de 1602, les navires anglais commencent à se rendre directement en Nouvelle-Angleterre, considérée comme la partie nord de la Virginie. L'écrivain John Brereton, passager sur le *Concord* commandé par Bartholomew Gosnold en 1602, fait la première description de la Nouvelle-Angleterre après Verrazzano : *Briefe and true relation of discoverie of the north part of Virginia*. En 1603, Martin Pring, au sud du Maine, charge son navire de sassafras, prétendu miraculeux contre la syphilis. George Weymouth explore le même territoire, en 1605. La Cour d'Angleterre juge alors que la côte atlantique nord-américaine présente suffisamment d'atouts pour justifier une prise de possession officielle, tout en veillant à se limiter au littoral non effectivement occupé par une autre puissance européenne. De fait, en 1606, une charte

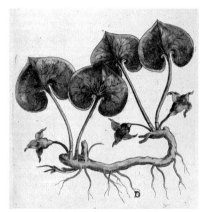

L'asaret
En 1635, Jacques Philippe Cornuti publie à Paris le premier traité de botanique de l'Amérique du Nord. L'ouvrage, intitulé *Canadensium plantarum historia*, décrit une quarantaine d'espèces canadiennes, possiblement rapportées ou expédiées en France par Louis Hébert, premier apothicaire et herboriste de Nouvelle-France. L'asaret du Canada, dont le rhizome a les propriétés du gingembre, était utilisé pour son goût et pour traiter la fièvre. « La racine produit des fibres assez longues, d'une odeur très agréable [...]. Ces fibres ajoutent au vin une saveur particulière, si, une fois pilées et enveloppées dans un linge noué, on les met dans un tonneau de vin non fermenté avec un poids qui les retienne au fond [...]. Cette même racine, quand on la mâche, parfume agréablement l'haleine. » (traduction par André Daviault).

L'île Sainte-Croix (détail)

En 1604, accompagné de Champlain, de Monts installe ses hommes sur l'île Sainte-Croix, à l'embouchure de la rivière du même nom. Ceux-ci fortifient l'île et y aménagent des logements, un entrepôt, un cimetière, une chapelle, un puits, une cuisine, une boulangerie. Mais ce choix comme lieu d'implantation s'avère désastreux. Prisonniers de la petite île peu fertile, les 79 Français restés sur place épuisent vite les ressources disponibles, incapables de se procurer de l'eau et du gibier.

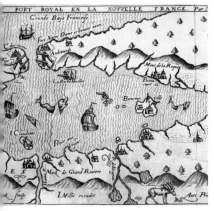

Port-Royal, par Marc Lescarbot (détail)

Cette carte de Lescarbot décrit l'un des hauts lieux de la colonisation française en Amérique : Port-Royal dans l'actuelle baie de Fundy, fondée en 1605. Lorsque le roi révoque le monopole de traite accordé à Dugua de Monts, Port-Royal est abandonné. Le protecteur de Lescarbot, Poutrincourt, reprend en main la colonie après bien des démarches auprès de la Cour. La toponymie de Lescarbot a tendance à obéir à des impératifs de patronage. Lescarbot profite de la vitrine cartographique pour immortaliser les principaux acteurs et bailleurs de fonds : l'île BIENCOURVILLE par égard pour son protecteur Poutrincourt ; MONT DE LA ROQUE en l'honneur d'un certain de la Roque Prevost de Vimeu, ami « qui désirait prendre là une terre et y envoyer des hommes ». D'autres noms restent entourés de mystère : FORT DUBALDIM, ILE CLAUDIANE, probablement tous en rapport avec l'entourage de Lescarbot.

du roi Jacques Ier attribue à la Compagnie de Virginie la plus grande partie du littoral, soit du 34e parallèle, au nord du cap Fear, jusqu'au 45e, au sud de Bangor. Malgré les protestations de l'Espagne, de la France et de la Hollande, la charte de la Compagnie de Virginie est confirmée. Son mandat est de créer deux colonies : la Virginia Company of London doit installer des postes permanents entre le 36e et le 41e parallèle et la Virginia Company of Plymouth doit s'établir entre le 38e et le 45e parallèle.

À la cour de France aussi, les projets de colonisation se sont précisés. À la fin du XVIe siècle, la France est très attirée vers l'espace acadien si apprécié des centaines de marins qui s'y retrouvent annuellement pour pêcher son excellente « morue marchande » ainsi que pour les possibilités de commerce de pelleteries avec des nations amérindiennes particulièrement hospitalières. Des expéditions sont encouragées par la France. Celle d'Étienne Bellenger rapporte à Rouen, en 1583, fourrures et informations de l'Acadie. Il en est de même des expéditions du Breton Troilus de La Roche de Mesgouez, titulaire d'un monopole décennal de traite à partir de 1598. Son succès commercial est toutefois entaché de la malheureuse aventure de colons transportés et abandonnés sur l'île de Sable. Par ailleurs, après une difficile expérience d'installation à Tadoussac en 1600, les Français se tournent de nouveau vers l'Acadie pour ses possibilités agricoles et commerciales.

Aussi, à partir du 8 novembre 1603, le roi de France Henri IV accorde à Pierre Dugua de Monts, huguenot de Royan et gentilhomme ordinaire de la Chambre du roi, une commission de lieutenant-général et représentant personnel du roi « au pais, territoire, costes et confins de Lacadie. A commencer dès le quarantiesme degré, jusques au quarantesixieme ». Le protestant de Monts doit y établir des colons, chercher des mines et convertir les autochtones à la foi chrétienne. Si l'île de Sainte-Croix a été choisie, c'est probablement parce que ce lieu était déjà familier, fréquenté depuis un bon demi-siècle pour la pêche et la traite, comme le révèlent les actes notariés des ports normands. Déjà, sur la carte de Pierre Desceliers (1550), une « rivière de Lacroix » est indiquée à l'emplacement approximatif de la première installation. Les expéditions de Bellenger et du marquis de La Roche s'étaient, elles aussi, orientées directement vers cette latitude. De plus, le caractère insulaire du lieu revêt, pour les marins, un attrait indubitable : en plus de son accessibilité par bateau, une petite île comme Sainte-Croix présente d'excellentes conditions de sécurité puisque ses habitants peuvent voir venir les assaillants et s'en protéger ; à proximité du rivage continental, les barques peuvent suffire aux déplacements nécessaires au ravitaillement. Depuis le début des explorations, « les îles », sur lesquelles se portaient tous les fantasmes, constituaient l'objectif premier et souvent ultime des marins. Mais, à cette latitude du continent américain, Sainte-

Croix devient, en hiver, une prison stérile, d'où les barques ne peuvent s'éloigner à cause des glaces charriées par la rivière. L'île n'est alors plus que synonyme de désenchantement.

Lors de l'exploration de 1604, de Monts, Samuel de Champlain et Jean de Biencourt de Poutrincourt remarquent aussi le bassin de Port-Royal, qui figurait déjà, en 1556, sur la carte de Ramusio. C'est véritablement un endroit propre à la fondation d'un poste de commerce, assorti de ressources vivrières. Les marins consentent enfin à tourner le dos à la mer et optent pour une installation continentale. En 1605, la colonie se transporte à Port-Royal qui sera même considéré, pendant quelques années, comme la capitale de l'Acadie. Le 25 février 1606, Henri IV confirme la concession du territoire à Poutrincourt, lieutenant-général de l'Acadie, à la condition d'y fonder une colonie. De nouveaux arrivants, à l'été 1606, viennent conforter la quarantaine de rescapés de l'île Sainte-Croix et de l'hiver 1606. Marc Lescarbot, un avocat de Vervins, région d'origine de Poutrincourt, à proximité de propriétés de la famille de Roberval, écrivain curieux de cette entreprise française en Amérique, contribue efficacement à la mise en place et à l'animation de la colonie. À son retour en France, la publication de son *Histoire de la Nouvelle-France* (Paris, 1609) comprenant une carte renouvelée de l'Acadie, constitue une excellente promotion de l'entreprise de Dugua de Monts, alors menacée de disparition.

Malgré un effort louable des colons pour assurer leurs besoins à partir des ressources de la chasse, de la pêche et du jardinage, Port-Royal doit financer, par le commerce des fourrures, tous les autres frais, dont le plus important est l'avitaillement des navires. Or, en 1607, le monopole est retiré à Dugua de Monts, à la suite de multiples pressions des concurrents bretons et normands ainsi qu'à l'aversion pour la colonisation qu'entretient Sully, ministre d'Henri IV. À leur grand regret, les hommes quittent leurs alliés et amis amérindiens, l'habitation de Port-Royal, les jardins aménagés, pour rentrer en France. Cette pause freine évidemment le développement de l'Acadie, d'autant que la Nouvelle-Angleterre, au même moment, prend son élan. Poutrincourt arrive à conserver sa concession de Port-Royal qu'il rejoindra quelques années plus tard, en 1610. L'Acadie n'est pas à l'abri de nouveaux périls mais son existence est reconnue, bien ancrée dans un sol qu'elle saura disputer farouchement à ses ennemis. ⚓

Sources principales par ordre d'importance

BINOT, Guy, *Pierre Dugua de Mons, gentilhomme royannais, premier colonisateur du Canada, lieutenant général de la Nouvelle-France de 1603 à 1612*, Vaux-sur-Mer, Éditions Bonne Anse, 2004. Tout sur le lieutenant-général de l'Acadie et de la Nouvelle-France de 1603 à 1612. — THIERRY, Éric, *Marc Lescarbot (vers 1570-1641) : un homme de plume au service de la Nouvelle-France*, Paris, Honoré Champion, 2001. Un ouvrage qui met en contexte le premier écrivain de l'Acadie.

Un cartographe en Amérique

SAMUEL DE CHAMPLAIN

CHAMPLAIN EST UN HOMME DE DEVOIR. Sa carrière entière consacrée au service de son roi en Amérique le prouve plus qu'il n'en faut. Mandaté d'abord comme observateur, il s'affirme aussitôt comme explorateur, produisant des descriptions d'une précision sans précédent. Chargé de repérer un lieu propice à l'installation d'une colonie française, le diplomate établit des relations commerciales, sinon des alliances, avec les nations présentes sur les territoires riverains du golfe du Saint-Laurent jusqu'aux Grands Lacs. Commandant et administrateur du poste de Québec, il y fonde une « habitation », carrefour du commerce des pelleteries, où se fixe un noyau colonial capable de résister aux attaques militaires et autres périls. Le « journalier » de Champlain, en plusieurs volumes, fourmille de renseignements géographiques, ethnologiques, zoologiques et botaniques, souvent reportés sur des images et des cartes, les plus détaillées encore jamais réalisées de l'Amérique du Nord.

Avec le récit remis à l'amiral François Aymar de Chaste, d'une première mission secrète dans les Antilles et au Mexique, de 1599 à 1601, Champlain révèle son talent d'observateur et de dessinateur. C'est ainsi qu'il s'embarque pour Tadoussac en 1603 sur le navire

Carte manuscrite d'Acadie de Samuel de Champlain, 1607
Élevé au statut de père de la Nouvelle-France, Samuel de Champlain pourrait également porter le titre de « père de la cartographie moderne en Amérique du Nord ». Cette *Description des costs, pts., rades, illes de la Nouvele France* datée de 1607 en fait foi. Seule carte manuscrite de Champlain qui nous soit parvenue, elle rappelle l'épisode de colonisation à Sainte-Croix puis à Port-Royal entre 1604 et 1607. On y aperçoit les principaux lieux alors reconnus par les Français à la recherche de mines d'or ou d'argent, d'un passage vers l'Asie et d'un nouveau lieu d'établissement. Champlain a observé minutieusement les caps, îles, rivières, baies et ports autour de la BAIE FRANÇOISE (baie de Fundy) et a consigné le tout sous forme cartographique. En tout, il signale environ quatre-vingts noms de lieux, tous situés entre le CAP BLANC (cape Cod, Massachusetts), et LA HÈVE, Nouvelle-Écosse. La plupart de ces noms seront reportés sur les cartes ultérieures de Champlain, imprimées entre 1612 et 1632. Ce document unique a été légué par le bibliophile et historien Henry Harrisse à la Library of Congress où on le considère aujourd'hui comme un joyau patrimonial inestimable.

MER DV NORT GLACIALLE.

C. Worsnam

C. Harles.

NOVVELLE FRANCE

La Nation des Puans.

Isle ou il y a vne mine de cuiure.

Lac des Biserenis.

Sault.

Petite nation des Algommequins

Grand lac.

Lieu ou les sauuages font secherie de framboise, et blues tous les ans.

Biserenis.
Sault.
Chasse descaribous

Algommequins

Mer douce.
Descouuertures de ce grand lac, et de toutes ses terres, depuis le sault S.t Louis par le s.r de Champlain, es années 1614. et 1615. iusques en l'an 1618.

Hurons

Sault.

Les trois riuieres

Lac de

Grande riuiere qui vient du midy

Cheueux releuez. Gens de petun

Lac S.t Louis

Lac de Champlain

Les gens de feu

La nation neutre

Hirocoie

Saintonge

Beau port.
Port S.t Louis
Baye blanche
Cap. Blan.
Maille barre

Antouoronons.

Port fortune

Nation ou il y a quantité de beuffles

Habitation de sauuages maniganatico uoit

Riuiere de Champlain

Baye de nostre Dame

Carantouan nais

Riuiere des trettes
Isle de l'Ascenssion

Virginia.

C. Charles.
C. Henry.

Carte de la nouuelle france, augmentée depuis la derniere, seruant a la nauigation faicte en son vray Meridien, par le s.r de Champlain Capitaine pour le Roy en la Marine, lequel depuis l'an 1603 iusques en l'année 1629, a descouuert plusieurs costes, terres, lacs, riuieres, et Nations de sauuages, par cy deuant incegnues, comme il se voit en ses relations qu'il a faict Imprimer en 1632. ou il se uoit cette marque I.e ce sont habitations quont faict les françois.

En 1629, les frères Kirke, corsaires dieppois au service du roi d'Angleterre, s'emparent de l'habitation de Québec. Forcé de regagner l'Europe, Champlain fait des pieds et des mains pour que la France récupère sa colonie. En 1632, il publie ainsi de nouveaux récits de voyages qui permettent de faire connaître les entreprises françaises au Nouveau Monde. Il y décrit notamment ses voyages de découverte, grâce auxquels il peut justifier ses prétentions sur les territoires d'Amérique du Nord. Champlain y insère également cette carte qui donne un aperçu du territoire exploré et qui a probablement été dessinée dans le contexte des négociations pour récupérer la Nouvelle-France. Cette carte fait voir entre autres Terre-Neuve, l'Acadie, le Saint-Laurent, le lac Champlain et une partie des Grands Lacs, autant de régions décrites avec force détails pour l'époque, si on les compare par exemple aux cartes de Lescarbot ou à celles de tout autre cartographe européen. Navigateur chevronné, Champlain savait évaluer les distances et prendre des mesures de latitude avec précision. Il savait aussi incorporer des renseignements fournis par ses alliés amérindiens, moins précis que les observations directes, mais toujours utiles pour esquisser le territoire à explorer. Si les rives du continent sont d'une grande précision, l'ouest du continent est moins exact. La baie d'Hudson, dessinée d'après les voyages d'Henry Hudson, apparaît dédoublée sous la désignation de MER DU NORD GLACIALLE. Tout en laissant ouvert un passage possible vers l'océan Pacifique, Champlain efface toute trace du passage des Anglais dans les environs. Plus au sud, le lac Huron visité en 1614 est nommé MER DOUCE. À l'extrémité ouest, le lac Supérieur est simplement désigné par le terme GRAND LAC. Il semble que Champlain fasse déjà référence au Mississippi par la mention « Grande rivière qui vient du midy », et ce, une quarantaine d'années avant que les premiers Français n'explorent les lieux. Pour mieux promouvoir la colonisation de la Nouvelle-France et justifier la primauté de ses découvertes, Champlain n'hésite pas à utiliser les informations fournies par ses prédécesseurs (Cartier, Dugua de Monts, Lescarbot, Hudson), sans les citer.

commandé par François Gravé du Pont, un Malouin bien au fait des voyages de pêche et de traite au Canada. Grâce aux deux Indiens présents sur le navire, lors de la traversée de l'Atlantique, Champlain est probablement en mesure de communiquer avec ceux de la famille algonquienne, ses hôtes du 26 mai au 11 juillet. Avec eux il remonte le Saguenay sur une cinquantaine de kilomètres, apprend l'existence d'une mer salée au nord et en déduit qu'il s'agit non pas de la « mer d'Asie », mais de l'un de ses débouchés. En 1603, sept ans avant la découverte anglaise, Champlain localise la mer intérieure qui sera nommée baie d'Hudson. Il explore ensuite le fleuve Saint-Laurent appelé encore « rivière de Canada » et y nomme quelques lieux, dont le lac Saint-Pierre et la rivière Richelieu, ou « rivière des Iroquois ». Comme Jacques Cartier, il se rend à Hochelaga où le « sault Saint-Louis » (rapides de Lachine) interrompt sa progression. Avec les Indiens, il arrive à reconstituer le réseau des Grands Lacs tout en se laissant irrésistiblement persuader que la « mer d'Asie » n'est pas loin. Sur le chemin du retour vers Le Havre, Champlain rencontre, en Gaspésie, un autre Malouin, Jean Sarcel de Prévert, qui lui parle de l'Acadie en des termes qui pourraient faire croire en la présence de mines et d'une ouverture vers l'Asie. Le rapport remis au duc de Montmorency, intitulé « Des Sauvages », est immédiatement publié (1603). Il consacre l'identité d'explorateur du Saintongeais, la justesse de ses observations et dresse le scénario des expéditions à venir.

De nouveau, en mars 1604, Champlain est autorisé par Henri IV à accompagner les fondateurs d'une nouvelle colonie. Il y reste trois années entières. Avec le lieutenant-général de l'Acadie, Pierre Dugua de Monts, il explore le sud de l'île Sainte-Croix, la côte et les fleuves, parfois jusqu'à quatre-vingts kilomètres en amont, contournant les baies jusqu'à Mallebarre (Nauset Harbour) au sud du cap Cod, désigné ainsi par le capitaine anglais Bartholomew Gosnold en 1602. Tout le périple, soit plus de mille cinq cents kilomètres, est ainsi fidèlement rapporté, sous forme d'estimation des distances et des latitudes ainsi que de descriptions diverses, consignées d'abord sur une carte « selon son vray méridien » datée de 1607, puis dans son rapport présenté au roi de France et publié en 1613. Jamais les récits de voyages sur le littoral atlantique nord-américain n'avaient atteint un tel luxe de renseignements écrits ou représentés en dessins et en seize cartes et plans.

À son troisième départ en Nouvelle-France, en 1608, Champlain assure la fonction de lieutenant de Pierre Dugua de Monts et son conseiller pour une nouvelle installation à l'intérieur du continent, la côte acadienne n'ayant pas satisfait leurs attentes. Cette fois, le choix est définitif. Québec se révèle un excellent point de rencontre des nations indiennes traitant avec les Français, avant de devenir la capitale administrative de la Nouvelle-

France. L'explorateur retourne sans hésiter sur le même site que Jacques Cartier avait occupé lors de son deuxième voyage, soit les rives de la rivière Saint-Charles, au nord-est de l'actuelle ville de Québec où il trouve même les vestiges de l'établissement antérieur.

Champlain reprend l'exploration du Saguenay et de ses environs. Les autochtones rencontrés lui confirment l'existence d'une « grande mer salée » à quarante ou cinquante jours de voyage au nord de Tadoussac. L'explorateur suppose avec raison qu'il s'agit de la baie partiellement explorée par les Anglais, mais ses guides refusent de poursuivre au-delà de Chicoutimi. Champlain est alors aux prises avec la stratégie indienne consistant à ne communiquer leur savoir aux Français qu'en retour d'avantages divers, dont le plus important est l'assistance militaire. Il ne trouve pas d'échappatoire à cette règle imposée par ses partenaires et se voit dorénavant entraîné dans un engrenage complexe d'alliances et de soutiens guerriers.

Effectivement l'année suivante, en 1609, en échange d'informations sur des mines de cuivre et pour satisfaire à un engagement pris envers ses alliés montagnais, Champlain doit retourner au cœur de l'Iroquoisie jusqu'à Crown Point, au sud du lac auquel son nom est attribué. Un coup de force est réussi grâce à la supériorité des arquebuses sur les flèches, à la grande satisfaction des Indiens amis. Par ce voyage sur la rivière Richelieu, Champlain élargit la carte de la Nouvelle-France et inaugure une route qui va devenir, pendant deux siècles, une voie stratégique pour les Européens. Le lac Champlain serait le « grand lac » que les colons de la Nouvelle-Angleterre situent dans une province imaginaire, « la Laconie », et qu'ils cherchent en vain jusqu'aux années 1630. Champlain se trouve donc dans une région convoitée et il n'est pas seul à suivre le cours de ces voies d'eau. Il quitte la rivière Richelieu le 30 juillet alors que le 4 septembre de la même année 1609, un peu plus au sud, à Nieuw Amsterdam (New York), l'Anglais Henry Hudson, avec une commission de la Hollande, remonte vers le nord jusqu'à Albany par le fleuve qui portera son nom et introduit ainsi la domination hollandaise dans une région qui échappera toujours à l'influence française. Sur l'archipel de Montréal où il se trouve en 1611, Champlain ne cache pas son émerveillement et imagine l'existence d'une ville sur la plus grande des îles. Celle qui est la plus proche du meilleur havre est nommée Sainte-Hélène, en l'honneur de sa jeune épouse Hélène Boullé, récemment convertie au catholicisme. À l'ouest de Montréal, premier Européen à réaliser un tel exploit, il franchit les rapides du saut Saint-Louis en canot, ce qui rehausse considérablement son prestige vis-à-vis des indigènes.

Le bilan du parcours exploratoire est présenté dans une seconde publication, en 1613, *Les Voyages du sieur de Champlain Xaintongeois capitaine ordinaire pour le Roy*

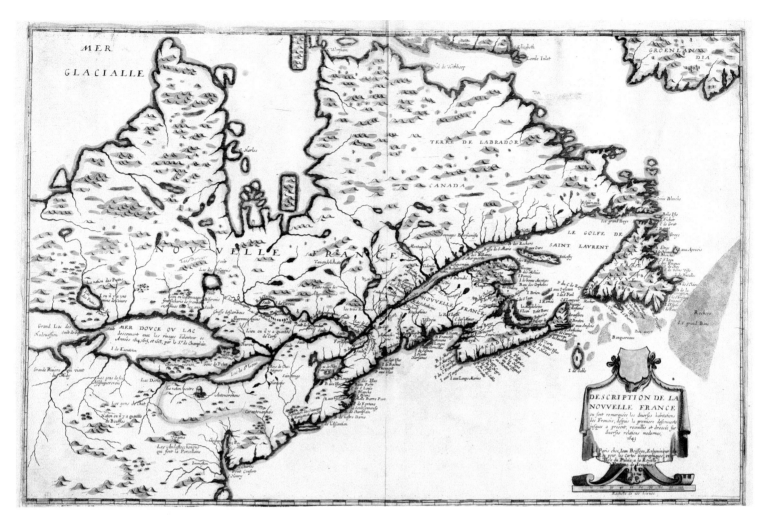

en la marine. Par cet ouvrage, Champlain se révèle vraiment géographe et marin, s'attachant à la description des « costes, rivières, ports, havres, leur hauteur et déclinaisons de la ligne-aymant ». Les observations sont confirmées par de nombreuses cartes de détail, ainsi que par deux cartes générales. Conséquemment, Champlain reçoit un pouvoir plus étendu, celui de lieutenant du prince de Condé, vice-roi de la Nouvelle-France. En plus du commandement de la colonie, sa mission est de « découvrir et chercher chemin facile pour aller au païs de la Chine [...] par dedans les rivières et terres fermes dudit pays, avec assistance des habitants d'icelles ». La conquête de ce pouvoir est aussi le résultat d'habiles interventions auprès d'influents personnages, notamment de la part de son beau-père Nicolas Boullé, secrétaire de la Chambre du roi.

Fort de son nouveau mandat, Champlain entreprend des explorations en direction du « pays des Hurons ». Entre 1613 et 1616, il ajoute à la connaissance plus de mille kilomètres d'une région encore très peu fréquentée par les Européens. Du saut Saint-Louis, il remonte la rivière des Outaouais, partie de la grande route commerciale vers les « pays d'en haut », traverse une série de lacs jusqu'à l'île aux Allumettes, à la hauteur de l'actuel Petawawa, en Ontario, atteint ensuite la rivière Mataouan,

puis, par le lac Nipissing et par la rivière des Français, parvient à la « mer Douce » ou lac Huron.

Champlain est enfin chez les Hurons où il arrive en plein été, le 1er août 1615. Il ne tarit pas d'éloges sur ce pays dont la beauté et la fertilité dépassent ses attentes : « Le long du rivage, il semble que les arbres aient été plantés par plaisir en la plupart des endroits. » Pendant son séjour, qui s'étend sur tout l'automne et l'hiver, il accompagne les Indiens à la chasse et a tout le loisir « pour considérer leur pays, mœurs, coûtumes et façons de vivre ». Il se rend aussi au lac Simcoe, traverse l'extrémité orientale du lac Ontario, visite les Pétuns au sud de la baie de Nottawasaga et les Cheveux-Relevés au sud de la baie Georgienne. Cependant, il n'obtient guère plus de renseignements sur la « mer d'Asie » où l'on refuse de l'y conduire malgré ses demandes expresses.

À son retour à Québec, Champlain trouve un précieux émissaire en la personne d'Étienne Brûlé, déjà familier de la Huronie. En effet, en 1610, à l'âge de 18 ans, il est échangé contre un jeune Huron, envoyé en France et nommé Savignon. Brûlé va jusqu'au lac Supérieur, voit probablement le lac Érié et voyage au sud de l'Iroquoisie, dans la région de la rivière Susquehanna (État de la Pennsylvanie). Toutes les observations que Champlain peut recueillir sont reprises dans les *Voyages et descouvertures faites*

Description de la Nouvelle France, par Jean Boisseau, 1643
Au XVIIe siècle, la notion de droit d'auteur des œuvres cartographiques n'est encore guère reconnue. Pour preuve, cette carte éditée en 1643 par l'enlumineur du roi, Jean Boisseau, qui reprend sans scrupules une carte de Champlain publiée onze ans plus tôt (voir pages 84-85). Certes, quelques retouches, très légères, sont effectuées, notamment l'ajout du lac Érié ou du peuple algonquin TAVANDEKOUATE. Toute trace de paternité à Champlain est effacée. Il fallut un procès retentissant, au début du XVIIIe siècle, entre Guillaume Delisle et Jean-Baptiste Nolin, pour que les mœurs évoluent à cet égard et que le droit moral des cartographes soit enfin mieux respecté.

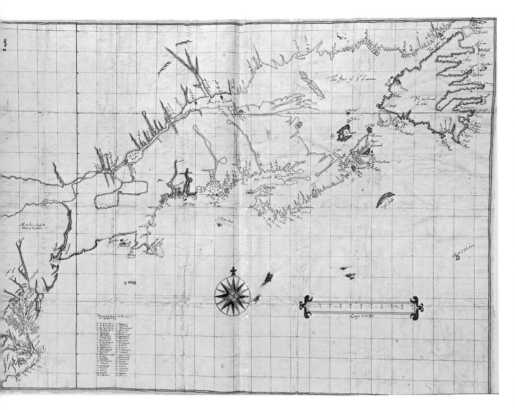

**Carte anglaise reproduite
par un ambassadeur espagnol,
1610**

D'une précision étonnante
comparativement aux
représentations antérieures, cette
carte présente la côte de Terre-
Neuve jusqu'en Virginie, au temps
des explorations de Champlain. On
y aperçoit le fleuve Saint-Laurent,
depuis son embouchure jusqu'au
lac Ontario. Les toponymes sont
pour la plupart des créations du
XVIe siècle, mais il y en a quelques-
uns plus récents, tels que Trois-
Rivières, la rivière IROCOIS (rivière
Richelieu), la rivière des
ALGONQUINS (rivière des
Outaouais). Cette dernière est
dessinée trois ans avant que
Champlain ne l'emprunte pour
tenter de se rendre à la baie
d'Hudson. Ce document est connu
sous le nom de carte de Velasco, en
l'honneur de l'ambassadeur
d'Espagne à Londres qui l'aurait fait
reproduire pour le roi Philippe III.
Son anachronisme apparent et
surtout sa très grande précision
poussent aujourd'hui certains
chercheurs à mettre en doute son
authenticité et à la dater d'une
période postérieure.

en Nouvelle France depuis l'année 1615 jusques à la fin de l'année 1618 publiés en 1619. Les dessins ethnographiques sont le principal apport original de l'ouvrage, reflétant par là l'expérience approfondie de Champlain auprès des nations indiennes, mais après une réadaptation revue et modifiée par le graveur, certainement plus familier des portraits de gens de cour que des Indiens d'Amérique.

Après le séjour de 1615-1616 aux « pays d'en haut », Champlain renonce, semble-t-il, à s'adonner lui-même aux explorations mais continue de recueillir des informations géographiques auprès des missionnaires et de certains « donnés » comme Jean Nicollet. Dorénavant, le lieutenant du vice-roi va s'attacher exclusivement au gouvernement de la Nouvelle-France, dans l'espoir de la doter de structures administratives et commerciales susceptibles d'assurer son autosubsistance. Jusque-là, Champlain a mené trois objectifs de front : fonder une colonie, structurer le commerce des fourrures et explorer le territoire en vue de trouver un passage vers la « mer de l'Ouest ». Le triple défi qu'il s'est fixé a été partiellement relevé mais la Nouvelle-France souffre déjà de gigantisme. Sa croissance en étendue a été trop rapide. La colonie manque d'ossature et est trop dépendante d'un commerce des fourrures insuffisamment contrôlé. Les vingt années suivantes sont une véritable lutte pour la survie, non seulement pour atteindre une autosuffisance économique, mais aussi pour faire obstacle à l'ambition conquérante des Anglais. En 1629, après la prise de Québec par les frères Kirke, Champlain rejoint l'ambassadeur de France en Angleterre pour démontrer, carte à l'appui, l'importance géopolitique du Canada et

plaider le retour de la colonie à la France. Ses arguments sont convaincants et, par le traité de Saint-Germain-en-Laye (1632), Québec redevient français. Avant son dernier retour à Québec, Champlain résume son action dans une nouvelle édition des *Voyages*, en 1632. L'ouvrage est complété par une magnifique carte, somme des connaissances acquises sur la Nouvelle-France, et par le « Traitté de la marine et du devoir d'un bon marinier », discours méthodologique et véritable bilan de vie. « Après avoir passé trente huict ans de mon aage à faire plusieurs voyages sur mer et couru maints perils et hasards, explique Champlain, [...] à la fin de mes descouvertures de la nouvelle France Occidentale, [j'ai décidé de] faire un petit traité intelligible et proffitable à ceux qui s'en voudront servir ». L'une des capacités exigées d'un bon marinier est de « Scavoir faire des cartes marines, pour exactement recognoistre les gisements des costes, entrées des ports, havres, rades rochers, bans, escueils, isles, ancrages, [...] despeindre les oyseaux, animaux et poissons, plantes [...] et tout ce que l'on voit de rare, en cecy un peu de portraiture est très nécessaire, à laquelle l'on doit s'exercer ». Les réalisations de Champlain ont déjà largement prouvé le bien-fondé de ces principes qu'il a appliqués tout au long de sa vie.

Au total, Champlain rend compte, par ses vingt-trois cartes et multiples dessins, d'environ 4 300 kilomètres de territoire côtier. Il laisse six récits de voyages, dont la plupart sont publiés de son vivant, véritable inventaire de la nature et de la population indigène. Là encore, Champlain est novateur : en effet, la diffusion des explorations est loin d'être courante chez les marins et les explorateurs, qui ont plutôt tendance à garder le secret sur les résultats de leurs voyages afin de ne pas alimenter la convoitise des concurrents et ennemis. Non seulement Champlain réussit à parcourir et à explorer un immense territoire, mais il sait aussi en parler. Ses livres sont de véritables ouvrages techniques issus d'un esprit scientifique. Quand il meurt, le 25 décembre 1635, la colonie de cent cinquante habitants est toujours menacée de l'intérieur et de l'extérieur, mais dorénavant capable de trouver les ressources et les défenses nécessaires à son maintien. 🪶

Sources principales par ordre d'importance

GLÉNISSON, Jean (dir.), *La France d'Amérique : voyages de Samuel Champlain, 1604-1629*, Paris, Imprimerie nationale, 1994. Une synthèse magistrale de l'action de Champlain et une présentation érudite des *Voyages* de 1632. — HEIDENREICH, Conrad E., *Explorations and Mapping of Samuel de Champlain, 1603-1632*, Toronto, B.V. Gutsell, coll. « Cartographica », 1976. — LITALIEN, Raymonde et Denis VAUGEOIS (dir.), *Champlain : la naissance de l'Amérique française*, Paris/Sillery, Nouveau Monde/Septentrion, 2004. Le chapitre « La cartographie de Champlain (1603-1632) » de Conrad E. Heidenreich et Edward H. Dahl est un complément indispensable à cet article de l'*Atlas*.

Exploration des Grands Lacs

LES MISSIONNAIRES CARTOGRAPHES

Pour assurer la relève de Champlain dans l'entreprise d'exploration, les missionnaires s'imposent naturellement. Leur zèle à convertir de nouvelles nations les entraîne au-delà des postes déjà établis, vers des lieux et selon un parcours dont ils ignorent à peu près tout. Leur détermination résiste à tous les obstacles. N'oublions pas que la Nouvelle-France est un pur produit de la Réforme catholique, à un moment où le prosélytisme est à son apogée. À la cour de France, les successeurs du roi Henri IV associent étroitement l'implantation coloniale et le développement du commerce à la propagation de la foi chrétienne. L'exclusion d'une émigration huguenote est confirmée, théoriquement du moins, par les statuts de la Compagnie des Cent-Associés (1627). Les catholiques récupèrent alors l'entière responsabilité du volet religieux de la colonisation. De fait, ils vont occuper une place tout à fait singulière dans l'expansion de la présence française en Amérique.

Les jésuites sont les émissaires tout désignés de la Cour, membres de l'ordre auquel appartient Pierre Coton, scrupuleux confesseur d'Henri IV, de Louis XIII et de la reine Marie de Médicis. Après un bref séjour en Acadie, les Jésuites s'installent à Québec en 1625, dix ans après les Récollets. En 1629, les frères Kirke ramènent en Europe les membres des deux ordres religieux. Seuls les Jésuites reviendront en Nouvelle-France en 1633, suivi des Sulpiciens en 1657 et finalement des Récollets en 1670.

Les jésuites s'installent au « pays des Hurons », fondent plusieurs missions entre le « lac Saint-Louis » (lac Ontario) et la « mer Douce » (lac Huron). Ils ont choisi de se fixer, en priorité, chez une population sédentaire et apparemment disposée à accueillir l'évangélisation. De plus, ce territoire ouvre la porte à l'ouest du continent vers la mer de Chine et à la Chine elle-même où les jésuites sont implantés. À la mission Sainte-Marie créée en 1639, on est à 800 kilomètres de Montréal : c'est déjà une profonde avancée à l'intérieur du continent. Durant la première moitié du XVIIe siècle, les seuls Européens dont la présence est autorisée dans la région des Grands Lacs sont les jésuites et leurs « donnés, ces jeunes hommes dévots et zélés associés au ministère apostolique ». Auparavant, en 1634, le « donné » Jean Nicollet, vraisemblablement mandaté par Champlain, en poursuit les découvertes au-delà de la « mer Douce ». Guidé par les Hurons, il est probablement le premier Européen à voir le lac Michigan et la rivière aux Renards (Fox River), le premier aussi à rencontrer les Winnebagos ou Menominee et à entendre parler d'une grande nation habitant plus à l'ouest, les Sioux. Il obtient aussi de vagues indications sur la « grande rivière » (le Mississippi), qui lui font supposer que cette voie navigable s'ouvre sur la « mer de l'Ouest ».

Parallèlement, la fondation de Trois-Rivières, en 1634, à la rencontre du fleuve Saint-Laurent et de la rivière Saint-Maurice et, en 1642, la fondation de Ville-Marie au confluent du Saint-Laurent et de la rivière des Outaouais ouvrent aussi bien les routes du nord que celles de l'ouest. Montréal, site très avantageux déjà identifié par Cartier, Roberval et Champlain, devient un accès aux « pays d'en haut » et une plaque tournante du commerce des fourrures. Les informations sur les nations indiennes aperçues arrivent ainsi rapidement à Québec. C'est alors que Jean de Brébeuf et Pierre-Joseph-Marie Chaumonot décident de se rendre chez les Neutres, à l'ouest du « lac Saint-Louis ». Ils voient problablement les chutes Niagara en 1640-1641 pendant qu'Isaac Jogues et Charles Raymbault sont au sault Sainte-Marie et découvrent le lac Supérieur. En 1646, le père Jogues et l'ingénieur Jean Bourdon explorent le sud des Grands Lacs et en dressent une esquisse qui est peut-être la plus ancienne description cartographique des territoires visités par les jésuites dans cette région.

Dessin attribué à Claude Dablon
Chaque année, le supérieur des missions des Jésuites de la Nouvelle-France compile toutes les relations rédigées par les missionnaires pour les envoyer à Paris, où l'on en prend connaissance avant de les faire publier. Contrairement aux relations imprimées, cette relation manuscrite attribuée à Claude Dablon comprend quelques illustrations, notamment ce portrait d'Indien dessiné de dos.

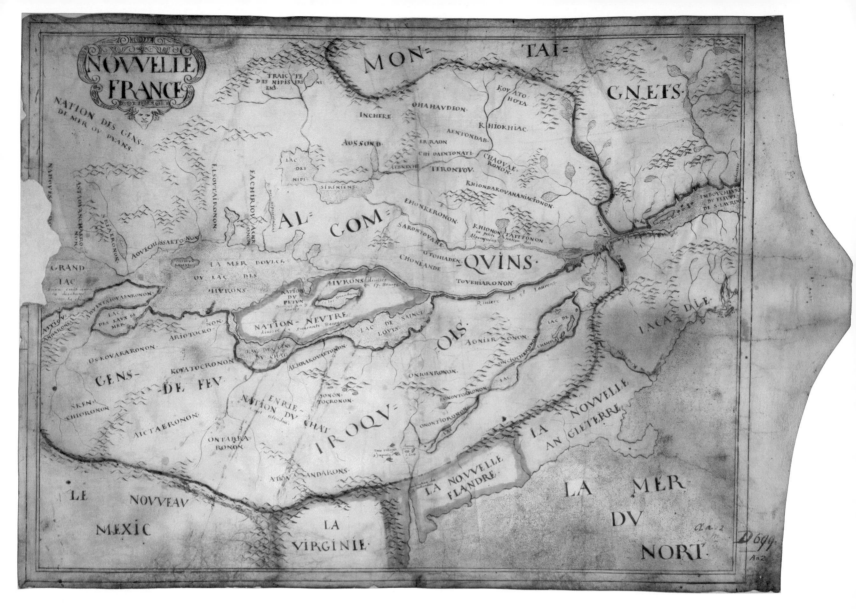

Carte anonyme de la Nouvelle-France vers 1640

Fort diversifiée, la population autochtone est présente partout, comme en témoigne cette carte intitulée *Nouvelle France*. Inspiré d'une carte de Champlain, l'auteur a ajouté un nombre impressionnant d'ethnonymes qui n'ont pas été francisés. Comme plusieurs autres cartes manuscrites de l'époque, celle-ci ne porte ni date ni mention d'auteur. Elle a été dressée sur une peau d'animal avant la dispersion des Neutres, Pétuns et Hurons causée par les attaques iroquoises entre 1648 et 1651. On présume qu'elle est l'œuvre d'un missionnaire jésuite en contact avec les Hurons. Le père Ragueneau, présent en Huronie entre 1637 et 1650, a certainement contribué d'une quelconque façon à son élaboration, même si certains chercheurs n'ont pas cru y reconnaître sa calligraphie. Cette carte, conservée au collège des Jésuites jusqu'en 1759, a été rapportée en Angleterre par l'ingénieur militaire John Montresor.

Les cartes publiées, comme celles de Nicolas Sanson, en 1650 et en 1656, sont largement documentées par celles des « Relations » des jésuites ainsi que par leurs « Relations ». Elles décrivent la partie orientale des Grands Lacs comprenant les lacs Ontario, Érié et Huron, dans leurs proportions et formes à peu près exactes. Deux autres jésuites, notamment, mettent à jour les connaissances géographiques acquises par leurs confrères. Francesco Bressani, qui a vécu au Canada de 1642 à 1650, dessine en 1657 sa carte détaillée aux intéressantes scènes illustrées de la vie des indigènes ; François Du Creux, pour sa part, sans l'expérience personnelle du séjour en Amérique, sait tirer parti des informations des missionnaires et, en 1660, publie une carte qui prouve l'existence d'un réseau hydrographique propre au commerce des fourrures desservant toute la région allant du lac Supérieur jusqu'à Montréal.

Mais la présence européenne aux Grands Lacs entraîne dans son sillage, comme ailleurs en Amérique, son lot de calamités. Au contact des Français, la population huronne est frappée, au cours des années 1630, d'une épidémie de variole dévastatrice. De plus, les nouveaux venus éveillent l'inquiétude des ennemis séculaires des Hurons. Pourtant la vingtaine de résidents de la mission Sainte-Marie, comme des autres missions, ne forment pas de colonies de peuplement mais de simples centres missionnaires assortis de postes de traite. En fait, les Hurons et les Français veulent s'associer pour contrôler les voies commerciales. Les Iroquois du Sud l'ont bien compris et sont en alerte. À l'instigation de leurs partenaires hollandais, ils cherchent à faire échouer l'entreprise française en s'attaquant aussi bien aux convois de fourrures et de ravitaillement qu'aux villages hurons et aux missions jésuites. Ils y arrivent et, en 1649, la Huronie n'existe plus. Les survivants sont dispersés et les missionnaires torturés. Toutefois, animés d'une ardeur incroyable et profitant d'une brève accalmie, les jésuites Chaumonot, Dablon, Simon Le Moyne et autres s'engagent encore à l'intérieur du pays iroquois, en 1654-1655, et recueillent des informations géographiques couvrant le sud du lac Ontario jusqu'au centre de l'actuel État de New York (Onondaga). Grâce à leur effort soutenu, les Iroquois Onontagués et Agniers acceptent la fondation de missions. De plus, le père Le Moyne y effectue plusieurs voyages à but diplomatique, ainsi qu'auprès du gouverneur hollandais de *Newe Amsterdam* (New York) afin de rapatrier des prisonniers et de préserver les bonnes relations nécessaires au commerce.

L'activité missionnaire dans les « pays d'en haut » contribue sûrement à entretenir l'intérêt français pour l'expansion de la colonie. Il faudra toutefois attendre la prise en mains de la colonie par le roi Louis XIV lui-même, en 1663, pour assister à une relance officielle des explorations. Les objectifs, alors plus clairement définis, s'appuient sur les bases existantes : le commerce des fourrures, y compris le contrôle et la défense des circuits face aux concurrents anglais, l'évangélisation des Indiens et, par le fait même, le maintien des alliances ; s'y ajoutent l'attrait de l'espace et la fascination du territoire inconnu. C'est là un trio d'éléments indissociablement liés, propres à dynamiser un mouvement exploratoire dont le cœur est la région des Grands Lacs. Ainsi, l'accroissement fait partie du programme de l'intendant Jean Talon qui, dès son arrivée à Québec, envisage de vastes découvertes et des prises de possession de territoires. Un de ses vifs souhaits est de voir la colonie vivre en autosuffisance tout en rapportant à la France, selon le désir du roi, certains produits qui lui font défaut. Sous son premier mandat (1665-1668), le commerce de la fourrure connaît un réel essor mais il faut encore trouver de nouvelles sources de richesse, comme les métaux précieux et – c'est le souhait le plus profondément ancré – découvrir le passage vers la « mer du Sud » ou celui de la « mer de l'Ouest ».

À l'appui de ces perspectives d'expansion, les jésuites n'hésitent pas à retourner chez les Iroquois. En 1665, le père Allouez décrit les Grands Lacs, incluant la partie nord du lac Supérieur, du lac Nipissing jusqu'au lac Nipigon puis, en 1669, il suit la route déjà pratiquée par Jean Nicollet, de « la baie des Puants » (Green Bay) jusqu'à l'actuel État du Wisconsin, chez les Mascoutens. Il apprend alors que la « grande rivière », le Mississippi, n'est plus qu'à six jours de voyage. Enfin, la dernière pièce de l'échiquier des explorations des Grands Lacs est placée par les sulpiciens Dollier de Casson et Bréhant de Galinée. Dans l'intention de fonder une mission au sud-ouest du lac Supérieur, ils voyagent de l'été 1669 à l'été 1670, par le sud des Grands Lacs, en définissent les contours et retournent au nord par la « route des trafiquants ». Leur principal mérite est de démontrer la communication reliant les cinq lacs entre eux ainsi qu'à la voie navigable vers Montréal.

En 1669, Talon reprend une recherche au point où l'avait laissée Champlain, celle du cuivre. Jean Péré, coureur des bois, et Adrien Jolliet, le frère du célèbre explorateur, sont chargés « d'aller reconnaître si la mine de cuivre qui se trouve au-dessus du lac Ontario est abondante et facile à extraire ». Péré profite du voyage pour s'adonner au commerce des fourrures au sault Sainte-Marie avant de repérer effectivement une mine de cuivre, plus à l'ouest, dans la région du lac Supérieur. Pour exploiter ces nouveaux indices, le 3 septembre 1670, Talon nomme Daumont de Saint-Lusson commissaire subdélégué « pour la recherche de la mine de cuivre au pays des Outaouais, Nez-Percés, Illinois et autres nations découvertes et à découvrir en l'Amérique septentrionale du côté du lac Supérieur ou de la mer Douce [...] rechercher soigneusement s'il y a par lacs ou rivières quelque communication avec la mer du Sud qui sépare ce continent de la Chine ».

Daumont de Saint-Lusson prépare alors un grand rassemblement, à la mission de Sainte-Marie-du-Sault, de toutes les nations indiennes qu'il peut atteindre. Le 4 juin 1671, devant les représentants des « Quatorze Nations » et avec tout le faste possible, l'explorateur proclame Louis XIV « capitaine des plus grands capitaines » et prend officiellement possession de toutes les terres qui s'étendent de là jusqu'à la « mer de l'Ouest », la « mer du Nord » (baie d'Hudson) et le golfe du Mexique, ce qui revient à s'approprier toute l'Amérique du Nord. Le procès-verbal de la cérémonie est signé par Saint-Lusson, Nicolas Perrot, les jésuites Claude Dablon, Claude Allouez, Gabriel Druillettes ainsi que par les autres Français présents sur les lieux.

L'intérêt exceptionnel de la mission de Daumont de Saint-Lusson ne réside pas surtout dans la reconnaissance de la mine de cuivre déjà repérée mais dans l'apport à la France, du moins de façon théorique, d'un immense morceau d'empire dont on n'évalue pas encore la dimension. Elle ouvre la porte au sud du continent, laissant entrevoir la « mer Vermeille » par laquelle on espère trouver un passage vers la « mer de l'Ouest ». Cette expédition marque aussi le début des explorations dirigées, et

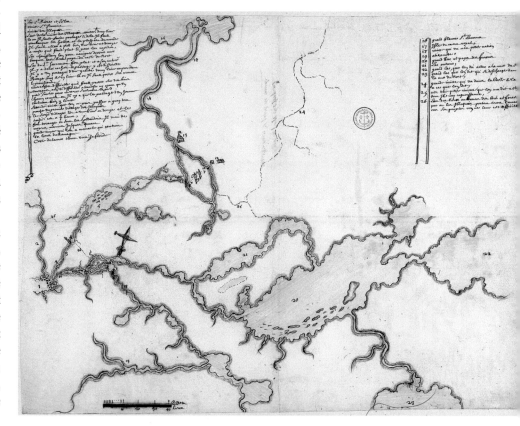

Carte des terres à l'ouest et au sud de Montréal, attribuée à Jean Bourdon, vers 1646
Cette carte anonyme montre la complexité du réseau hydrographique au sud et à l'ouest du Saint-Laurent, que les Français commencent tout juste à apprivoiser dans les années 1630-1640. La région, esquissée à grands traits, est déjà plus précise que celle qui avait été tracée par Champlain. La calligraphie et le contenu du texte permettent d'en attribuer la paternité à l'arpenteur Jean Bourdon. En 1646, celui-ci entreprend un voyage chez les Iroquois Agniers en compagnie du père Jogues, pour cimenter un traité de paix franco-iroquois, trop fragile pour durer. La carte montre le chemin emprunté par les diplomates français, qui mène à ORANGE (Albany) et MANHATTE (New York) : RIVIÈRE DES IROQUOIS (Richelieu), LAC CHAMPLAIN, LAC SAINT-SACREMENT, puis portage vers la RIVIÈRE D'ORANGE (Hudson). La même année, à l'automne, Jogues se rend à nouveau en pays iroquois, mais il est tué d'un coup de hache sur la tête, par des Iroquois qui l'accusent d'avoir semé l'épidémie chez eux.

Le Canada ou Nouvelle France par Nicolas Sanson, publiée à Paris en 1656

Fondateur d'une importante dynastie de cartographes, l'auteur de cette carte, Nicolas Sanson, est reconnu par ses contemporains et par les historiens comme étant l'un des plus grands géographes de son temps. Cet ancien ingénieur militaire formé à l'école des jésuites a été professeur de géographie des rois Louis XIII et Louis XIV. Très prolifique, il est le premier Français parvenant à concurrencer la production cartographique hollandaise qui dominait alors le marché européen. Il faut attribuer les succès de Sanson non seulement à la proximité du pouvoir royal, mais aussi à son association avec le très dynamique éditeur Pierre Mariette. Sanson est un cartographe de cabinet, profitant de sa position au cœur du royaume de France pour recueillir et compiler le maximum de sources diverses. Pour réaliser cette carte du Canada, il se sert des relations de navigateurs étrangers, anglais, danois et hollandais, mais aussi de celles de Champlain et des jésuites. Ces prêtres missionnaires ont publié maintes relations faisant valoir les efforts d'évangélisation et décrivant, par la même occasion, les habitants et leurs coutumes, tout en donnant une bonne description écrite et cartographique du pays. Traduisant le texte en carte, Sanson a permis de mieux faire connaître la cartographie de l'intérieur du continent, ce qu'atteste par exemple la présence des cinq Grands Lacs et leur position relativement exacte. Les lacs Supérieur et Michigan (LAC DES PUANTS) sont laissés ouverts à l'ouest, aucun Européen n'ayant encore reconnu ces rives. Parmi la cinquantaine de nations indiennes représentées, on distingue la plupart des populations visitées par la poignée de prêtres en mission apostolique : NEUTRES, PÉTUNS, HURONS, IROQUOIS, Sioux (NADOUSSOUE-RONONS), Népissingues (NIPISSIRINIENS), Cris (KIRISTINOUS), ATTIKAMEKS, Monta-gnais (QUOUATOUATA, QUIOQUIIIAC), ALGONQUINS de l'Outaouais.

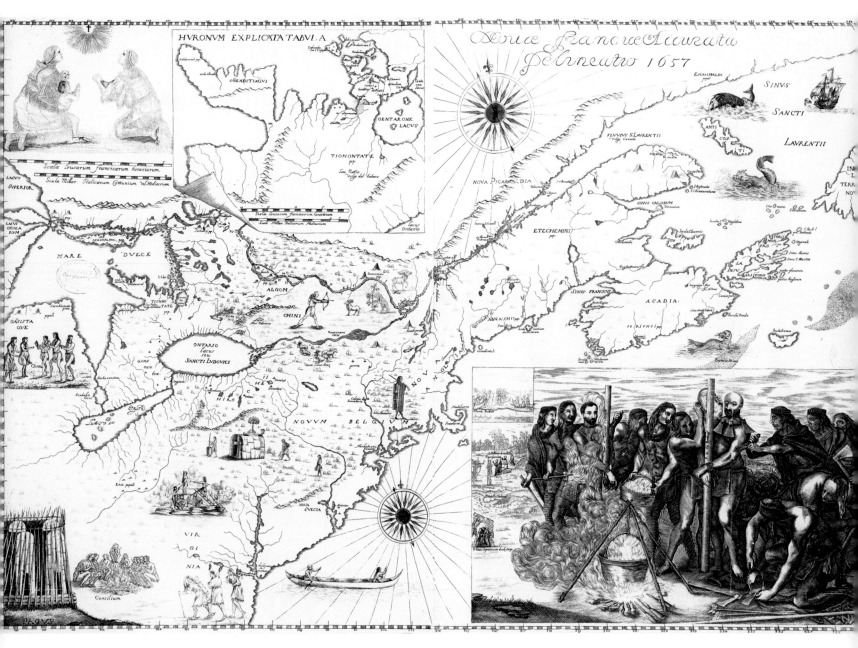

Novæ Franciæ accurata delineatio, par Bressani, 1657

Débarqué à Québec en 1642, le père Bressani veut se rendre en Huronie, mais il est capturé par des Iroquois qui le torturent. Lorsqu'il écrit à son supérieur, il s'excuse : « La lettre est mal écrite et assez sale, parce que [...] celui qui l'écrit n'a plus qu'un doigt entier à la main droite et il ne peut empêcher le sang [...] de salir le papier. » De retour en Italie, il publie une relation et une carte qui couvre assez bien le territoire de la vallée du Saint-Laurent et des Grands Lacs. L'auteur balise en effet le chemin entre Montréal et la baie Georgienne en dénombrant tous les rapides et portages. La carte se caractérise aussi par une iconographie abondante et devient ainsi un outil de formation pour les futurs missionnaires.

non pas laissées au hasard, de la traite des fourrures ou de l'évangélisation. Désormais, les voyages de découvertes seront planifiés et orientés par les autorités de la colonie, devront produire rapports, journaux, cartes et effectuer les prises de possession des territoires visités.

Les « Relations » des jésuites répondent, entre autres intentions, à celle du récit de voyage. Elles sont souvent accompagnées de dessins et de tracés géographiques, complètent et précisent la description de territoires de plus en plus éloignés. Ces publications, abondamment diffusées en France, démontrent non seulement la persévérance des missionnaires à propager la foi chrétienne mais encore leur contribution scientifique aux explorations. Les *Relations*, ouvrages édifiants, deviennent d'excellents outils promotionnels en faveur de la poursuite

de l'entreprise française en Amérique. Au milieu des années 1670, l'avancée vers le centre du continent est confirmée. Les chiffres de convertis restent faibles, mais les territoires décrits et cartographiés sont immenses et les ressources commerciales disponibles semblent illimitées. La voie est dorénavant ouverte « à la découverte de la mer du Sud ». 🜨

Sources principales par ordre d'importance

DESLANDRES, Dominique, *Croire et faire croire : les missions françaises au XVIIᵉ siècle*, Paris, Fayard, 2003. — TRIGGER, Bruce Graham, *Les enfants d'Aataentsic : l'histoire du peuple huron*, Montréal, Libre Expression, 1991. — CARDINAL, Louis, « Record of an Ideal : Father Francesco Giuseppe Bressani's 1657 Map of New France », *The Portolan*, n° 61, hiver 2004-2005, p. 13-28.

À la source des cartographes

LES COUREURS DES BOIS

ÈS LES PREMIÈRES expéditions françaises au Canada, la traite des fourrures se fait essentiellement dans la vallée du Saint-Laurent sous le contrôle des compagnies de commerce. À partir des années 1650, surtout par suite de la destruction de la Huronie, les Iroquois empêchent les nations concurrentes, du groupe algonquien, de traiter avec les Français et d'aller à Montréal porter leurs pelleteries. Les « coureurs des bois » se rendent alors, sans permission de l'intendant, dans les « pays d'en haut », notion désignant des territoires à l'ouest et au nord de Montréal. Au fil des expéditions, cet espace indéterminé ne cesse de prendre de l'expansion. C'est le centre de vie de plusieurs dizaines de milliers d'Amérindiens de langue iroquoienne, algonquienne ou sioux. Pour les Français, explorateurs ou commerçants, les « pays d'en haut » sont la frontière à repousser sans cesse. Leur désignation, provenant du langage courant, correspond à la nécessité de remonter les rivières, à partir de Montréal. Dès 1658, les jésuites parlent des « pays supérieurs », d'où la dénomination de lac Supérieur pour celui des Grands Lacs situé le plus à l'ouest. L'imprécision du pluriel « les pays » ouvre à tout espace inconnu, dont l'utopique « mer de l'Ouest ».

Les « pays d'en haut », c'est aussi l'espace rêvé des coureurs des bois qui se joignent aux Indiens trappeurs ou partent en forêt piéger eux-mêmes les animaux. Leurs techniques de déplacement sont celles des Indiens : le canot d'écorce en été et les raquettes en hiver. Les jeunes hommes qui font l'expérience des bois, parfois d'anciens « donnés », se laissent souvent griser par la vie « sauvage », aussi bien par les charmes de la nature extérieure que par l'absence de certaines contraintes. Ainsi, chaque « coureur des bois » a généralement une femme indienne qui l'attend, au grand dam des missionnaires et des administrateurs qui les voient « s'ensauvager ».

Un élan est donné à la « course des bois », en 1653 et 1654, alors que quelques Hurons et Outaouais parvien-nent à Trois-Rivières avec des fourrures, une petite partie, disent-ils, de ce qui a été accumulé par mévente ; ils parlent aussi d'une rivière, au-delà de leurs territoires, « fort spacieuse qui aboutit à une grande mer ». Reçue par des hommes jeunes, curieux et ambitieux, cette information relance leur goût d'aventure. Médard Chouart Des Groseilliers et un compagnon non identifié quittent Trois-Rivières à l'automne 1654 et accompagnent les Indiens retournant dans leurs régions. Pendant deux années, ils voyagent dans les « pays d'en haut », reconnaissent et nomment les lieux sur la route habituellement empruntée par les trafiquants indiens. Des Groseilliers navigue en amont de l'Outaouais jusqu'au lac Nipissing, le long de la rivière des Français (French River) jusqu'à la baie Georgienne, sur le lac Huron, sur le lac Sainte-Claire jusqu'à l'emplacement de la ville de Détroit, entre le lac Huron et le lac Érié. La suite du voyage est moins bien connue : on suppose que les explorateurs pénètrent dans le lac Michigan pour en suivre la rive occidentale avant de revenir à Québec par le même chemin.

Ces deux particuliers rapportent chacun 14 000 à 15 000 livres de fourrures ainsi que de nouvelles connaissances géographiques. L'intérêt de Des Groseilliers pour les « pays d'en haut » porte sur de nouveaux itinéraires de commerce visant à réduire les portages et les détours si coûteux. N'y aurait-il pas d'autres bonnes voies navigables donnant accès au nord des Grands Lacs et à la baie d'Hudson ? Aussi, en août 1659, Des Groseilliers repart, cette fois avec son jeune beau-frère Pierre Radisson, et ce, malgré l'interdiction du gouverneur général de la Nouvelle-France, Pierre de Voyer d'Argenson. Les explorateurs suivent d'abord la route des trafiquants, c'est-à-dire la rivière des Outaouais vers le lac Huron dont ils longent la rive nord jusqu'au sault Sainte-Marie, puis toute la rive sud du lac Supérieur jusqu'à son extrémité occidentale où Des Groseilliers

Castors du Canada
Ces célèbres cartouches proviennent d'une carte de l'Amérique de Nicolas de Fer (en haut), et d'une carte de Moll publiée en 1715 (en bas). Cette scène de castors est gravée, à l'origine, par Nicolas Guérard, lequel s'inspire d'une illustration des chutes Niagara dans les récits de Louis Hennepin. La composition de Guérard montre des castors humanisés, occupant des fonctions bien précises : bûcherons, charpentiers, porteurs de bois, maçons, architecte, inspecteur des invalides, etc.

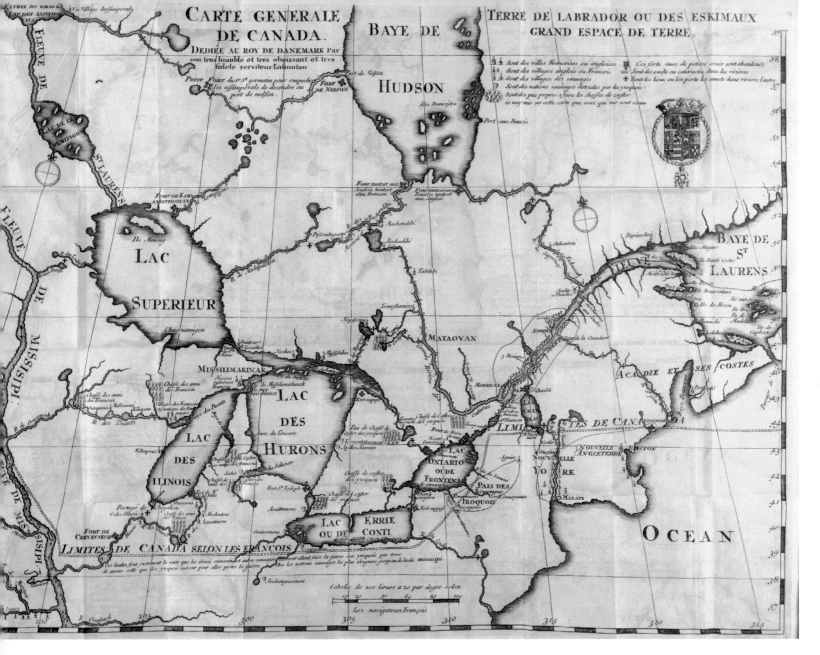

laisse son nom à une rivière appelée, encore aujourd'hui, Gooseberry River. De retour dans la vallée du Saint-Laurent durant l'été 1660, les deux coureurs des bois causent une forte impression avec leurs soixante canots remplis de ballots de fourrures et les trois cents commerçants indigènes qui les accompagnent. Les fourrures sont saisies, Des Groseilliers est inculpé d'avoir pratiqué la traite sans permis, puis emprisonné sur les ordres du gouverneur général.

L'expédition de Des Groseilliers, malgré la déconvenue finale, a rouvert le commerce des fourrures et probablement sauvé la Nouvelle-France du désastre économique. Cependant, les deux coureurs des bois développent une rancœur durable envers les administrateurs de la Nouvelle-France et se tournent vers les Anglais. En transmettant leurs connaissances de l'Iroquoisie et des « pays d'en haut », les deux coureurs des bois facilitent la conquête de la « Nouvelle-Néderlande » (New York) par les Anglais, en 1664, et leur procurent des atouts précieux en vue de la création de la Compagnie anglaise de la Baie d'Hudson.

Pour l'administration française, la situation est embarrassante. Afin d'exercer un contrôle plus étroit sur cette activité essentielle, les autorités coloniales créent les « congés de traite », autorisant les particuliers de s'adonner aussi au commerce des pelleteries. Mais les contraintes des congés sont telles que la traite clandestine ainsi que la contrebande avec Albany attirent encore, durant les années 1660, plus d'une centaine de coureurs des bois. Si bien que le ministre Colbert rappelle plusieurs fois au gouverneur Frontenac la nécessité de contenir la population dans la vallée du Saint-Laurent, sauf pour maintenir un niveau rentable de commerce ou si les pays que « vous découvririez vous pussent rapprocher de la France par la communication avec quelque mer qui fût plus méridienne que l'entrée du fleuve Saint-Laurent ». Colbert adopte une position pour le moins ambiguë : il voudrait bien garder les habitants sur leurs terres mais, sans la traite des fourrures, la colonie ne peut survivre. Le ministre se voit donc forcé de laisser partir les coureurs des bois. La voie reste ainsi ouverte à la traite et, par le fait même, à l'exploration des territoires lointains.

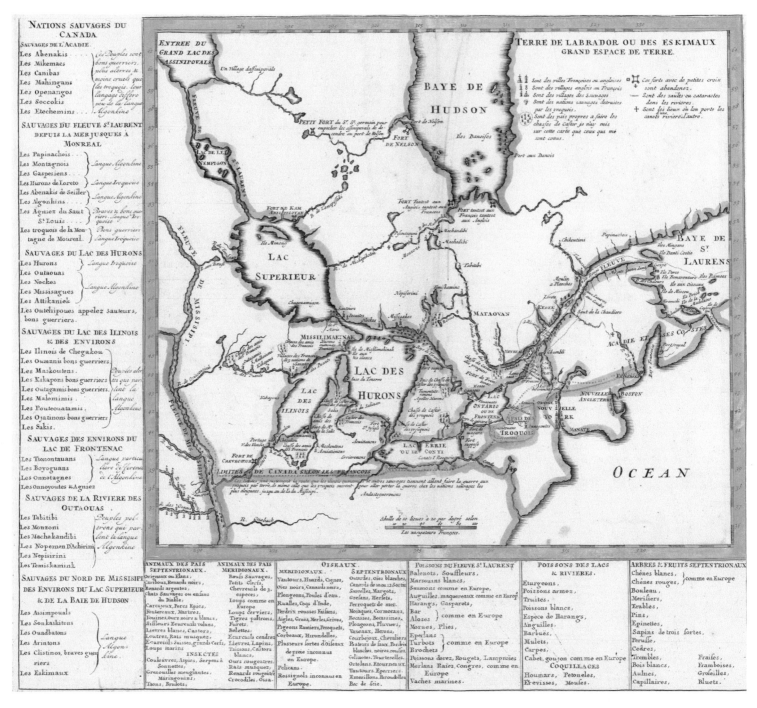

**Carte des Grands Lacs
par Chatelain, 1719**

Tout comme la plupart des illustrations tirées de l'*Atlas historique* de Henri-Abraham Chatelain, cette carte témoigne d'un souci d'ordre et de classification. La représentation cartographique nettement inspirée de Lahontan (voir page 96) est entourée de tableaux portant sur les marchandises traitées aux Indiens, la valeur des fourrures, les arbres du Canada, poissons, animaux, insectes. Sur la gauche, l'éditeur recense près de 50 peuples indiens, prenant soin de noter les « bons guerriers », les « braves guerriers » et les « poltrons ».

L'intendant Talon s'engage dans cette brèche pour accélérer son programme de découvertes : « J'ay fait partir des gens de resolution qui promettent de percer plus avant qu'on na jamais fait [...]. En tous lieux ces advanturiers doivent faire des journaux et respondre a leur retour aux instructions que je leur ay données par escrit. En tous lieux ils doivent prendre possession, arborer les armes du Roy, et dresser des procès verbaux pour servir de tiltre. » L'encouragement est fécond : les Jean Péré, Louis Jolliet et autres apportent à Québec leurs observations géographiques et leurs récits de voyages. Transposée par l'hydrographe Jean-Baptiste Franquelin sur de magnifiques cartes, l'information circule sans entrave en France et ailleurs en Europe, diffusant une représentation avantageuse du monde nord-américain.

Sources principales par ordre d'importance

VACHON, André, Victorin CHABOT et André DESROSIERS, *Rêves d'empire : le Canada avant 1700*, Ottawa, Archives publiques du Canada, coll. « Les Documents de notre histoire », 1982. Ouvrage utile pour ses courtes synthèses historiques ainsi que pour les reproductions de documents originaux. — DELÂGE, Denys, *Le pays renversé : Amérindiens et Européens en Amérique du Nord-Est, 1600-1664*, Montréal, Boréal express, 1985. Pour la compréhension des rapports entre les coureurs des bois et les Indiens.

La découverte du Mississippi

JOLLIET ET MARQUETTE

MAI 1673 : des Illinois voient surgir de la rivière *Michisippi* une demi-douzaine d'hommes étranges, au visage pâle et barbu. L'un d'eux porte une longue robe noire et prononce quelques paroles en leur langue. Leur arrivée provoque une grande agitation dans le village. Quatre vieillards les accueillent et les amènent au chef qui les attend, nu, avec le calumet. Puis on les conduit à la bourgade voisine de Peoria où se trouve le grand capitaine de tous les Illinois. Là, on leur prépare un festin de rois : bison, sagamité, poisson, chien sont au menu, servis dans des crânes de bison. Ces hommes à l'allure étrange sont des Français, parmi les premiers Européens que rencontrent les Illinois. Ils se nomment Jacques Largilliers, Jacques Maugras, Pierre Moreau dit la Taupine, Jacques Marquette, Zacharie et Louis Jolliet. Tous sont des coureurs des bois, sauf le père Marquette qui est missionnaire jésuite.

Le chef de l'expédition, Louis Jolliet, est de la génération des premiers Français nés au Canada. Éduqué par les jésuites de Québec, protégé de Mgr de Laval, Louis se destine à une brillante carrière ecclésiastique. Mais il s'en détourne dans la jeune vingtaine pour s'initier à la course des bois, sûrement avec son frère aîné, Adrien. Formé à l'école de Pierre-Esprit Radisson et lui aussi capturé par les Iroquois en 1658, Adrien est mandaté en 1669 pour localiser une mine de cuivre au lac Supérieur. À son retour, il emprunte le chemin périlleux des lacs Érié et Ontario, territoire pourtant bien gardé par les Iroquois. En 1671, Louis se trouve au sault Sainte-Marie lorsque Daumont de Saint-Lusson fait planter les armes de France pour prendre officiellement possession du pays des Outaouais et recevoir l'allégeance de quatorze nations indiennes. Il y rencontre les pères jésuites Dablon et Marquette qui connaissent bien la région des Grands Lacs pour l'avoir parcourue pendant plusieurs années. Les deux missionnaires maîtrisent plusieurs langues autochtones, ce qui facilite leur tâche d'évangélisation et leur permet d'obtenir des renseignements géographiques assez précis des Indiens. Lorsqu'ils rencontrent Jolliet, ils connaissent déjà l'existence du fleuve Mississippi. Leur principale interrogation consiste alors à découvrir dans quelle mer se jette la grande rivière : le golfe du Mexique ou la mer du Sud (Pacifique) ?

L'année suivante, Jolliet est officiellement mandaté par l'intendant Talon et par le gouverneur Frontenac pour aller « a la découverte de la mer du Sud, par le païs des Maskouteins, et la grande rivière qu'ils appellent Michisippi qu'on croit se decharger dans la mer de la Californie ». Suivant les coutumes des coureurs des bois, Jolliet s'associe devant notaire avec six autres colons, pour « faire ensemble le voyage aux Outaouas, faire traite avec les sauvages le plus avantageusement que faire se pourra ». C'est que l'expédition n'est pas seulement un voyage de découverte, mais aussi un voyage de traite. Jolliet et ses hommes quittent Québec à l'automne 1672 et arrivent au poste de Michillimackinac en décembre. Là, en compagnie de Marquette, ils planifient leur voyage de découverte, interrogent les Indiens qui connaissent le Mississippi et dressent une carte approximative du trajet à parcourir. Ils reprennent la route au printemps dans leurs deux canots d'écorce chargés de blé d'Inde et de viande boucanée, « bien resolus a tout faire et a tout souffrir pour une si glorieuse entreprise ». Ils naviguent sur le lac des Illinois (Michigan) puis dans la baie des Puants (Green Bay), avant de remonter une rivière (qui prendra le nom de rivière aux Renards, aujourd'hui Fox River). Durant ce trajet, Marquette décrit abondamment les accidents géographiques, la faune et la flore, goûte des eaux minérales, cueille des simples dont la racine sert contre la morsure des serpents. Les voyageurs atteignent le village des Mascoutens, où les jésuites avaient établi une mission. Cet endroit, véritable limite des territoires connus par les Français, était une sorte de centre « multi-ethnique » puisqu'on y trouvait non seulement des

Capitaine de la nation des Illinois
Jacques Marquette et Louis Jolliet figurent parmi les premiers ethnographes d'Amérique du Nord. Leur récit de voyages contient une description assez détaillée des mœurs et coutumes des Illinois, principal groupe autochtone rencontré : « Le nom Illinois veut dire "Hommes". Leur naturel est doux et traitable [...]. Ils ont plusieurs femmes dont ils sont extremement jaloux, ils les veillent avec un grand soin et ils leur couppent le nez ou les oreilles quand elles ne sont pas sages [...]. Ils ont le corps bien fait, ils sont lestes et fort adroits, a tirer de l'arc et de la flèche [...]. Ils sont belliqueux et se rendent redoutables aux peuples éloignés du sud et de l'ouest où ils vont faire des esclaves, desquels ils se servent pour trafiquer [...]. »

Carte du Mississippi et du lac Michigan, attribuée au père Marquette, vers 1674

Ce document est considéré comme la source la plus ancienne du voyage de Jolliet et Marquette vers la mer du Sud. L'auteur présumé, Jacques Marquette, désigne du nom de CONCEPTION le Mississippi. Le Missouri est nommé PEKITEAN8I et l'Ohio est appelé 8AB8SKIG8. En dépit de son tracé rudimentaire, cette carte rend bien l'orientation générale du Mississippi. On y voit les villages illinois visités par les explorateurs : KACHKASKA (Kaskaskia), PE8AREA (Peoaria), MONS8PELEA (Monsopelea), puis les villages sioux METCHIGAMEA (Michigamea) et AKANSEA (Quapaw), le point le plus avancé de l'expédition. De plus, le cartographe signale une multitude de villages à l'intérieur des terres qui n'apparaissent pas dans le récit écrit, par exemple MAROA (Tamaroa), 8CHAGE (Osage), PAPIKAHA (Quapaw), AKOROA (Koroa), OTONTANTA (Oto), MAHA (Omaha), PAH8TET, etc. En admettant que son attribution et sa datation (1674) soient exactes, cette carte serait donc le premier document à mentionner les peuples du Mid-West américain. Pour cette raison, les archéologues, ethnologues et historiens considèrent cet artefact, conservé aux archives de la Compagnie de Jésus à Saint-Jérôme, comme une source historique de grande importance.

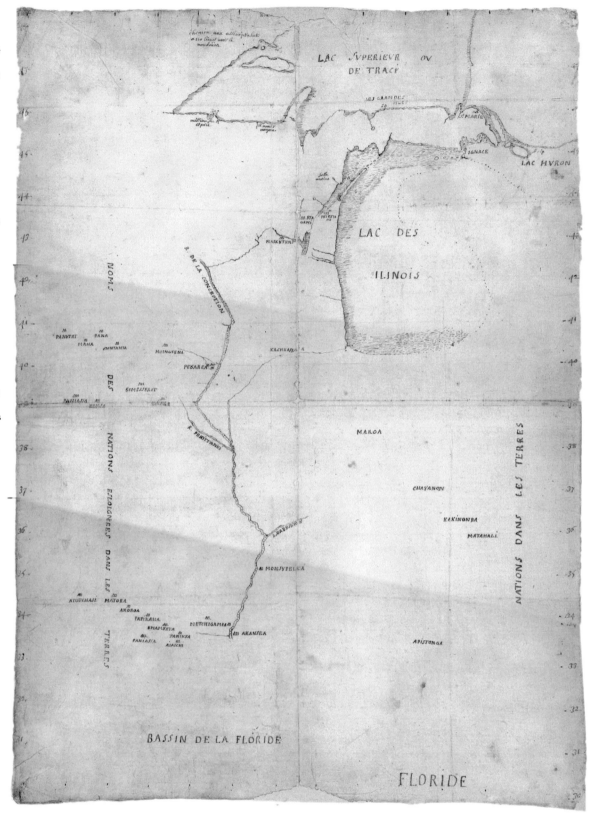

Mascoutens (ou nation du feu), mais aussi des Miamis, des Kikapous, des Illinois, toutes des nations installées là après avoir fui les Iroquois. Au cœur du village, les Français aperçoivent une image étonnante de syncrétisme religieux : une croix jonchée de présents offerts au grand Manitou, peaux, ceintures, arcs et flèches. La suite du trajet promettait d'être plus hasardeuse : il y avait tant de marais et de petits lacs qu'il fallait absolument des guides indiens. Ainsi, deux Miamis acceptent de mener les explorateurs au portage qui fait la jonction avec la rivière Meskousing (Wisconsin), un affluent présumé du Mississippi. À la mi-juin, après quelques jours de canotage sur cette rivière, les Français laissent éclater leur joie à la vue du Mississippi, tant convoité.

En suivant le cours de la rivière vers le sud, Marquette note vers le 42e degré parallèle des changements appréciables dans la faune et la flore :

> Il n'y a presque plus de bois ni de montagnes. Les isles sont plus belles et couvertes de plus beaux arbres. Nous ne voions que des chevreuils et de vaches, des outardes et des cygnes sans ailes parce qu'ils quittent leurs plumes en ce pays. Nous rencontrons de temps en temps des poissons monstrueux, un desquels donna si rudement contre nostre canot que je crû que c'estoit un gros arbre qui l'alloit mettre en pièces. Une autre fois nous apperceûmes sur l'eau un monstre qui avoit une teste de tygre, le nez pointu comme celuy d'un chat sauvage, avec la barbe et des oreilles droittes élevées en haut.

En naviguant sur le Mississippi, les Français croisent plusieurs peuplades illinoises, toutes aussi accueillantes les unes que les autres. L'un des chefs clame à ses visiteurs : « Que le soleil est beau, François, quand tu nous viens visiter ; tout notre bourg t'attend, et tu entreras en paix dans toutes nos cabanes. » La navigation se fait sans trop de heurts. Il faut dire que les Français ont reçu du chef des Illinois deux cadeaux fort précieux : un jeune esclave amérindien qui sert de guide et un calumet emplumé, objet sacré qui fait office de passeport auprès des autres peuples du Mississippi. En descendant le fleuve, le corps expéditionnaire croise les rivières Pekitan8i (Missouri) et 8ab8skig8 (Ohio). Au sud de l'Ohio, le climat change, la chaleur devient accablante, les maringouins deviennent insupportables. Les explorateurs ont quitté le pays des Illinois pour pénétrer dans celui des Sioux. L'accueil se fait plus réservé, presque hostile. Au village des Akanseas, non loin de l'embouchure de la rivière Arkansas, les anciens du village tiennent un conseil secret durant lequel certains proposent de « casser la teste et piller » les visiteurs. Afin de ne pas compromettre les résultats de leur expédition, les explorateurs décident sagement de rebrousser chemin. De par les renseignements obtenus des Indiens et d'après les calculs de latitude effectués, Jolliet et Marquette devinent sans grandes difficultés que le Mississippi se jette dans le golfe du Mexique.

Au retour, les voyageurs remontent le Mississippi puis empruntent un affluent différent : la rivière des Illinois, artère principale du pays des Illinois. L'endroit impressionne Marquette et Jolliet. L'un promet d'y revenir pour évangéliser les habitants. L'autre demande aux autorités qu'on lui fasse concession du territoire pour y établir une colonie. L'endroit est stratégiquement placé, faisant le pont entre le Canada et le bassin du Mississippi. Jolliet a compté plus de 40 bourgades dont les plus imposantes

Carte de la découverte faite l'an 1673 dans *L'Amérique Septentrionale*, Thévenot, Paris, 1681

Le récit de l'expédition au Mississippi a été publié pour la première fois en 1681, dans un des recueils de voyages de Melchisedech Thévenot, un des hommes de lettres et de sciences les plus actifs de son époque. Membre entre autres de l'Académie des sciences et bibliothécaire du roi, Thévenot était un polyglotte à la curiosité insatiable. On lui doit à la fois l'invention du niveau à bulle et un traité sur l'art de nager. Il a fait connaître aux Français plusieurs contrées lointaines telles que la Chine, la Perse, le Japon, le Bengale et le Turkestan. Les recueils de Thévenot étaient parmi les premiers du genre publiés en français. Lorsqu'il le pouvait, il n'hésitait pas à enrichir les récits de figures de plantes, d'animaux et de cartes. Il a d'ailleurs publié les premières cartes d'Australie et d'Iraq, sans compter cette carte du Mississippi qui, à l'évidence, répondait au désir de publiciser des entreprises potentiellement enrichissantes pour le royaume de France. On y voit une multitude de gisements de minéraux éventuellement exploitables : pierres sanguines, mines de cuivre, charbon de terre, salpêtre, ardoise, marbre, mines de fer. Au centre figure une statue nommée Manitou, c'est-à-dire esprit ou génie en langue indienne, et qui aurait été vénérée comme une divinité.

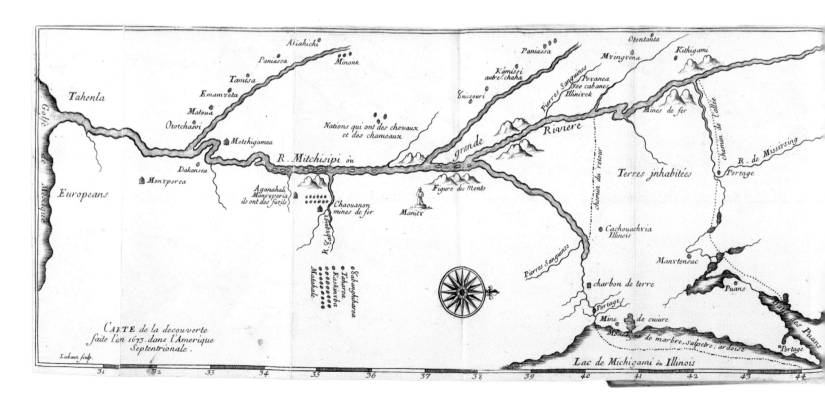

Carte du voyage de Louis Jolliet au Mississippi, vers 1675 (détail)

À son retour du Mississippi, Louis Jolliet chavire, probablement dans les rapides de Lachine. Lors de cet accident tragique, deux hommes se noient, dont un jeune esclave indien qui lui avait été offert par les Illinois. Jolliet perd aussi le coffre qui contenait son récit de voyage et la carte des territoires explorés. Heureusement, il réussit à reconstituer de mémoire son trajet, qu'on aperçoit sur cette carte destinée au ministre Colbert. On y voit la route de la BAYE DES PUANTS (Green Bay) et de la rivière de MISKONSING (Wisconsin), ainsi que le trajet du retour par la rivière de LA DIVINE (rivière Illinois) jusqu'au lac Michigan. Plus au sud, la route de l'Ohio empruntée par un autre explorateur, Cavelier de La Salle, a été ajoutée plus tardivement. La carte évoque l'existence d'un affluent du Mississippi qui mènerait à la MER VERMEILLE (Pacifique).

comprennent jusqu'à 300 cabanes pour un total de 8 000 personnes. Les explorateurs repassent ensuite dans le bassin des Grands Lacs par le portage de Checagou (Chicago). Le père Marquette hiverne à la baie des Puants tandis que Jolliet passe l'hiver au sault Sainte-Marie où il reprend en main ses affaires commerciales et retranscrit sa carte et son journal. Il rentre au pays en mai 1674, avec de nouvelles pelleteries et de nouveaux renseignements géographiques. Malheureusement, tout juste avant la fin de son périple, Jolliet fait naufrage dans le dernier des 42 rapides franchis, le saut Saint-Louis (aujourd'hui les rapides de Lachine). Deux hommes se noient, dont l'esclave obtenu des Illinois, tandis que Jolliet perd aussi le coffre qui contenait la carte et le récit détaillé de son voyage. Quel dénouement tragique pour une si belle aventure !

Les explorateurs auraient pu s'attendre à d'honorables gratifications puisque le ministre Colbert en avait déjà assuré l'intendant Talon, en juin 1672 : «Comme apres l'augmentation de la colonie du Canada, il n'y a rien de plus important pour ce païs la, et pour le service de sa Majesté que la descouverte du passage dans la mer du sud, sa Majesté veut que vous asseuriez une bonne recompence a ceux qui feront cette descouverte.» Mais, à son retour à Québec, Jolliet ne trouve plus l'intendant Talon, rentré en France, ni personne pour appuyer sa demande de colonisation au pays des Illinois. La position négative du roi, réitérée à plusieurs reprises, est très nette : elle applique la politique de resserrement des terres et de la population dans la vallée du Saint-Laurent. Le père Marquette, de son côté, malgré une santé fortement éprouvée par le voyage, retourne chez les Illinois dans l'intention d'y fonder une mission. Très malade, il veut rentrer à Michillimackinac, mais meurt en chemin sur les rives du lac Michigan, à l'embouchure d'une rivière qui porte aujourd'hui son nom (Pere Marquette River).

Malgré ces déconvenues, le voyage de Jolliet, Marquette et de leurs cinq acolytes demeure l'un des plus importants de l'histoire de la Nouvelle-France. Il a ouvert la porte à un immense territoire : le bassin du Mississippi,

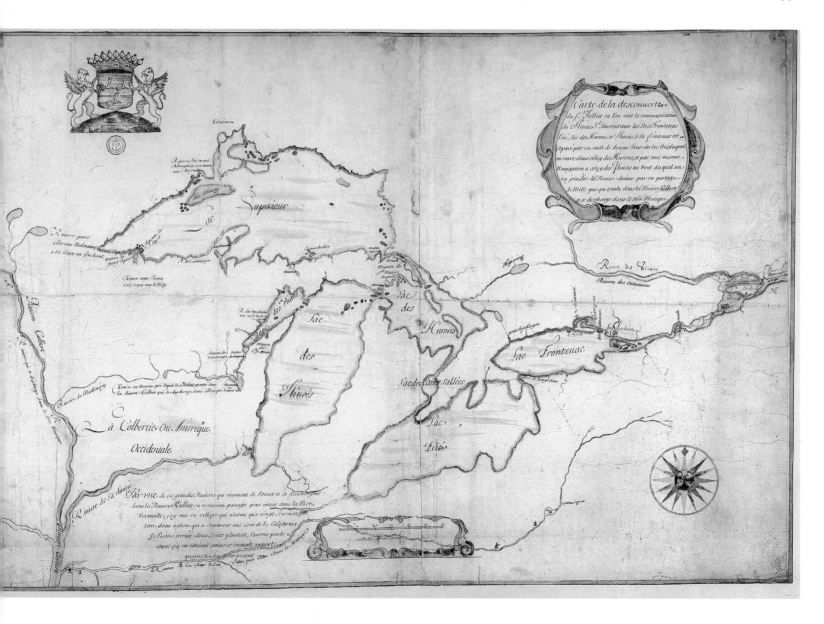

future Louisiane. Dans son récit de voyage, Jolliet affirme que c'est là le plus beau pays qu'il y a sur terre. Il y pousse du blé d'Inde, du melon d'eau, des prunes, des pommes, des grenades, des citrons, des mûres et plusieurs petits fruits qui ne sont pas connus en Europe. Le blé d'Inde y est récolté trois fois par année. Le pays est rempli de bœufs sauvages (bisons), de cerfs, de coqs d'Inde, de cailles et de perroquets. Le sous-sol regorge de richesses minéralogiques : fer, pierres sanguines, salpêtre, ardoise, charbon, marbre. Malgré la perte malheureuse du journal et de la carte de Jolliet au saut Saint-Louis, le voyage suscite une production étonnante de cartes, démontrant ainsi l'intérêt des autorités françaises. Ces cartes, qui décrivent le réseau hydrographique reliant les Grands Lacs au Mississippi, chamboulent à jamais la cartographie du continent. Grâce à elles, des chaînes de montagnes disparaissent, des rivières fictives s'effacent, un fleuve majestueux fait son apparition et une multitude de peuples amérindiens sont dévoilés à la face de l'Europe. Certes, l'embouchure du Mississippi ne se trouve pas où on l'avait souhaité et aucune route vers la mer du Sud n'a encore été reconnue. Mais l'existence de plusieurs affluents à l'ouest du grand fleuve saura raviver l'espoir des plus optimistes, et ce, pendant plus d'un siècle. ✤

Sources principales par ordre d'importance

DELANGLEZ, Jean, *Louis Jolliet, vie et voyages (1645-1700)*, Montréal, Éditions Granger, 1950. — PELLETIER, Monique, « Espace et temps : Mississippi et Louisiane sous le règne de Louis XIV », dans Christian HUETZ DE LEMPS (dir.), *La découverte géographique à travers le livre et la cartographie*, Bordeaux, Société des bibliophiles de Guyenne, 1997, p. 13-40. L'auteure, alors directrice du Département des cartes et plans de la Bibliothèque nationale de France, utilise largement, entre autres sources, la précieuse collection du fonds du Service hydrographique de la Marine. —THWAITES, Reuben Gold (ed.), *The Jesuit Relations and Allied Documents : Travels and Explorations of the Jesuit Missionaries in New France, 1610-1791. Lower Canada, Illinois, Ottawas, 1673-1677*, Cleveland, Burrows Brothers Co., 1900, vol. LIX.

Faite par Louis Jolliet, dessinée par Franquelin, vers 1678

Si la forme des lacs, le tracé des rivières et la configuration du continent sont plutôt schématiques, le contenu toponymique et iconographique est d'une grande richesse. Le dessin de nombreux animaux offre des points de repère qui facilitent la transition entre la carte et le récit, oral ou écrit. Par exemple, l'illustration du dieu Manitou rappelle un moment précis de l'expédition où les voyageurs passent bien près de se noyer. À l'ouest du Mississippi, on observe des bêtes exotiques : chameaux et autruches. En l'absence du journal de Jolliet, il est difficile d'expliquer la présence de ces animaux africains en Amérique. Affabulation, hallucination, incompréhension entre Indiens et Européens, toutes ces hypothèses sont plausibles.

Portrait d'un cartographe : Jean-Baptiste Franquelin, géographe du roi à Québec

À LA FIN DU XVII siècle, un homme parvient à cartographier seul toute l'Amérique française, du Saint-Laurent au Mississippi en passant par la baie d'Hudson, les Grands Lacs, l'Acadie et bien d'autres territoires. Son nom : Jean-Baptiste Franquelin. Sa profession : hydrographe et géographe du roi. Avec une cinquantaine de cartes, Franquelin est certainement le plus important cartographe de la Nouvelle-France. Suivre son œuvre de près, c'est partir à la découverte du continent.

Né en 1650 à Saint-Michel de Villebernin, une paroisse de la province du Berry, Franquelin quitte la France métropolitaine pour le Canada dès la jeune vingtaine. Dans un rapport soumis au roi, il soutient avoir émigré « a dessein d'y faire commerce ». Cette affirmation n'est guère étonnante, vu les origines bourgeoises de Franquelin dont le père et le grand-père, fermiers généraux, sont chargés de percevoir les impôts au nom du roi. Ailleurs, on apprend qu'à son arrivée à Québec le jeune Franquelin occupe les fonctions de garde du gouverneur Frontenac. Les deux hommes ont d'ailleurs probablement traversé l'Atlantique ensemble au cours de l'été 1672. L'année suivante, Franquelin fréquente le petit séminaire où logent les étudiants candidats au sacerdoce. Mais après trois ans il quitte les lieux sans être devenu prêtre et sans qu'on ne connaisse le motif de cet abandon. Il est toutefois certain que Franquelin est alors accueilli dans la maison de l'intendant Jacques Duchesneau et c'est à l'instigation de ce nouveau protecteur qu'il dessine ses premières cartes du continent américain.

Quelle était alors la formation académique de Franquelin ? Nul ne saurait le dire avec certitude. Frontenac disait à son sujet qu'il « dessigne et écrit parfaitement bien ». En effet, de par ses premiers travaux, on devine aisément qu'il est doué pour le dessin. Mais aucun document ne laisse croire qu'il a été formé à la géographie. Il est possible que, dans sa jeunesse, il ait fréquenté l'un ou l'autre des meilleurs collèges de France. Franquelin a très vraisemblablement suivi l'enseignement scientifique des jésuites à Québec ou celui de Boutet de Saint-Martin, instructeur en navigation et arpentage. Mais ce ne sont là que des suppositions. Tout au plus savons-nous qu'en 1676 Franquelin est le seul à « savoir faire des cartes de géographie et d'autres plans pour informer la Cour et donner des connaissances des lieux aux gouverneurs et intendants ».

Force est de constater qu'à l'époque le besoin de recourir aux cartes géographiques se fait de plus en plus pressant. Depuis que les Hurons, principaux partenaires commerciaux des Français, ont été évincés par les Iroquois, la Nouvelle-France doit trouver d'autres moyens de se fournir en pelleteries. Les voyageurs français pénètrent en grand nombre le continent, mus par les perspectives d'enrichissement que procure la traite et rassurés par les actions militaires des hommes du régiment de Carignan-Salières contre les Agniers en 1665 et 1666. Les routes sont désormais plus sûres, protégées par une série de postes fortifiés qui assurent la défense de la colonie. Certains dirigeants locaux caressent d'ailleurs des rêves de grandeurs et encouragent les missionnaires et les traiteurs à explorer tous les recoins du continent. Ceux-ci reviennent pleins de renseignements nouveaux sur les cours d'eau, les forts, les tribus amérindiennes, les montagnes et autres lieux.

Afin de se mettre à jour et d'informer les autorités françaises de ces nouvelles découvertes, les cartographes deviennent vite indispensables. Jean-Baptiste Franquelin se met à la tâche. S'il se fait connaître d'abord en cartographiant le fleuve Mississippi découvert par Louis Jolliet et Jacques Marquette puis exploré par La Salle, Hennepin et Dulhut, il réalise ensuite des plans de la basse-ville de Québec, du fort Saint-Louis et de la rivière du Gouffre où l'on voulait exploiter une mine d'argent. En 1683, Franquelin se rend en France pour présenter ses premiers travaux à la Cour. L'explorateur Cavelier de La Salle est du voyage. Ce dernier, qui a parcouru le Mississippi jusqu'à son embouchure, veut proposer un projet de colonisation de la région. Leur rencontre tombe à pic, puisque Franquelin a les compétences souhaitées pour dresser la carte de la région explorée. Est-ce la faute à l'explorateur ou au cartographe, l'embouchure est placée trop à l'ouest. La Salle ne parvient pas à se repérer convenablement. Il chercha en vain le fleuve tant convoité et mourut assassiné par ses hommes excédés.

De retour en Nouvelle-France, Franquelin s'associe de nouveau à Louis Jolliet pour cartographier le fleuve Saint-Laurent. Ce travail lui vaut le poste d'hydrographe du roi où il enseigne la navigation aux jeunes Canadiens. Grâce à ce poste, Franquelin reçoit désormais une rémunération fixe de 400 livres par année et son statut précaire de « travailleur autonome » passe à celui plus rassurant de « salarié de l'État ». Officiellement, Franquelin porte le titre d'hydrographe du roi, ce qui ne l'empêche pas d'être aussi désigné comme géographe, maître d'hydrographie, de géographie, ingénieur, mathématicien ou professeur. Les fonctions qu'il occupe sont maintenant beaucoup plus variées, à la

Carte des Grands Lacs, attribuée à Jean-Baptiste Franquelin, vers 1678
Cette carte témoigne du talent de dessinateur de Franquelin, influencé par le style ornemental hollandais. Les Grands Lacs sont présentés comme un lieu de passage vers un objectif plus lointain encore, la rivière Mississippi que Jolliet et Marquette ont « découvert » quelques années plus tôt. On aperçoit aussi, entre le lac Ontario et le lac Érié, le sault d'ONONGIARA qui deviendra par la suite les chutes Niagara.

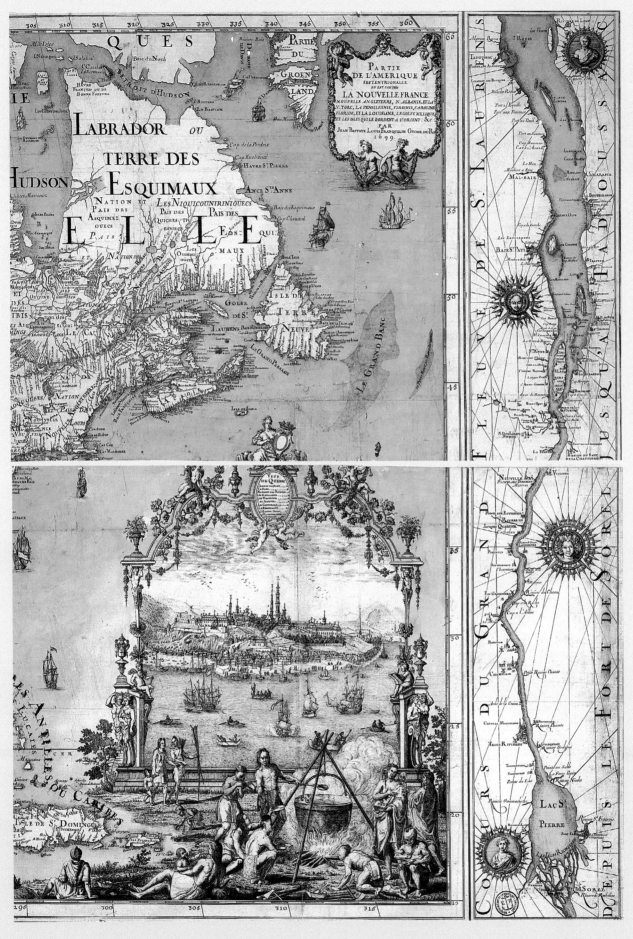

Même s'il quitte la colonie en 1693, Jean-Baptiste Franquelin conserve le titre de géographe du roi et continue de s'intéresser à la Nouvelle-France, comme en témoigne cette carte réalisée en 1699. L'homme n'a pas perdu la main, que ce soit pour le tracé ou pour le dessin. Il sait jouer avec les espaces pour les rendre signifiants. En avant-plan de la vue de Québec, Franquelin reproduit une scène de vie indigène bien originale : une quinzaine d'Indiens sont rassemblés autour d'une grande marmite fumante, évoquant la co-existence pacifique franco-indienne. L'image exotique plaît sûrement aux aristocrates de la Cour. Sur les bordures gauche et droite de la carte, le cartographe a tracé les rives du Saint-Laurent depuis le lac Ontario jusqu'à Tadoussac. L'échelle est suffisamment grande pour y lire le nom des premières localités françaises qui ont été établies, même les plus petits hameaux.

Carte d'Amérique du Nord de Jean-Baptiste Franquelin, Québec, 1688

Comme en témoigne cette œuvre, l'esthétisme est certainement l'un des points saillants de la cartographie de Franquelin qui donne à voir des particularités ornementales toutes plus originales les unes que les autres. Les compositions symboliques mêlées à la finesse du trait procurent à l'ensemble de son œuvre un caractère original. Ici, on voit la couronne du roi à laquelle sont suspendus les colliers de l'Ordre de Saint-Michel et de l'Ordre du Saint-Esprit. Cette couronne fermée surmonte un globe terrestre où l'on peut reconnaître, derrière trois fleurs de lys, les traits de la Nouvelle-France. Occupant l'espace océanique, une splendide vue de Québec, projetée sur un rideau tenu par deux angelots, dévoile aux administrateurs français la capitale de leur empire en Amérique. En bas à gauche, Franquelin représente également les principaux outils utilisés pour dessiner ses cartes. Au total, plus de 350 toponymes sont inscrits sur la carte, solides repères de l'expansion française sur le continent.

hauteur de ses capacités. En plus de dresser des cartes et des plans au gré du pouvoir colonial et métropolitain, Franquelin enseigne les fortifications, la géographie, l'arithmétique, l'écriture, le dessin, les mathématiques, ainsi que la navigation à «la jeunesse qui se porte au libertinage et à la course des bois».

En 1686, Franquelin accompagne le nouvel intendant Jacques De Meulles lors d'un voyage en Acadie. Aussi en profite-t-il pour cartographier plus finement les côtes atlantiques. Il dresse une carte générale du parcours, mais aussi plusieurs petits plans des havres visités : Percé, Beaubassin, Chibouctou, La Hève, Chédabouctou, Port Rossignol (aujourd'hui Liverpool) et Port-Royal. Deux ans plus tard, en 1688, Franquelin présente en personne à la Cour ses nouvelles productions. Une carte de l'Amérique septentrionale comprenant une vue très réussie de la ville de Québec ainsi qu'une proposition sur les limites entre la Nouvelle-France et la Nouvelle-Angleterre attirent particulièrement l'attention. Après avoir présenté tout le travail cartographique qu'il reste à faire dans la colonie, Franquelin est mandaté par le roi pour «faire la carte générale de notre Nouvelle France, visiter tous les pays où nos sujets ont été, et même en découvrir d'autres, tirer des limites, planter des bornes, arborer nos armes partout où besoin sera, reconnaître la propriété des terres, leurs climats, et examiner les mines et minéraux, et toutes autres utilités et avantages pour le bien du commerce». Pour financer ces ambitieux travaux, Franquelin obtient le privilège de négocier des marchandises dans tous les lieux où il ira. En Nouvelle-France, on le voit, les liens sont forts entre le domaine scientifique et le domaine économique. De Champlain à La Vérendrye, on avait recours à la traite des fourrures pour mener à terme des projets d'exploration et de cartographie.

Malheureusement, cet acte de confiance ne lui fut d'aucune utilité puisqu'au printemps 1689 la guerre éclate entre la France et l'Angleterre. Franquelin se résigne. Il change ses plans et participe à la défense de la colonie. Pendant le siège de Québec, il agit à titre d'ingénieur en supervisant les travaux nécessaires à la défense de la ville. Puis, en 1692, Frontenac l'envoie, avec Lamothe Cadillac, reconnaître les côtes de la Nouvelle-Angleterre, en prévision d'une éventuelle attaque contre Boston ou Manhatte. L'année suivante, de retour en France, il apprend une terrible nouvelle : le bateau du roi nommé le *Corrosol* a fait naufrage dans l'archipel des Sept-Îles. Sa femme et ses enfants meurent noyés alors qu'ils étaient en route pour le rejoindre. Après ce drame affreux, Franquelin ne retourne plus jamais en Amérique. Malgré la distance, il continue de s'intéresser à la Nouvelle-France et jusqu'à sa mort, survenue à une date inconnue, il réalise un certain nombre de cartes d'une qualité exceptionnelle.

Les cartes de Franquelin étaient constamment actualisées selon les renseignements rapportés par les voyageurs. En résidant à Québec, près du pouvoir colonial, Franquelin pouvait intercepter ceux qui revenaient de l'Ouest et avoir accès à leurs journaux de voyages lorsqu'ils en avaient. Le délai de mise à jour était beaucoup moins long que celui des cartographes de cabinet européens qui publiaient leurs cartes sous forme imprimée. Franquelin a transcrit des voyages de plusieurs explorateurs de renom, entre autres Jolliet, Marquette, La Salle, Dulhut, Péré, Pierre de Troyes, Pierre Allemand, Hennepin, Le Sueur, Cadillac, et Le Moyne d'Iberville. L'œuvre de Franquelin n'a toutefois pas connu la renommée qu'elle méritait. Le fait que ses cartes soient demeurées manuscrites n'a guère attiré l'attention des historiens et des bibliographes. Et pourtant les géographes de Paris les plus réputés, les Coronelli, Delisle, de Fer, Jaillot, se sont tous inspirés de son œuvre pour dessiner une nouvelle Amérique.

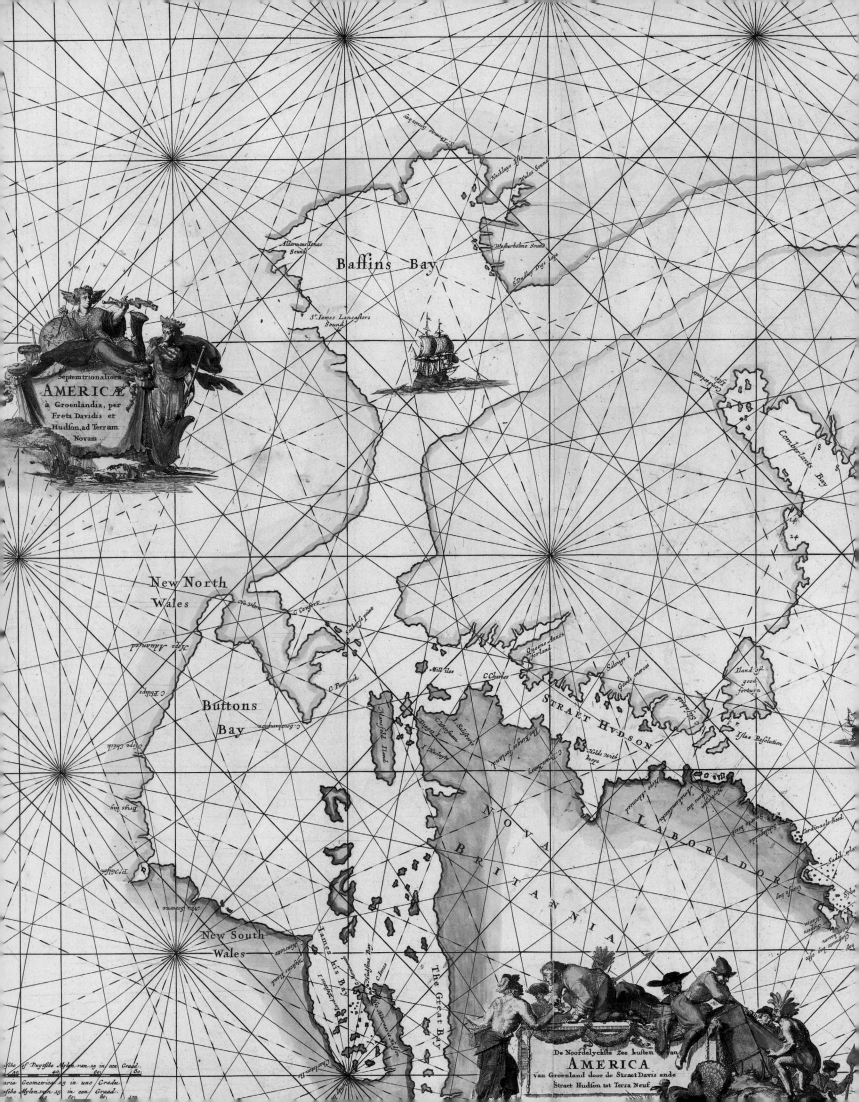

Baffins Bay

Septemtrionaliora
AMERICÆ
à Groenlandia, per
Freta Davidis et
Hudfon, ad Terram
Novam

St. Iames Lancasters
Sound

Aldermans Ionas
Sound

Hacklu ys Ifle

Wales Sound

Westerholme Sound

E. Dudley Diggs Cape

Cumberlants Ifle

Comberlants Bay

8

14
24

New North
Wales

C. Walyo
C. Comfort

Codheffe point

Mill Iles

C. Charles

Queens Annes
Forland

Salvage I

Goods morcie

STRAET HVDSON

Iland of
good
forturn

Iflas Refolution

Hope Advanced

Buttons
Bay

C. Sandwarren

C. Digges

C. Blufhps

C. Pembrock

Mansfield Iland

C. Weston
C. Salisbury

C. Wolstenhum

The Kings forland

Nold with
hope

LABORADOR

Cardinale head

Sadel wlos

Hope Check

Drugs bay

Terra Nor

New Severn

NOVA
BRITANNIA

Gould baş

Sybo

New South
Wales

James his Bay

C. Iames

The Great Bay

De Noordelyckſte Zee kuſten van
AMERICA
van Groenland door de Straet Davis ende
Straet Hudſon tot Terra Neuf.

Duytſche Mylen van 15 in een Graad
Geometrica 15 in uno Gradu
Mylen van 15 in een Graad

Le passage du Nord-Ouest

PAR LA BAIE D'HUDSON

À DÉFAUT d'avoir trouvé le passage vers la Chine au sud de Terre-Neuve, les marins optent pour le Nord. Conscients de la rotondité de la terre, ils pressentent que la voie nordique devrait être plus courte jusqu'à l'océan Pacifique. Ainsi, l'Arctique n'échappe pas au grand mouvement d'exploration maritime malgré les incroyables difficultés que cette région glaciale pouvait poser à la navigation : force des vents, impétuosité des courants, brouillards aveuglants, brièveté de la saison navigable et surtout omniprésence des terrifiants icebergs. Le tout vécu dans l'inconfort à bord de bateaux sans chauffage autre que le foyer de la cuisine. Peu de marins ont l'expérience de ces latitudes. Certains historiens avancent que Gaspar Corte-Real (1500-1501) serait allé jusqu'à l'entrée du détroit d'Hudson et du détroit de Davis.

Le prétendu voyage des frères vénitiens Nicolo et Antonio Zeno vers 1380, aux îles de l'Atlantique Nord ou « Estotiland », et son récit, publié par un descendant en 1558, ont fortement influencé les explorateurs anglais du XVIᵉ siècle. Les lieux imaginaires, reportés sur la carte jointe au récit, ont même été repris par Mercator (1569) et par Ortelius (1570). Cette histoire inventée, situant la côte septentrionale de l'Amérique au sud du 60°, donc facilement accessible, explique en partie l'engouement pour la recherche d'un passage dans cette zone.

L'Angleterre d'Élisabeth Iʳᵉ (1558-1603) se prête opportunément aux voyages aventureux pour l'enrichissement aussi bien du royaume que des particuliers. Le commerce atlantique, stimulé par les succès de la marine espagnole avec ses galions chargés d'or, enflamme l'imagination de spéculateurs, qui n'hésitent pas à placer leurs capitaux dans des expéditions exploratoires. Ce nouvel esprit conquérant s'appuie sur des bases intellectuelles respectables, comme les recherches scientifiques de John Davis et les théories coloniales de John Hawkins. De plus, l'Angleterre possède un atout de taille avec ses excellents

marins, d'une audace et d'une témérité à toute épreuve. Ils ont l'occasion de briller lors de diverses batailles navales, dont celle qui mit en échec l'Armada espagnole (1588). C'est l'affaiblissement de l'Espagne qui profite, en premier lieu, à l'Angleterre, dorénavant maîtresse des mers.

Les explorations sont relancées en Angleterre par Sir Humphrey Gilbert avec sa brochure *A Discourse of a discoverie for a new passage to Cataia,* publiée en 1576, l'année de la première expédition de Martin Frobisher. Sa carte, utilisant la projection cordiforme, illustre bien la conviction qu'il existe une courte route, pour aller de l'Angleterre aux Moluques, passant par le Nord-Ouest. Martin Frobisher, plutôt militaire ou trafiquant d'esclaves jusqu'en 1576, est attiré par les mers inconnues. Ni navigateur de premier ordre ni explorateur très averti, il se révèle toutefois un capitaine intrépide et imaginatif. Personnage sans scrupules, haut en couleurs, Frobisher parvient à entretenir sa popularité à défaut de sa respectabilité. Protégé de la reine, il effectue trois voyages dans l'Arctique. En 1576, il remonte le long du Labrador, poursuit jusqu'au 63ᵉ parallèle, entre dans une grande baie qu'il prend pour le passage vers la Chine et lui donne son nom. Les autochtones rencontrés veulent faire la traite, mais Frobisher cherche à les persuader de le guider vers la « mer de l'Ouest ». Des marins de l'équipage partent préparer l'expédition avec les « Esquimaux », tardent à retourner au bateau et Frobisher se voit obligé de lever l'ancre pour éviter d'être pris dans les glaces. Le malentendu avec les habitants s'installe pour longtemps. Croyant avoir trouvé de l'or, il rapporte de son deuxième voyage (1577) pas moins de deux cents tonnes de minerai qui se révèle être de la simple marcassite. Comme de nombreux autres explorateurs, il ramène aussi des autochtones en Europe. Le spectacle d'un « Esquimau » en son kayak sur la Tamise connaît un succès extraordinaire. Shakespeare y fait même allusion dans « La

Americæ Pars Borealis, Florida, Baccalaos, Canada, Corterealis, par Cornelius de Jode, Anvers, 1593

Cette carte de l'éditeur et cartographe flamand Cornelius de Jode illustre ce que les Européens espèrent ardemment trouver au nord de la NOVA FRANCIA : un passage sans encombre vers l'Asie. Elle laisse deviner cependant, dans une vignette en haut à droite, les difficultés que peuvent rencontrer les explorateurs européens en contact avec des populations hostiles. On y voit le navire présumé de Martin Frobisher, repoussé par des Indiens armés d'arcs et de flèches. Habitant d'Anvers, port le plus important de toute l'Europe, le cartographe reproduit les données les plus récentes empruntées à de multiples sources. Sur la côte est américaine, on reconnaît l'influence de deux cartes publiées dans les *Grands Voyages* de Théodore de Bry, *Americae Pars, nunc Virginia* de White (voir p. 66) et la *Floridae Americae Provinciae* de Le Moyne de Morgues (voir p. 59). Jode reprend aussi dans le cartouche en bas à droite des Indiens dessinés par John White. Toujours sur la côte est, il rappelle les mésaventures de Verrazzano, capturé, mis à mort et dévoré par les indigènes. En Floride, il localise les lieux de débarquement de Ribault et Laudonnière ainsi que les principaux lieux explorés par les Français : fort CAROLINA, Port-Royal (P. REGALIS), la rivière de Mai (R MAYO) et CHARLEFORT. Au sud-ouest du continent, il relate l'expédition d'un franciscain originaire de Nice, le frère Marc, plus connu sous le nom espagnol de Fray Marcos de Niza. Celui-ci rapporte une fabuleuse description du royaume mythique des Sept Cités (SEPTE CITTA) de Cibola (CEVOLA).

Tempête ». Cette présence d'« Indiens » à Londres est extrêmement éphémère car tous meurent en moins d'un mois après leur arrivée. Avec la troisième expédition de Frobisher (1578), le Nord-Ouest n'a pas été traversé mais une brèche importante y est taillée, dans laquelle s'introduisent des projets d'exploitation minière et de comptoirs de commerce.

Quelques années plus tard, en 1585, John Davis, navigateur formé aux sciences de la mer, cherche plus au sud que son prédécesseur, sur les côtes du Labrador, mais aussi plus au nord, le long de ce qui deviendra l'île ou la terre de Baffin. Au cours de son troisième voyage, en 1587, il longe le Groenland jusqu'au-delà du 72ᵉ parallèle, à Sanderson Hope. Croyant avoir trouvé le passage vers la Chine dans le Cumberland Sound, il ne se doute pas que ledit couloir se trouve à deux pas, soit à environ un degré, dans le Lancaster Sound. Ses minutieuses descriptions des côtes, ses autres observations géographiques et comptes rendus de découvertes sont consignés par Emery Molineux sur un globe terrestre gravé en 1592. La brochure publiée par Davis en 1595, *The Worldes Hydrographical Description*, cherche à prouver que le passage du Nord-Ouest existe, est sans obstacle et que le climat y est tolérable. Il fait aussi état de rapides et imprévisibles variations de la déclinaison que les cartes marines ordinaires, jusque-là, ne prenaient pas en considération. Davis jette ainsi les bases scientifiques de la navigation dans les mers polaires ; il l'améliore encore avec l'invention du *backstaff*, appelé quadrant de Davis, qui devient l'instrument officiel d'évaluation de la

latitude, pendant un siècle et demi, jusqu'à l'invention du quadrant à réflexion, en 1731.

Confiantes dans les richesses du Nord, de nouvelles compagnies de commerce se forment pour continuer de financer les voyages de découvertes, l'East India Company, en 1600, et la North West Company, qui reçoit son privilège royal en 1612. Pendant le premier tiers du XVIIᵉ siècle, les explorations britanniques se concentrent essentiellement sur le détroit d'Hudson. Dans un premier temps, deux explorateurs s'y hasardent : George Weymouth, en 1602, ne doute pas du succès à venir, puisqu'il a obtenu de la reine une lettre destinée à l'empereur de Chine. Weymouth navigue jusqu'à 62°30' nord, entre dans le détroit d'Hudson qu'il prend pour une baie et retourne vers le sud. Pour sa part, John Knight, en 1606, débarque au Labrador où il se perd. On ne le revit jamais.

Quand il part à son tour à la recherche du passage du Nord-Ouest, Henry Hudson est un marin chevronné qui a déjà fait trois voyages en Amérique, sans compter ceux qu'il avait réalisés au Spitzberg et au Groenland. En 1610, il entre dans le détroit puis dans la baie auxquels il donne son nom. Avançant vers le sud, il se retrouve, en octobre, au fond de ce qui s'appellera plus tard la baie James et est forcé d'hiverner dans ce « labyrinthe sans fin », probablement à proximité de la rivière Rupert. Ne connaissant ni la durée ni la rigueur de l'hiver, ignorant naturellement comment l'affronter, déjà fatigués et affaiblis par la longue traversée, plusieurs hommes souffrent bientôt du scorbut.

Le capitaine rationne les vivres sans les informer des stocks disponibles, ce qui éveille leurs inquiétudes sur d'éventuelles réserves consignées par le chef. À partir de ce moment, une partie de l'équipage songe à se défaire d'Henry Hudson ainsi que des plus malades, de façon à conserver les vivres pour les hommes valides. Au printemps 1611, quand le gibier frais réapparaît, les marins obtiennent des autochtones le minimum indispensable à leur survie mais, révoltés contre le capitaine, refusent d'explorer la côte ouest de la baie. Ils abandonnent Hudson, son fils et six autres membres d'équipage dans une chaloupe près de la côte puis rentrent en Angleterre sous le commandement de Robert Bylot. À l'arrivée en Europe, il ne reste plus que huit survivants sur une trentaine de personnes au départ et ils sont si faibles « que seul l'un d'entre eux eut la force de se coucher sur le gouvernail et de barrer ». Ni le capitaine ni aucun de ses compagnons de la chaloupe ne sera jamais retrouvé. Quoi qu'il en soit, on est persuadé en Angleterre qu'Henry Hudson a repéré la route de la Chine. Pour financer les voyages suivants, se forme alors la Company of the Merchants Discoverers of the North West Passage. En plus de rechercher une voie navigable vers l'Asie, les explorateurs reçoivent instruction du roi Jacques Ier d'observer minutieusement tout élément hydrographique comme la hauteur, la déclinaison et la variation du compas, la direction et la force des marées. Thomas Button, en 1612-1613, et William Gibbons, en 1614, concluent au retour de leurs expéditions que, si un passage existe, il faut le chercher à une latitude plus septentrionale que la baie d'Hudson.

En 1616, William Baffin, qui a déjà voyagé plusieurs fois au Groenland, applique la recommandation de Gibbons et file directement jusqu'à 77°45', latitude qui ne sera plus atteinte avant deux cent trente-six ans. Il repère les trois principales sorties de la baie de Baffin et de l'archipel arctique, sans savoir que l'un de ces détroits, le Lancaster Sound, se révélera plus tard l'entrée du passage du Nord-Ouest. Paradoxalement, l'expédition de Baffin, la plus nordique effectuée jusque-là, amorce une certaine désaffection des bailleurs de fonds pour la recherche plus que séculaire du passage du Nord-Ouest. Sans indice sûr de son existence, les financiers s'en désintéressent pour se tourner vers une ressource confirmée, les fourrures de la baie d'Hudson.

Une seule expédition part d'un pays autre que l'Angleterre. Le Danois Jens Munk reçoit, en 1619, une commission de son roi pour rechercher le passage du Nord-Ouest vers les Indes. Connaissant les voyages antérieurs, il se dirige vers la baie d'Hudson qu'il atteint après quelques détours involontaires dans la baie de Frobisher et dans la baie d'Ungava, traverse l'embouchure de la rivière Churchill et hiverne dans cette région. Surpris par le froid intense et par la rareté des ressources vivrières locales, l'équipage ne résiste pas au scorbut et, en juin, il ne reste plus que Munk et deux autres marins sur les soixante et un partants. Ce sera la première et la dernière expédition danoise à la recherche du passage du Nord-Ouest.

Trois fois encore, les Britanniques envoient leurs vaisseaux dans cette région. William Hawkeridge, en 1625, ne reconnaît pas le détroit d'Hudson bien qu'il l'ait déjà traversé avec Thomas Button. En 1631, deux expéditions parallèles, celles de Thomas James et de Luke Fox, visitent la baie d'Hudson. Fox y pénètre très tôt au printemps, le 23 mai, explore toute la côte ouest, remonte

La baie d'Hudson d'après les voyages d'Henry Hudson, Amsterdam, 1612

Dès la fin du XVIe siècle, l'Atlantique Nord, de Terre-Neuve au détroit de Davis, semble être la chasse gardée des navigateurs anglais. Davis, Frobisher, Baffin, Weymouth, Button, Hudson sont parmi les plus célèbres qui tentent en vain de percer le secret d'un passage vers l'Asie au nord de l'Amérique, le fameux passage du Nord-Ouest. En 1610, un an après son voyage de découverte sur le fleuve Hudson (dans l'actuel État de New York), Henry Hudson est mandaté par la North East Company pour découvrir ce passage. Ce sera sa dernière mission. L'explorateur anglais parcourt le détroit auquel il laissera son nom, qui le mène dans une immense baie. Il pense alors avoir atteint le Pacifique et met les voiles vers le sud. Mais, grande déception, le navire s'est enfoncé dans une nouvelle baie sans ouverture, la future baie James. Victime de mutinerie, Hudson est laissé à l'abandon par quelques mutins qui parviennent à rejoindre l'Angleterre. L'un d'entre eux, Abacuk Pricket, racontera le récit de cette aventure extraordinaire et fera connaître la carte des régions explorées. Probablement tracée par Hudson, cette carte est imprimée par Hessel Gerritsz qui la fait connaître à toute l'Europe. Champlain s'en inspire très largement pour dresser ses cartes géographiques.

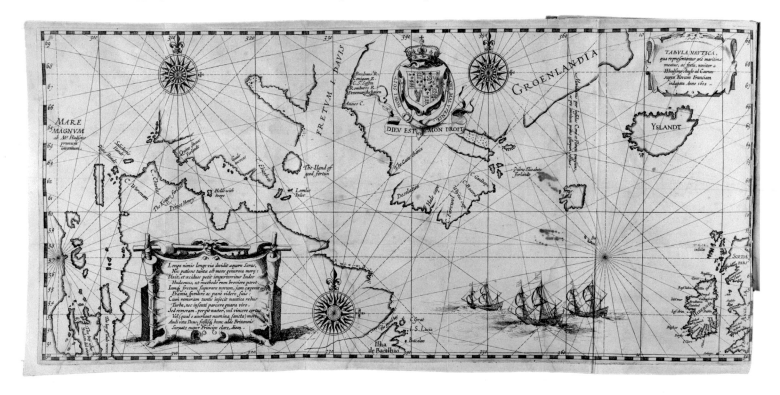

jusqu'à 66°47' et regagne l'Angleterre le 31 octobre avec son équipage au complet ce qui, vu les expériences antérieures, est absolument exceptionnel. James fut moins heureux. Il explore la baie qui portera son nom, y passe un hiver particulièrement rude, doit réparer les avaries subies par le navire et perd plusieurs hommes. Tous deux démontrent, une fois de plus, qu'on ne peut déboucher vers la mer de l'Ouest par la baie d'Hudson et que la terre environnante, toute de marais et de rochers, est totalement impropre à la colonisation. Les explorations sont donc interrompues, mais l'Atlantique Nord reste fréquenté par les Européens pour la chasse des baleines et des phoques. Sur le littoral de la baie d'Hudson, un réseau serré de postes de traite des fourrures se met en place. La Compagnie de la Baie d'Hudson, qui reçoit sa charte en 1670, y pratique un commerce très lucratif malgré la concurrence soutenue des Français établis au Canada.

Au moment même où l'Angleterre envoie ses explorateurs au nord-ouest de l'Amérique, la France s'implante dans le golfe et dans la vallée du Saint-Laurent et recueille des informations sur les territoires environnants. Déjà, lors du premier voyage de Champlain en 1603, les Indiens décrivent à l'explorateur une grande surface d'eau salée servant de déversoir aux rivières qui coulent dans sa direction. Champlain ne songe pas à la mer de Chine mais à « quelque gouffre de mer qui dégorge par la partie du nord ». Il connaissait probablement la carte de Wytfliet de 1597 montrant, à peu près à l'endroit de la baie

d'Hudson, le lac des Conibas, correspondant à ce qu'il appelle « le gouffre du Nord ». Sept ans avant le voyage de Henry Hudson, Samuel de Champlain indique déjà sommairement la grande surface d'eau salée qu'est la baie d'Hudson et les voies d'eau y aboutissant, propices à d'avantageux circuits commerciaux. Il ne pourra toutefois jamais s'y rendre et utilisera les notes et les cartes que les survivants de l'expédition d'Hudson auront rapportées en Angleterre et en Hollande.

Absorbée par sa laborieuse et incertaine installation dans la vallée du Saint-Laurent, la nouvelle colonie, administrée par des compagnies de commerce, n'a guère le loisir d'explorer vers la « mer du Nord ». Il faudra attendre 1661 et les jésuites Claude Dablon et Gabriel Druillettes, qui ont déjà parcouru la plus grande partie de la Nouvelle-France, intéressés aussi bien à la géographie qu'à l'évangélisation, deux entreprises qui, pour eux, n'en font qu'une seule. Ils veulent encore vérifier si la « mer du Nord » n'est pas reliée de quelque manière à la « mer de l'Ouest » ou à la « mer du Sud ». De Tadoussac, ils remontent le Saguenay jusqu'à Chicoutimi, traversent le lac Saint-Jean, empruntent les rivières jusqu'au partage des eaux où les guides montagnais s'arrêtent et rebroussent chemin par peur de nations hostiles.

Plus tard, à la fin du XVIIᵉ siècle, l'intendant de la Nouvelle-France, Jean Talon, intrigué de l'activité des Anglais à la baie d'Hudson, y dépêche des émissaires pour vérifier s'il s'agit bien de la « mer du Nord » et, le cas échéant, prendre possession du territoire. Le jésuite Charles Albanel est désigné parce que, d'après le père Dablon, « depuis longtemps, il a beaucoup pratiqué les Sauvages qui ont connaissance de cette mer, et qui seuls peuvent être les conducteurs par ces routes jusqu'à présent inconnues ». Sachant que le ministre Colbert s'oppose aux explorations et à l'expansion du territoire français en Amérique, l'intendant Talon justifie sa décision par des exigences de commerce et de sécurité : « Il y a trois mois que j'ay fait partir avec le Père Albanel, Jésuite, le Sr. de St-Simon jeune gentilhomme de Canada [...]. Ils doivent pousser jusqu'à la baie d'Hudson, faire des mémoires sur tout ce qu'ils découvriront, lier commerce de pelleteries avec les Sauvages et surtout reconnaître s'il y a lieu d'y faire hiverner quelques bâtiments pour y faire un entrepôt qui puisse un jour fournir des rafraîchissements aux vaisseaux qui pourront cy-après découvrir par cet endroit la communication des deux mers du nord et du sud. » Albanel fait deux expéditions à la baie d'Hudson, du côté de la rivière Rupert. Lors de son second voyage en 1674, il est emmené à Londres par les Anglais, qui apprécient peu que le missionnaire détourne leurs fournisseurs indiens, en faveur des Français. Albanel retournera par la suite à Québec mais jamais plus à la baie d'Hudson.

Quelques autres expéditions françaises tentent, jusqu'à la fin du XVIIᵉ siècle, d'y supplanter les Anglais. La

La baie d'Hudson d'après les voyages de Thomas James, Londres, 1633
Embauché par la Société des marchands aventuriers de Bristol pour mener une expédition vers le passage du Nord-Ouest, Thomas James pénètre dans la baie d'Hudson en juillet 1631 puis explore la côte ouest de la baie. Il nomme la New Principality of South Wales, la rivière New Severn, le cap Henrietta Maria (en l'honneur de la reine). Après avoir cherché en vain un cours d'eau vers le Saint-Laurent, il hiverne dans une rade au large de l'île Charlton. Durant l'hiver, quatre hommes meurent du scorbut. Le reste de l'équipage se rétablit en se nourrissant d'herbes au printemps. À l'été, James prit possession des lieux en faisant planter une croix sur laquelle il attacha une lettre de prise de possession ainsi que la représentation de Charles et Mary, roi et reine d'Angleterre et d'Écosse.

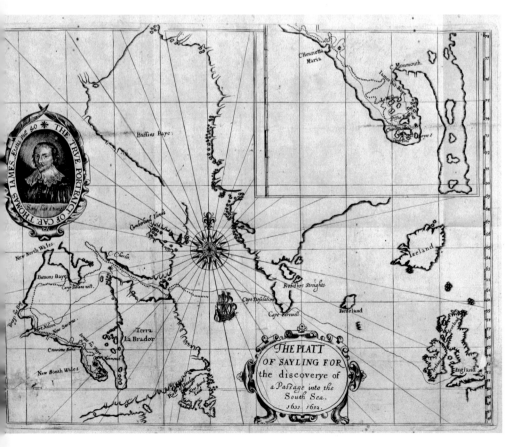

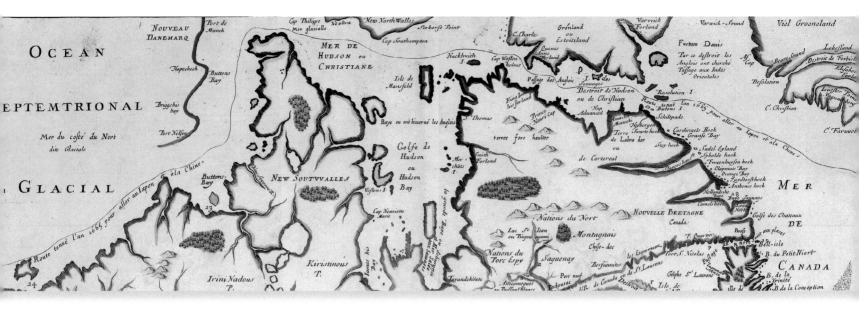

plus spectaculaire, aussi bien par sa dimension que par son échec, fut probablement celle de Laurens Van Heemskerk, navigateur hollandais qui était déjà allé dans l'Arctique canadien en 1669, sur le *Wivenhoe*, affrété par la toute nouvelle Compagnie de la Baie d'Hudson, en compagnie d'au moins un des deux informateurs français, Pierre Radisson ou Médard Chouart Des Groseilliers. Aventurier, espion et fabulateur de grand talent, Van Heemskerk établit une description tout à fait convaincante du nouveau pays découvert au 51e parallèle, qu'il a l'impertinence d'appeler Floride du Nord, et reçoit ainsi une commission de Colbert et trois vaisseaux pour explorer cette région de l'Amérique du Nord et en prendre possession. Il quitte Dunkerque le 14 août après un armement laborieux révélant une incompétence notoire du commandant, navigue direction nord-ouest et se rend jusqu'au 58e sans avoir encore aperçu de terre. Ayant subi une forte tempête et des avaries, l'équipage demande de retourner en Europe. La flotte met cap sud-est et arrive à Brest le 30 septembre, après un mois et demi de voyage. Malgré son échec évident, l'explorateur continue d'affirmer qu'il est le seul à pouvoir trouver la route septentrionale de la « mer du Sud ». Colbert ne lui renouvelle pas de commission, mais l'illusion reste dans les esprits, si bien qu'en 1697 Pontchartrain, le ministre de la Marine, lui demande des éclaircissements sur ses découvertes ; Van Heemskerk, âgé de soixante-cinq ans, répond avec enthousiasme qu'il est prêt à repartir, sûr de trouver le passage. Ce projet n'aura pas d'autre suite et le navigateur imaginatif meurt à Brest en 1699.

Les prétentions françaises sur la baie d'Hudson et sur l'Arctique vont donner lieu à plusieurs expéditions dans les dernières années du XVIIe siècle, pour s'emparer des postes de traite anglais. En 1686, le Canada, qui a engagé des fonds considérables dans la Compagnie du Nord, lance une première offensive militaire contre la baie d'Hudson. Sous le commandement du chevalier Pierre

de Troyes, une centaine d'hommes doivent s'emparer des forts anglais Monsoni, Rupert et Albany. Trois des frères Le Moyne, dont Iberville, participent à cette expédition militaire hors du commun.

La marche d'approche est à la fois terrestre et fluviale. La troupe, au départ de Montréal, remonte la rivière des Outaouais puis, par une succession de lacs et de cours d'eau reliés au prix de portages exténuants, arrive à la rivière Moose. Au bout de 85 jours de risques constants, les hommes parviennent à la côte sud de la baie James. Ils se jettent à l'assaut du fort Moose, s'en saisissent ainsi que de trois autres forts sur la baie d'Hudson. Puis, le commandant de Troyes désigne Iberville pour commander les quarante hommes qui resteront sur place. À la fin de l'été 1687, Iberville retourne dans la vallée du Saint-Laurent avec quelques compagnons, puis passe en France. Il obtient du secrétariat d'État à la Marine une cargaison de marchandises de troc propres à détourner les Indiens de Port Nelson, le principal poste de traite anglais. Fort de son succès, Iberville retourne à la baie James au cours de l'été de 1688, sur le *Soleil d'Afrique*, excellent navire affecté par la Cour à la Compagnie du Nord. Il organise alors le transport des fourrures accumulées au cours de l'année, ce qui ne va pas sans heurter les Anglais qui tentent de reprendre leurs postes de traite. En septembre 1688, trois des vaisseaux anglais étant pris dans les glaces, la bataille pour les postes de la baie est reportée au printemps suivant.

Situation insolite, les ennemis doivent affronter l'hiver ensemble, dans un environnement hostile à tous égards, où la survie est la principale préoccupation de tous et de chacun. Iberville ruse pour conserver les avantages de sa position. Ainsi, il refuse aux Anglais l'autorisation de chasser, ce qui les prive de viande fraîche et entraîne le développement du scorbut. Après la mort de vingt-huit hommes, les Anglais se voient obligés de capituler. Les seize Canadiens, aussi inflexibles que leur chef Iberville,

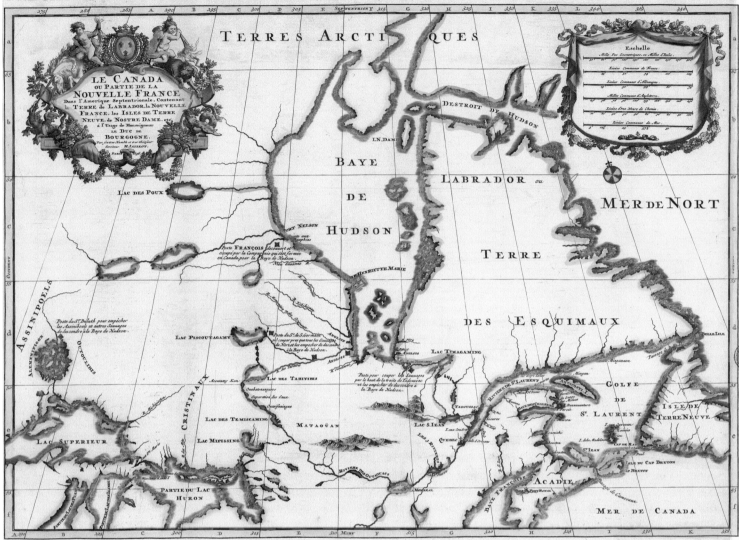

Le Canada ou partie de la Nouvelle France, par Alexis-Hubert Jaillot, Paris, 1696

Face aux rivalités franco-anglaises à la baie d'Hudson, quelques notables du Canada fondent la Compagnie du Nord en 1682. Celle-ci fait ériger une série de postes fortifiés pour empêcher les Indiens «de descendre traiter à la Baye d'Hudson». Comme le montre cette carte publiée en 1696, ces forts sont au nombre de quatre, situés au lac Nemiscau (NIMISCO), au lac Abitibi (lac PISCOUTAGAMY), lac Nipigon (ALEMENIPIGON) et sur la rivière Abitibi (TABITIBIS). On les retrouvait au croisement de l'ancienne route du cuivre et de la ligne de partage des eaux entre le bassin du Saint-Laurent et celui de la baie d'Hudson.

étaient, de toute évidence, mieux préparés à ce type d'affrontement que les quatre-vingt-cinq employés de la Compagnie de la Baie d'Hudson. Iberville rentre à Québec le 28 octobre 1689 avec des prisonniers et un butin considérable de fourrures d'excellente qualité.

Le succès de l'opération vaut deux autres commissions à Iberville pour commander dans toutes les eaux au nord de la Nouvelle-France et, à partir de 1694, bénéficier du monopole de la traite. Il conduit ainsi ses vaisseaux à la baie d'Hudson en 1690-1691, en 1692, en 1694. Puis enfin, en 1697, avec un seul navire de 44 canons, le *Pélican*, le capitaine corsaire coule deux vaisseaux de guerre anglais, en met un autre en fuite et obtient la reddition du gouverneur de la baie d'Hudson, Henry Baley, après seulement cinq jours de bataille.

Cette dernière mission en baie d'Hudson aura été l'occasion de la plus rapide et brillante victoire de toute la carrière de Pierre Le Moyne d'Iberville. De plus, la

conservation de son monopole de traite dans cette région, jusqu'en 1699, lui procure un enrichissement considérable. Enfin, grâce au spectaculaire exploit de l'officier canadien, les postes français de la baie d'Hudson ne sont plus menacés pendant les années suivantes et restent à la France jusqu'au traité d'Utrecht, en 1713. 🐚

Sources principales

ALLAIRE, Bernard, et Donald HOGARTH, «Martin Frobisher, the Spaniards and a Sixteenth-Century Northern Spy», dans *Terrae Incognitae: The Journal for the History of Discoveries,* vol. 28, 1996, p. 46-57. L'arrière-plan diplomatique des explorations de l'Arctique. — LITALIEN, Raymonde, «L'exploration de l'Arctique canadien aux XVIIᵉ et XVIIIᵉ siècles», dans France, Comité de documentation historique de la marine, *Communications 1988-1989,* Vincennes, Service historique de la Marine, 1990, p. 203-226. Un des nombreux textes de l'auteure sur ce sujet. — Royal Ontario Museum, "*Up North*": *The Discovery and Mapping of the Canadian Arctic, 1511-1944,* Toronto, Royal Ontario Museum, 1958. Les cartes essentielles de la recherche du passage du Nord-Ouest.

Le pays de Louis

LES FRANÇAIS EN LOUISIANE

LA FRANCE EST TRÈS PARTAGÉE face à la question de l'expansion territoriale au sud des Grands Lacs. D'une part, le roi veut concentrer la population dans la vallée du Saint-Laurent afin d'éviter les coûts d'entretien et de défense de postes éloignés. D'autre part, le commerce des pelleteries, qui finance la colonie, doit se pourvoir de plus en plus loin de Québec. Par ailleurs, Louis XIV convoite les minerais repérés par l'Espagne au sud du continent, dont son épouse espagnole et leurs descendants pourraient devenir héritiers. L'avis de l'intendant Jean Talon, fervent partisan des entreprises d'exploration, joint aux arguments du gouverneur général Frontenac entraîne les autorités vers de « nouvelles descouvertures ».

Les volontaires prêts à s'aventurer dans des régions encore inconnues des Européens ne manquent pas. L'un d'eux, René-Robert Cavelier de La Salle, depuis son arrivée au Canada en 1666, sillonne la région des Grands Lacs pour faire la traite. Il rêve de découvrir « la grande rivière » (le Mississippi) et de trouver le chemin de « la mer du Sud et par elle celui de la Chine ». Dans cet objectif, La Salle se joint à l'expédition des sulpiciens François Dollier de Casson et René de Bréhant de Galinée qui, en 1669, cherchent aussi cette « belle rivière » (l'Ohio), dont parlent les Indiens, dans le but d'y fonder une mission. La concession accordée à La Salle du fort Cataracoui (Kingston) sur le lac Ontario, avec lettres de noblesse assorties de deux seigneuries, l'une à l'entrée du lac Érié, l'autre à la sortie de celui des Illinois (Michigan), l'installe aux sources de voies navigables propres à l'exploration du centre du continent. Le 12 mai 1678, l'ambitieux jeune homme reçoit effectivement une commission, pour « découvrir la partie ouest de l'Amérique du Nord comprise entre la Nouvelle-France, la Floride et le Mexique ». Trois années s'écoulent avant l'embarquement pour le Mississippi, trois longues années de recherche de financement, de faux départs et de

recommencements, de forts incendiés ou saisis par les créanciers, de pertes, de vols, de discordes et de désertions ; de plus, la région destinée à l'exploration est dévastée par la guerre entre les Illinois et les Iroquois.

En contrepartie des aléas des préparatifs, La Salle et sa trentaine de coéquipiers parcourent dans tous les sens la région des Grands Lacs et des sources du Mississippi : Henri de Tonty, l'homme de confiance, navigue en 1678-1679 sur la rive orientale du lac Michigan. Louis Hennepin, missionnaire récollet, cherchant les sources du haut Mississippi en 1679, va jusqu'au 46e parallèle nord où il est arrêté par « un sault », une des nombreuses chutes d'eau de cette région, et fait prisonnier par les Nadouesioux. En 1680, on découvre la route terrestre entre le lac Michigan et le lac Érié, au cours d'une incroyable marche de plus de cinq cents lieues. Avec cinq de ses compagnons, La Salle fait « le voyage [...] le plus pénible que jamais aucun Français ait entrepris dans l'Amérique [...] dans des bois tellement entrelacés de ronces et d'épines qu'en deux jours et demi, lui et ses gens eurent leurs habits tout déchirés et le visage ensanglanté et découpé de telle sorte qu'ils n'étaient pas reconnaissables ».

Au même moment, un concurrent poursuit les mêmes objectifs. Daniel Greysolon Dulhut voyage au nord-ouest du lac Supérieur avec sept Français et trois esclaves indiens. Dulhut veut convaincre les nations autochtones de commercer avec les Français et non avec les Anglais de la baie d'Hudson. À la suite de plusieurs prises de possession officielles dans le territoire sioux, en septembre 1678, il signe un traité de paix avec toutes les nations concernées. Malgré cet heureux parcours diplomatique, Dulhut n'obtient ni aide ni autorisation pour reprendre ses explorations vers l'ouest, n'ayant pas l'heur de bénéficier, comme La Salle, de puissants protecteurs à la Cour.

Ce n'est qu'au début de janvier 1682 que La Salle part enfin, avec vingt-trois Français et dix-huit « Sauvages ».

Cartouche de la carte des pages suivantes.

Il reprend l'itinéraire de Marquette et Jolliet jusqu'à
l'embouchure de la rivière Arkansas dont la douceur et
la fertilité l'émerveillent. Naviguant vers le sud, les explorateurs sont reçus chez les Taensas, les Natchez et les
Coroas. Le 6 avril, l'expédition se trouve en milieu salin,
devant un triple embranchement dont chaque bras est
exploré jusqu'à une vaste embouchure rejoignant le golfe
du Mexique. Le 9 avril 1682, la prise de possession de la
Louisiane est célébrée très officiellement par 26° de
latitude. Une croix est dressée, portant les armes du roi
de France découpées dans la fonte d'une marmite. Après
trois salves de mousqueterie et au cri de « Vive le roi »,
La Salle s'avance, revêtu d'un manteau écarlate galonné
d'or, coiffé d'un grand chapeau, portant son épée au côté.
Il lit la prise de possession « au nom de Sa Majesté et des
successeurs de sa couronne, de ce pays de la Louisiane ».
Le document officiel est enregistré par le notaire présent,
Jacques de la Métairie, et contresigné par tous les Français
de l'expédition. La Salle avait trop attendu cet événement
pour ne pas l'entourer de faste. Dès le lendemain, le 10
avril 1682, il reprend le chemin du retour, par la même
voie fluviale jusqu'aux Grands Lacs puis vers Québec,
afin d'annoncer la nouvelle au gouverneur général, puis
poursuit son voyage vers la France.

Seignelay, fils et successeur de Colbert au ministère
de la Marine, se laisse séduire par le projet d'un retour
au Mississippi par mer, en abordant au golfe du Mexique.
La Salle obtient donc du roi, le 10 avril 1684, une commission pour commander tout le territoire qu'il pourra
découvrir. Au commandement de quatre navires, il
transporte trois cent vingt personnes, soit militaires, soit
destinées à s'installer dans la nouvelle colonie. Le 24
juillet 1684, l'expédition quitte La Rochelle. Dès le début
du voyage, la mésentente s'installe entre les officiers de
marine et le commandant. Une fois au golfe du Mexique,
La Salle ne reconnaît pas les lieux fréquentés deux ans
plus tôt, croit dériver vers l'est et échoue dans la baie de
Matagorda (Texas). L'ambiance se détériore. Après le
naufrage de la flûte *L'Aimable,* une partie de l'équipage
retourne en France sur le *Joly.* En 1685, la construction
d'un fortin appelé fort Saint-Louis, dans un environnement marécageux particulièrement délétère, entraîne la
mort de plusieurs ouvriers. La Salle persiste toutefois à
explorer au hasard des rivières avec *La Belle* qui s'échoue
à son tour. Sans navire, avec des hommes furieux ou
découragés, il entreprend la remontée par terre, perd son
chemin, revient sur ses pas, tombe malade, voit les
membres de son expédition s'entretuer et périt lui-même
assassiné par l'un d'eux, le 19 mars 1687, au nord de
l'actuel Texas.

Quelques survivants restent au golfe du Mexique,
mais la majorité rejoignent Montréal le 13 juillet 1688.
Beaucoup a été dit et écrit sur le personnage très contesté
de Cavelier de La Salle, pionnier, explorateur et découvreur des onze cents kilomètres du cours inférieur du

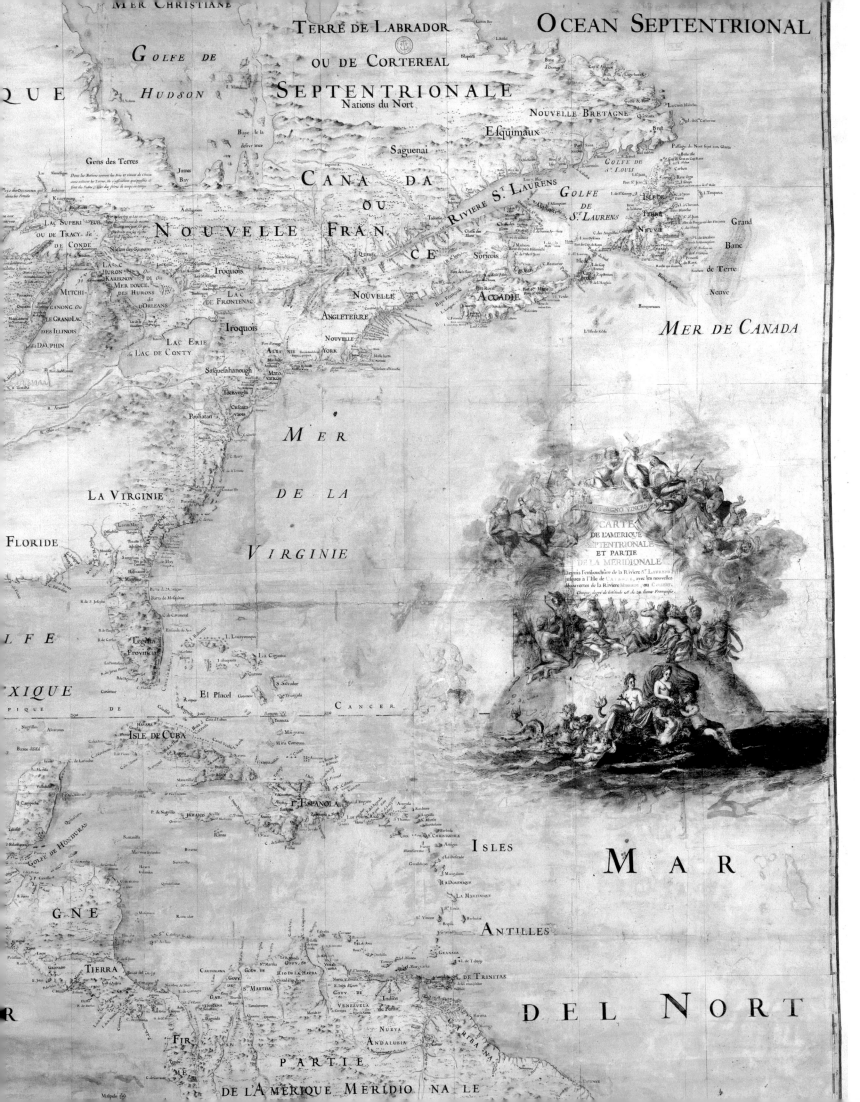

Les costes aux environs de la riviere de Misisipi, par Nicolas de Fer, Paris, 1701 (détail)

Après avoir descendu le Mississippi jusqu'à son embouchure, Cavelier de La Salle convainc le roi et le ministre Seignelay de coloniser la Louisiane. En 1684, il entreprend donc un nouveau voyage vers le Mississippi, par voie de mer cette fois-ci. Pendant qu'il recherche désespérément le Mississippi, les malheurs se succèdent : naufrages, attaques indiennes, morts pour cause d'insalubrité. Quelques survivants, excédés par le caractère autoritaire de l'explorateur, l'assassinent d'une balle dans la tête le 19 mars 1687, sans qu'il n'ait pu retrouver le fleuve. Nicolas de Fer, célèbre éditeur et cartographe français, publie cette carte qui relate les mésaventures de La Salle et qui comporte un cartouche rappelant la mort brutale de l'explorateur. Sur sa carte, de Fer signale les réalisations de Pierre Le Moyne d'Iberville, à qui le ministre confie par la suite la mission de découvrir l'embouchure du Mississippi et d'établir les fondations d'une colonie. De Fer montre également l'emplacement de toutes les tribus indiennes avec qui les Français se sont efforcés de nouer des relations cordiales, telles que les Bayagoulas (Bujogoula), Biloxis (Biloky), Moctobis, Pascagoulas (Pascoboula), Houmas (Auma) et Taensas. À l'inverse de La Salle, d'Iberville a réussi à saisir la complexité du delta du Mississippi.

Mississippi. Son acquis principal est d'avoir enfin situé le parcours final du fleuve dont on possède dorénavant la preuve qu'il se jette bien dans le golfe du Mexique et non dans celui de Californie ni dans l'océan Pacifique.

Enfin, nouvelle étape exploratoire, celle de Pierre Le Moyne d'Iberville chargé par le ministre de la Marine de se rendre par mer au Mississippi, « d'en découvrir l'embouchure [...] de choisir un bon emplacement qui pourrait être défendu avec quelques hommes, et [...] d'interdire l'entrée du fleuve aux navires des autres nations ». D'Iberville, le plus célèbre des douze fils de Catherine Thierry et de Charles Le Moyne, interprète et riche trafiquant de Montréal, est un officier de marine particulièrement bien préparé pour une telle entreprise. Comme ses frères, il grandit à Montréal qui n'est alors qu'une bourgade adonnée surtout à la traite des fourrures et sujette aux attaques incessantes des Iroquois. Très jeune, il fait son apprentissage de marin et développe rapidement des capacités militaires, soucieux de préserver la jeune colonie contre son double ennemi, l'Anglais et l'Iroquois.

Le 24 octobre 1698, d'Iberville quitte Brest avec quatre navires et environ quatre cents personnes prêtes à fonder une colonie. Il aborde le 4 décembre à la colonie française de Saint-Domingue puis se dirige vers le nord et suit la côte du golfe du Mexique jusqu'à l'embouchure du fleuve Mississippi. À l'entrée de la baie de Pensacola, il est interdit d'accostage par deux frégates espagnoles. Prévenus des intentions des Français, les Espagnols avaient repris, en 1693, la baie aperçue par de Soto en 1550. Après avoir traversé « la palissade », comme les Espagnols désignent le barrage de troncs d'arbres obstruant l'embouchure, d'Iberville remonte le fleuve et trouve quelques traces de l'expédition de La Salle à l'endroit où le cours d'eau se partage en trois branches. Le vieux chef Mongoulachas lui montre un capot de serge bleue qui lui aurait été donné par *la main de fer*, Henri de Tonty, lequel a laissé un billet à l'intention de

La Salle, daté du 20 avril 1686, rédigé en ces termes : « Les Quinipissas ayant fumé le calumet, je laisse avec eux ce billet pour vous assurer de mon humble respect et vous laisser savoir les nouvelles que j'ai eues de vous au fort, à savoir que vous aviez perdu un vaisseau et aviez été pillé par les sauvages. Sur cette nouvelle, je descends avec 25 Français, 5 Chouanons et 5 Illinois [...]. Nous trouvâmes la colonne sur laquelle vous aviez arboré les armes du Roy, abattue par les bois flottants, ayant dressé un grand pilier, nous y attachâmes une croix et au-dessus un écusson de France. »

Après ces témoignages, d'Iberville considère le premier objectif du voyage accompli. Il peut alors entreprendre la construction du fort Maurepas à la baie de Biloxi (l'actuel Ocean Springs, Mississippi), entre le Mississippi et Pensacola, place forte espagnole. Le 3 mai 1699, d'Iberville repart vers la France, laissant sur place une garnison de quatre-vingt-un hommes, dont son frère Jean-Baptiste Le Moyne de Bienville.

À la Cour, d'Iberville est accueilli avec la reconnaissance attribuée au responsable d'une mission accomplie avec succès. Il est fait chevalier de Saint-Louis, ce qui n'est pas un mince honneur, étant le premier Français né au Canada à être admis dans cet ordre créé par Louis XIV en 1693. Aussitôt, il s'emploie à faire comprendre aux autorités françaises la nécessité de peupler et de coloniser la Louisiane afin de constituer ainsi un rempart efficace contre les Espagnols et les Anglais. Sinon, d'après d'Iberville qui anticipe lucidement l'avenir, on peut craindre que, « dans moins de cent années, elle [la colonie anglaise] sera assez forte pour se saisir de toute l'Amérique et en chasser toutes les autres nations ». D'Iberville reçoit donc mission « de perfectionner et asseurer un établissement français au Mississippi », de bien explorer toute la région du golfe du Mexique, sans toutefois porter ombrage aux Espagnols, voisins alliés des Français. Lui-même se concentre sur l'embouchure et son frère Bienville, avec d'autres

Canadiens, remonte le Mississippi et la rivière Rouge jusqu'au pays des Sioux pour explorer une mine de cuivre, à plus de six cents lieues du point de départ.

Au demeurant, l'espace parcouru par d'Iberville n'était pas totalement inconnu. Ses expéditions servent surtout à renforcer les liens avec les groupes indiens rencontrés et à préparer l'installation de postes français. Elles produisent un autre effet non négligeable, la confirmation des ambitions françaises sur la Louisiane et l'ouest du Mississippi, territoires convoités par les Espagnols du Mexique et de la Floride et, plus tard, par les habitants des colonies anglaises. Mais la France a trouvé cette formidable voie de communication, le fleuve Mississippi qui traverse toute la moitié méridionale de l'Amérique du Nord. Ses établissements laurentiens se trouvent ainsi reliés au golfe du Mexique en un arc monumental couvrant plus du tiers du continent. Sa position est forte et elle saura la conserver pendant encore un siècle. ❦

Source principale

Naissance de la Louisiane : tricentenaire des découvertes de Cavelier de La Salle, Paris, Délégation à l'action artistique de la Ville de Paris, 1982. Catalogue d'une exposition de manuscrits, cartes, documents iconographiques et instruments de navigation sur l'histoire de la Louisiane, de 1682 à 1803.

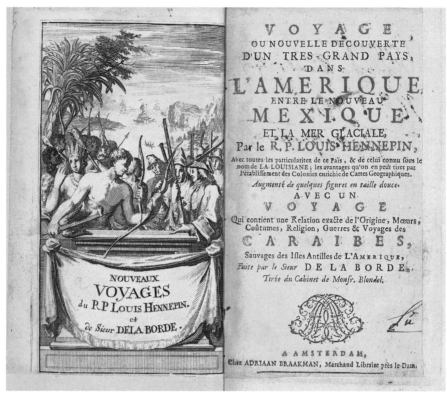

Frontispice du livre de Louis Hennepin, *Voyage ou Nouvelle découverte d'un très grand pays dans l'Amérique,* Amsterdam, 1704

Carte de la Nouvelle France et de la Louisiane, de Louis Hennepin, Paris, 1683
Prêtre récollet d'origine belge, Louis Hennepin accompagne Cavelier de La Salle dans ses voyages d'exploration au Mississippi. Envoyé avec deux autres Français en éclaireur, il est enlevé par des Sioux et tenu captif plusieurs semaines. De retour en France, il publie, en 1683, un ouvrage intitulé *Description de la Louisiane,* qui connaît un succès retentissant. La carte qui accompagne le livre affiche les chemins parcourus par Hennepin, dont les terminus sont signalés par des missions de récollets. L'explorateur dessine le fleuve COLBERT (Mississippi) ; la dernière partie jusqu'au golfe du Mexique est en pointillé, laissant sous-entendre qu'il n'a pas vu son embouchure. Pourquoi alors, quatorze ans plus tard, prétend-il le contraire dans sa *Nouvelle découverte d'un très grand pays* ? Cela demeure toujours un mystère. En haut de la carte, à gauche, on montre comment les armes du roi étaient gravées sur l'écorce d'un chêne pour marquer la prise de possession du territoire. Le cartouche du titre montre l'union de la religion (la croix) et de la politique (le lys de France) et la paix et la richesse que la foi et le roi apportent aux régions soumises à eux.

L'univers
du poisson

TERRE-NEUVE ET LABRADOR

S'IL EXISTE UN LIEU que l'histoire a longtemps mythifié, c'est bien celui des « terres neufves » où les Européens de la Renaissance ont abordé, croyant avoir trouvé un espace indéfini donnant accès au luxe de l'Orient. Territoire nord-américain bien réel, le premier à figurer sur des cartes, l'île de Terre-Neuve et ses abords, sans or ni soie, s'est révélée tout de même d'une nature extraordinairement généreuse en ressources halieutiques.

Jusque vers 1600, Terre-Neuve est abordée par des pêcheurs étrangers qui ne s'y fixent pas. Ils n'ont besoin que d'échafauds pour le séchage de la morue sur le littoral pendant quatre à cinq mois par an. Sauf pour certains morutiers qui jettent l'ancre sur les hauts-fonds, appelés « bancs », où ils pêchent et dépècent la morue à partir du bateau. Le poisson ainsi recueilli, sans passer par l'opération de séchage, prend alors le nom de « morue verte », qu'on s'empresse d'acheminer en Europe afin de lui conserver toute sa fraîcheur. Cette pratique se développe postérieurement à celle du séchage, soit à la fin du XVIᵉ siècle, une fois que les circuits de navigation, l'emplacement des bancs et les saisons favorables à la pêche sont bien maîtrisés. La pêche sur les bancs permettait à certains avitailleurs d'effectuer deux voyages de pêche par an, mais elle était particulièrement éprouvante pour les équipages, ainsi forcés de subir l'inconfort du navire sans pouvoir s'offrir le repos d'un séjour à terre.

La région est aussi fréquentée par les chasseurs de baleine, majoritairement basques, mais aussi, dans une moindre mesure, hollandais, anglais, danois, russes et français. Ces marins qui risquaient leur vie pour se procurer la précieuse huile servant à l'éclairage des villes européennes ont laissé des vestiges de leur présence au Labrador, notamment à Red Bay et à Saddle Island où des installations de fonte de graisse de baleine ont été retrouvées. *Les Voyages aventureux du capitaine Martin de Hoyarsabal, habitant de Cibiburu* (Rouen, 1532), récit

d'un marin basque français, reflètent une connaissance approfondie de l'espace maritime du golfe du Saint-Laurent. L'ouvrage a été repris et mis à jour, en langue basque, en 1677 par Pierre Detcheverry, et fut complété par de précieuses cartes.

À Terre-Neuve, les pêcheurs entrent en contact avec les Micmacs et les Malécites, mêmes partenaires qu'en Acadie, avec qui les relations sont aussi excellentes. Par contre, les Béothuks, qui vivent dans la région de la baie Notre-Dame (Boyd's Cove), fuient loin des côtes pour éviter les Européens, après avoir été lourdement affectés par le choc épidémiologique. Avec les « Esquimaux » du Labrador, qui descendent vers le sud pour chasser le phoque et s'approvisionner en stéatite à proximité de la baie Verte, les contacts sont peu amicaux, altérés depuis les premières rencontres avec les Blancs à la baie d'Hudson.

De tous les pays qui pratiquent la pêche et le séchage du poisson sur les côtes de Terre-Neuve, c'est l'Angleterre qui s'y intéresse avec le plus de constance, peut-être parce qu'elle est située à la même latitude. Ses marchands de Bristol, entre autres, avaient financé l'expédition de Jean Cabot, en 1497, dont les comptes rendus ont fait connaître aux Européens l'existence de cette richesse halieutique. Ses explorateurs y trouvent aussi une étape commode lors de leurs expéditions à la recherche du passage du Nord-Ouest. Quoi qu'il en soit, les intérêts anglais deviennent bientôt de plus en plus présents à Terre-Neuve et se concentrent surtout au sud, le long du littoral oriental.

La Newfoundland Company, créée en 1610, reçoit une charte lui permettant de coloniser un territoire familier, du cap Bonavista au cap Sainte-Marie. Une première colonie est fondée à Cupids (Cuper's Cove), puis à Harbour Grace, à Ferryland ainsi que dans plusieurs autres baies de la péninsule d'Avalon. Le deuxième gouverneur de Terre-Neuve, John Mason, explore l'île, la décrit et la reporte sur une carte qui sera publiée en 1625.

La maison de Courtemanche, côte du Labrador, 1715 (détail)
En 1702, Le Gardeur de Courtemanche obtient les droits exclusifs de chasse aux phoques, de pêche à la baleine et à la morue sur la côte du Labrador. Ce détail montre des établissements fortifiés, agrémentés de jardins clôturés, dans la baie de PHILIPEAUX (baie de Bradore). Courtemanche était en bons termes avec les Montagnais puisqu'une trentaine de familles s'étaient installées sur sa concession et chassaient pour lui. Par contre, les relations avec les Inuits étaient moins cordiales, d'où les fortifications, indispensables pour protéger les pêcheurs et les chasseurs en cas d'attaque.

Ci-contre
Carte de l'océan Atlantique Nord, par Denis de Rotis, 1674
Faite à Saint-Jean-de-Luz par le pilote basque Denis de Rotis, cette carte présente au sud et à l'est de Terre-Neuve le grand banc ainsi que plusieurs petits « banquereaux », bien connus des pêcheurs européens. Tout au nord, le cartographe dépeint, avec une touche de naïveté, le passage du Nord-Ouest, faisant fi de tous les renseignements rapportés de cette région par les explorateurs anglais.

la cadie

c: sable = les lieus de 17 & ½ en vn degrre=

| 0 | 5 | 10 | 15 | 20 | 25 | 30 | 35 | 40 | 45 | 50 | 55 | 60 | 65 | 70 |

=les lieus de 20: en vn de Grre=

| 0 | 5 | 10 | 15 | 20 | 25 | 30 | 35 | 40 | 45 | 50 | 55 | 60 | 65 | 70 | 75 | 80 |

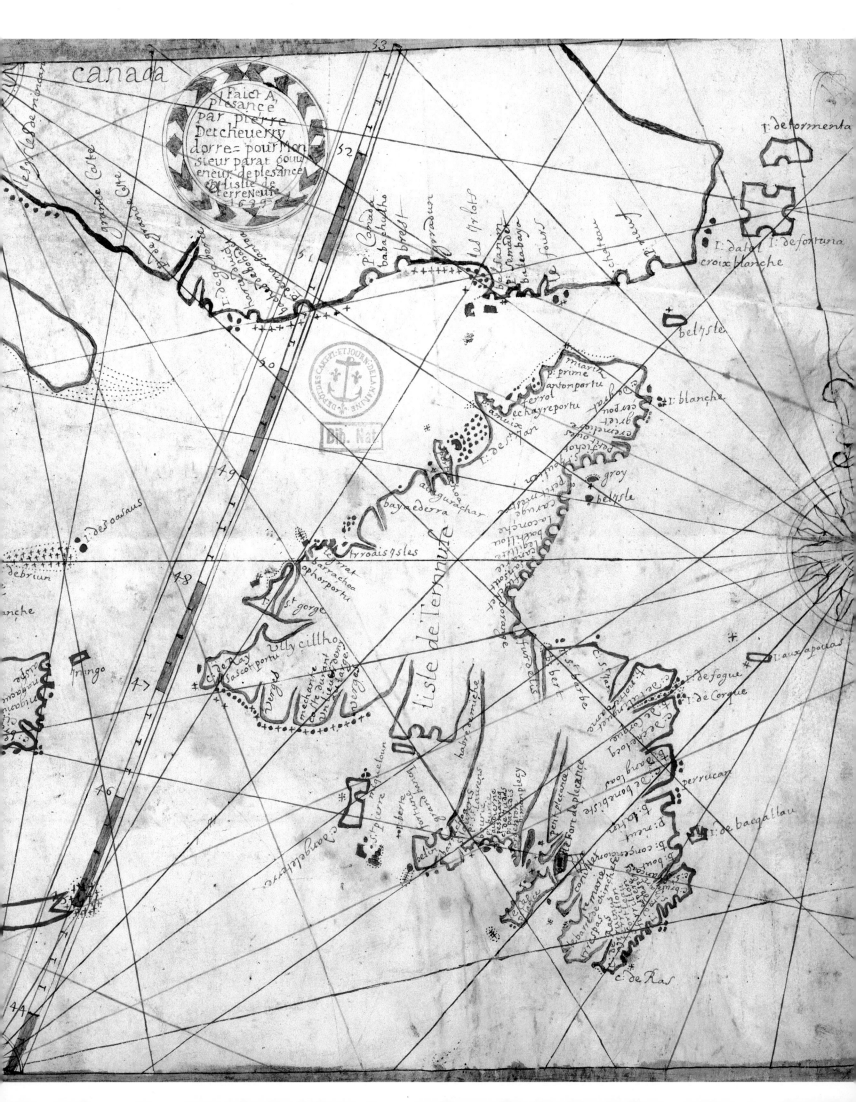

Pages précédentes (122-123)
Carte de Terre-Neuve et du golfe du Saint-Laurent, par Pierre Detcheverry, 1689

Les pêcheurs qui fréquentent Terre-Neuve sont de diverses origines : Basques, Bretons, Normands, Anglais, Portugais, Espagnols. Si, dans les premières décennies du XVIᵉ siècle, les Portugais explorent le littoral, ce sont les Français et les Anglais qui fréquentent l'île le plus assidûment. Les Basques français et espagnols y pratiquent à la fois la pêche à la morue et la chasse à la baleine. Dans la seconde moitié du XVIIᵉ siècle, les Français érigent Plaisance (aujourd'hui Placentia), leur principal établissement sur l'île (1662). Le ministre Colbert y nomme alors un gouverneur et fait également fortifier les lieux. Menacés par la présence anglaise de plus en plus envahissante, les Français tentent de solidifier leur position avantageuse près des grands bancs. Située dans un havre profond, Plaisance est un refuge parfait pour les pêcheurs qui veulent se protéger du vent. C'est aussi un port d'escale pour les navires français en direction du Canada ou de l'Acadie et pour les navires des Antilles retournant en France. Dédiée au gouverneur de l'époque, cette carte manuscrite datée de 1689 est l'œuvre d'un Basque, Pierre Detcheverry, alors habitant de Plaisance. Il a dédié son œuvre manuscrite au gouverneur de l'époque. Elle fait abondamment usage de noms basques, par exemple ULLYCILLHO, OPHOR PORTU (port du repos), BARRACHOA (Barachois), PORTUCHOA (Port au Choix), etc. Les Basques sont alors toujours présents sur les côtes de Terre-Neuve, malgré la diminution du nombre de baleines et la présence plus grande des Anglais. Comme l'exploitation du poisson nécessite peu de main-d'œuvre permanente, Terre-Neuve est peu peuplée comparée aux autres colonies françaises. Au moment où la carte est dressée, environ 250 personnes habitent Plaisance. Au traité d'Utrecht en 1713, les Anglais prennent possession des lieux. Une partie de la population française doit ainsi se déplacer sur l'île Royale (île du Cap-Breton) où l'on accueille également les Acadiens ayant fui leurs terres.

C'est la première exploration anglaise détaillée de Terre-Neuve. Son successeur (1638-1651) David Kirke, originaire de Dieppe, ville-phare du commerce et de la colonisation française en Amérique, connaît bien les enjeux canadiens, d'autant qu'il a commandé la prise de Québec en 1629. Il s'attribue un pouvoir régalien et tente d'imposer des droits aux morutiers. Accusé par les pêcheurs saisonniers d'avoir désorganisé l'industrie, il est rappelé en Angleterre.

De toute évidence, l'établissement de puissantes compagnies de commerce n'a pas l'heur de plaire aux Terre-Neuviens. Les patrons pêcheurs du Dorset, du Devon, du Somerset et des Cornouailles, soit de tout l'ouest de l'Angleterre, expédient chaque année, au début du XVIIᵉ siècle, jusqu'à 300 navires de pêche équipés, au total, d'environ 3 000 hommes. Ils ont leurs habitudes, se sentent chez eux et craignent le contrôle d'une compagnie à monopole. Des représentations auprès du Parlement anglais sont entreprises pour arrêter la colonisation anglaise à Terre-Neuve. Lors de la fondation des établissements d'Acadie en 1604, la même réaction des pêcheurs bretons avait entraîné, en 1607, la suppression du monopole de Dugua de Monts. En attendant qu'une position ferme soit prise, les pêcheurs installés par les compagnies sont victimes de déprédations de la part de concurrents de toute origine. Au cours des années 1630, la situation tourne au bénéfice des négociants du sud-ouest de l'Angleterre qui obtiennent finalement une « charte de l'Ouest » plaçant les colons et le littoral sous leur dépendance. Vers 1686, les 2 000 résidents de langue anglaise sont répartis dans trente-cinq baies ou havres de la côte est. Mais les conflits d'intérêts persistent et, jusqu'à la fin du XVIIᵉ siècle, personne n'arrive à faire appliquer un quelconque règlement empêchant la pêche en contrebande.

Les Français de Terre-Neuve, pour leur part, se concentrent principalement sur la partie méridionale de l'île et fortifient Plaisance (Placentia) en 1662. Le fort doit servir de base sûre aux pêcheries, de port d'escale et, éventuellement, protéger les autres territoires français du golfe du Saint-Laurent. À ce titre, Plaisance devient fréquemment une base de départ de corsaires pour l'attaque de postes anglais. Des gouverneurs y résident à partir de 1655 à la tête de la minuscule colonie : de 73 personnes en 1670, la population paraît atteindre son sommet vers 1685 avec 640 habitants.

Sur la côte nord du golfe du Saint-Laurent et sur l'île d'Anticosti, se trouvent aussi quelques familles françaises. En 1650, François Byssot de la Rivière devient le seigneur d'une concession couvrant le littoral de l'île aux Œufs jusqu'au détroit de Belle Isle, avec Mingan comme poste principal. L'explorateur Louis Jolliet reprend la seigneurie lors de son mariage avec Claire-Françoise, fille de François Byssot. Il y pratique un fructueux commerce des fourrures, de pêche à la morue, de loups-marins et de chasse à la baleine et explore les côtes du Labrador jusqu'à 56°8' de latitude nord. Son journal de voyage, illustré de 16 croquis cartographiques, est particulièrement instructif sur les mœurs des Esquimaux. Il en retire un monopole de traite pour vingt ans et la charge de « maître d'hydrographie » qu'il exerce l'hiver, au collège des Jésuites de Québec. À la mort de Louis Jolliet, en 1700, ses fils assurent l'exploitation du territoire. Certaines années, plus d'un millier de Français et de Canadiens vont au Labrador pour la pêche et le commerce avec les Montagnais et les Esquimaux.

Le traité d'Utrecht, en 1713, assure la pacification de l'île de Terre-Neuve en l'attribuant entièrement à l'Angleterre. La France conserve un droit de pêche sur les grands bancs et sur la côte nord de l'île où elle peut aussi occuper certains postes utiles à ses approvisionnements en poisson. Le littoral terreneuvien où les pêcheurs français se rendent chaque année évolue au gré des nombreux traités qui se succéderont au cours des deux siècles suivants. Du « Petit Nord » au « French Shore », la France maintient sa présence à Terre-Neuve jusqu'en 1904, alors qu'elle doit renoncer à cette pratique séculaire pour se cantonner à ses possessions de Saint-Pierre-et-Miquelon.

Un autre groupe d'Européens, en provenance du Danemark, marque fortement le Labrador de sa présence, à partir de 1764. Les « frères moraves », missionnaires issus de l'Église luthérienne bien implantée au Groenland, fondent des missions chez les Esquimaux du détroit de Belle Isle. Interprètes pour le gouverneur de Terre-Neuve, négociateurs entre les Blancs et les autochtones lors de conflits concernant la pêche, explorateurs lors de voyages d'évangélisation, les frères moraves ont largement contribué à faire connaître aux Blancs le territoire des Inuits, leur langue et leur civilisation.

Au XVIIIᵉ siècle, un fort mouvement d'émigration anglaise et irlandaise porte la population, dans les années 1750, à 7 300 habitants. Terre-Neuve et le golfe du Saint-Laurent connaissent un trafic maritime intense. C'est le passage incontournable du commerce triangulaire et même quadrangulaire, pour les vaisseaux allant de Québec à Louisbourg, aux colonies anglaises, aux Antilles et en Europe. À titre d'exemple, en 1748, 1 200 navires et embarcations avaient tiré des eaux 483 000 quintaux de poisson du golfe du Saint-Laurent. La région atlantique reste à jamais un centre stratégique sur le versant oriental du continent, fort de sa position géographique, mais exposé à toutes les convoitises. ⚓

Sources principales

L'aventure maritime, du golfe de Gascogne à Terre-Neuve, Actes de congrès (Pau, octobre 1993), Paris, Éditions du CTHS, 1995. Plusieurs articles sur l'activité baleinière et morutière des Basques à Terre-Neuve. — LITALIEN, Raymonde, « Les Normands à l'île de Terre-Neuve sous l'Ancien Régime », *Les Normands et l'outre-mer: actes du 35ᵉ congrès organisé par la Fédération des sociétés historiques et archéologiques de Normandie, Granville, 18-22 octobre 2000*, Caen, Annales de Normandie, 2001, p. 83-92. — O'DEA, Fabian, *The 17th century cartography of Newfoundland*, Toronto, B. V. Gutsell, coll. « Cartographica », 1971.

L'Acadie

OBJET DE CONVOITISE

Au printemps 1607, la centaine de résidents de Port-Royal ont surmonté les principaux défis posés à des immigrants européens. Avec l'assistance des Micmacs, ils se sont logés, ravitaillés, ont réussi à survivre à l'hiver mais aussi à surpasser le simple confort matériel jusqu'au luxe du jeu et de la fête. Le choix de la « baie Française » (baie de Fundy), comme base de la colonie, est prometteur : la terre y est fertile, les réserves de fourrures sont encore considérables, bien que la production de 1606 n'ait pas atteint les profits escomptés. Mais la vie y est douce et l'entente, parfaite avec les autochtones. Aussi, c'est la consternation quand Pierre Dugua de Monts perd son monopole de commerce en Acadie et, à l'instigation de Samuel de Champlain, se tourne vers la vallée du Saint-Laurent, au cœur des forêts giboyeuses. L'Acadie n'est plus le seul ni le principal établissement de la Nouvelle-France, dont elle reste néanmoins la porte d'entrée. Sa position géographique l'expose à tous les dangers contre lesquels la France ne lui apporte que peu de protection. Ses liens institutionnels avec Québec, qui se met en place en 1608, sont épisodiques et distendus. L'Acadie connaît dorénavant un développement distinct, où les initiatives individuelles prennent le pas sur les mesures officielles.

Les effets de la suppression du monopole de Dugua de Monts ne tardent pas à se faire sentir. Jean de Biencourt de Poutrincourt, qui n'a renoncé ni à sa concession ni à son titre de lieutenant-gouverneur de l'Acadie, éprouve les plus grandes difficultés à financer ses opérations. Les négociants disposés à investir dans le commerce des pelleteries placent plutôt leur confiance dans le nouveau poste de Québec. Poutrincourt et son fils Charles se voient obligés d'accepter un financement privé dans un objectif expressément missionnaire : une dame d'honneur de la reine Marie de Médicis, Antoinette de Pons, marquise de Guercheville, assure une large part du coût de l'expédition de 1611, à la condition de faire embarquer deux jésuites avec la soixantaine de colons. Sainte-Croix et Port-Royal accueillent la plupart des habitants. D'autres s'installent dans de nouveaux postes créés à Saint-Sauveur en 1612 (île des Monts-Déserts, Maine), ainsi qu'à l'embouchure de la rivière Saint-Jean (Nouveau-Brunswick).

Les lieux choisis sont propres au commerce ainsi qu'aux ressources vivrières. Ils sont au cœur des établissements micmacs, malécites et abénaquis, principaux fournisseurs de fourrures. Les voisins du Sud aussi l'ont compris. À peine en place, les postes acadiens sont attaqués. Sir Samuel Argall, amiral de la Virginie, est chargé d'expulser tous les Français du territoire qui lui a été attribué et d'établir des relations commerciales avec les indigènes. Sans égard à la « loi du premier occupant », Argall se trouve ainsi justifié, en 1613, de s'emparer de Port-Royal, à la limite du territoire revendiqué par l'Angleterre, de le détruire ainsi que Saint-Sauveur et Sainte-Croix.

Au début du XVIIe siècle, on peut presque parler de bousculade pour l'occupation du littoral atlantique. Si Champlain, en 1605, a cartographié et nommé toute la côte jusqu'au cap Blanc (cap Cod), aucune occupation française n'est encore effective sur le territoire, sauf au nord de la rivière Penobscot. Les Hollandais y font des incursions, mais ce sont les Anglais qui s'y constituent peu à peu un domaine. John Smith, en 1614-1615, complète la description de cette région qu'il nomme *New Englande* et la représente sur une carte publiée en 1616. Peu après, en 1620, les Pilgrims débarquent à Provincetown avant de s'installer à Plymouth. Toutefois, mis à part ce petit établissement de Cape Cod, la Nouvelle-Angleterre n'est pas colonisée avant 1630.

Par la même occasion, l'Acadie bénéficie de quelques années de répit. Mais les Anglais n'ont pas oublié la charte de la Compagnie de la Virginie qui les autorise à s'étendre jusqu'à 45° de latitude nord, soit jusqu'à la

« Homme Acadien », XVIIIe siècle
Dessin de Claude-Louis Desrais, gravure de Jean-Marie Mixelle dans l'ouvrage de Sylvain Maréchal qui présente les « Mœurs et coutumes des Acadiens » avec beaucoup de nostalgie. Sa représentation de l'homme acadien est déroutante. A-t-il voulu souligner l'importance du métissage ? Son texte le suggère.

**New Scotlande,
par William Alexander, 1625**

En 1621, le roi d'Angleterre
Jacques Ier accorde à l'un de ses
sujets, sir William Alexander, une
concession en Amérique du nom de
NEW SCOTLANDE, qui recoupait en
grande partie l'Acadie, née près de
vingt ans plus tôt. Afin d'en
promouvoir la colonisation (qui ne se
réalisera pas), Alexander publie une
carte situant les frontières du
territoire qu'il s'attribue. Afin de
s'approprier les lieux, il y appose de
nouveaux noms inspirés de son
Écosse natale (tels que la rivière
TWEED). Totalement fictive, cette
carte est un parfait exemple de
l'usage de la cartographie comme
moyen de propagande dans les
disputes territoriales.

latitude de Port-Royal. En 1621, Jacques Ier, roi d'Angleterre, concède à l'Écossais William Alexander le territoire
au nord de la rivière Sainte-Croix, jusqu'au 48e parallèle,
territoire dorénavant nommé *New Scotlande* ou *Nova
Scotia* et gratifié d'armoiries et d'un drapeau. La décision
royale est radicale mais l'occupation n'est pas effective
avant 1629.

Après l'attaque et la prise de Québec par les frères
Kirke, en 1628-1629, le traité de Saint-Germain-en-Laye
rend à la France ses deux colonies d'Amérique du Nord.
Port-Royal est libéré et retrouve alors quelques colons
restés aux environs, pratiquant presque paisiblement la
pêche et la traite des fourrures qu'ils livrent aux négociants de La Rochelle contre un ravitaillement annuel.
C'est alors que la Compagnie de la Nouvelle-France (ou

des Cent-Associés), créée en 1627 par Richelieu, entreprend d'exercer activement son monopole sur toute la
Nouvelle-France, y compris sur l'Acadie. Dès 1632, le
gouverneur Isaac de Razilly emmène en Acadie 300
nouveaux colons. Il relance la colonie, écarte les Écossais
récalcitrants et s'installe d'abord à La Hève puis, en 1636,
à Port-Royal sur une pointe de la rive sud du bassin, à
l'emplacement de l'actuel Annapolis Royal.

Pendant une vingtaine d'années, c'est l'éclosion. En
1635, le nouveau gouverneur et cousin de Razilly, Charles
de Menou d'Aulnay recrute une quarantaine de colons
comprenant une quinzaine de familles. Pentagouet est
repris. Majoritairement d'origine poitevine, les « défri-
cheurs d'eau » transposent leurs techniques d'assolement
et mettent au point les « aboiteaux » pour l'assèchement

des marais. Ces digues permettent le dessalement du sol qui, après quelques années, devient une excellente terre arable, propre à toute culture vivrière ainsi qu'à l'élevage. Les Acadiens assurent ainsi largement leur subsistance et exportent même quelques surplus en Nouvelle-Angleterre où la population croissante constitue un marché lucratif.

Cette prospérité n'échappe pas aux colons anglais. En 1654, Robert Sedgwick, général de la flotte et commandant en chef du littoral de la Nouvelle-Angleterre, assiège et capture les postes français de Pentagouet, de Saint-Jean et de Port-Royal. Le *Lord Protector* de l'Angleterre Oliver Cromwell concède le territoire à Thomas Temple avec le titre de gouverneur de l'Acadie. Mais la France refuse de quitter les lieux, en l'absence de traité ou d'entente bilatérale confirmant l'autorité britannique. Un double gouvernement coexiste alors pendant une quinzaine d'années jusqu'à ce que le roi de France, lors du traité de Bréda en 1667, exige la restitution de toutes les places occupées. De plus, Louis XIV retire aux compagnies de commerce la gestion des colonies et assure lui-même le contrôle de la Nouvelle-France. L'Acadie devient alors une unité administrative relevant du gouverneur général résidant à Québec. Après 1670, de nouveaux établissements français sont fondés, dont Beaubassin (Amherst), Grand-Pré (Wolfville), Cobequid (Truro), Pisiquid (Windsor). La population totale est d'environ 500 Acadiens répartis en 70 familles, habitant principalement aux environs de Port-Royal.

Durant le demi-siècle qui sépare le traité de Bréda du traité d'Utrecht (1713), on assiste, paradoxalement, à l'affirmation de l'identité acadienne ainsi qu'à une présence anglaise croissante. L'autorité française exerce mollement son pouvoir et n'assure pas véritablement la protection de ses sujets. Les Anglais du Massachusetts, pour leur part, développent leurs réseaux commerciaux avec la colonie française voisine. Ils fournissent des produits manufacturés contre blé, légumes, avoine, seigle, orge et lin, bovins, porcs, moutons, volailles, fourrure, plumes, etc. En 1686, plus de 800 navires anglais mouillent dans les ports acadiens ; en 1708, les Bostonnais à eux seuls y envoient 300 navires. Malgré les interdictions successives, les pêcheurs acadiens continuent, par commodité, de commercer avec leurs plus proches partenaires dont ils finissent par devenir dépendants. De même, les Abénaquis, nation indienne vivant autour de la rivière Penobscot, commercent aussi bien avec les Français qu'avec les Anglais, donnant priorité aux nécessités économiques sur les considérations politiques. Sur le plan militaire, cependant, ils sont d'une fidélité parfaite envers les Acadiens. En 1703, en réponse aux attaques incessantes de Benjamin Church, commandant des forces armées de Plymouth, les Abénaquis et les Français ravagent le littoral anglais, de Canceau à Wells, entraînant une nouvelle réplique anglaise qui saccage toute l'Acadie.

Au fil du temps l'Acadie devient le terrain principal des affrontements entre la France et l'Angleterre, au gré des guerres européennes, mais aussi à l'occasion du moindre désaccord entre colons rivaux. Le déséquilibre des forces s'aggrave de façon dramatique. En 1710, environ 1 800 habitants de l'Acadie et 16 000 en Nouvelle-France se trouvent en face de 357 000 résidents des colonies anglaises. Les affrontements sont innombrables mais n'entraînent pas de modification des frontières jusqu'à la fin de la guerre de Succession d'Espagne, sanctionnée par le traité d'Utrecht qui cède définitivement l'Acadie à l'Angleterre. Les Acadiens, souvent laissés à eux-mêmes, ont développé une vive indépendance d'esprit, ainsi qu'une solidarité indéfectible avec les Amérindiens. Ils ont aussi fait l'expérience de la coexistence avec les Anglais ; ils devront dorénavant en accepter l'autorité. ⚓

Plan de Port-Royal, par Jean-Baptiste Franquelin, 1686 (détail)
Comme le démontre cette carte, la taille de Port-Royal, capitale d'Acadie, était plutôt modeste. D'après le recensement de l'intendant De Meulles, elle comportait 95 familles et 583 personnes en 1686. Une partie des habitants résidaient au cœur du village, notamment le gouverneur Perrot et le seigneur Le Borgne dont les maisons sont signalées par le cartographe. D'autres colons défrichèrent des terres plus loin le long de la rivière Dauphin. À la jonction de ces deux groupes d'habitation se trouvent l'église paroissiale et le cimetière. Le cartographe dessine, un peu à l'écart du village, deux magasins anglais, qui facilitaient les échanges commerciaux entre l'Acadie et le Massachusetts. Même si Port-Royal était le principal lieu de colonisation française en Acadie, il n'y avait aucune fortification pour la défendre. L'Anglais William Phips n'eut ainsi aucune difficulté à capturer Port-Royal en mai 1690.

Sources principales

BLONDEL-LOISEL, Annie et Raymonde LITALIEN (dir.), *De la Seine au Saint-Laurent avec Champlain*, actes de colloque (Havre, avril 2004), Paris, L'Harmattan, 2005. Sur les premiers établissements permanents français en Acadie. — DAIGLE, Jean (dir.), *L'Acadie des Maritimes : études thématiques des débuts à nos jours*, Moncton, Chaire d'études acadiennes, Université de Moncton, 1993.

Q. L'Ange gardien

R. S. françois

S. trou St patrice

T. Sault memorensi

V. pointe d'orleans

Y. pointe de leui

Z. bean port

&. le port

Le Nord Cotte de
bean pré *

1. Silleri

2. Cap rouge

3. riuiere St Charle

4. les hospitalieres

5. La brasserie

6. L'Euesché

7. Les jesuittes

8. La basse ville

9. Les Vrsulines

X. le chateau

XI. la haute ville

XII. La grande Allée

13. N. Dame de foy

14. La route st jean

15. Les Recollets

16. Les islets

17. terres labourées

12. lieues de long
sur
6. de large

Occupation ou cohabitation

DANS LA VALLÉE DU SAINT-LAURENT

L A DOUBLE EXPÉDITION de Roberval-Cartier a été un échec. Conséquemment, le fleuve sera oublié des autorités, mais non des pêcheurs. Ceux-ci y foisonnent jusqu'à la fin du siècle. Henri IV sonnera le rappel. Après diverses tentatives des uns et des autres, Richelieu prend l'initiative. La Compagnie de la Nouvelle-France créée en 1627-1628 se fait concéder «à perpétuité en pleine propriété, justice et seigneurie, tout le pays de la Nouvelle-France dite Canada» depuis Terre-Neuve jusqu'au lac Huron et de la Floride au cercle arctique. La charte prévoit que les descendants des colons français, de religion catholique, de même que les Sauvages qui professeront la foi chrétienne seront censés et réputés naturels français avec tous les droits des sujets du roi. La cohabitation est donc au programme. Il n'est nullement question de les déplacer et encore moins de les exterminer. Ils seront convertis et, pourquoi pas, européanisés. Le refrain est connu: rendre l'autre semblable à soi pour le sortir de son prétendu état d'infériorité.

Dans les faits, la situation sera différente. En 1603, à Tadoussac, Anadabijou, «grand sagamo des Sauvages de Canada», écoute le message d'Henri IV que lui transmet un de siens qui a été reçu par le roi: «Sa dite Majesté leur voulait du bien et désirait peupler leur terre et faire [la] paix avec leurs ennemis ou leur envoyer des forces pour les vaincre.» Entre la paix et la guerre, Anadabijou a aussitôt fait son choix, mais il prend le temps de faire distribuer du tabac à Gravé Du Pont, Champlain et «quelques autres sagamos qui étaient autour de lui». Prenant finalement la parole au nom des siens, sans doute des Montagnais, des Algonquins et des Etchemins, il répond sur un ton solennel «que véritablement ils devaient être fort contents d'avoir sadite Majesté pour grand ami […] continuant toujours sa dite harangue, dit qu'il était fort aise que sadite Majesté peuplât leur terre et fît la guerre à leurs ennemis, qu'il n'y avait nation au monde à qui ils voulussent plus de bien qu'aux Français».

Les Français peuvent s'installer, mais ils auront à partager un ennemi commun, les Iroquois. Ceux-ci devenaient les ennemis des Français.

En accordant une terre à Louis Hébert en 1617, Champlain était devenu de fait le premier arpenteur de la Nouvelle-France. Le titre d'Hébert sera reconnu officiellement en 1623 et sa concession qui se situait autour des actuelles rues Hébert et Couillard à Québec fut augmentée en 1626 de quelques acres le long de la rivière Saint-Charles. Il faut toutefois attendre 1634 pour qu'arrive un vrai arpenteur, Jean Bourdon. Le 4 décembre 1635, quelques semaines avant le décès de Champlain, il établissait son premier acte de concession en faveur de Guillaume Hubout. Bourdon avait alors convenu d'adopter la «mesure de Paris», soit «dix-huit pieds pour perche et cent perches pour arpans». Le 4 janvier 1648, lors de la première concession faite à Montréal, Maisonneuve a recours à la même mesure pour délimiter la terre accordée à Pierre Gadoys.

L'immense territoire de la Compagnie de la Nouvelle-France, dite des Cent-Associés, excite les convoitises. Plusieurs membres de la société se font octroyer de vastes domaines qui resteront la plupart du temps inexploités. Finalement, le roi prend les choses en main et reprend ses droits sur les terres laissées à l'abandon. Quatre seigneuries très étendues échappent au couperet royal: la côte de Beaupré, l'île de Montréal, Batiscan et Cap-de-la-Madeleine. En outre, autour de Québec, Trois-Rivières et Montréal, on trouve une cinquantaine de seigneuries. Depuis le début des concessions, aucun village indien n'a été touché. À Québec et à Montréal, la place était libre. À Trois-Rivières, le chef algonquin, Capitanal, dont la tribu séjourne régulièrement sur les bords du lac Saint-Pierre, a prié Champlain de venir construire «une grande maison» pour les siens et une autre pour les Français. Enthousiaste, Champlain aurait répondu à l'orateur qui s'était exprimé avec «une rheto-

Coste du Nord du bout de l'isle
1. gabriel Perris 4. arpens sur 20.
2. Mathieu Perris 3. sur 20.
3. Choral St renaud 4. sur 20.

Bout de l'isle
1. la demurette
2. milot
3. Ste gemme
4. le dit 10. arpens fief
5. la fosse
6. coulonge fief

1. St germain fief 19 arg
2. S. andre 10. arg fief

Coste de paroisse St louis
1. Migeon 10 arpents sur 20.
2. arpin seutte 6. sur 20.
3. Robat Couros 4. sur 20.

1. blainville 14. fief
2. Sauelier 4. sur 20.

1. terre de l'eglise 14. arpens
2. la londe 4. sur 20.
3. Marin 3. sur 20.
4. la plante 4½ sur vingt
5. mopetit 3. id.

1. montauban 3. id.
2. coulonge 2. id.
3. la donceur 4. id.
4. range lanette 4. id.
5. s. Bousset 4. id.
6. s. magdeline 3.

1. Jeanne Magdeline 3. sur 20.
2. Jacquin Lachvoise 2. sur 20.
3. Mitlo 3. arpens sur Vingt
4. pierre bonno 14. sur 20.
5. Jean quenet 10. sur 40 de profondeur

1. Brunet 4. arpens sur 20.
2. antoine villeday 3. sur 20.
3. s. Lory 3. id.
4. Jabourin id.
5. Berdine 4. sur 20.

3. s. Lory 3. id.
4. la Citriere 4. id.

1. Jacques s. Denier 4. sur vingt
2. la gemme 3. id.
3. n. Le Moine 4. id.
4. Jean Neuet 3. id.
5. s. Charleboue 3. id.
6. Perris 3. id.

1. Jacques Chasle 3. sur 20.
2. Brunet Letang 3. id.
3. la troille 2. id.
4. s. laurie 2. id.
5. s. Bonne 3. id.
6. andre Roy 3. id.
7. pierre lac 3. id.

Pointe claire
1. Jacques tenet 3. sur 20.
2. Jean losange 3. id.
3. pointe claire 4. jus au Moulin
4. Charles delaunay 4. sur 40.
5. s. Dupertre 3. sur 20.
6. s. boulanger 3. sur 20.

grande ance contenant
environ cinq quarts de lieüe de
chemin ou sont les habitans

Lac des deux Montagnes

isle
Major

Bout de l'isle

Terres

Isle

Concedées

Isle

De

Lac St. Louis

Depuis la preservation
Jusques au fort Remy

Depuis le fort Remy
en descendant a Verdun

Depuis Verdun Jusques a
la Riviere St. Pierre

Depuis la Riviere
Jusques a la ville

es Distances de place en place ... auec le Meilleur Ordre q̃ue l'on ... jeu ... obseruer le 18 ... 1702

Montreal Ierre

non conedue

S. Michel

Coteaux ... Prairies

Prairie

Coste de la Riuiere
des Prairies ne comance
auec des habitans que depuis
Dubuisson a enuiron une lieüe ...
au dessous de la Mission, en descendant
au bout de l'isle auec q̃u'il s'ensuit

Dubuisson ...... 4 . sur 20
Bismann ...... 3 . sur 20
Jean moruet .... id
le cardinal ..... id
Jean lorrain .... id
Joseph lorrain .. id
de Souagne . 4 sur 40
Jogue ...... 3 sur 20
Jardouin .... 4 sur 20
Brillault .... 9 sur 20
Cognon ...... 3 sur vinge
lorray, ... id
thomas Charlon id
andre Guuilloy 7 sur 20
Jean Diuare 3 sur 20
antoine Baudry id
Bougraiz .... id
Coste S. Dominique

Pierre archambault
ponthaiu Baudry
pointe Baudry
Jean Renault
pierre Renault ..... 3 de Xom sur 20
Robersau
p. Barine
Jacques beauchamp
p. Brouillet
p. fortin
les desjardins 6 sur 20
michel quere 3 sur dingt
Pierre Mange 3 . id
Jouar ...... 6 ...
moulin
terre de l'Eglise 10 aryp. de fron
dome 6 donne ... Seruois
a ladine 3 . sur vinge
... a Boulard . id
J. b. quesneuille 3 . id
François Jerou .. 3 id
Charle Brasor 4 id

Depuis les Montigny en Villaine
Jusquit au Simmancion ou de la
Coste S. anne troisiesme

Depuis la Coste S. François Jusquen
Jusquen a la Poulet S. Joay

Depuis la Coste S. S. ...
Jean, au bou de l'isle

S. Magdelaine

Pages précédentes (130-131)
Description générale de l'Isle de
Montréal, attribuée à François
Vachon de Belmont, 1702

Certains propriétaires fonciers font appel aux cartographes pour connaître les limites de leurs seigneuries et en faciliter l'administration. Par exemple, la Compagnie des prêtres de Saint-Sulpice commande en 1702 un plan terrier de l'île de Montréal qui aurait été exécuté par le supérieur des Sulpiciens au Canada, François Vachon de Belmont. Il est difficile de dire si la carte était destinée aux sulpiciens de Paris ou à ceux de Montréal. Toujours est-il qu'au bas du cartographe a fait ajouter le nom des censitaires, pouvant être retracés sur le plan. En général, le seigneur concédait des censives étroites et profondes qui, alignées l'une sur l'autre, formaient un ensemble appelé côte. Ces côtes, qui n'étaient ni des pentes ni des rives, donnèrent leur nom aux chemins qui les parcouraient. Elles furent la véritable armature du développement rural et urbain à Montréal et sont à l'origine des actuelles côte Sainte-Catherine, côte de Liesse, côte Saint-Luc et côte des Neiges. La carte fait voir aussi les forts situés sur l'île ou la rive sud du fleuve, une trentaine en tout, qui assurent la défense de la seigneurie contre des attaques iroquoises. Ces forts, en bois pour la plupart, n'étaient pas conçus pour résister à l'artillerie européenne, mais pour repousser les attaques indiennes. Construits à quelques kilomètres l'un de l'autre, ils permettaient d'annoncer, par des signaux de fumée, l'arrivée de troupes ennemies. Plusieurs noms de forts correspondent aujourd'hui à des noms de villes, quartiers ou arrondissements : Pointe-aux-Trembles, Longue-Pointe, Rivière-des-Prairies, Sainte-Marie, Saint-Gabriel, Verdun, Pointe-Claire, Senneville, Varennes, Boucherville, Longueuil, Saint-Lambert, La Prairie. La carte présente aussi le fort de la Montagne et le fort Lorette, près desquels se trouvent des missions qui accueillaient les Iroquois, Hurons et Algonquins convertis au christianisme. Ce plan, qui est l'un des plus importants de l'histoire de Montréal, est maintenant conservé à la bibliothèque Saint-Sulpice de Paris.

rique aussi fine & deliée, qu'il en scauroit sortir de l'escolle d'Aristote, ou de Ciceron », « […] alors nos garçons se marieront à vos filles et nous ne serons plus qu'un peuple ».

La peur des Iroquois s'ajoute aux rigueurs de l'hiver pour dissuader les immigrants potentiels jusqu'au jour où la France décide de prendre les grands moyens. En 1663, le roi décide de s'occuper personnellement de la Nouvelle-France et de l'organiser sur le modèle des provinces françaises, désignant un gouverneur et un intendant pour l'administrer. Deux ans plus tard, les hommes du régiment de Carignan-Salières marchent contre les Iroquois. Une paix relative s'installe.

Avec la nomination de Jean Talon en 1665, un effort sans précédent est fait pour favoriser l'immigration. Le ministre Colbert résiste. Il ne veut pas dépeupler la France. Talon aura cette réponse admirable : « un pays neuf ne se peut faire seul, s'il n'est aidé dans ses commencements. » De 1665 à 1672, la population passe de 3 200 à 6 700 habitants. À l'invitation des autorités, quelque 450 soldats démobilisés ont accepté des terres en concession. Ils deviennent censitaires. Plusieurs auront pour seigneur leur ancien officier du régiment de Carignan : Lavaltrie, Varennes, Verchères, Contrecœur, Saint-Ours, Sorel, Chambly, Berthier, La Durantaye, La Bouteillerie.

L'année de son départ, Talon procède à 46 concessions seigneuriales, dont une dizaine le long de la rivière Richelieu, voie traditionnellement utilisée par les Iroquois pour attaquer la colonie. L'expansion seigneuriale se fait tout de même dans toutes les directions : 19 à Québec, 6 à Trois-Rivières et 21 à Montréal.

La même année, 1672, Talon accorde les premières commissions d'arpenteurs de la Nouvelle-France, l'une à Louis-Marin Boucher, l'autre à Jean Le Rouge. Tous deux ont pu profiter de la science de Martin Boutet. Avant tout musicien, ce dernier est également mathématicien. Il se laisse persuader par les jésuites d'enseigner les mathématiques, matière dans laquelle il excelle. C'est ainsi qu'il apporte une contribution essentielle aux cours d'arpentage et de navigation. Il a probablement été le professeur de Louis Jolliet et le mentor de Jean-Baptiste Franquelin, ces deux derniers unissant par la suite leurs efforts pour produire une véritable carte marine du fleuve en 1685. Le premier avait effectué les relevés et le second, exécuté la carte proprement dite.

Afin de favoriser l'accès aux voies de communication, les seigneuries, dessinées avec une façade restreinte, sont tracées à partir du fleuve avec des orientations nord-ouest pour les concessions de la rive nord et sud-est pour celles de la rive sud. L'aire seigneuriale est donc subdivisée en longs rectangles répartis d'abord le long du Saint-Laurent avant de se distribuer le long des affluents comme les rivières des Outaouais et Richelieu, cette dernière se prolongeant jusqu'au lac Champlain.

Depuis les décisions royales de 1663, un demi-siècle est passé lorsque la Cour décide de nouveau de faire le point sur la situation des terres concédées en Nouvelle-France. Par les arrêts de Marly de 1711, le roi entend rattacher au domaine royal les seigneuries inexploitées et exiger des censitaires que les terres demeurées incultes soient rendues au seigneur. La volonté est claire, mais la réalité plus complexe. À l'été 1712, le ministre Pontchartrain peut s'en rendre compte en parcourant les mémoires de Gédéon de Catalogne et en examinant ses immenses cartes présentant les plans des seigneuries et des habitations des gouvernements de Québec, Trois-Rivières et Montréal. La Cour pouvait enfin avoir une bonne idée des fiefs et seigneuries en cause.

Dans plusieurs cas, l'État s'était montré particulièrement généreux envers les communautés religieuses de façon à leur donner les moyens de veiller à l'éducation et de fournir les soins de santé à la population. Au début du XVIIIᵉ siècle, près de la moitié des habitants sont concentrés dans des seigneuries ecclésiastiques. Les sulpiciens sont seigneurs de l'île de Montréal qui compte environ 2 600 habitants, dont 1 200 dans la ville elle-même. Pour leur part, les jésuites à eux seuls possèdent plus de 10 % de l'ensemble de la zone seigneuriale et comptent quelque 2 000 censitaires. Au total, l'Église contrôle le quart des seigneuries réparties, selon Catalogne qui dénombre 84 seigneurs. En 1706, il évalue la population d'origine européenne à 16 417.

La Grande Paix de 1701

Aux limites des terres concédées, se trouvaient une multitude de nations amérindiennes, les unes nomades au nord et les autres sédentaires à l'ouest et au sud-ouest. En 1701, les Français avaient réussi un coup de maître en réunissant à Montréal, malgré les menaces de nouvelles épidémies, quelque 1 300 délégués d'une quarantaine de nations prêts à faire la paix. Le chef Kondiaronk, un des grands artisans de cette paix, fut lui-même fauché par la maladie. « Notre père, avait-il déclaré la veille de sa mort en s'adressant ou gouverneur Callière, tu nous vois auprès de ta natte, ce n'est pas sans beaucoup de périls que nous avons essuyés dans un si long voyage. Les chutes, les rapides, et mille autres obstacles, ne nous ont point paru si difficiles à surmonter par l'envie que nous avions de te voir et de nous assembler ici, nous avons trouvé bien de nos frères morts le long du fleuve […à cause de] la maladie […]. Cependant, nous nous sommes fait un pont de tous ces corps, sur lesquels nous avons marché avec assez de fermeté. » Depuis l'arrivée des premiers Européens, les épidémies s'étaient succédé de façon dramatique. Elles expliquent sans doute la disparition rapide des Iroquoiens rencontrés par Cartier dans la vallée du Saint-Laurent. Longtemps, on a attribué aux guerres la baisse démographique des nations indiennes, mais aujourd'hui le choc microbien est mieux connu et

ses douloureux ravages sont reconnus. La variole est tout particulièrement en cause. Il faudra beaucoup de temps pour qu'on envisage la variolisation puis la vaccination. Bien au contraire, la variole fut même un allié, involontaire dans le cas des Espagnols, et voulu, comme arme de désespoir, par les Britanniques.

L'expansion de la colonie française se fit généralement après ententes avec les autochtones, d'ailleurs résolument attachés à la terre. Contrairement aux Anglais qui y ont constamment recours, surtout après la Conquête de 1760, les Français ne concluront jamais de traités territoriaux, en réalité de tristes traités de dépossession. Par ailleurs, les Indiens étant pratiquement absents de la zone seigneuriale, les Français y accueillirent des Indiens convertis, souvent métissés, appelés domiciliés. À l'exception des Hurons d'abord installés à Sillery et ensuite à Lorette (1697), ils les installeront à des endroits stratégiques sur des voies d'invasion : des Iroquois au saut Saint-Louis et au saut au Récollet, des Nipissingues et des Algonquins à la mission de l'île aux Tourtes, des Abénaquis le long des rivières Saint-François et Bécancour, dite rivière puante sur la carte de Catalogne. En 1698, ce dernier dénombre 1 540 Indiens domiciliés. Avec les années, ces villages sont à plusieurs reprises déménagés tandis que d'autres Indiens formeront peu à peu de nouveaux villages le long de la rivière des Outaouais (auj. Kanesatake) et sur la rive sud du Saint-Laurent à l'ouest de Montréal, Saint-Régis (auj. Akwesasne) et Oswegatchie. Ces Indiens demeurent de fidèles alliés des Français et servent à l'occasion d'intermédiaires auprès de leurs nations d'origine avec lesquelles les Français entretiennent des liens qui font la force de la Nouvelle-France face aux colonies anglaises.

Avec ses émissaires qui viennent des extrémités des Grands Lacs, la Grande Paix de Montréal montre bien l'importance de l'influence de la pénétration française dans le centre-ouest du continent. Autour de Détroit, entre le lac Saint-Claire et le lac Érié, se développe une petite zone seigneuriale qui reprend le modèle de celle du Saint-Laurent ; deux autres verront le jour sur le Mississippi, l'une à la hauteur de La Nouvelle-Orléans et une autre autour de Sainte-Geneviève.

En fait, le régime seigneurial comme mode de développement se retrouve partout où les Français s'installent. Associé à la féodalité, principalement en raison de ses rites et de son vocabulaire, il a souvent été jugé sévèrement. Pourtant, comme l'a noté l'historien Marcel Trudel : « Dans ce régime, le seigneur n'a rien de féodal ; nulle part, il n'est juge et partie. » Son rôle est d'assurer le peuplement. Il a la responsabilité de mettre en place une structure d'accueil pour les nouveaux venus. Pour Trudel, « c'est l'entraide érigée en système ». Si le seigneur tout comme le censitaire négligent leurs terres, ils risquent de la perdre.

Ce système de distribution des terres en cens et rentes n'avait rien pour plaire au conquérant britannique qui s'installe en 1760. James Murray, qui a aussitôt entrepris de faire l'inventaire du territoire, reçoit instruction d'opter pour une tenure en franc-alleu roturier, c'est-à-dire « free and common soccage » ou « freehold tenure » qu'on traduit habituellement comme la tenure de franc et commun soccage. En 1775, le gouverneur Carleton recevra instructions de revenir à la tenure seigneuriale qui implique des redevances, mais l'arrivée des Loyalistes, qui exigent des concessions de terres selon la tenure à laquelle ils sont habitués, provoque la réintroduction de la tenure en franc et commun soccage, laquelle sera appliquée tout autour de la zone seigneuriale. Les deux systèmes cohabiteront jusqu'au moment de l'abolition du régime seigneurial en 1854, alors que 242 seigneurs renonçaient à leurs redevances en échange de justes indemnisations. Le régime seigneurial qui avait assuré l'intégrité et la cohésion de la population canadienne-française avait fait son temps, il était devenu synonyme d'économie en vase clos et considéré comme un obstacle au progrès. 🐚

Sources principales présentées par ordre alphabétique

BOUDREAU, Claude, *La cartographie au Québec, 1760-1840*, Sainte-Foy, Presses de l'Université Laval, 1994. — CHARTRAND, René, *French Fortresses in North America 1535-1763 : Québec, Montréal, Louisbourg and New Orleans*, Oxford, Osprey Publishing, 2005. — HAVARD, Gilles, *La Grande Paix de Montréal de 1701, les voies de la diplomatie franco-amérindienne*, Montréal, Recherches amérindiennes au Québec, 1992. — HAVARD, Gilles, *Montréal, 1701 : planter l'arbre de Paix*, Montréal, Recherches amérindiennes au Québec/Musée McCord d'histoire canadienne, 2001. — SHORT, Adam et Arthur George DOUGHTY (éd.), *Documents concernant l'histoire constitutionnelle du Canada, 1759-1791, choisis et publiés avec des notes*, Ottawa, 1911. — TRUDEL, Marcel, *Initiation à la Nouvelle-France ; histoire et institutions*, Montréal, Holt, Rinehart et Winston, 1968.

Carte pour servir à l'éclaircissement du papier terrier de la Nouvelle-France, par Jean-Baptiste Franquelin, 1678 (détail)
Entre 1676 et 1678, l'intendant Duchesneau fait dresser un papier terrier exigeant des seigneurs qu'ils présentent une description détaillée de leur seigneurie, des censives et des redevances seigneuriales exigées. Il en résulte un portrait qui fournit aux autorités coloniales l'état de développement de la colonie. Pour faciliter la lecture de ce papier terrier, il commande au dessinateur Franquelin une carte localisant les terres des seigneurs du Canada. Si, dans l'ensemble, le tracé est plutôt schématique, il permet quand même de situer les seigneurs à qui le roi avait confié une partie de son territoire, dont les Roctaillade, Godefroy, Prade, Hertel, Marsolet, Lotbinière, Bissot, Beaumont, La Durantaye, Berthier, etc. Ces renseignements cartographiques sont agrémentés d'illustrations montrant des animaux de la forêt canadienne et des Indiens portageant des canots d'écorce.

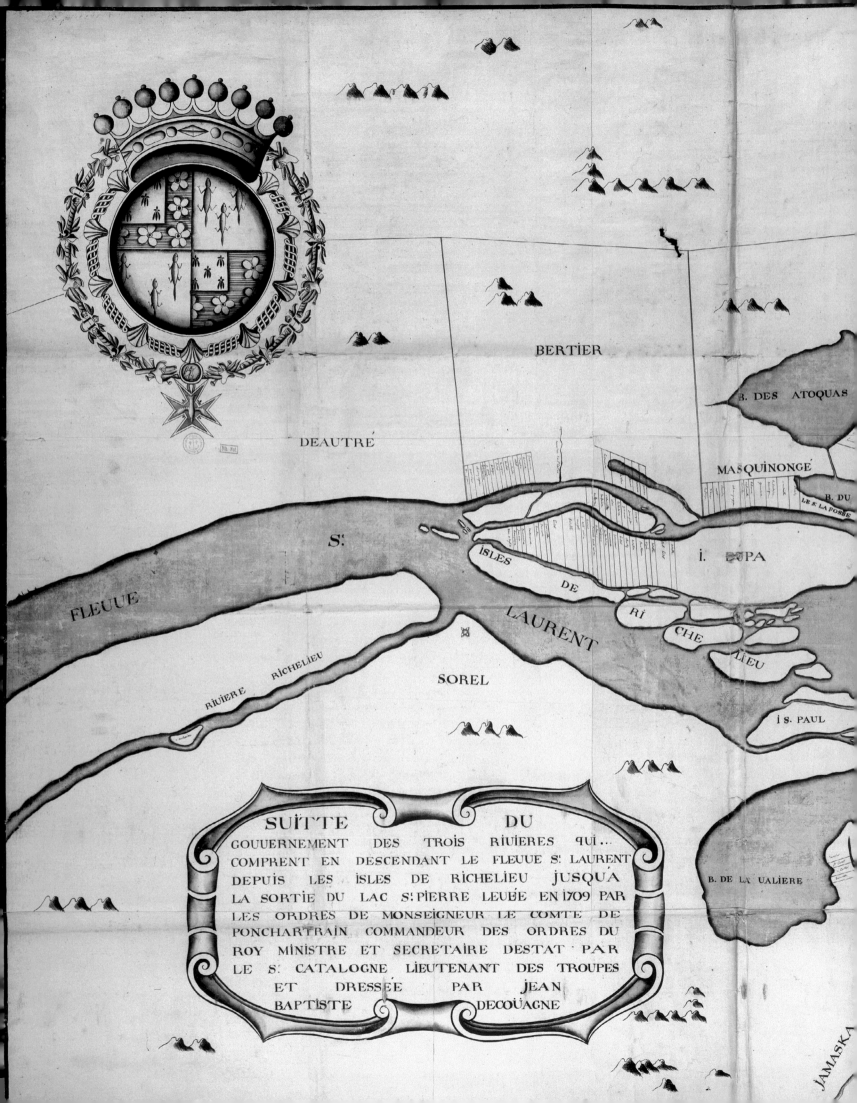

BERTIER

DEAUTRÉ

B. DES ATOQUAS

MASQUINONGE

B. DU
LE S. LA FOSSE

Sᵗ

FLEUUE

ISLES

DE

i. ⊓UPA

RI

CHE

LAURENT

LIEU

RIUIERE RICHELIEU

SOREL

i S. PAUL

SUITTE   DU
GOUUERNEMENT DES TROIS RIUIERES QUI...
COMPRENT EN DESCENDANT LE FLEUUE Sᵗ LAURENT
DEPUIS LES ISLES DE RICHELIEU JUSQU'A
LA SORTIE DU LAC Sᵗ PIERRE LEUÉE EN 1709 PAR
LES ORDRES DE MONSEIGNEUR LE COMTE DE
PONCHARTRAIN COMMANDEUR DES ORDRES DU
ROY MINISTRE ET SECRETAIRE DESTAT PAR
LE Sᵗ CATALOGNE LIEUTENANT DES TROUPES
ET   DRESSÉE   PAR   JEAN
BAPTISTE   DECOÜAGNE

B. DE LA UALIERE

JAMASKA

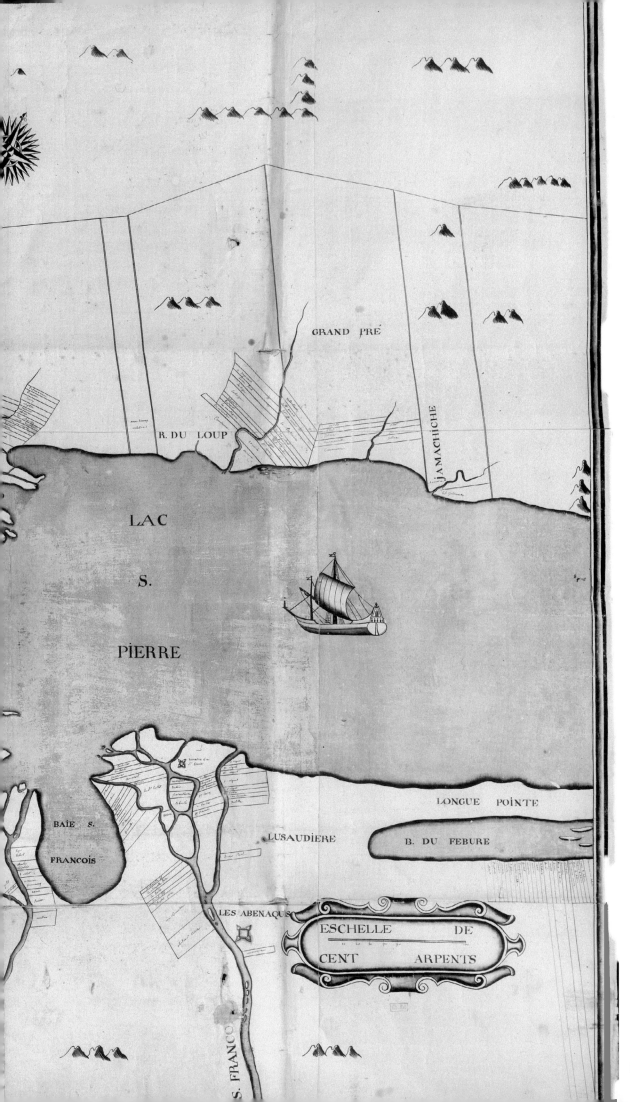

GRAND PRE

R. DU LOUP

JAMACHICHE

LAC

S.

PIERRE

BAIE S.

FRANCOIS

LES ABENAQUS

LUSAUDIERE

LONGUE POINTE

B. DU FEBURE

ESCHELLE DE CENT ARPENTS

S. FRANCO

Suitte du Gouvernement des Trois Rivières, par Gédéon de Catalogne et Jean-Baptiste de Couagne, 1709

Ce feuillet fait partie d'un ensemble de cartes de la vallée du Saint-Laurent réalisées en 1709 par Jean-Baptiste de Couagne d'après des relevés effectués par le militaire Gédéon de Catalogne. Très appréciées des historiens et des généalogistes, ces cartes illustrent le découpage du territoire en seigneuries, et surtout en unités encore plus petites : les concessions de l'habitant. La carte mentionne, ce qui est exceptionnel, le nom de tous les censitaires connus. La région représentée ici est la partie ouest du lac Saint-Pierre, comprenant, à l'embouchure de la rivière Richelieu, les îles de Sorel en partie défrichées. On y voit aussi un lac des Atocas aujourd'hui disparu, terme emprunté à la langue huronne pour désigner un petit fruit rouge également appelé canneberge. La complexité géographique des lieux cartographiés montre que le découpage des terres s'adaptait très bien à la disposition des cours d'eau, prenant ainsi des formes rectangulaires régulières, mais des orientations variées. Si les cartes des gouvernements de Québec et Trois-Rivières sont maintenant conservées à la Bibliothèque nationale de France, celles du gouvernement de Montréal n'ont malheureusement jamais été retrouvées.

Les géographes de cabinet

Les plus célèbres cartes de Nouvelle-France sont, selon l'expression consacrée, l'œuvre de «géographes de cabinet». Contrairement aux navigateurs, aux missionnaires, aux ingénieurs et aux hydrographes, ces cartographes n'effectuent pas d'observations et de mesures de terrain. Ils dressent leurs cartes sans avoir à connaître les risques et périls des voyages d'exploration puisqu'ils bénéficient de données recueillies par d'autres, qu'ils compilent dans leur atelier de travail.

Au XVIᵉ siècle déjà, des cartographes européens ont tracé les contours de la Nouvelle-France, à partir de récits de voyages. Les relations de Verrazzano et Cartier ont inspiré les cartographes italiens qui popularisèrent le nom Nouvelle-France sous diverses formes (*Nova Francia, Nova Franza, Nova Gallia*). À la fin du siècle, le milieu de la cartographie était dominé par les cartographes d'Anvers et d'Amsterdam, qui produisaient notamment d'immenses cartes murales et de magnifiques atlas. Le premier Français à véritablement concurrencer cette production hollandaise est Nicolas Sanson qui s'imposa avec la création de cartes thématiques (cartes des postes, cartes des rivières, cartes historiques) puis avec l'édition d'atlas pour chacun des quatre continents connus. Pour dresser ses deux cartes du Canada (1650 et 1656), Sanson puise essentiellement dans les relations des jésuites (voir carte p. 92-93). Dès lors, l'avantage des cartographes français devient manifeste. Grâce à la multiplication des voyages d'exploration vers l'intérieur des terres, ils ont accès à un grand nombre de sources originales. Un cartographe talentueux, Jean-Baptiste Franquelin, sollicite les coureurs des bois revenant à Québec et produit ainsi plusieurs cartes du continent nord-américain destinées à la Cour de France. L'expansion du réseau commercial de traite des fourrures explique en grande partie toute la richesse des cartes françaises, de Nicolas Sanson à Jacques-Nicolas Bellin, en passant par Vincenzo Coronelli (Vénitien qui publie à Paris), Alexis-Hubert Jaillot, Guillaume Delisle et plusieurs autres.

Ces géographes privilégiés sont pour la plupart situés à Paris. Cet emplacement, au cœur de la capitale politique, économique, culturelle et scientifique du royaume, leur confère plusieurs avantages. Près du pouvoir politique, ils peuvent obtenir le patronage du roi et des princes. Cette protection leur accorde un prestige indéniable, qui leur permet d'avoir accès à de nouvelles sources cartographiques. Aussi, la proximité d'une clientèle aristocrate et bourgeoise facilite la vente des cartes qu'ils mettent sur le marché. Par ailleurs, un bon nombre de géographes de cabinet éditent leurs propres cartes, ce qui les incite à résider à Paris, proches non seulement de leur clientèle, mais aussi des collaborateurs graveurs et imprimeurs. Grâce aux relations qu'ils entretiennent avec les savants de l'Académie des sciences, les cartographes ont accès aux coordonnées géographiques calculées à partir des observations astronomiques les plus à jour.

Les géographes de cabinet français n'ont pas tous suivi la même formation académique. Certains, comme Nicolas Sanson, apprennent la cartographie en tant qu'ingénieur militaire. D'autres, à l'instar de Nicolas de Fer, se lancent dans cette discipline en héritant d'un fonds de commerce d'éditeur. Quelques-uns, Jaillot entre autres, sont issus de

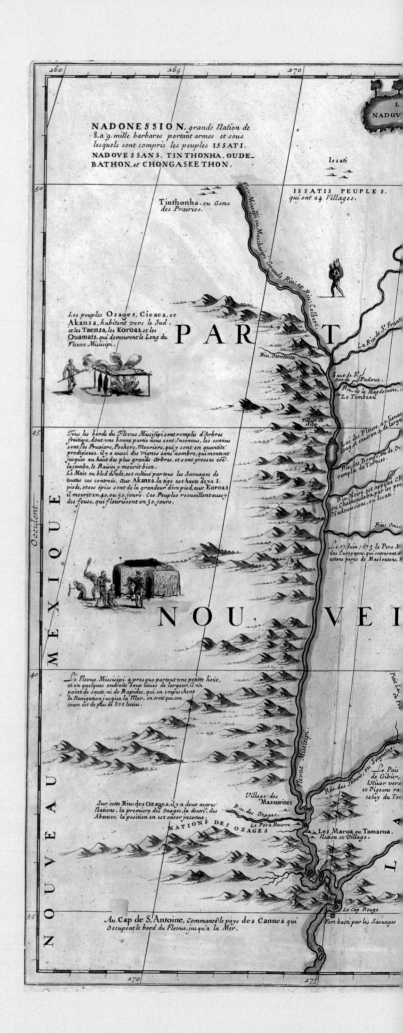

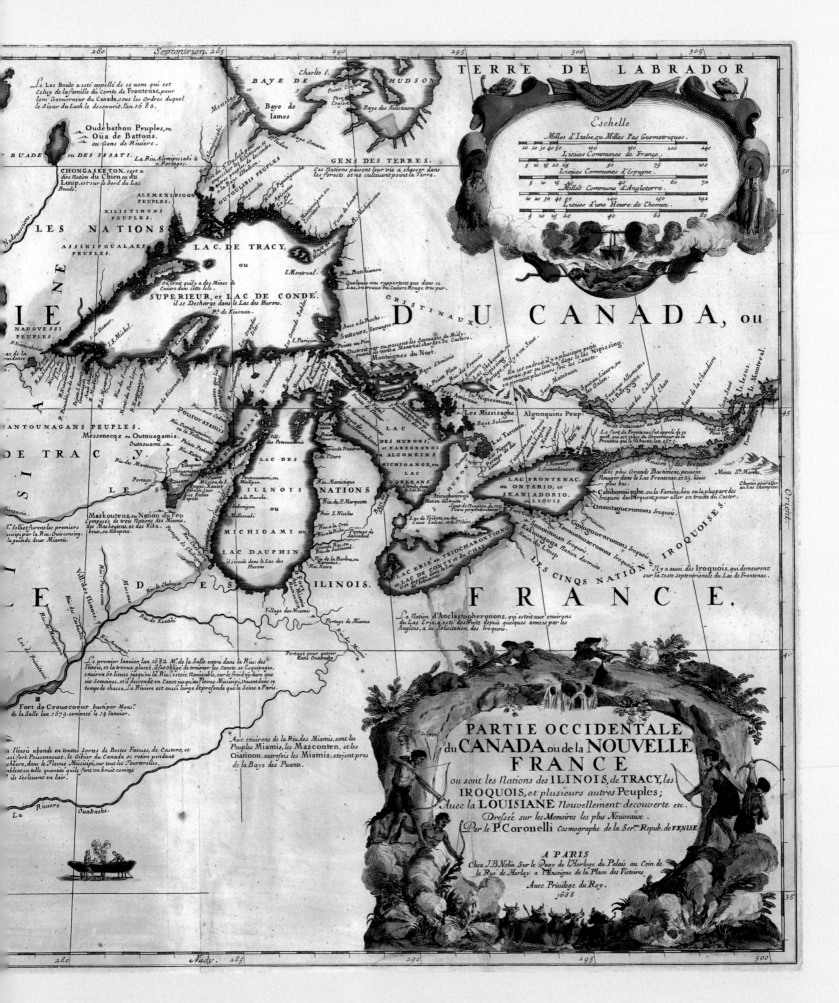

domaines artistiques tels que la gravure. Guillaume Delisle, quant à lui, est initié à la géographie et à l'histoire par son père Claude, professeur à la Cour de France. Formé aussi par Jean-Dominique Cassini, directeur de l'Observatoire de Paris, il acquiert ainsi des notions d'astronomie, ce qui lui permet d'aborder la cartographie avec un œil nouveau.

Bien que le cartographe de cabinet ne voyage pas, son travail n'est pas de tout repos. Bellin souligne d'ailleurs que «son étude est longue, ingrate et dure» et qu'il «faut passer des temps considérables à se préparer et à rassembler les connaissances nécessaires et souvent avec le travail le plus assidu, à peine peut-on se flatter de pouvoir vaincre les difficultés qui se présentent». Le métier de géographe demande en effet des connaissances dans des domaines tels que la géométrie, l'astronomie ou la navigation. Afin de produire une cartographie exacte et précise, le cartographe de cabinet devient donc un compilateur acharné. Il rassemble et lit avec soin les journaux de navigation et relations de voyages propres à une région. De préférence, il maîtrise plusieurs langues pour avoir accès à un bassin élargi de sources. Il retranscrit les travaux de ses prédécesseurs, concurrents ou collaborateurs afin de mieux les étudier. Il tire aussi parti des coordonnées calculées à partir d'observations établies par l'Académie des sciences. Puis il compare toutes ces sources entre elles, dessine des croquis, traque les erreurs et les incohérences. Un bon géographe de cabinet possède donc plusieurs qualités: de la mémoire, de la patience, de la méthode, un souci d'ordre, un bon jugement critique, qui permette de distinguer le bon grain de l'ivraie.

Un cartographe sans scrupules pouvait, bien sûr, dresser des cartes plus rapidement, en recopiant tout simplement le travail des autres. Mais, comme en témoigne une célèbre querelle survenue au début du XVIIIe siècle, ces agissements étaient risqués. Dans une série de lettres ouvertes publiées dans le *Journal de Trévoux* en 1700, Claude et Guillaume Delisle accusent Jean-Baptiste Nolin de plagiat. Démontrant l'originalité de son œuvre par rapport à celle de son concurrent, le clan Delisle expose ses sources, notamment celles qui lui ont servi à localiser l'embouchure du Mississippi (plus à l'est) et à dessiner la Californie comme une péninsule (et non comme une île). Appuyés par le milieu scientifique, les Delisle remportent le procès qu'ils intentent à Nolin. En plus d'ouvrir une fenêtre sur le métier de cartographe, cette affaire est un signe que la profession évolue, qu'elle devient de plus en plus rigoureuse. Bellin est d'ailleurs un de ceux qui encouragent cette évolution en publiant les sources qui ont servi à l'élaboration de ses cartes. La cartographie entrait de plain-pied dans le siècle des Lumières.

Partie occidentale du Canada, par Vincenzo Coronelli, 1688 (page précédente) et détail d'un globe terrestre de Coronelli présenté à Louis XIV en 1683 (ci-dessous)
La densité toponymique de cette *Partie occidentale du Canada* (page précédente) est exceptionnelle, tout comme la nouveauté des noms affichés. L'auteur situe autour des Grands Lacs et du fleuve Mississippi une multitude de nations indiennes alliées des Français, entre autres les Cris, Ojibwés et Sioux au nord-ouest, les Poutouatamis, Kikapous, Maskoutens, Outagamis dans la baie des Puants, les Miamis sur la rivière Ohio, les Algonquins sur la rivière des Outaouais, les Illinois sur la rivière du même nom. Elle fait voir aussi, pour la première fois sur une carte imprimée, les mentions portage de Checagou et lac de Taronto à l'origine des deux grandes cités nord-américaines. Par ailleurs, le cartographe n'est pas avare de commentaires sur les régions décrites. Diverses inscriptions viennent enrichir le dessin. Entre autres, on apprend qu'au lac Supérieur «on trouve du cuivre rouge tres pur» et que la rivière des Illinois est «aussi large et profonde que la Seine». De jolies illustrations viennent embellir la carte : scènes de chasse, de récoltes agricoles et de cuisson. Comment un moine franciscain de Venise, Vincenzo Coronelli, a-t-il pu dresser un portrait aussi fidèle de la région ? Comment a-t-il pu inscrire tant de noms exotiques avec autant de précision ? En 1680, le cartographe ecclésiastique est sollicité par l'ambassadeur de France à Rome, le cardinal d'Estrées, pour offrir au roi Louis XIV deux gigantesques globes célébrant la gloire du roi, représentant la Terre et la voûte céleste (ci-dessous). Cette commande lui ouvre les portes des archives du royaume de France. Coronelli obtient alors accès à une documentation très riche sur l'exploration du Nouveau Monde, notamment aux cartes manuscrites envoyées à la Cour de France, ainsi qu'aux récits de voyages les plus récents, notamment ceux de Greysolon Dulhut, Cavelier de La Salle, Louis Jolliet et Jacques Marquette. Il peut de la sorte dessiner avec justesse un hinterland plein de promesses pour des Français en quête de fourrures et autres richesses vitales pour la colonie.

Amérique septentrionale, par John Mitchell, traduit de l'anglais par Georges-Louis Le Rouge, Paris, 1756

Les géographes français n'étaient pas les seuls à décrire le continent nord-américain, loin de là. Au XVIIIᵉ siècle, les géographes anglais concurrencent avec brio la production hollandaise et française. Des cartographes tels que Henry Popple (voir p. 214-215), John Mitchell puis plus tard Aaron Arrowsmith (voir p. 249) produisent des œuvres remarquables pour la qualité de leur tracé. Hommes privilégiés, Popple et Mitchell ont chacun accès aux archives, journaux et cartes du Board of Trade and Plantations à Londres, l'institution gouvernementale qui gère les colonies américaines. Encouragés par les autorités, ils obtiennent des relevés cartographiques récents de la part des gouverneurs coloniaux. Arrowsmith, quant à lui, bénéficie d'un accès aux archives de la Hudson's Bay Company, qui, grâce à ses explorateurs, recueille un grand nombre de renseignements sur l'Ouest américain. Cette carte de John Mitchell est considérée par les historiens américains comme la plus importante de leur histoire coloniale. Étonnamment, son auteur n'est pas un cartographe expérimenté, mais un médecin de Virginie qui s'intéresse à la cartographie en dilettante. À l'époque, Mitchell considère en grande partie illégitime la présence des Français sur le continent. Présents sur le Saint-Laurent, dans les Grands Lacs, sur l'Ohio et le Mississippi, ceux-ci encerclent les colonies anglaises. Ce faisant, ils empiètent largement sur des territoires qui, prétend-il, reviennent de droit aux colonies anglaises. Grâce à la cartographie, Mitchell démontre à ses compatriotes le bien-fondé de ses craintes et de ses récriminations. Se basant sur les chartes royales, il revendique pour les colonies anglaises un très vaste territoire s'étendant au-delà des Appalaches, jusqu'au Saint-Laurent au nord, par-delà les Grands Lacs au nord-ouest et jusqu'à la Nouvelle-Espagne à l'ouest, niant ainsi tout droit d'existence à la Louisiane. D'une grande utilité, la carte de Mitchell est traduite en français un an après sa première parution, et est par la suite maintes fois rééditée. Les négociateurs du traité de Paris mettant fin à la guerre de l'Indépendance américaine (1783) utilisent une de ces éditions pour tracer les frontières entre les États-Unis et l'Amérique du Nord britannique (voir carte p. 248).

Au XVIIIᵉ siècle, les meilleurs géographes établissent un réseau de correspondants dans les colonies, qui les tiennent au fait des dernières découvertes. Bellin, en tant qu'hydrographe du Dépôt de la Marine, communique avec les capitaines des vaisseaux du roi pour obtenir de nouveaux renseignements sur le golfe et le fleuve Saint-Laurent. Les Delisle père et fils obtiennent de Pierre Le Moyne d'Iberville les renseignements leur permettant de situer l'embouchure du Mississippi. Quelques années plus tard, Guillaume Delisle est en correspondance avec le missionnaire François Le Maire qui lui envoie une carte de la Louisiane permettant de dresser sa propre carte corrigée. Les archives des Delisle témoignent d'ailleurs du traitement méticuleux que les cartographes portent aux sources à leur disposition. Comme le rappelle Nelson-Martin Dawson dans *L'Atelier Delisle*, les relations de voyages sont passées au peigne fin, de Cartier à Champlain en passant par celles des Jésuites. Les Delisle extraient puis annotent les passages pertinents à la géographie. À voir la quantité de manuscrits laissés derrière eux, il est justifié de les considérer comme de véritables professionnels de la cartographie.

Certes, malgré cette rigueur toute scientifique, les cartes ne sont pas exemptes de bévues. Bellin, par exemple, dessine d'immenses îles au milieu du lac Supérieur dont l'origine est attribuable à Chaussegros de Léry. Sous l'influence de Jean-Baptiste Franquelin, Delisle inscrit dans le nord-ouest du Québec actuel un lac fictif nommé Kaouinagamic. Ce même géographe, considéré comme le précurseur de la cartographie française scientifique, dessine un lac de 300 lieues de tour, à l'origine de la fameuse «mer de l'Ouest» qui occupera en vain les navigateurs tout au long du XVIIIᵉ siècle. Pour la plupart, ces erreurs étaient situées à la périphérie de la carte, en des zones récemment visitées, mais pour lesquelles les cartographes manquaient de sources pour contrevérifier les renseignements. Ce genre d'erreur était tout à fait normal dans un contexte de rareté des sources et ne remet certainement pas en question le travail colossal accompli en France par les cartographes de cabinet.

III

CONQUÉRIR L'AMÉRIQUE

XVIIIᵉ SIÈCLE

CARTE TRES CURIEUSE DE LA MER DU SUD, CONTENANT DES REMARQUES NOUVE

Mais auſsy ſur les principaux Pays de l'Amerique tant Septentrionale que Meridionale, Avec les Noms & la Ro

L'Amérique

THÉÂTRE DE RIVALITÉS COLONIALES

L'EXPLORATION ET LE DÉVELOPPEMENT des comptoirs de commerce en Amérique du Nord portaient en eux les gènes des conflits armés qui devaient secouer le continent au cours des XVIIe et XVIIIe siècles. Toutes les puissances européennes tournées vers l'Atlantique se sont précipitées vers ce territoire, qui leur était jusque-là inconnu, au fur et à mesure que la rumeur en eut révélé l'existence. Les espaces respectifs sont rapidement déterminés. Les ressortissants de la péninsule ibérique trouvent, en Amérique du Sud, les métaux précieux convoités. Après quelques expéditions infructueuses plus au nord, ils décident consciemment de délaisser les régions nordiques et de se concentrer sur les parties méridionales du continent.

Pendant plus de deux siècles, Français et Anglais précisent leur connaissance de l'intérieur du continent, se disputant peu à peu chaque bande de territoire. Pour tous, l'objectif ultime est l'accès à la côte du Pacifique où ils situent la « mer de l'Ouest », qui semble inexplicablement s'éloigner sans cesse devant les explorateurs. De plus, tout en progressant, les colonisateurs doivent préserver la sécurité de leurs acquis territoriaux, toujours fragiles et plus ou moins dispersés.

La Nouvelle-France, d'abord implantée sur les rives du golfe et du fleuve Saint-Laurent, au plus près de l'Europe, est une proie particulièrement accessible et convoitée. L'Acadie est ainsi le premier point de friction entre les deux grandes puissances que sont la France et l'Angleterre. Les Abénaquis, malmenés sur le territoire où se fixent les colons de la Nouvelle-Angleterre, s'attachent plutôt aux Français qu'ils appuient sans réserve contre les Anglais. Après la première attaque, en 1613, par Sir Samuel Argall de la Compagnie de Virginie, l'Acadie est plusieurs fois prise par les Anglais puis rétrocédée à la France au gré des chartes royales ou des traités mettant fin aux conflits, jusqu'à ce que les Acadiens insoumis au gouvernement colonial anglais soient déportés et dispersés à partir de 1755.

L'île de Terre-Neuve est aussi le lieu de fréquents accrochages entre pêcheurs français et anglais. Tous veulent accéder aux meilleures grèves pour le séchage du poisson et pour l'accès aux bancs. Le peuplement de St. John's, dans la partie orientale de l'île, incite les Français à établir un poste fortifié au sud, à Plaisance en 1660.

Plus au nord, à la baie d'Hudson, d'où les commerçants tirent les meilleures fourrures, les Anglais ont établi plusieurs postes fortifiés. De là, ils persévèrent dans la recherche d'un « passage du Nord-Ouest » qui devrait les conduire à la « mer de l'Ouest ».

Les établissements de la vallée du Saint-Laurent, pourtant moins exposés, sont néanmoins agressés, soit par les Iroquois, soit par des attaques partant de la Nouvelle-Angleterre. Il s'agit, pour les commerçants anglais, de contrôler le commerce des fourrures provenant des Grands Lacs, de le diriger vers Albany et New York et d'entraver les convois vers Montréal et Québec.

Les conditions sont bientôt réunies pour qu'éclatent les conflits. Le déclenchement, en Europe, de la guerre de la ligue d'Augsbourg (1688-1697) fournit l'occasion d'un affrontement franco-anglais en Amérique. Obligée de se battre sur tous les fronts à la fois, la colonie française arrive tout de même à conserver l'intégrité de son territoire grâce au traité de Ryswick qui confirme les victoires françaises. Cette première guerre intercoloniale met en évidence la difficulté, pour les Canadiens, de défendre un territoire aussi étendu. D'autant que les explorations menées vers le sud conduisent jusqu'au bassin hydrographique du Mississippi, offrant de nouvelles possibilités d'approvisionnement en pelleteries et de débouchés par le golfe du Mexique.

Au cours du XVIIIe siècle, de nouvelles guerres franco-anglaises donnent lieu à des conflits entre la Nouvelle-

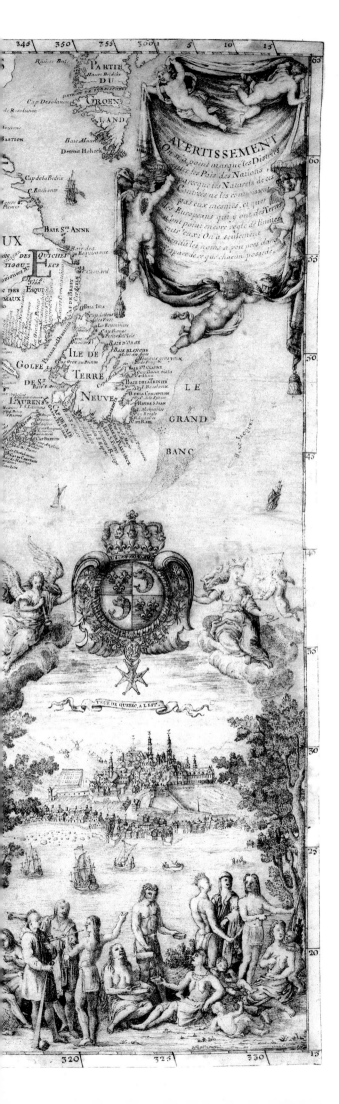

France et les colonies anglaises, chaque fois selon le même scénario : des points de friction, foyers de guerre larvée, justifient de violents affrontements en Amérique, autorisés par la guerre déclenchée en Europe, entre les métropoles coloniales. De guerre en guerre, la France perd chaque fois quelques-uns de ses territoires. Le traité d'Utrecht, en 1713, mettant fin à la guerre de Succession d'Espagne, lui retire Terre-Neuve, l'Acadie et la plus grande partie du bassin hydrographique de la baie d'Hudson. Pour protéger l'espace, tout de même considérable, qu'il lui reste, la France décide de fortifier l'île du Cap-Breton en y construisant Louisbourg. La ville-forteresse, « clé du Saint-Laurent », devient alors une plaque tournante du commerce avec les Antilles.

Pour pallier la perte des réserves de fourrures de la baie d'Hudson, l'administration coloniale lance un vaste programme d'expansion. Prenant appui sur Détroit fondé en 1701, elle établit plusieurs nouveaux postes de traite aux Grands Lacs, ouvre des établissements en Louisiane à partir de 1717 et entreprend d'ériger une chaîne de forts dans la vallée de l'Ohio. Plus encore, le Canada s'engage dans une entreprise exploratoire d'une envergure sans précédent. Une première enquête, sur le terrain, par le jésuite Pierre-François-Xavier de Charlevoix, incite fortement le gouverneur Charles de Beauharnois de La Boische à reprendre la recherche de la « mer de l'Ouest ». Cette demande, appuyée par les milieux scientifiques gravitant autour du ministre de la Marine, obtient son accord pour une grande expédition, en 1731.

Pierre Gaultier de Varennes et de La Vérendrye, officier de marine et commerçant de fourrures, est mandaté pour diriger la découverte de la « mer de l'Ouest ». C'est le début d'une aventure de plus de deux décennies, qui le conduira, avec ses fils, au sud et à l'ouest des Grands Lacs. Les explorateurs recueillent les informations géographiques indispensables auprès des nations amérindiennes qui procurent, de plus, tout le soutien logistique aux déplacements et à la subsistance. La « mer de l'Ouest » n'est pas trouvée, et pour cause, mais cette vague d'explorations rapporte des données géographiques et ethnologiques d'une grande richesse sur les plaines centrales et le réseau hydrographique de la baie d'Hudson. Des postes fortifiés y sont érigés, attirant alors une partie des pelleteries autrement destinées à la Compagnie de la Baie d'Hudson.

Mais une autre guerre, celle de la Succession d'Autriche, ramène la colonie à des préoccupations militaires, à l'extrémité opposée de son territoire. La chute de Louisbourg en 1745, bien que cette dernière soit rétrocédée par le traité d'Aix-la-Chapelle en 1748, affaiblit la colonie qui n'aura pas le temps de recouvrer ses forces avant le déclenchement de la guerre de Sept Ans. En priorité, pour endiguer l'avancée des colonies anglaises vers l'ouest, le Canada choisit de consolider ses positions chez les Illinois de la région de l'Ohio ; les faits

Carte de la Nouvelle-France, attribuée à Jean-Baptiste Franquelin, vers 1708
Pendant une trentaine d'années, le cartographe Franquelin s'est évertué à collecter et à mettre en ordre les données géographiques sur l'Amérique du Nord. Cette carte, réalisée durant la guerre de Succession d'Espagne, est l'aboutissement de son travail. Les armes se trouvant au-dessus de la vue de Québec sont celles du fils de Louis XIV, le dauphin Louis de France. La vue d'un immense empire que la France s'est taillé en Amérique devait certainement plaire à l'héritier du trône. La profusion des toponymes offre, en quelque sorte, une preuve documentaire de la connaissance et de la possession du territoire par les Français. Elle démontre surtout que l'empire colonial s'est construit grâce aux alliances franco-indiennes. En effet, la plupart des noms sont d'origine indienne, et ce, malgré la suggestion de Franquelin de les franciser. En bas à gauche, on remarque un Indien tenant un compas et un jalon, sur lequel figure l'échelle de la carte, allégorie de la contribution des autochtones à la description scientifique du continent.

lui donneront raison puisque c'est là que les Français connaîtront leurs plus belles victoires.

Le conflit qui a éclaté en Amérique en 1754, et en Europe en 1756, oppose deux empires coloniaux en lutte pour la suprématie commerciale dans le monde. En Amérique du Nord, la disproportion est évidente : 1 500 000 habitants dans les colonies anglaises face à 85 000 en Nouvelle-France. De plus, la Marine anglaise est devenue la plus puissante d'Europe. Les forces militaires en cause sont inégales. Malgré les précieux alliés indiens, l'Amérique française est un territoire trop vaste à défendre. Après la belle et dernière victoire de Carillon, en 1758, Louisbourg est la première place forte à tomber. Toutes les autres la suivent, dont Québec la capitale de la Nouvelle-France, en 1759, jusqu'à la capitulation de Montréal, en 1760. La guerre de Sept Ans, point culminant des tensions franco-anglaises en Amérique du Nord, aboutit à une suprématie quasi totale de l'Angleterre, sauf sur quelques vestiges des empires coloniaux de la France, de l'Espagne et des Pays-Bas.

Dans une autre région de l'Amérique, la côte du Pacifique, s'engage une lutte d'envergure mondiale, sur l'emplacement de cette « mer de l'Ouest » tant espérée. Depuis le traité de Tordesillas (1494), l'Espagne s'était approprié l'océan Pacifique. Bien installé au Mexique, les Espagnols n'avaient pas à défendre leur territoire qui n'était ni menacé ni occupé par d'autres puissances jusqu'aux années 1730, alors qu'ils apprennent la présence des Russes y pratiquant le commerce des loutres marines avec la Chine. Du Mexique, plusieurs expéditions espagnoles font en sorte d'occuper le territoire de Nootka (Vancouver). Ce qui n'empêche pas, parallèlement, que la circumnavigation de Bougainville (1766-1769) et

l'expédition de La Pérouse les conduisent sur les côtes américaines du Pacifique (1785-1788).

Plus menaçants sont les explorateurs anglais, James Cook (1776-1779) et George Vancouver (1792-1795), qui possèdent des moyens inédits d'investigation scientifique. Entre 1785 et 1787, dix-sept navires étrangers, dont quatorze de Grande-Bretagne, jettent l'ancre à Nootka, sans compter les Russes qui s'y trouvent presque à demeure. En guise de réplique, entre 1788 et 1793, l'Espagne envoie huit expéditions destinées à occuper le territoire et à imposer son autorité. Elle veut préserver ses privilèges dans l'espace qu'elle considère encore comme le « lac espagnol ». Le chargé de mission, Esteban José Martinez, en 1788, érige un poste à Nootka. Le 2 juillet 1790, un navire anglais, venant de Macao, commandé par James Colnett, annonce à Martinez avoir reçu des ordres de l'Angleterre pour jeter les bases d'un établissement permanent. Martinez fait capturer le navire anglais et arrêter le commandant. Ces événements, diffusés en Angleterre, entraînent la mobilisation des forces militaires anglaises et, bientôt, une puissante escadre est prête à partir en guerre contre l'Espagne. Celle-ci demande l'aide de la France, au nom du « pacte de famille » (1762). Le 26 août 1790, à l'Assemblée nationale, le député Honoré Gabriel Riqueti, comte de Mirabeau, tout en dénonçant ce pacte entre la France et l'Espagne, comme antidémocratique et obsolète, condamne l'armement des vaisseaux anglais et convainc l'Assemblée de ne pas cautionner de nouvelles conquêtes coloniales ou l'emploi de la force pour dominer des peuples libres, donc ne pas soutenir l'Espagne contre l'Angleterre. En conséquence, sans le secours de la Marine française, l'Armada n'est pas de taille à affronter la puissante Royal Navy. L'Espagne renonce alors à l'attaque de l'Angleterre et se retire de Nootka. C'est ainsi qu'à des milliers de kilomètres du lieu revendiqué par l'Espagne une intervention du député français Mirabeau à l'Assemblée nationale constituante fait dire à certains historiens que « Mirabeau donne la Colombie espagnole à l'Angleterre ». La mondialisation est en bonne voie.

La convention, dite de Nootka, en privilégiant la position anglaise, ouvre désormais tout l'espace de l'Ouest canadien au développement impérial britannique. On peut ainsi dire que le Canada « d'un océan à l'autre », *From sea to sea*, est né de la prise de position du député Mirabeau. La supériorité maritime de l'Angleterre et l'abandon par l'Espagne de ses revendications multiséculaires sur le Pacifique ont fait le reste. ⚓

Sources principales par ordre d'importance

LITALIEN, Raymonde, « L'expansion du territoire de commerce et des conflits armés en Amérique du Nord sous l'Ancien Régime », dans *Rochefort et la mer. Guerre et commerce maritime au XVIIIe siècle*, Jonzac, s.é., 1994, vol. IX, p. 45-58. — BOISSONNAULT, Charles-Marie, « Mirabeau donne la Colombie espagnole à l'Angleterre », *Mémoires de la Société royale du Canada*, 4e série, 10, section 2, 1972, p. 110-111.

Relations franco-indiennes

ALLIANCES ET RIVALITÉS

MAINTES FOIS, les comportements coloniaux des Européens furent comparés les uns par rapport aux autres. L'historien américain Francis Parkman aurait résumé ainsi l'action des trois principales puissances en cause : les Espagnols ont anéanti les Indiens, les Anglais les ont massacrés tandis que les Français ont pratiqué avec eux la cohabitation. Quels furent les mots exacts de Parkman ? Dans l'ordre, il aurait écrit : *crushed, scorned and neglected, embraced and cherished.*

Odieux, les Espagnols ont été dénoncés par les leurs, Las Casas en tête. Ne se sont-ils pas approprié les terres et leurs habitants du même coup ? Les Anglais, pour leur part, sont arrivés dans des régions moins peuplées, mais ils étaient nombreux et ils voulaient toute la terre. Utiles au début, les Indiens apparurent rapidement comme nuisibles. Ils furent repoussés, combattus, chassés ou déportés à l'ouest du Mississippi. Les récalcitrants furent massacrés.

Les Français vinrent en petit nombre, pour l'aventure et la fourrure. L'Indien se présenta comme un partenaire commercial ; l'Indienne, comme une compagne essentielle pour celui qui allait à la traite. Les postes et les forts furent ouverts après entente avec les habitants du lieu. Il n'y eut jamais de traités territoriaux, c'est-à-dire de dépossession territoriale. La cohabitation déboucha sur un important métissage à l'ouest de Montréal.

La Nouvelle-France a duré ce qu'ont duré les alliances franco-indiennes. Dans les textes d'époque se retrouvent les expressions « vivre ensemble », « inséparables compagnons », « liaison étroite ». Champlain allait aussi loin que d'entrevoir un même peuple. Les Indiens convertis devenaient sujets du roi. Les Anglo-Américains mettent du temps à comprendre ce qui se passe dans cette Amérique française qui les cerne de toutes parts. Tout au plus considèrent-ils Français et Indiens comme un ennemi commun. Les guerres successives qui les opposent aux Français sont autant de « French and Indian Wars ».

Le vent tourne quand certains Anglo-Américains commencent à pratiquer l'intermariage. Molly Brant, d'origine agnière, ouvrira les yeux de son mari, le puissant William Johnson, devenu surintendant des Affaires des Indiens du Nord. L'action intelligente du premier ministre britannique, William Pitt, lui permettra de neutraliser les uns après les autres les Indiens alliés des Français. Son blocus atlantique empêchait l'arrivée de renforts et surtout de présents si essentiels à la bonne santé des alliances. Johnson travaillait avec réalisme. Il ne cherchait pas à renverser les alliances. Il se contentait d'obtenir la neutralité en échange de laquelle il promettait aux Indiens « toute la protection qu'ils peuvent souhaiter » et, comme le demandaient les Indiens réunis à Caughnawaga en septembre 1760, « la tranquille possession du coin de terre où nous vivons et si nous devions nous en retirer, réservez-le-nous comme notre bien propre ».

Les ennemis d'Anadabijou deviennent ceux des Français

Au départ, tous les Indiens ne furent pas des alliés inconditionnels des Français. Dans l'historiographie traditionnelle, il y a une ombre au tableau, les Iroquois. En 1603, à Tadoussac, le chef Anadabijou avait préféré la guerre à la paix. En acceptant l'alliance proposée par le chef indien, les Français avaient hérité de ses ennemis les plus farouches : les Iroquois. Champlain et, à sa suite, les administrateurs français avaient eu à les combattre. Les Iroquois sont-ils l'exception ? Pas tout à fait ! Quand on examine attentivement l'histoire de la Nouvelle-France, dans sa réalité continentale, on rencontre ici et là de nombreuses guerres franco-indiennes, accidentelles et de courte durée, à l'exception de deux au moins qui

Sauvage du Canada, XVIIIᵉ siècle
Dessin de Claude-Louis Desrais, gravure de Jean-Marie Mixelle. « On ne parvient pas à civiliser des barbares pleins d'énergie, en s'emparant de leur patrie & de leur liberté », peut-on lire sous la plume du militant républicain Sylvain Maréchal. Parlant des sauvages (Illinois, Algonquins, Hurons, Iroquois, etc.), il ajoute : « on les exterminera plutôt que de les asservir ; & on ne jouira paisiblement du Canada, que quand on en aura fait un désert ». (*Costumes civils actuels de tous les peuples connus,* publié chez Pavard, 1788.)

Carte du lac Ontario, 1688. Le titre en cartouche : « Le Lac Ontario auec les lieux circonuoisins & particulierement les cinq nations Iroquoises. L'année 1688. » Au centre : LAC ONTARIO ou de SAINT LOVIS. À l'ouest : LAC ERIE ou du Chat. Rose des vents indiquant Nord, Sud, Ouest, Est, Sorouest, nord Est.

Carte du lac Ontario, 1688

Signifiant « beau lac » en langue iroquoienne, le lac Ontario apparaît d'abord sur les cartes de Champlain sous le nom de lac Saint-Louis. Plus tard, on retrouve sur les cartes de Sanson son appellation actuelle. L'interprète Étienne Brûlé est le premier Européen à explorer ces côtes. Bien que le lac Ontario prolonge la vallée du Saint-Laurent, les Français n'osent pas s'aventurer dans ces contrées iroquoises. Entre 1673 et 1676, ils construisent tout de même deux forts aux extrémités occidentale et orientale du lac : les forts Frontenac (KATARAKOUY) et Niagara. Ils espèrent ainsi surveiller les Iroquois et contrer la concurrence des Anglais. Cette carte situe les peuples ceinturant le lac vers 1688, pour la plupart iroquois. Elle signale également le long portage qu'empruntent les Iroquois pour atteindre le lac Érié et s'attaquer aux Illinois, peuple allié des Français.

ébranlèrent les autorités. L'une avec les Renards, une autre, d'une extrême violence, avec les Natchez, laquelle retient d'autant plus l'attention que ce peuple du Soleil, réputé paisible, fascinait les Français.

Sous la plume de Léo-Paul Desrosiers, l'univers iroquois est devenu l'Iroquoisie. Sa situation géographique, au sud des Grands Lacs, au cœur d'un triangle dont les pointes correspondraient aujourd'hui à New York, Detroit et Montréal, fera toute la différence. Cinq nations iroquoiennes se sont fédérées : les Agniers, les Onneiouts, les Onnontagués, les Goyogouins et les Tsonnontouans. Surgissent à peu près en même temps de nouveaux partenaires, au sud, des Hollandais et des Anglais, au nord, des Français. Les Iroquois durent élargir leur territoire pour répondre à de nouvelles possibilités commerciales, c'est-à-dire non seulement éliminer leurs rivaux traditionnels mais soumettre leurs voisins, les Hurons, les Pétuns, les Ériés. La pression est d'autant plus forte que leur nombre diminue de façon effarante. En vingt ans, de 1630 à 1650, leur population totale passe, selon l'historien Dean R. Snow, de 21 740 à 8 734. Peu importe que ces chiffres soient exacts, ils constituent un ordre de grandeur. Les Agniers, pour leur part, sont en train de disparaître. Ils ne seraient plus que 1 734 en 1650

comparativement à 7 740 en 1630. Victimes des guerres qu'ils portent dans toutes les directions, ils sont aussi touchés par les épidémies. Ils sèment la terreur, particulièrement chez les Français, mais la vivent aussi.

La destruction de la Huronie (1649) marque une étape douloureuse. La pénétration française est menacée. La Nouvelle-France est à l'agonie. En 1663, le roi prend les choses en main et substitue un gouvernement royal au régime des compagnies. Dans une lettre du 18 mars 1664, le ministre Colbert résume la volonté du souverain : « Ruiner entièrement ces barbares lesquels sont déjà fort diminués suivant les dernières relations que nous avons eues et par les pertes qu'ils ont souffert contre leurs ennemis et par une espèce de maladie contagieuse qui en a enlevé une bonne partie. » Le coup de grâce sera donné par l'envoi d'une force militaire spéciale, le régiment de Carignan-Salières, constitué de quelque 1 200 hommes.

Des expéditions s'organisent contre les villages iroquois. Prévenus et terrorisés, ceux-ci s'enfuient. À la guerre, les Indiens pratiquent la surprise ou l'esquive. Ils ne sont pas bêtes, ils sauvent leur vie et abandonnent leurs maisons et leurs récoltes à un ennemi qui découvre d'ailleurs avec étonnement la qualité de leurs installations.

Les Iroquois auraient pu se jeter dans les bras des Anglais qui ne demandaient pas mieux. Ils ne le font pas. Ils forment un peuple libre et entendent le demeurer.

Tracy et ses régiments n'ont rien réglé. Sur le plan militaire du moins, mais les vrais effets sont autres. Plutôt que de rentrer dans la métropole, bon nombre d'officiers acceptent des concessions seigneuriales. De leur côté, près de la moitié des soldats décident de rester en Nouvelle-France. Les autorités font venir des femmes, les fameuses filles du roi. Elles proviennent principalement de la région parisienne. Elles parlent un bon français ; elles l'imposeront autour d'elles. Le temps de le dire, la population de la colonie double ; de 1663 à 1695, elle se multiplie par quatre, passant de 3 000 à 12 500 environ.

Les guerres se succèdent. « Une nouvelle génération de Canadiens qui connaissent la forêt, l'eau, le combat à l'indienne » s'est formée. D'autres expéditions, La Barre (1684), Denonville (1687), marchent contre les Iroquois. Mal conduites, elles sont des échecs. Les Iroquois ripostent en 1689 par le « massacre de Lachine ». Le feu est aux poudres. Frontenac revient et remplace Denonville. Il ne trouve que désolation. Il fulmine. Frontenac sait quoi faire et comment le faire. « Il serait bon d'occuper de telle manière les Anglais chez eux » plutôt que de les laisser « venir attaquer avec les Iroquois par plusieurs endroits, comme ils se vantaient de le faire », écrit-il à son ministre. De petits raids dévastateurs sont dirigés contre des postes de la Nouvelle-Angleterre : Corlaer, Salmon Falls, Casco. La conquête de New York est envisagée. Les vrais rivaux se dressent face à face. Une guerre à finir s'engage entre la France et l'Angleterre. Pour tenir leurs positions en Amérique, les Français multiplient et renforcent leurs alliances avec les Indiens. Frontenac s'y emploie. Il jette les bases de la Grande Paix de 1701. Callière la réalisera. L'Amérique française n'a pas dit son dernier mot. Elle consolide ses positions depuis Terre-Neuve jusqu'aux Rocheuses, de la baie d'Hudson jusqu'au golfe du Mexique.

Le triste sort des Indiens de la Basse-Louisiane. Les Natchez

Au moment où les préparatifs de la paix de Montréal vont bon train, les frères Le Moyne, d'Iberville et de Bienville, entrent en contact avec les tribus du golfe du Mexique. Le scénario de Tadoussac en 1603 se répète. Les alliances se créent avec les Biloxis, les Bagayoulas, les Houmas, les Natchez, les Taensas, les Cénis, les Chactas. Les Français héritent du même coup des ennemis de ces tribus, les Creeks et les Chicachas alliés aux Anglais de la Caroline. Les Le Moyne s'emploient avec un certain succès à les pacifier quelque peu et surtout à faire cesser les raids esclavagistes des Chicachas.

L'ennemi principal des Indiens est cependant la variole. Le passage des explorateurs, des missionnaires et des marchands provoque épidémie après épidémie.

Les Quapaws et les Bagayoulas sont à peu près anéantis ; les Chactas passent de 30 000 répartis en 50 villages (1699) à 8 000 dispersés en 27 villages. Les Natchez, le peuple du Soleil immortalisé par Chateaubriand, d'une soixantaine de villages dirigés par 800 chefs ou Soleils n'en comptent plus que 6 sous l'autorité de 11 Soleils en moins d'une génération. « Les petits restes de nations » sont encouragés par les Français à se regrouper et à se rapprocher des postes français. Les raids des Chicachas et les épidémies entretiennent beaucoup de nervosité, mais les Français ont la situation bien en mains quand soudain un conflit tout à fait imprévisible éclate. Il oppose les Français aux Natchez. Les premiers contacts, avec les Le Moyne qui savaient y faire avec les Indiens, avaient été corrects. Dès 1700, Le Moyne d'Iberville avait conclu une alliance avec eux. Au printemps 1716, son frère de Bienville érigeait le fort Rosalie sur le fleuve Mississippi en plein territoire natchez. Le potentiel agricole attira rapidement de nombreux colons qui parvenaient à s'entendre raisonnablement avec leurs voisins indiens, jusqu'au jour où un nouveau commandant du nom de Détchéparre, qualifié de cupide et d'arrogant, jeta son dévolu sur un terrain déjà occupé par un village natchez pour développer une plantation. Les Indiens firent mine de se résigner. En fait, ils préparaient un coup de force. Le 29 novembre 1729, ils massacraient quelque 250 Français et faisaient des dizaines de prisonniers. Adeptes de la loi du talion, les Français prirent leur revanche un an plus tard. Les Natchez furent tués ou déportés à Saint-Domingue.

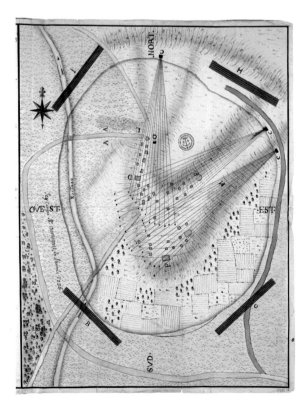

Plan des forts et des attaques du village des Chicachas, par Dupin de Belugard, Rochefort, 1736
En Louisiane, les Chicachas (Chickasaws) s'opposent farouchement aux Français. Cette nation guerrière occupe un territoire situé à la frontière des actuels États du Tennessee, du Mississippi et de l'Alabama. Soutenus et armés par les Anglais de la Caroline, les Chicachas harcèlent les établissements français et attaquent les convois qui relient le Canada et la Louisiane. En 1736, les Français décident de conduire la guerre chez l'ennemi, tâche difficile puisque ce territoire inconnu se trouve loin des cours d'eau. Ce plan montre comment les troupes du commandant d'Artaguiette (représentées par la ligne bleue et les rectangles rouges) prennent d'assaut trois villages chicachas, et comment aussi ils subissent une sévère défaite. En effet, des renforts en provenance de villages bien cachés prennent à revers l'armée française (lignes jaunes), capturent d'Artaguiette et ses officiers qui sont tous torturés et brûlés vifs.

A Sᵗᵉ catherine Concession du Sʳ de Coly, a
une lieüe du fort François et qui a eu le
esleme sort; son chef y a été Massacré.

C Natchez sauvages qui d'Amis
eroient, ont detruits le fort et poste
leur Village est a une lieüe de ce fo

Riviere de sainte catherine

A

Beausejour

La forest

chemin   de   sainte   catherine   au

LE FLEUVE SAINT

CARTE
du fort Rozalie des Natchez francois
ou l'on voit la situation des Concessions
et habitations telles qu'elles etoient avant le
Massacre arrivé le 29 Novembre 1729
et le tout par la faute de celuy que la
Compagnie des indes avoit choisy pour y
Commender

ÉCHELLE De Vingt Arpents

il en faut 80 pour une Lieue

LOÜIS

Carte du fort Rosalie des Natchez avant le massacre du 29 novembre 1729, attribuée à Dumont de Montigny

En 1716, les Français établissent le fort Rosalie chez les Natchez, nommé ainsi en l'honneur de la femme du ministre Pontchartrain. Ce plan du fort est certainement une belle pièce documentaire, qui rappelle néanmoins l'un des épisodes les plus sanglants de l'histoire coloniale française. Des incidents fâcheux survenus en 1716 et en 1723 détériorèrent les relations entre Français et Natchez, plutôt cordiales à l'origine. Puis en 1729, les Natchez affrontent le commandant du fort Rosalie, que Dumont de Montigny appelle le Sieur Chépare ou Chépart, lequel aurait reçu ordre de faire « bâtir de grands magasins » sur des terres où, disent les Indiens, « les os de leurs ancêtres y étaient en dépos dans leur temple ». Faisant mine de céder aux demandes du Français, ils demandent « deux lunes » pour quitter les lieux. Ils en profitent plutôt pour préparer un large soulèvement. L'alerte est finalement donnée mais non sans avoir pu épargner un sanglant massacre. La réplique française ne tarda pas et fut encore plus cruelle.

Indien Renard

Comme toutes les nations indiennes, les Renards se montrèrent fort jaloux de leur position d'intermédiaires. Établis à l'ouest du lac Michigan, ils contrôlaient en effet une des routes conduisant au Mississippi. Les Renards donnèrent passablement de fil à retordre aux Français. L'artiste inconnu a jugé bon d'insister sur la stature impressionnante de ce guerrier, nommé Coulipa, qui, destiné aux galères, fut déporté en France en 1731. Il serait mort l'année suivante dans une prison de Rochefort.

Les terribles Renards et le fameux chef Kiala

À la même époque, des Renards subissaient un sort semblable. Après des années de résistance et de combats, leur chef Kiala et son épouse furent déportés en Martinique. Respecté des siens, craint des Français, le chef renard y avait été précédé d'une redoutable réputation. Les planteurs craignaient son influence sur leurs esclaves. La correspondance échangée entre les diverses administrations concernées, depuis le roi, le comte de Maurepas, Beauharnois, Hocquart, Champigny, d'Orgeville, en témoigne. Le 7 octobre 1734, Beauharnois et Hocquart informent le ministre de la déportation de Kiala, «cet homme qui a passé pour intrépide dans sa nation, ennemie de la nôtre et qu'il faut observer de près». D'abord confiée aux Hurons de Lorette, sa femme s'était évadée. Beauharnois, que la révolte des Renards a poussé à bout, se promet bien de lui faire subir le sort de son mari. Tous deux auraient finalement été vendus comme esclaves quelque part à proximité de l'embouchure de la rivière Orinoco (Venezuela).

Les Renards auront été le cauchemar de Beauharnois et réciproquement. Établis au fond de la baie des Puants (Green Bay), ils contrôlaient la route de l'Ouest. Ils ne voulaient pas perdre cet avantage. En 1701, ils sont présents à la Grande Paix de Montréal; les Français les comptent parmi leurs alliés. Les intrigues n'en continuent pas moins et l'attrait d'Albany demeure. Un groupe de Renards décide de s'installer à proximité du fort Pontchartrain (Détroit) en réponse à l'invitation de Cadillac. Son successeur, Renaud DuBuisson, hérite d'une situation difficile. Les Indiens se disputent; les Renards narguent les Hurons et les Miamis du sud du lac Michigan et ne se gênent pas pour envisager de commercer avec les Anglais. Le gouverneur Vaudreuil n'est pas un novice. Cette situation l'inquiète. Il convoque les chefs renards, kickapous et mascoutens à Montréal en mars 1711. Il exige la paix et suggère même aux Renards de retourner là où reposent les restes de leurs ancêtres. Ils n'en firent rien et multiplièrent les provocations. En mai 1712, le village des Renards (de la région de Détroit) subit un dur assaut de forces françaises et indiennes réunies. Pemoussa, leur chef, ne craint rien. Les Renards ne sont-ils pas immortels? Dans un contexte de fausses trêves et de tricheries, ils sont massacrés ou faits prisonniers. Quelques survivants réussissent à rejoindre la baie des Puants. Une guerre à finir s'engage. En 1716, les Renards subissent les assauts des troupes de La Porte de Louvigny; en 1728, Le Marchand de Lignery quitte Montréal à la tête d'une troupe de 400 soldats et coureurs des bois et plusieurs centaines d'Indiens domiciliés. En cours de route, ils portent leurs forces à 1 650 hommes. L'expédition fait des détours inutiles, les Renards et leurs alliés sont prévenus du danger. Ils prennent la poudre d'escampette et de Lignery répète les tristes faits d'armes de Tracy contre les Agniers (Mohawks) en 1666 ou de Denonville

contre les Tsonnontouans (Senecas) en 1687 et doit se contenter de contempler les remarquables champs en culture qui entourent le village. Il fait incendier les maisons et détruire les récoltes «au nom de la gloire du roi et de la paix de la colonie».

Beauharnois n'a qu'une idée en tête: l'extermination des Renards. De Lignery a échoué. En 1730, une nouvelle expédition est mise sur pied. Les noms des responsables sont révélateurs de leur rang: après de Louvigny et de Lignery, ce sont Noyelles de Fleurimont et Groston de Saint-Ange qui se joignent à Nicolas-Antoine Coulon de Villiers. Cette fois sera la bonne. Non sans difficultés, les Français viennent à bout des Renards réfugiés dans un fortin situé au bord de la rivière Saint-Joseph des Illinois. À l'été 1731, Coulon de Villiers conduit les chefs renards à Montréal. Parmi eux, Kiala. Jugé particulièrement dangereux, il sera déporté. Résignés, les Renards sont prêts à demander la paix. Celle-ci ne viendra qu'en 1738, entre-temps (1733), Villiers est tombé sous les coups des Renards.

Terriblement affaiblis, ces derniers entreprennent de reconstituer leur groupe. En 1750, ils sont près d'un millier. Parmi eux, dans un nouveau village sur le Mississippi (Rock River), le marquis de La Jonquière note la présence d'un jeune chef renard qui porte le nom de son père, Kiala.

À plusieurs égards, la guerre contre les Renards rappelle celle qui opposa les Français et leurs alliés aux Iroquois. Dans les deux cas, les Anglais font partie du scénario. Les Indiens sont moins opposés aux Français que soucieux de défendre leurs intérêts. Il est juste de dire que les Iroquois et sans doute les Renards ne sont pas pour les Anglais et contre les Français, ils sont pour eux-mêmes. À plusieurs reprises, ils auraient bien accepté une paix avec les Français, mais pas nécessairement avec leurs alliés. C'est vrai pour les Iroquois, peut-être aussi pour les Renards.

Ces trois nations qui ont donné du fil à retordre aux Français sont l'exception qui confirme la règle. L'Amérique française a existé grâce aux alliances franco-indiennes. ⚓

Sources principales par ordre d'importance

DESROSIERS, Léo-Paul, *Iroquoisie*, Sillery, Septentrion, 1998-1999, 4 vol. L'auteur colle aux sources et nous coupe le souffle. — HAVARD, Gilles, et Cécile VIDAL, *Histoire de l'Amérique française*, Paris, Flammarion, 2003. Une formidable synthèse. — JENNINGS, Francis, *The Founders of America*, New York, Norton, 1993. L'ouvrage d'un grand maître. — JENNINGS, Francis, *The Invasion of America: Indians, Colonialism, and the Cant of Conquest*, New York, Norton, 1976. — EDMUNDS, Russell David, et Joseph L. PEYSER, *The Fox Wars: The Mesquakie Challenge to New France*, Norman, University of Oklahoma Press, 1993. — SNOW, Dean R., *The Iroquois*, Oxford [Royaume-Uni], Blackwell, coll. «The Peoples of America», 1996. — AXELROD, Alan, *Chronicle of the Indian Wars: From Colonial Times to Wounded Knee*, New York, Prentice Hall, 1993.

De la succession d'Espagne

AU TRAITÉ D'UTRECHT

'AGRANDIR est la plus digne et la plus agréable occupation des souverains » affirme Louis XIV au duc de Villars, maréchal de France, le 8 janvier 1688, à la veille de la guerre de la ligue d'Augsbourg. À partir de cette ambitieuse conviction, le roi de France entraîne son pays dans un engrenage invraisemblable de guerres contre la plus grande partie de l'Europe. Les États se coalisent et résistent au dessein d'hégémonie de la France. Le conflit s'étend outre-Atlantique et, à l'occasion de raids souvent spectaculaires, de redoutables officiers canadiens reprennent des postes aux mains des Anglais. L'empire français d'Amérique atteint alors, au début du XVIIIe siècle, sa plus grande étendue.

Après la signature, en 1697, du traité de Ryswick mettant fin à la guerre de la ligue d'Augsbourg, la trêve d'à peine cinq ans confirme l'élan expansionniste de la France en Amérique. En 1700, Louis XIV décide de fonder la Louisiane et, en 1701, d'ériger un poste à Détroit. De plus, cette même année, la « paix de Montréal » garantit la neutralité des Cinq-Nations iroquoises de la région des Grands Lacs. Par ces mesures la France espère conserver sa mainmise sur le fructueux commerce des fourrures des « pays d'en haut » et, avec le contrôle du Mississippi, empêcher le déploiement des colons anglais vers l'Ouest.

Le bassin du Mississippi, c'est la future Louisiane. C'est aussi le territoire voisin des colonies espagnoles dont les riches mines d'argent font l'envie du roi de France et sur lesquelles il entretient des prétentions plus ou moins avouées. L'infante Marie-Thérèse, sa première épouse, avait renoncé à la succession d'Espagne moyennant le paiement d'une dot de 500 000 écus d'or au roi de France. Or la dot ne fut jamais versée. Quand le roi d'Espagne Charles II meurt sans héritier, le 1er novembre 1700, Louis XIV s'autorise alors à faire valoir « les droits de la reine ». Aussitôt, le 16 novembre, il reçoit à Versailles l'ambassadeur d'Espagne et lui présente son petit-fils

Philippe, duc d'Anjou, disant « qu'il le pouvait saluer comme son roi », puis, d'après Saint-Simon, s'adresse à ses courtisans en ces termes : « Messieurs, voilà le roi d'Espagne. La naissance l'appelait à cette couronne, le feu roi aussi par son testament ; toute la nation l'a souhaité et me l'a demandé instamment ; c'était l'ordre du ciel, je l'ai accordé avec plaisir. » Charles II, avant de mourir, avait effectivement interdit formellement tout partage de l'héritage espagnol et désigné son successeur en la personne de Philippe d'Anjou, second fils du Grand Dauphin, à la condition expresse qu'il renonce à ses droits à la couronne de France. Mais Louis XIV ferme les yeux sur ce dernier élément du testament de Charles II et confirme, le 1er février 1701, les droits de son petit-fils aux deux trônes. Quoi qu'il en soit, Philippe V d'Espagne devient le maître des riches territoires de la Nouvelle-Espagne (Mexique), ce qui autorise Louis XIV à envisager de nouvelles conquêtes.

Le 16 septembre 1701, Jacques II, roi détrôné d'Angleterre, meurt à Saint-Germain-en-Laye. Louis XIV reconnaît le fils de ce dernier comme successeur au trône d'Angleterre sous le nom de Jacques III. Cette décision, contraire au traité de Ryswick, apparaît comme une véritable provocation à l'égard du roi Guillaume III et du peuple anglais. C'en est trop, au vu des autres puissances européennes, indignées que Louis XIV s'impose comme « arbitre de l'Europe ». La coalition se mobilise alors contre ses aspirations impérialistes et, le 15 mai 1702, déclare la guerre à la France et à l'Espagne.

En Amérique du Nord, l'occasion est belle de ranimer les animosités coloniales latentes depuis le traité de Ryswick qui avait entériné les raids victorieux de Pierre Le Moyne d'Iberville à la baie d'Hudson, à Terre-Neuve et sur les côtes de l'Acadie. Après avoir repoussé fermement l'attaque du Bostonnais William Phips en 1690, le gouvernement de Québec peut encore mobiliser ses milices et surtout son armée de métier, les Compagnies

L'empire anglais en Amérique du Nord, par John Senex, 1719

Les cartes ont souvent été des instruments de propagande. En 1695, le libraire-éditeur Robert Morden commande au graveur John Harris une carte des colonies anglaises de l'Amérique du Nord qu'il intitule *A New Map of the English Empire in America*. Bien qu'inspirée des Français Melchisédech Thévenot et Hubert Jaillot, cette carte faisait la part belle aux colonies anglaises. En 1719 et 1721, John Senex reprend à son compte cette carte avec fort peu de variantes. Les colonies anglaises touchent la rive sud du fleuve Saint-Laurent, puis les lacs Ontario et Érié. Par ses revendications territoriales, assez semblables à celles d'Herman Moll, Henry Popple et John Mitchell, Senex pave la voie à celles de la Society of Anti-Gallicans (voir page 230). C'est le réalisme des autorités britanniques qui met fin à ces excès d'enthousiasme. En 1763, Londres trace une frontière à la hauteur du 45e parallèle. La colonie de New York voit ses appétits sévèrement limités au nord, tandis qu'elle partage la déception de ses voisines, la Pennsylvanie et la Virginie, également bornées à l'ouest par un immense territoire réservé aux Indiens, « for the present » précise toutefois le texte de la Proclamation royale du 7 octobre 1763. La frustration des Américains est grande. Londres venait de couper court à un demi-siècle de rêve. Mais pour combien de temps ?

Carte du Canada dessinée au moment des négociations d'Utrecht, 1712

En 1713, la France concède à l'Angleterre plusieurs territoires importants en Amérique du Nord. Les limites exactes de ces territoires ne sont pas définies par le traité. Celui-ci prévoit plutôt la nomination de commissaires anglais et français pour les fixer dans un délai d'un an. Cette carte, dessinée par Jean-Baptiste de Couagne, fait voir des limites proposées par les Français avant même la signature du traité. On aperçoit, sur la côte du Labrador, une ligne partant du 59e parallèle vers le sud-ouest, allant jusqu'au lac Nemisco, puis bifurquant vers l'ouest pour suivre le 52e parallèle. Lors des négociations, les Anglais revendiquent plutôt le 49e parallèle comme limite de la baie d'Hudson (frontière qui pourtant inclut le bassin des Grands Lacs). D'autre part, le traité cède définitivement l'Acadie « en son entier, conformément à ses anciennes limites ». Plus tard, Français et Anglais se disputeront sur la signification de cette expression.

franches de la Marine. L'espace à défendre est immense mais, de fait, le front se limite, si on peut dire, à la région atlantique. Appliquant la tactique indienne des attaques-surprises, les Canadiens ravagent les établissements anglais de Terre-Neuve, s'emparent des postes et de leurs entrepôts. Leurs prises les plus éclatantes sont celles de Bonavista, en 1705 et St. John's en 1709. La plus cruelle et dévastatrice est sans contredit celle de Deerfield, au Massachusetts, en 1704. Même l'Acadie, enjeu principal de la guerre, résiste aux attaques anglaises jusqu'en 1710.

À cette suite étonnante de succès militaires canadiens, s'ajoute finalement l'échec spectaculaire de l'armée anglaise. En 1711, l'amiral Hovenden Walker, à la tête d'une flotte de 98 navires de guerre portant 12 000 hommes, lève l'ancre à Boston et s'engage dans le golfe du Saint-Laurent avec l'intention d'attaquer Québec. Dans l'obscurité et le brouillard, huit de ses navires se brisent sur les récifs de l'île aux Œufs. Sous le choc de l'accident et par crainte d'un nouveau malheur, à 470 kilomètres en aval de Québec, l'amiral bat la retraite sans avoir tiré un seul coup de canon. De leur côté, les troupes de terre anglaises, arrivées jusqu'au sud du lac Champlain

Traité d'Utrecht, article 15

« Les habitans du Canada et autres sujets de la France ne molesteront point à l'avenir les cinq nations ou cantons des Indiens soumis à la Grande Bretagne, ni les autres nations de l'Amérique amies de cette Couronne. Pareillement les sujets de la Grande Bretagne se comporteront pacifiquement envers les Américains sujets ou amis de la France ; Et les uns et les autres jouiront d'une pleine liberté de se fréquenter pour le bien du Commerce et avec la mesme liberté les habitans de ces Regions pourront visiter les Colonies françoises et Britanniques pour l'avantage réciproque du Commerce sans aucune molestation ni empechement de part ni d'autre. Au surplus les commissaires regleront exactement et distinctement quels seront ceux qui seront, ou devront estre censés sujets et amis de la France ou de la Grande Bretagne. »

France. Archives du ministère des Affaires étrangères, traités multilatéraux : 17030003, p. 65-66.

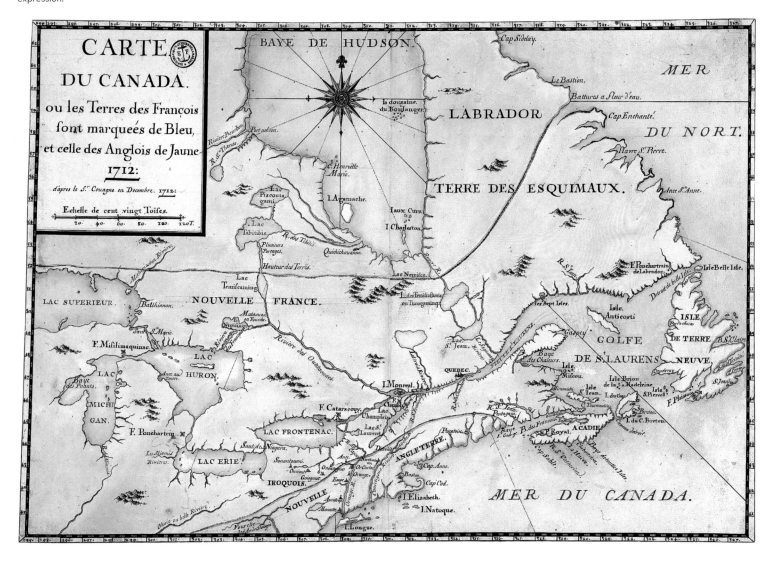

sous le commandement du général Nicholson, apprenant l'abandon de Walker, renoncent à attaquer Montréal. À Québec, la liesse est grande d'avoir échappé à une prise certaine grâce à un concours de circonstances considéré comme miraculeux.

À la fin de 1712, les négociations s'engagent, à Utrecht, en vue de mettre fin à la guerre de Succession d'Espagne. Le 11 avril 1713, les plénipotentiaires signent une série de traités procédant à des arbitrages. Pour sa part, la France doit dire adieu à quelques-uns de ses rêves de grandeur et rétrocéder la plupart de ses acquis européens. Non seulement Philippe V est contraint de renoncer à la couronne de France, mais les autres descendants de Louis XIV ne pourront plus faire valoir de droits au trône d'Espagne.

Obligée de céder du terrain, la France va réussir toutefois à sauvegarder l'intégrité de son territoire national. En Amérique, elle perd la baie d'Hudson chèrement conquise ainsi que ses meilleurs postes à Terre-Neuve et en Acadie, dont les limites sont toutefois très mal définies. La prédominance anglaise marque ainsi une avancée considérable sur le continent conformément au projet ambitieux du vainqueur de Port-Royal, le commandant Samuel Vetch, qui ne visait pas moins que la conquête de toutes les possessions françaises en Amérique. Le traité d'Utrecht est sans conteste la première étape de la réalisation de ce projet d'hégémonie.

La France conserve toutefois le centre de son empire nord-américain, avec la vallée du Saint-Laurent, les Grands Lacs et la Louisiane. La voie reste ouverte vers la « mer de l'Ouest », objectif toujours d'actualité. Cette route est cependant semée d'obstacles, dont le moindre n'est pas la présence des Iroquois qui, de leur statut de neutres, sont passés lors du traité d'Utrecht (article 15) à celui de sujets britanniques autorisés à pratiquer le commerce à leur gré. La Louisiane, à proximité des mines d'argent des territoires espagnols, devra être fortifiée. Encore peu peuplée, elle est riche de possibilités dont un important débouché stratégique au sud du continent. À l'est, la France ne contrôle plus les pêcheries de Terre-Neuve mais y conserve toutefois ses droits de pêche. Elle a perdu l'Acadie mais ses ressortissants y demeurent et vont prospérer sur l'île Saint-Jean (île du Prince-Édouard) et à l'île Royale (île du Cap-Breton) où la forteresse de Louisbourg sera érigée.

Par la guerre de Succession d'Espagne et le traité d'Utrecht, les desseins impériaux de la France ont été fortement contrariés. La France détient encore le pouvoir, outre-mer, sur un domaine beaucoup plus vaste que l'ensemble des possessions coloniales anglaises de la même époque. Ses 20 000 habitants ont les moyens de consolider leur enracinement en Nouvelle-France, mais leur prospérité reste fragile face aux 400 000 des colonies anglaises dont l'avancée n'est qu'une question de temps. 🐚

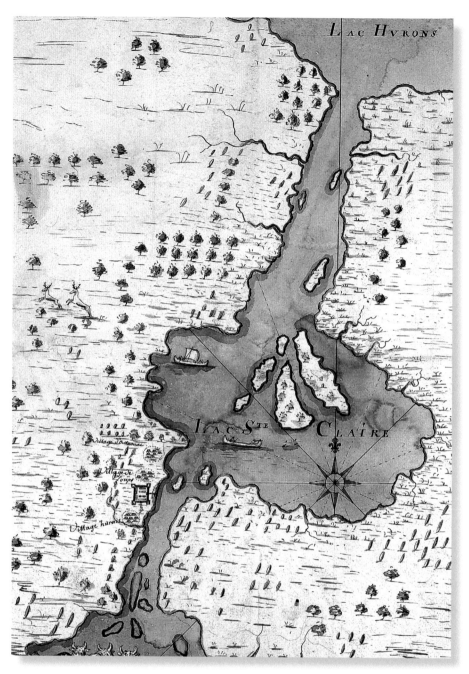

Sources principales par ordre d'importance

Mollat du Jourdin, Michel, *L'Europe et la mer,* Paris, Éditions du Seuil, 1993. Les enjeux politiques et maritimes européens à l'époque moderne. — Miquelon, Dale, « Envisioning the French Empire : Utrecht, 1711-1713 », *French Historical Studies,* vol. 24, nᵒ 4, automne 2001, p. 653-677. Le traité d'Utrecht, très éclairant sur la question de la succession d'Espagne, est reproduit intégralement dans l'exposition virtuelle du site www.archivescanadafrance.org.

Carte du Détroit et du lac Sainte-Claire, vers 1703 (détail)

Après l'érection du fort Pontchartrain en 1701, sur les rives d'un étroit couloir qui relie le lac Érié au lac Sainte-Claire, plusieurs Indiens s'installent à proximité, comme le montre ce plan qui situe les Loups, les Hurons et les Outaouais. Selon Cadillac, environ 6 000 Indiens vivent dans les environs en hiver. Cette carte montre bien les deux entrées du fort, l'une donnant sur le cours d'eau, l'autre menant au village des Hurons. À l'intérieur, les bâtiments sont disposés de façon à créer des rues et des allées. En 1702, les femmes de Cadillac et de son lieutenant Tonty s'y installèrent et furent sans doute les premières Européennes à s'établir dans la région des Grands Lacs.

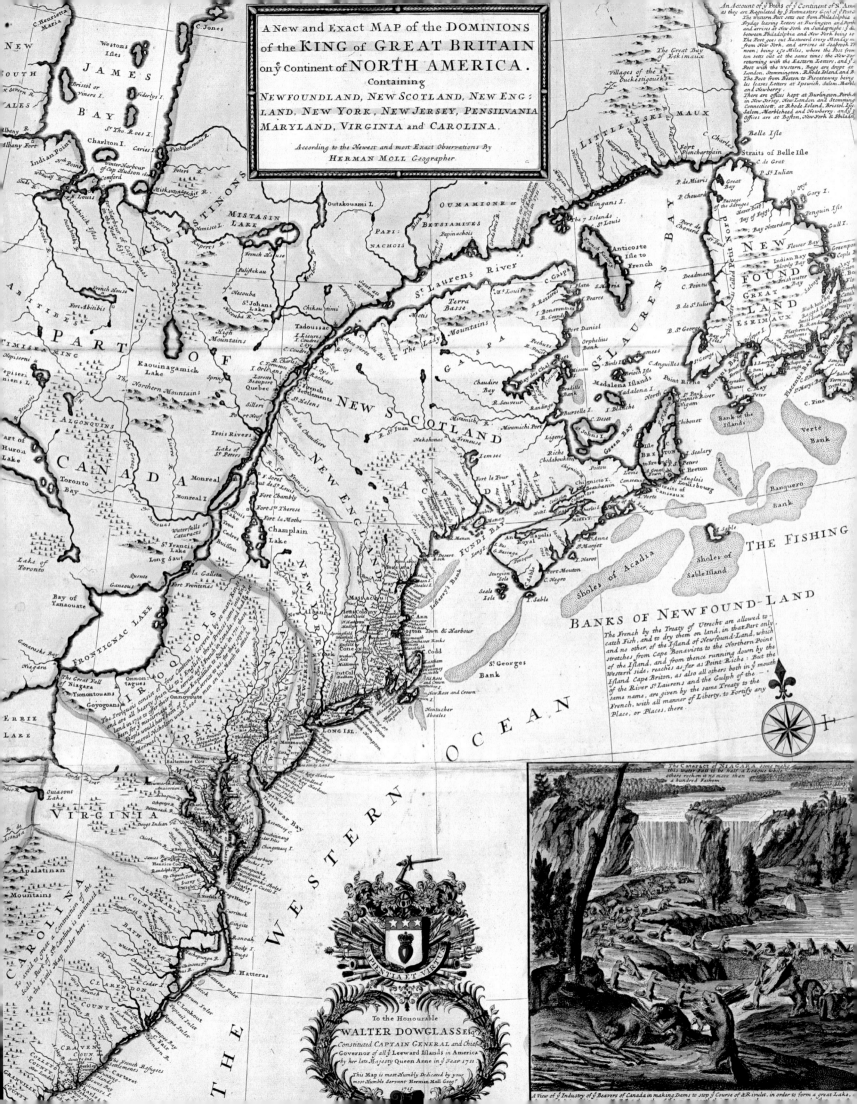

A New and Exact MAP of the DOMINIONS of the KING of GREAT BRITAIN on ye Continent of NORTH AMERICA. Containing NEWFOUNDLAND, NEW SCOTLAND, NEW ENGLAND, NEW YORK, NEW JERSEY, PENSILVANIA, MARYLAND, VIRGINIA and CAROLINA. According to the Newest and most Exact Observations By HERMAN MOLL Geographer.

À l'ouest de la baie d'Hudson

DE STUART À HEARNE

Parallèlement aux avancées des explorateurs français au centre du continent nord-américain, les Britanniques s'implantent au nord. Pendant la seconde moitié du XVIIe siècle, ils se consacrent presque exclusivement au commerce des pelleteries particulièrement fructueux dans cette région où le climat est assez froid pour que les animaux portent un pelage d'épaisses et belles fourrures. Le sol, peu fertile, se prête au développement de la forêt boréale où les animaux trouvent refuge. Très rude, ce climat n'encourage guère les installations humaines stables, mais reste supportable pour une population nomade peu nombreuse, vivant de chasse et de pêche. Quand les explorations anglaises vers l'Ouest reprennent, au XVIIIe siècle, c'est à partir de cette base britannique qu'est devenue la baie d'Hudson.

La Compagnie de la Baie d'Hudson, fondée en 1670, a besoin d'ouvrir de nouveaux territoires au commerce. Ses employés deviennent alors explorateurs, prenant le relais de leurs prédécesseurs pour la recherche d'une voie vers la « mer de l'Ouest ». Avec le temps, les Européens de la baie d'Hudson ont appris à vivre, sinon confortablement, du moins décemment dans cette région. La compagnie a pris soin de recruter sa main-d'œuvre dans des pays de latitude et de climat similaires, les Orcades du Nord (Orkney Islands), petites îles à l'est de l'Écosse chevauchant le 59e parallèle, soit environ 8° au sud du cercle polaire. Leurs habitants éprouvent en effet peu de difficultés d'adaptation à l'environnement de la baie d'Hudson qui offre un bien-être souvent supérieur à celui de leurs îles, un revenu relativement élevé et la possibilité d'accumuler un pécule. Bons navigateurs, ils sont mobiles, frugaux, solitaires et facilement autosuffisants. Dès 1702, les Orcadiens sont majoritaires parmi les employés de la Compagnie, outre-mer, et, en 1799, ils atteignent le nombre de 416 sur 530.

Le premier Européen à se lancer vers l'ouest par les terres et à franchir les Barren, ces sols de toundra entre la baie d'Hudson et le lac de l'Ours, est William Stuart en 1715-1716. Contrairement à ce qu'on pourrait croire, il ne part pas, cette fois, pour trouver le passage du Nord-Ouest. La Compagnie de la Baie d'Hudson, qui l'emploie depuis 1691, lui confie une mission de conciliation entre les groupes indiens Cris et Chipewyans, fournisseurs de fourrures. On lui demande aussi de noter toute information sur la présence d'éventuelles mines de cuivre. Accompagné d'une femme, Thanadelthur, dite la « femme-esclave » qui joue un rôle important dans les négociations, il voyage nord-nord-ouest, à 400 milles du fort York, jusqu'au 63e de latitude nord, puis en direction du Grand Lac des Esclaves. Aucun des explorateurs n'ira aussi loin à l'ouest, avant un demi-siècle. Malgré ses succès, Stuart meurt épuisé, trois ans plus tard en 1719, dans une dépression nerveuse démente.

Les expéditions suivantes sont tentées par la mer. En 1719, celle de James Knight, ébloui par le mirage du « métal jaune » évoqué par les Indiens, l'entraîne, depuis l'Angleterre jusqu'à l'île Marble dans le Rankin Inlet, où son navire s'échoue. L'équipage cherche à survivre sur la côte mais tous meurent en moins de deux ans, d'après le récit recueilli par Samuel Hearne auprès des Inuits, cinquante ans plus tard. Il semble étrange que les survivants n'aient pas réussi à atteindre un poste de la compagnie et que celle-ci n'ait pas cherché efficacement à les retrouver. Cette disparition reste un des drames cruels et mystérieux de l'Arctique, qui encore de nos jours hante et terrifie les visiteurs de l'île Marble. En 1722, John Scroggs, parti du fort Churchill, trouve les traces de l'expédition précédente avant d'entrer dans l'anse de Chesterfield. C'est sur ce lieu que les promoteurs de la recherche du passage fixeront leurs espoirs, pendant les décennies suivantes.

En 1742, Christopher Middleton et, en 1747, son cousin William Moor longent, vers le nord, le littoral occidental de la baie d'Hudson. Ils sont orientés et stimulés par le

A new and exact map of the Dominions of the King of Great Britain on ye continent of North America, par Herman Moll, 1715
Herman Moll était un graveur talentueux, d'origine hollandaise ou allemande, immigré à Londres vers 1678. Lié d'amitié avec les écrivains Daniel Defoe et Jonathan Swift, il leur fournissait des cartes pour accompagner *Robinson Crusoé* et *Les voyages de Gulliver*. Tout juste après la guerre de Succession d'Espagne, il publie cette carte qui présente les colonies anglaises en Amérique du Nord (1715). On constate alors que les Britanniques n'interprètent pas le traité d'Utrecht de la même façon que les Français, revendiquant pour leurs colonies New Scotland (Acadie), New England et New York tout le territoire allant jusqu'au fleuve Saint-Laurent. Cette carte a été surnommée « Beaver Map », en raison de l'illustration de castors fabriquant un barrage non loin des chutes Niagara, illustration qui est un emprunt à une carte de Nicolas de Fer publiée 17 ans plus tôt. Trois ans plus tard, le cartographe français Guillaume Delisle publie une carte de la Louisiane qui suscite de vives réactions dans les colonies anglaises, coincées entre les Appalaches et l'océan (voir page 179). Delisle ne reconnaît pas les prétentions de la Pennsylvanie au-delà des montagnes. Il ose même attribuer une origine française à la Caroline. Il n'en fallait pas plus pour que Moll réagisse par la publication d'une autre carte dénonçant les prétentions françaises et mettant de l'avant les revendications anglaises. Cette carte en annonce plusieurs autres dans les années qui suivent, notamment celles de Popple (1733) et Mitchell (1755).

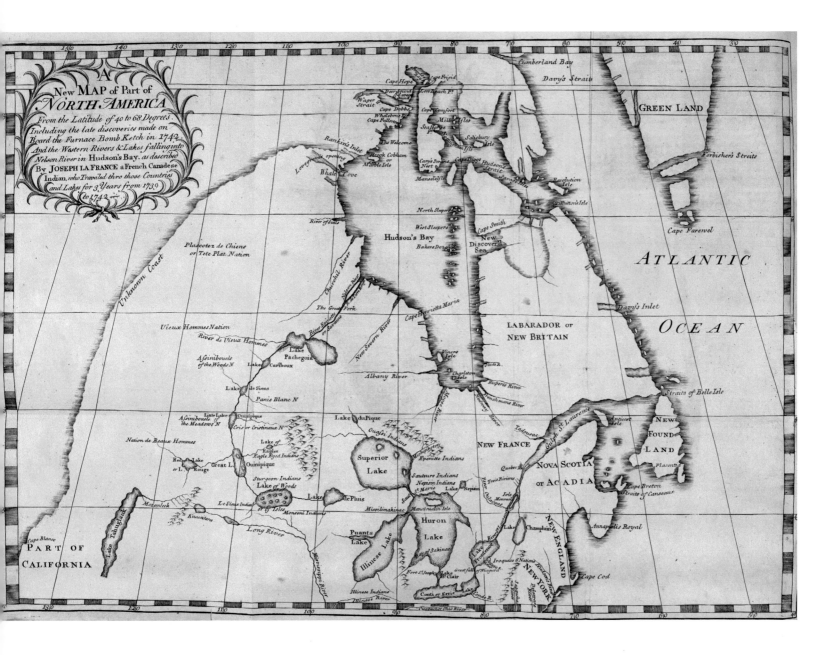

député irlandais Arthur Dobbs. Explorateur de salon, friand de récits de voyages, Dobbs avait décidé qu'un passage existait sans aucun doute à partir de la côte ouest de la baie d'Hudson. Avec deux puissants navires armés par l'Amirauté britannique elle-même, Middleton et Moor explorent successivement l'anse Chesterfield, la baie Wager, pour s'arrêter à Repulse Bay. Mais les pertes humaines sont considérables. Sur les quatre-vingt-dix hommes d'équipage de Middleton, trente meurent durant l'hiver et il n'en reste que sept plus au moins valides pour le retour en Angleterre. Malgré tout, certains rêveurs londoniens continuent de mettre leur espoir dans l'anse Chesterfield, arguant de la présence de baleines, de forts courants pour croire encore en l'existence d'un passage vers l'océan Pacifique et refusant obstinément d'admettre les dénégations des navigateurs. Bien qu'elles furent jugées comme des échecs, ces deux minutieuses explorations apportent une connaissance

de plus en plus précise de la côte ouest de la baie d'Hudson.

La Compagnie de la Baie d'Hudson amorce alors une reprise des explorations terrestres, à partir d'une double constatation : d'une part, les résultats décevants des explorations maritimes, et, d'autre part, l'avancée des Français dans les plaines de l'Ouest, notamment avec les voyages de La Vérendrye, dans les années 1740. Le 26 juin 1754, James Isham, chef du poste de la baie d'Hudson, désigne Anthony Henday, l'un de ses agents, comme responsable d'une nouvelle expédition d'envergure. Accompagné de nombreux Cris, dont une femme qui sera son interprète mais toujours présentée comme sa *compagne de lit*, Henday réalise l'un des plus longs parcours d'exploration dans l'Ouest canadien : de York Factory jusqu'à Red Deer en Alberta, y compris la navigation sur les rivières Saskatchewan et Red Deer, soit 4 167 kilomètres aller et retour, pendant une année entière. Ses découvertes sont poursuivies, une quinzaine d'années plus tard, par Samuel Hearne.

Jeune employé de vingt-quatre ans, Hearne avait déjà trois ans d'expérience avec la compagnie et connaissait l'Arctique pour avoir chassé la baleine à l'île Marble, quand lui est confiée la mission, en 1769, de trouver les mines de cuivre déjà signalées et de rechercher le passage vers l'Asie par l'Arctique. Lors de l'expédition qui quitte le fort Prince of Wales, le 7 décembre 1770, Hearne a l'intelligence de s'adjoindre un guide chipewyan nommé Matonabbee qui devient un véritable conseiller d'exploration. Pour atteindre l'océan Arctique, il faut marcher en direction nord-ouest à la lisière de la toundra afin de pouvoir se ravitailler par la chasse au caribou. On reste alors à l'écart du blizzard soufflant en terrain découvert. Une fois aux mines de cuivre, il faut refaire des provisions et s'orienter au nord, vers l'océan Arctique. Le plan de Matonabbee prévoit tous les détails des déplacements, y compris la présence nécessaire de plusieurs dizaines de voyageurs pour assurer le ravitaillement et la protection de la troupe. L'expédition réunit jusqu'à soixante-dix personnes, dont pratiquement la moitié de femmes avec leurs enfants dont la présence est ainsi justifiée par Matonabbee, tel que le rapporte Hearne dans son journal :

Les femmes ont été créées pour le labeur. Une seule d'entre elles peut porter ou traîner un fardeau deux fois plus lourd que celui qu'un homme serait capable de porter ou traîner. Elles montent nos tentes, cousent et réparent nos vêtements, nous tiennent au chaud la nuit… Bien qu'elles fassent tout pour nous, elles ne nous coûtent presque rien. Comme elles font toujours la cuisine, il leur suffit de se lécher les doigts en période de pénurie pour subsister.

Avec de si précieux conseils, l'expédition parvient à son but, le 14 juillet 1771, à la rivière Coppermine, où se trouvent effectivement des mines de cuivre. Hearne descend la rivière jusqu'à son embouchure et atteint ainsi l'océan Arctique. Premier Européen à apercevoir et à traverser le Grand Lac des Esclaves au cours de l'hiver 1771-1772, il sera de retour au fort Prince of Wales, le 30 juin 1772. Stimulée par ces découvertes, la compagnie décide d'ouvrir des postes à l'intérieur des terres pour éviter que les marchands de Montréal ne contrôlent le marché des fourrures. Fort de ses trente-deux mois comme explorateur de l'Ouest, Hearne fonde alors le poste de Cumberland en Saskatchewan et prend le commandement du fort Prince of Wales. Il s'y trouve encore lors de l'expédition de Jean-François de Galaup de Lapérouse en 1782, à la tête de 290 hommes et trois navires de guerre. Hearne considère, avec justesse, que

Nouvelle carte des parties où l'on a cherché le passage du Nord-Ouest dans les années 1746 et 1747, par Henry Ellis (détail)
En 1746 et 1747, l'auteur de cette carte, Henry Ellis, participe à un voyage d'exploration dans la baie d'Hudson pour le compte d'Arthur Dobbs, virulent pourfendeur de la Compagnie de la Baie d'Hudson. Un tracé pointillé montre diverses tentatives pour trouver ce passage, toutes aussi infructueuses les unes que les autres. Le cartographe intègre aussi, plus au sud, des renseignements fournis par le Métis Lafrance : une succession de lacs et de rivières qui permettraient de poursuivre plus au sud la recherche d'une route terrestre vers le Pacifique. La nation des « Beaux Hommes » rencontrée par les frères La Vérendrye est, pour l'auteur, la limite des terres connues.

Scène inuite

En 1746, William Moor et Henry Ellis partent de nouveau à la recherche d'un passage au Nord-Ouest. Ils reviennent évidemment bredouille l'année suivante. Ellis a laissé le récit de leur voyage à la baie d'Hudson et donné de précieuses observations sur les Inuits. Sur la présente gravure, à l'arrière-plan, un Inuit manœuvre un kayak et brandit un harpon ; à l'avant-plan, deux Inuits s'emploient à faire du feu. L'artiste a aussi illustré une pratique que décrit Ellis : « The women have a Train to their Jackets, that reaches down to their Heels... when they want to lay their Child out of their Arms they slip it into one of their Boots. »
Cette tenue rappelle le dessin de John White d'une femme inuite capturée par Martin Frobisher lors de son second voyage de 1577. Cette fois, la femme a placé son enfant dans son capuchon plutôt que dans ses amples jambières. Les Inuits, écrit Ellis, « are of a middle Size, robust, and inclinable to be fat... The Mens clothes are of Seal Skins, Deer Skins, and... the skins of Land and Seal Fowl ; each of their Coats has a Hood like that of Capuchin ».

Dessin de John White

ses trente-huit hommes ne peuvent opposer une résistance valable et remet le fort aux Français, sans discussion, le 8 août 1782, fort qui est cependant rendu à l'Angleterre l'année suivante.

Les résultats de l'exploration de Hearne seront largement utilisés. D'abord, par d'autres employés de la compagnie qui précisent progressivement la cartographie du Nord canadien : Peter Pond, dans le bassin de l'Athabaska en 1778-1780, Philip Turnor, Peter Fidler en 1790-1792, David Thompson en 1795-1796 et John Hodgson en 1791. Ses travaux sont aussi repris par les savants et les autres explorateurs, dont Lapérouse et James Cook, qui l'encouragent à écrire ses récits de voyages. Hearne y occupe effectivement sa retraite londonienne jusqu'à sa mort, en 1792.

Après Hearne et ses successeurs, le commerce des fourrures connaît un important développement dans les régions polaires et subarctiques. Il entraîne un nouvel essor de la cartographie avec les travaux de synthèse de Peter Pond (1785) et d'Aaron Arrowsmith (1795), car l'Amirauté britannique continue de s'intéresser au passage du Nord-Ouest durant tout le XIXᵉ siècle. Elle y envoie de nombreuses expéditions, dont celle d'Edward Parry (1819-1820) qui emprunte les détroits conduisant à l'île Melville. Lors de ses deux premiers voyages, John

Franklin (1819-1822 et 1825-1827) relève de larges portions de la côte arctique entre l'Alaska et la presqu'île de Boothia. Parallèlement, plusieurs autres explorations arpentent les îles avoisinant le détroit de Béring. La troisième mission de Franklin devait combler les lacunes entre les régions découvertes. Franklin s'engage dans le détroit de Lancaster jusqu'à l'île du Roi-Guillaume où son navire est pris dans les glaces, en 1847. On ne le revit jamais, malgré les intenses recherches destinées à retrouver ses traces. Finalement, c'est Robert John Le Mesurier McClure, officier de marine britannique familier de l'Arctique, qui établit le tracé du passage, en 1853-1854. Ce n'est toutefois qu'un demi-siècle plus tard que le Nord-Ouest sera effectivement traversé, dans toute sa longueur et d'une seule traite, par le navigateur norvégien Roald Amundsen qui, par le détroit de Lancaster en 1906, parvient jusqu'en Alaska. ⚓

Source principale

HEARNE, Samuel, *A Journey from Prince of Wale's Fort, in Hudson's Bay, to the Northern Ocean : Undertaken by the Order of the Hudson's Bay Company for the Discovery of Copper Mines, a North West Passage, &c. in the Years 1769, 1770, 1771 & 1772*, Londres, A. Strahan & T. Cadell, 1795. Une expédition exploratoire de l'Arctique canadien, d'une ampleur sans précédent, rapportée par l'explorateur lui-même dans un récit haut en couleur.

L'Acadie entre deux feux

À LA FRONTIÈRE DES EMPIRES COLONIAUX

OFFICIELLEMENT, à partir du traité d'Utrecht, en 1713, on pourrait croire que l'Acadie n'existe plus. Elle est rebaptisée *Nova Scotia* ou *New Scotlande*, nom qui lui a été attribué en 1621 puis perdu au fil des reprises françaises. En 1710, Port-Royal, le poste français le plus ancien devenu une petite ville fortifiée, est pris par le commandant anglais Francis Nicholson. En 1714, le colonel Samuel Vetch prend le commandement de la garnison et nomme le lieu Annapolis Royal en l'honneur de la reine Anne d'Angleterre. Il devient ensuite gouverneur de la Nouvelle-Écosse.

Le traité d'Utrecht, par l'article 12, confirme la cession « de la Nouvelle-Ecosse autrement dite Acadie en son entier, conformément à ses anciennes limites, comme aussy de la ville de Port-Royal maintenant appelée Annapolis Royale et généralement de tout ce qui dépend des dites terres et isles de ce pays-là ». Force est de constater que l'Acadie n'est pas disparue de l'esprit des législateurs anglais, que son territoire recoupe celui de la Nouvelle-Écosse et que les appellations seront encore interchangeables pendant près d'un demi-siècle. Plus encore, l'article 13, qui se veut complémentaire du précédent, concède que « l'Isle dite Cap Breton, et toutes les autres quelconques situées dans l'embouchure et dans le golphe de St-Laurent demeureront à l'avenir à la France avec l'entière faculté au Roy très Chrestien d'y fortifier une ou plusieurs places ». Le moins qu'on puisse dire, c'est que le traité est flou, ambigu et même contradictoire au sujet des limites de l'Acadie. Aussi, on ne s'étonnera pas du désaccord récurrent entre les Acadiens et leurs administrateurs anglais concernant tout territoire se situant à la marge de l'Acadie péninsulaire : rivière Saint-Jean, rivière Memramcook, Canseau, rivière Kennebec, etc. On peut considérer *grosso modo* que l'Acadie française, dans ses limites les plus étendues, s'étend alors de la Gaspésie au Maine.

Le gouverneur de la Nouvelle-Écosse, Richard Philipps (1717 à 1749), aura la délicate tâche de faire prêter aux Acadiens le serment d'allégeance au roi. En effet, tout sujet du souverain doit prêter le serment d'allégeance pour jouir des droits civils, dont celui de propriété. Toutefois, les Acadiens bénéficient de délais plusieurs fois renouvelés, pour décider s'ils deviennent sujets du roi d'Angleterre et conservent leurs biens ou s'ils quittent la Nouvelle-Écosse en laissant tous leurs acquis immobiliers aux nouveaux maîtres. La plupart préfèrent rester sur les terres prospères qu'ils ont cultivées avec soin, mais ne veulent pas être amenés, par le serment d'allégeance, à prendre éventuellement les armes contre les Français, ou leurs alliés amérindiens. Malgré les efforts persistants d'intégration, par les autorités britanniques qui ont besoin de ces producteurs agricoles, la majorité des Acadiens refusent l'allégeance à la Grande-Bretagne. En 1730, de guerre lasse, le gouverneur Philipps arrive à un compromis, sous forme de serment avec réserves : les Acadiens promettent fidélité au roi, mais s'engagent à rester neutres en cas de guerre. Cette entente conclue verbalement, momentanément satisfaisante, donnera toutefois lieu à des débats sans fin et sera désavouée par le successeur de Philipps, le gouverneur Edward Cornwallis (1749-1752).

En fait, personne ne souhaite de mouvement de population : ni les Canadiens, pour qui l'Acadie constitue une zone tampon contre la Nouvelle-Angleterre, ni les Anglais qui, dans un premier temps, n'ont pas d'autres agriculteurs susceptibles d'exploiter le sol. Les Acadiens eux-mêmes se voient proposer des conditions propres à les dissuader de partir, notamment la proclamation du gouverneur Philipps, le 10 avril 1720, assurant « qu'ils jouiront des droits et privilèges civils comme s'ils estoient Anglais aussi longtemps qu'ils se comporteront comme bons et fidelles subjects de Sa Majesté et que leurs biens en possession descendront à leurs héritiers. Mais il est

Femme acadienne

En Acadie, Français et Anglais se sont disputés un territoire et ses habitants. Dans son *Costumes civils actuels de tous les peuples connus*, Sylvain Maréchal présente non seulement un portrait d'une femme acadienne, mais aussi une description écrite des mœurs et coutumes de cette population. « Leur caractère paisible, leurs douces habitudes, l'ignorance où ils étaient des arts corrupteurs, firent donner à leur patrie une dénomination presque semblable à celle de l'heureuse Arcadie des Anciens. » Il poursuit en rappelant que le « sang des deux nations civilisées coula en présence des Sauvages, cause innocente de ces rivalités politiques ».

positivement défendu à ceux qui choisiront de sortir du pais […] d'aliéner, disposer ou emporter avec eux aucuns de leurs effets ». Quelques dizaines de familles seulement s'établissent dans les colonies françaises de l'île Saint-Jean et de l'île Royale, pendant que quelques autres vont s'installer dans le sud-est de l'actuelle province du Nouveau-Brunswick. En grande majorité, les Acadiens restent sur leurs terres et leur population ne cesse d'augmenter. De 2 296 en 1714, d'après le démographe Raymond Roy, ils sont environ 13 000 en 1755, dont 10 000 en Nouvelle-Écosse. L'administration anglaise se trouve dans la position inconfortable de gérer des étrangers mais, en réalité, ne s'en occupe guère plus que l'autorité française ne l'avait fait auparavant. Entre 1710 et 1750, des administrateurs anglais, d'origine française huguenote, comme Paul Mascarene, lieutenant-gouverneur d'Annapolis Royal, sont partisans d'une politique de patiente persuasion envers les Acadiens, convaincus que le temps en fera de fidèles sujets de l'Angleterre. Peut-être contribuent-ils aussi, par la liberté laissée aux descendants de colons français, à la consolidation de leur communauté et à l'avènement de ce que les historiens reconnaissent comme « l'âge d'or de l'Acadie ».

Les Micmacs et les Abénaquis sont aussi touchés directement par la cession de l'Acadie à l'Angleterre. Depuis près de deux siècles, accueillant les Français chez eux, pratiquant des échanges commerciaux et technologiques, intégrés à la religion catholique et liés par un métissage ancien, ces Indiens voient d'un mauvais œil la mainmise anglaise sur leurs territoires, évolution à laquelle les relations avec les Français ne les ont pas habitués. Les Abénaquis, répartis sur la côte, de la rivière Saint-Jean à la rivière Saco (Maine), avec un centre à Pentagouet, sont aux premières lignes des convoitises des colons du Maine et du Massachusetts. Certains se voient obligés de quitter leurs terres et, avec l'aide du gouverneur général de la Nouvelle-France, s'établissent dans la vallée du Saint-Laurent, près de Québec et de Trois-Rivières. Ceux qui restent en Acadie ou à la périphérie attaquent les postes de la Nouvelle-Angleterre, harcèlent les pêcheurs anglais et restent sourds à toute tentative de séduction ou de négociation. Les Micmacs font de même à l'île Royale et en Nouvelle-Écosse. Environ un millier en 1722, les Indiens de l'Acadie peuvent être d'un secours incomparable pour le camp qu'ils choisissent. Cette même année 1722, ils capturent 18 navires marchands et 18 bateaux de pêche anglais. C'est alors que le lieutenant-gouverneur d'Annapolis, John Doucett, multiplie fêtes et cadeaux pour se concilier leur amitié. Il rassemble les représentants des villages de Saint-Jean, de Cape Sable, de Shubenacadie, de La Hève, des Mines, de la rivière Annapolis et la paix est signée le 4 juin 1726. Cette trêve raffermit aussi la prospérité des Acadiens jusqu'en 1750.

**Plan de Port-Royal,
par le Sieur de Labat, 1710**
Située à la frontière de la Nouvelle-France et de la Nouvelle-Angleterre, l'Acadie a toujours été la première à subir les contrecoups des rivalités franco-anglaises en Amérique. En 1710, après avoir repoussé plusieurs attaques anglaises, le gouverneur Subercase capitule et remet les clés du fort à l'assaillant. L'ingénieur Labat, gardant espoir que l'Acadie redevienne française, dessine cette carte des environs de Port-Royal. Tout en montrant l'étendue des destructions infligées par les Anglais, il donne une excellente idée du paysage agricole le long de la rivière du Dauphin. Les Acadiens y ont d'ailleurs construit des digues, appelés aboiteaux, permettant de cultiver des terres très fertiles. La défaite de Port-Royal est lourde de conséquence pour les Acadiens, puisque trois ans plus tard, lors de la signature du traité d'Utrecht, les Français cèdent officiellement l'Acadie à l'Angleterre.

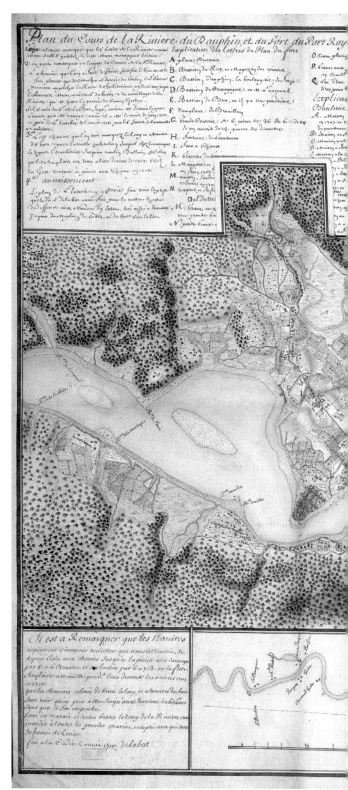

Une seconde Acadie est issue du traité d'Utrecht, celle du Cap-Breton, renommée île Royale. Quelques familles acadiennes de cultivateurs-pêcheurs s'y fixent, provenant majoritairement de Port-Royal. Elles y cherchent une liberté de commerce, fondent de petits établissements le long des côtes, achètent des goélettes en Nouvelle-

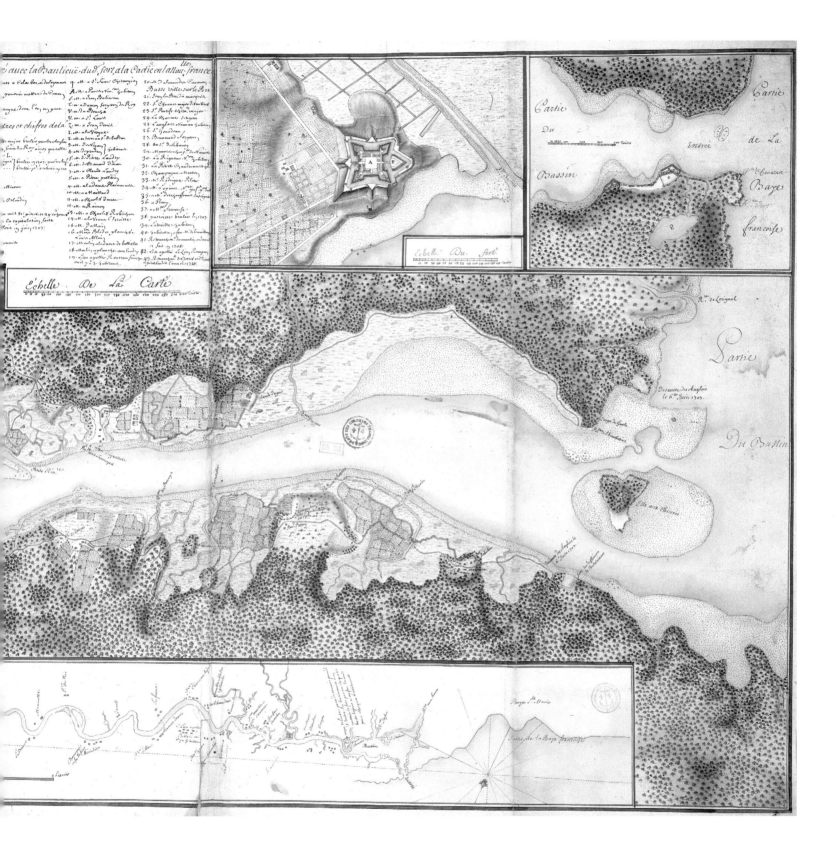

Angleterre et reprennent une fructueuse activité morutière avec les colonies anglaises voisines aussi bien qu'avec les Antilles et la France.

La forteresse de Louisbourg, imposant complexe portuaire défensif, est érigée par la France sur l'île Royale, entre 1720 et 1744, dans le but d'assurer la protection militaire de ses possessions de la vallée du Saint-Laurent. C'est une ville de garnison, mais sa situation privilégiée à l'entrée du continent nord-américain en fait une plaque tournante du commerce international. On y échange des produits français contre le sucre, la mélasse et le rhum des Antilles, les céréales, la viande et le bois de la Nouvelle-Angleterre, du Canada ou de l'Acadie ainsi que le poisson local. Marchands de France et de Nouvelle-

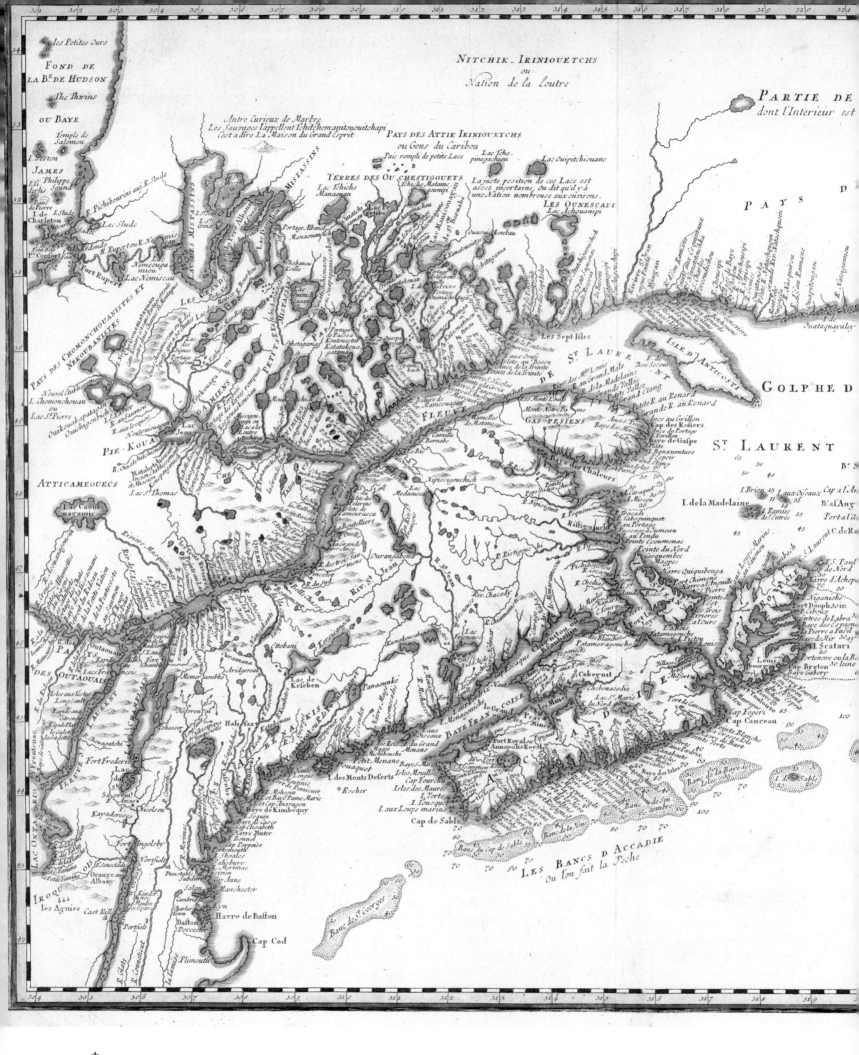

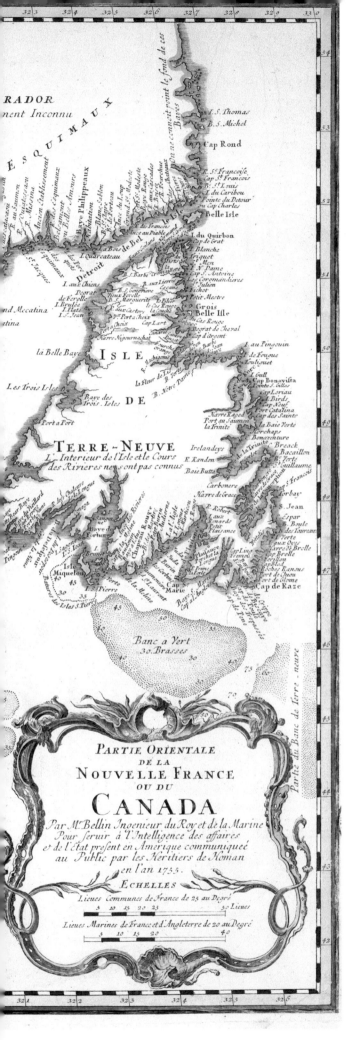

Angleterre envoient leurs navires à Louisbourg. Il s'y développe une petite société d'environ 5 000 habitants dans les années 1750, vivant dans une aisance inusitée pour cette partie du monde. Mais la position de Louisbourg est d'une grande vulnérabilité, trop accessible par la mer et trop proche de Boston, la ville-phare de la Nouvelle-Angleterre. En 1745, la forteresse tombe une première fois puis est rendue à la France en 1748 au terme de la guerre de Succession d'Autriche ; 1758 marque sa chute finale sous les coups d'une attaque de l'armée régulière britannique.

La fondation d'Halifax, en 1749, marque un tournant dans l'histoire des Acadiens : c'est à partir de ce moment que la Nouvelle-Écosse devient vraiment britannique. En réponse à l'attaque française du duc d'Anville, en 1745, Halifax se veut le contrepoids de Louisbourg. Elle s'en donne les moyens en favorisant l'immigration massive de colons anglo-protestants sur un territoire où les Acadiens continuent de se sentir chez eux. En 1752, la population d'Halifax compte déjà de 5 000 à 6 000 habitants. Cependant, comme se multiplient les tentatives de reconquête de l'Acadie par la France, les Anglais d'Halifax doutent de plus en plus de la neutralité acadienne et, pour la première fois, envisagent une Nouvelle-Écosse sans sa population d'origine française.

Le problème récurrent de l'administration des colons français en Acadie, toujours perçus comme rebelles, sera réglé de façon radicale par le commandant militaire Charles Lawrence (1752-1760). Alors qu'un affrontement stratégique se profile entre la France et l'Angleterre pour la suprématie en Amérique du Nord, l'Acadie prend toute son importance stratégique. L'Angleterre cherche d'abord à y renforcer sa présence militaire et installe des colons sur tout le territoire. Le gouverneur de la Nouvelle-Écosse, Edward Cornwallis, exige alors des Acadiens un serment d'allégeance sans réserve à la couronne britannique afin d'exclure toute possibilité de neutralité. Mais les Acadiens comptent, une fois de plus, sur leur pouvoir de négociation. Dans leurs pétitions adressées au Conseil de la Nouvelle-Écosse, ils refusent encore de prêter un tel serment, qui les obligerait à prendre les armes contre la France, mais confirment leur fidélité au roi d'Angleterre. Les membres du Conseil, dont le président est alors Charles Lawrence, rejettent toute solution de tolérance envers eux et, le 28 juillet 1755, décident de les exproprier et de les expulser. Environ 7 000 Acadiens sont alors rassemblés et embarqués sur des bateaux vers les colonies anglaises de la côte atlantique ; 2 000 à 3 000 autres subissent le même sort jusqu'en 1762. La déportation cause de nombreuses morts, par suite de maladies, d'épidémies ou des conditions pénibles de l'exil.

À partir de 1764, les Acadiens sont autorisés à revenir dans leur région d'origine sous la double condition de prêter le serment de fidélité totale au roi d'Angleterre et

Partie orientale de la Nouvelle France ou du Canada, par Nicolas Bellin, 1755

Après avoir passé dans le giron britannique, l'Acadie vit une ère de prospérité sans précédent. Certes, Français et Anglais ne s'entendent pas sur la définition exacte des « anciennes limites » de l'Acadie évoquées dans le traité d'Utrecht, mais ils parviennent tout de même à coexister en paix. La guerre entre la France et l'Angleterre ravive les vieilles querelles de frontières. Au moment où Bellin publie cette carte, en 1755, la population acadienne est de 15 000 personnes. Les principaux centres de peuplement se trouvent sur le pourtour de la baie Françoise (baie de Fundy) : Annapolis Royal (anciennement Port-Royal), le bassin des Mines et le bassin de Chignectou (CHIGNITOU). La même année 1755, les Anglais entreprennent la déportation des Acadiens.

Partie Orientale du Canada, par Le Rouge, 1755

Après la signature du traité d'Aix-la-Chapelle en 1748, la France et l'Angleterre nomment des commissaires pour régler la question des frontières de l'Acadie. Les deux puissances coloniales ne s'entendent pas sur la définition exacte des « anciennes limites » évoquées dans le traité d'Utrecht. D'un côté, les commissaires anglais affirment que l'Acadie s'étend au nord jusqu'au Saint-Laurent et à l'ouest jusqu'à la rivière Penobscot. Cette carte montre bien, par un trait pointillé, leurs ambitions territoriales appuyées par divers documents dont l'octroi d'une concession de Jacques Ier à sir Alexander en 1621. Il n'y aura aucune solution diplomatique à cette querelle : la guerre de Sept Ans éclate avant la fin des pourparlers.

de se disperser en petits groupes. On les trouve dans le nord-est du Nouveau-Brunswick actuel, dans la péninsule acadienne, ainsi que dans la région du haut de la rivière Saint-Jean, au Madawaska, sur le littoral sud-est de la province, dans la vallée de la Memramcook, aux deux extrémités de la Nouvelle-Écosse, et à l'île du Prince-Édouard. L'archipel des îles de la Madeleine et la Gaspésie connaissent également un important établissement, suivi au XIXᵉ siècle par une autre migration sur la côte nord du Québec, ainsi qu'à Port-au-Port à Terre-Neuve. Mais l'Acadie n'existe plus comme entité administrative. Vivant dans des villages éloignés les uns des autres, les Acadiens connaissent alors une longue période de précarité civile et économique. Même s'il existe de nombreux contacts entre les communautés dispersées, cette Acadie de l'Atlantique est véritablement en reconstruction jusqu'au milieu du XIXᵉ siècle, alors qu'apparaissent les premiers jalons de ce que les historiens ont appelé la « renaissance acadienne ».

Sources principales

GRIFFITHS, Naomi Elizabeth Saundaus, *L'Acadie de 1686 à 1784 : contexte d'une histoire*, Moncton, Éditions d'Acadie, 1997. — LANDRY, Nicolas et Nicole LANG, *Histoire de l'Acadie*, Sillery, Septentrion, 2001. — *Mémoires des commissionaires anglois & françois au sujet des limites de la Nouvelle Ecosse ou Acadie, &c/The Memorials of the English and French commissaries concerning the limits of Nova Scotia or Acadia*, Londres, s.é., 1755.

La mer de l'Ouest

LES GAULTIER DE LA VÉRENDRYE

L E MIRAGE de la « mer de l'Ouest », issu de l'imagination des marins de la Renaissance à la recherche d'une voie navigable vers les richesses de la Chine, persiste jusqu'au siècle des Lumières. Il avait encore repris de la vigueur en 1708, par la publication à Londres dans le *Monthly, Miscellany or Memoirs for the Curious* de rapports d'un voyage imaginaire d'un personnage tout aussi imaginaire, Bartholomée de Fonte, qui aurait découvert un passage entre l'Atlantique et le Pacifique ouvrant sur la « mer de l'Ouest ». Bien qu'elles soient non fondées, ces rumeurs font rêver. À la Cour de France aussi, de même que dans les milieux scientifiques et littéraires, se développe un mouvement de curiosité tout particulier envers les nouveaux territoires à découvrir et leurs habitants encore inconnus. Et la « mer de l'Ouest » soulève de nouveaux espoirs. Cet engouement est confirmé par le voyage en Nouvelle-France de Pierre-François-Xavier de Charlevoix, de 1720 à 1723, mandaté par le régent Philippe d'Orléans, pour étudier les ouï-dire concernant la « mer de l'Ouest », en vérifier l'existence et, s'il y a lieu, la situation géographique. Le jésuite fait un séjour dans la région des Grands Lacs, descend le Missouri puis le Mississippi jusqu'au golfe du Mexique. Bien qu'il ait très peu avancé sur la connaissance de la « mer de l'Ouest », il persiste à en affirmer l'existence.

Il faudra plus que des allégations pour que de nouvelles explorations soient entreprises. En l'occurrence, quand le gouvernement de la Nouvelle-France envisage la reprise des explorations, il bénéficie de plusieurs conditions favorables. Au tournant du XVIIIe siècle, le Canada a connu une grave crise du commerce des pelleteries. De plus, la concurrence anglaise de la Compagnie de la Baie d'Hudson, qui draine les meilleures fourrures du Nord, oblige désormais les Français à parcourir de plus grandes distances pour la collecte et le transport des produits. Aussi, pour trouver de nouveaux espaces commerciaux, le ministre de la Marine encourage les explorations vers le sud et vers l'ouest. Par ailleurs, en 1701 a débuté une longue période de paix franco-indienne, particulièrement propice à l'expansion. Tous les obstacles vers les « pays d'en haut » ne sont pas levés pour autant. Au-delà du lac Ouinipigon (Winnipeg), les Français savent qu'ils vont se heurter à un territoire différent de ce qu'ils connaissent jusque-là, pauvre en voies d'eau, donc se prêtant mal à la navigation, leur moyen de déplacement habituel. On y trouve une grande plaine entrecoupée de quelques vallées et de rivières peu profondes, parsemée de quelques « îlets de bois ». Des Indiens y nomadisent à la poursuite de troupeaux de bisons, de cerfs et autres animaux dont la chair et la peau leur procurent nourriture, vêtement et souvent habitation. Les cartographes trouvent peu de mots pour désigner la région qui recouvre aujourd'hui trois provinces de l'Ouest canadien et les États américains frontaliers. C'est le « pays inconnu » occupé en partie par la « mer de l'Ouest », représentée à une courte distance des Grands Lacs.

En 1726, Pierre Gaultier de Varennes et de La Vérendrye et ses fils prennent officiellement pied dans les « pays d'en haut » en recevant le commandement du poste du Nord à Kaministiquia (Thunder Bay) et préparent un projet d'exploration. La première expédition de 1731 a pour objectif d'atteindre le lac Ouinipigon (Winnipeg) et d'y construire un poste fortifié. Le recrutement, au départ de Montréal, mobilise une cinquantaine d'hommes, dont plusieurs membres de la famille La Vérendrye. Les marchandises de troc sont chargées à Montréal, ainsi qu'un ravitaillement minimal pour les premiers jours de voyage. Pour leur alimentation, les voyageurs comptent sur la pêche et la chasse ainsi que sur des denrées à obtenir auprès des Indiens, du moins jusqu'à Michillimakinac, soit environ vingt-six jours en canot et en portages.

Détails de la carte de Visscher (voir pages 68-69)

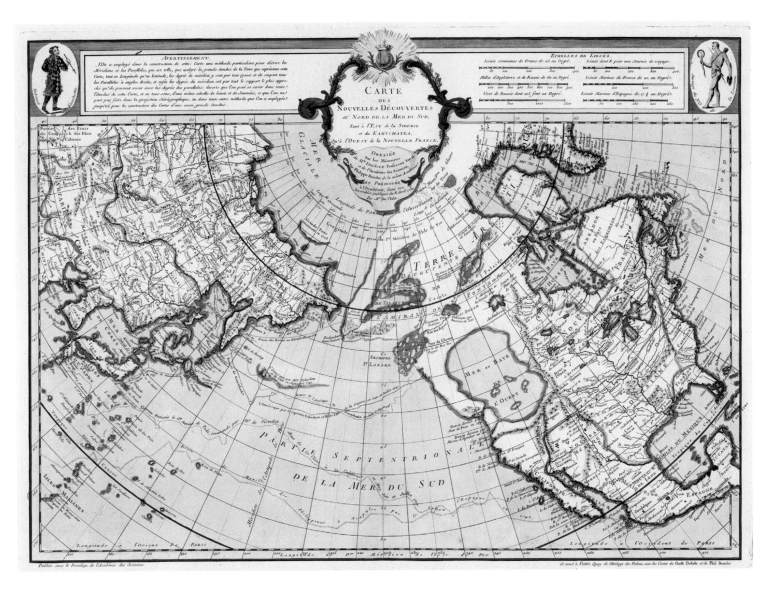

Carte des nouvelles découvertes au nord de la Mer du Sud, par Joseph-Nicolas Delisle et Philippe Buache, 1752

Au milieu du XVIIIᵉ siècle, la côte nord-ouest américaine est l'une des dernières *terræ incognitæ* du globe. Si certains auteurs, comme Nicolas Bellin, préfèrent ne pas spéculer sur le tracé de cette côte en laissant l'espace blanc, d'autres géographes y voient l'occasion de faire connaître de nouvelles théories géographiques. Ainsi, les membres de l'Académie des sciences J.-N. Delisle et Buache publient ici une carte qui frappe de stupeur l'œil du XXIᵉ siècle. Les deux cartographes présentent une gigantesque mer de l'Ouest, enclavée dans le continent américain, dont l'entrée aurait été découverte par Juan de Fuca en 1592. Plus au nord, les cartographes dessinent un passage qui relie la baie d'Hudson au Pacifique. Ce passage aurait été découvert par l'amiral Fonte en 1640. En réalité, le rapport de l'amiral Fonte n'était qu'un texte fictif publié à Londres en 1708.

Pour continuer vers le lac Winnipeg, le convoi revient d'abord sur ses pas vers le lac Huron, suit un chenal conduisant au lac Supérieur puis longe la côte nord-ouest jusqu'à la rivière Nipigon et s'arrête à Kaministiquia, le plus avancé des postes de l'Ouest. Il faut alors affronter le « grand portage » pour rejoindre le lac La Pluie et le lac des Bois. Ce n'est pas la distance à parcourir qui rend le « grand portage » si redoutable car, à vol d'oiseau, il n'est que d'une douzaine de kilomètres. C'est plutôt le défi posé par les spectaculaires accidents du terrain alternant sols marécageux, rapides, cascades et escarpements, dont certains d'une centaine de mètres de hauteur. Pour le traverser en sauvegardant les canots avec tout l'équipement et les provisions, il faut de sept à dix jours d'un incessant et épuisant va-et-vient de personnes portant de lourdes charges. En 1731, une partie des engagés, terrifiés par le danger qui se dresse sur leur chemin, refusent d'aller plus loin. Le commandant de l'expédition choisit donc de rester avec les mutins mais réussit à envoyer vingt-cinq hommes, sous la direction de son fils aîné Jean-Baptiste, pour élever le fort Saint-

Pierre au lac La Pluie. L'année suivante, il se rend jusqu'au lac des Bois où il construit le fort Saint-Charles, destiné à être un centre de ravitaillement et, en 1733, son fils Jean-Baptiste établit le fort Maurepas au lac Ouinipigon.

D'après les informations rapportées par son fils, Pierre Gaultier de Varennes et de La Vérendrye décide de partir à la recherche de la « rivière de l'Ouest », devant se jeter dans la « mer de l'Ouest ». Du lac Ouinipigon, deux pistes sont possibles, celle des sources du Missouri, dans le Dakota du Nord et dans le Montana actuels, et celle de la rivière Blanche (Saskatchewan). Du fort Maurepas où il se trouve en 1738, il choisit la première route avec 25 Français et 27 Assiniboines auxquels s'ajoutent, au cours des 2 000 kilomètres parcourus, environ 600 Assiniboines et, à la fin du voyage, 30 Mandans. La caravane s'arrête près de l'embouchure de la rivière Little Knife (Dakota du Nord), en plein pays mandan, où elle est accueillie triomphalement. En plus du soulagement ressenti par les explorateurs de pénétrer chez une nation bien disposée envers eux, ils y trouvent des chevaux, que les

Mandans mettent à leur disposition, et qui vont faciliter grandement la suite de leur expédition. Pour La Vérendrye, la probabilité est grande que le Missouri soit la « rivière de l'Ouest ». Mais, par prudence, il retourne au fort La Reine et confie à son fils Louis-Joseph l'exploration des environs du lac Ouinipigon. Ce circuit établit la relation entre les lacs Winnipeg, Manitoba et Winnepegosis ainsi qu'avec les rivières environnantes.

À partir de 1739, La Vérendrye n'entreprend plus de nouvelles explorations, bien qu'il soit toujours commandant des postes de l'Ouest. Ce sont ses fils Louis-Joseph et François qui vont consolider la présence française par la construction des forts Bourbon (1739) et Dauphin (1741). La plus spectaculaire des campagnes, celle qui a fixé l'épopée de la famille, est sans nul doute celle de Louis-Joseph, dit le chevalier, et de son frère François, en 1742-1743, jusqu'aux contreforts des montagnes Rocheuses. Guidés par les Mandans chez qui ils se trouvent en août 1742, ils ont pour objectif de se rendre chez les « Gens de l'Arc » (nord-est du Wyoming) qui détiennent des objets d'origine espagnole et auraient été en contact avec des Blancs vivant dans des constructions de brique au bord de la « mer de l'Ouest ». Ils s'y trouvent en novembre 1742 et, à la demande du « chef de l'Arc », acceptent de soutenir son opération militaire contre une nation ennemie, les « Gens du Serpent » (Shoshones) dont les villages se trouveraient au pied de hautes montagnes, sur la route de la « mer de l'Ouest ». Mais, quand les explorateurs y parviennent avec une troupe de plus

de deux mille « Gens de l'Arc », les villages « du Serpent » sont désertés. Soupçonnant les « Gens du Serpent » partis attaquer leurs propres habitations, les « Gens de l'Arc » s'enfuient, malgré les vives objurgations de leur chef. « J'étais très mortifié de ne pas monter sur les montagnes, comme j'avais souhaité » avouera dans son journal Louis-Joseph de La Vérendrye. Avec raison puisqu'il aurait peut-être aperçu l'océan Pacifique. Sur le chemin du retour, le 19 mars 1743, les explorateurs marquent d'une plaque de plomb leur passage dans un village Aricara, un lieu aujourd'hui nommé Pierre, devenu par la suite la capitale de l'État du Dakota du Sud.

Quatorze mois d'exploration sans rapporter de véritables preuves de l'existence de la « mer de l'Ouest », c'est une nouvelle déception pour le vieux commandant au retour de ses fils au fort La Reine en juin 1743. Maurepas, le ministre de la Marine, déjà mal disposé envers la famille La Vérendrye, leur reproche d'avoir cherché leur bénéfice par le commerce avec les Indiens plutôt que de mener à terme le projet d'exploration. C'était oublier que la Cour de France avait laissé tout le poids financier de l'expédition à la charge des sociétaires. Le gouverneur Beauharnois prend la défense du chef de clan qui présente alors un nouveau projet, en vue d'explorer la rivière Saskatchewan jusqu'à son embouchure. Pierre Gaultier de Varennes et de La Vérendrye meurt, en 1749, avant de réaliser son rêve, mais c'est sur cette voie d'eau que de nouveaux postes de commerce se créent, à Paskoya (Le Pas), en 1748 ainsi qu'au fort La Corne en 1753. De plus,

Carte d'une partie du lac Supérieur et des territoires de l'Ouest, par Christophe Dufrost de La Jemerais et Chaussegros de Léry, 1734
En 1731, La Vérendrye, commandant du fort Kaministiquia, est chargé de découvrir une route vers la mer de l'Ouest. Accompagné de ses fils, d'associés commerciaux et de plusieurs engagés, il s'aventure à l'ouest du lac Supérieur. Deux ans plus tard, La Jemerais présente au gouverneur de la Nouvelle-France une carte des contrées explorées, recopiée par Chaussegros de Léry. En «couleur d'eau», le cartographe inscrit le chemin qu'il a emprunté jusqu'au lac des Bois avec l'un des fils de La Vérendrye. On y voit les deux premiers forts alors construits : le fort Saint-Pierre au LAC TEKAMA- MIOUEN (lac La Pluie) et le fort Saint-Charles au LAC DES BOIS (dans l'actuel État du Minnesota). Les fortes pluies au lac des Bois ont laissé croire à La Jemerais qu'il se trouvait près du Pacifique (alors qu'il était en fait à plus de 2 000 kilomètres à vol d'oiseau). Les croix le long du parcours représentent les portages qui doivent être franchis par les voyageurs. Plus à l'ouest, il inscrit trois cours d'eau menant possiblement au Pacifique : RIVIÈRE ST-PIERRE (rivière Minnesota), RIVIÈRE ST-CHARLES et RIVIÈRE DE L'OUEST (Missouri). Ces tracés proviennent d'informateurs indiens Assiniboines et Cris.

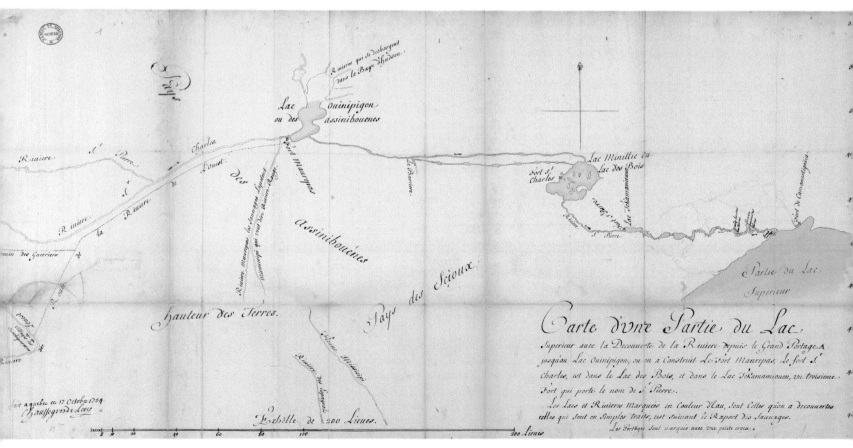

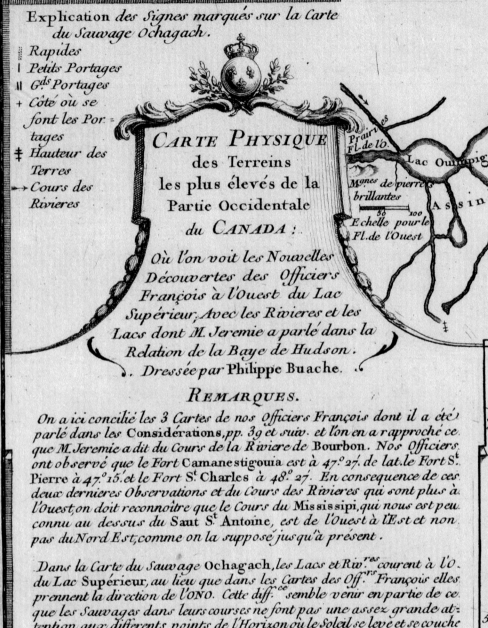

Explication des Signes marqués sur la Carte du Sauvage Ochagach.

- ‖ *Rapides*
- | *Petits Portages*
- ‖ *Gds Portages*
- + *Côté où se font les Portages*
- ‡ *Hauteur des Terres*
- → *Cours des Rivieres*

CARTE PHYSIQUE des Terreins les plus élevés de la Partie Occidentale du CANADA:

Où l'on voit les Nouvelles Découvertes des Officiers François à l'Ouest du Lac Supérieur, Avec les Rivieres et les Lacs dont M. Jeremie a parlé dans la Relation de la Baye de Hudson.

Dressée par Philippe Buache.

REMARQUES.

On a ici concilié les 3 Cartes de nos Officiers François dont il a été parlé dans les Considérations, pp. 39 et suiv. et l'on en a rapproché ce que M. Jeremie a dit du Cours de la Riviere de Bourbon. Nos Officiers ont observé que le Fort Camanestigouia est à 47.° 27. de lat. le Fort St. Pierre à 47.° 15. et le Fort St. Charles à 48.° 27. En consequence de ces deux dernieres Observations et du Cours des Rivieres qui sont plus à l'Ouest, on doit reconnoître que le Cours du Mississipi, qui nous est peu connu au dessus du Saut St. Antoine, est de l'Ouest à l'Est et non pas du Nord Est, comme on la supposé jusqu'à présent.

Dans la Carte du Sauvage Ochagach, les Lacs et Rivres courent à l'O. du Lac Supérieur, au lieu que dans les Cartes des Offrs François elles prennent la direction de l'ONO. Cette differce semble venir en partie de ce que les Sauvages dans leurs courses ne font pas une assez grande attention aux differens points de l'Horizon où le Soleil se leve et se couche dans les difftes Saisons, et ainsi cette consideration doit entrer dans l'examen de leurs Descriptions comparées avec celles des Nations plus éclairées.

Les Chaînes de Montagnes indiquées par la Suite des Sources des Rivieres, partagent cette partie du Canada en trois Bassins Terrestres inclinés l'un vers le Golfe du Mexique, et où coulent les eaux qui forment le Mississipi, l'autre vers la Be. de Hudson où se jette la Rivre. de Bourbon, qui est l'écoulemt. des Lacs nouvellemt. découverts; le 3e. vers l'Océan Septental où se décharge le Fl. St. Laurent, qui étant principalemt. formé par les eaux des Lacs Supérieur et autres, a ses Sources, comme on le voit maintenant, vers les Lacs Sesakinaga et Tecamamiouen, aux environs duquel sont aussi celles de la Riviere de Bourbon.

Quoique nos Officiers aient marqué par des Signes sur les Cartes de leurs Découvertes, les Hauteurs des Terres et le cours des Rivieres, ils ont cependant supposé, comme les Sauvages, de ces Communications prétendues de Rivieres dont le cours est opposé, et aux quelles on ne communique que par des Portages, ainsi qu'on en trouve plusieurs exemples dans les Considérations, pp. 145 et suiv. Mais pour exprimer l'état naturel du Terrein, au lieu d'employer des Signes, on a representé ici des Montagnes entre les Sources des Rivres voisines de la partie Occidle. du Lac Supérieur, dont les unes s'y déchargent, et les autres coulent à l'Ouest ou au Sud.

Ochagach et autres,
esentées dans la Carte cy jointe.

VIII.ᵉ Carte *pour la 3ᵉ et derniere Partie*
des Considérations, &c.

**Carte physique des terreins
les plus élevés de la partie
occidentale du Canada,
par Philippe Buache, 1754**

En 1754, le cartographe Philippe
Buache publie un mémoire et des
cartes portant sur la cartographie
du continent nord-américain.
Poursuivant les travaux de son
beau-père Guillaume Delisle, il
démontre par l'analyse de cartes
et récits de voyages l'existence
d'une gigantesque mer intérieure,
nommée MER DE L'OUEST. Entre
autres documents, Buache utilise
des cartes russes, des cartes
japonaises, les récits d'Henry Ellis
et surtout les cartes et mémoires
issus de « nos officiers français »,
c'est-à-dire les La Vérendrye.
Dans un encart placé en haut, le
cartographe français insère la
carte d'Ochagach montrant la
succession de lacs et rivières à
l'ouest du lac Supérieur ainsi que
les nombreux rapides et portages
à franchir (voir p. 207). Pour
échafauder ses théories
géographiques, Buache fait appel
à la « Relation du détroit et de la
baie d'Hudson » de Nicolas
Jérémie, publiée pour la première
fois en 1720 à Amsterdam. Un
passage de cette relation
encourage en particulier le
cartographe : d'après des sources
indiennes, il y aurait, à plusieurs
mois de marche vers l'ouest, une
mer sur laquelle on a vu « de
grands canots ou navires avec des
hommes qui ont de la barbe, qui
ramassent de l'or sur le bord de la
mer ».

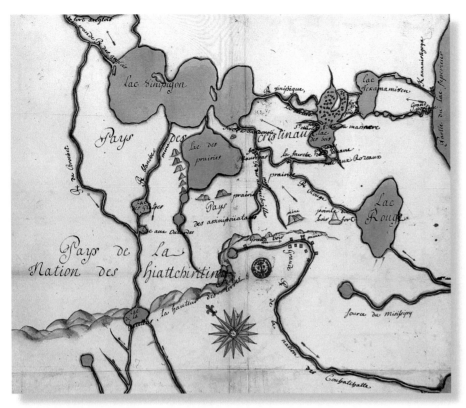

Carte contenant les nouvelles découvertes de l'ouest en Canada, attribuée à Louis-Joseph Gaultier de la Vérendrye, 1737 (détail)

En 1737, Pierre La Vérendrye et ses hommes ont progressé vers l'ouest, mais pas suffisamment au goût du ministre Maurepas. S'il ne veut pas être rappelé, l'explorateur doit promettre d'atteindre le pays des Mandans. La même année, il fait connaître une nouvelle carte des territoires visités, qui a peut-être rassuré le ministre. En effet, on y voit la rivière Blanche (rivière Saskatchewan) permettant d'atteindre une chaîne de montagnes (les Rocheuses) ainsi qu'une rivière se déchargeant dans le Pacifique. Le long de cette « rivière du couchant » se trouvent un « fort des blancs » et une ville à son embouchure.

ses fils conservent leur activité commerciale dans l'Ouest, entretenant plusieurs nouveaux postes de traite, notamment au Grand Portage (Minnesota), à Chagouamigon (Ashland, Wisconsin) et à la baie des Puants (Green Bay, Wisconsin). En réalité, le réseau de traite des fourrures de l'Ouest est momentanément sécurisé et la domination française sur les routes de l'intérieur semble totale.

Les milliers de kilomètres parcourus entre les Grands Lacs, les plaines centrales et les montagnes Rocheuses, lors des expéditions vers la « mer de l'Ouest » entre 1730 et 1750, ont donné lieu à une immersion totale des explorateurs dans le milieu naturel habité par les Indiens. Pierre Gaultier de Varennes et de La Vérendrye, issu lui-même d'une famille d'explorateurs, est profondément convaincu des handicaps de l'étranger abordant des hommes et des terres inconnues. Il sait qu'aucun projet de commerce ou de colonisation durable ne peut réussir sans l'accord toujours renouvelé des autochtones. Aussi, son entreprise dans l'Ouest est marquée par une politique diplomatique très claire et parfaitement appliquée. Il s'agit non seulement d'établir des alliances avec les nations mais aussi de maintenir la paix entre elles, en évitant les guerres. Cette paix est nécessaire au commerce des pelleteries ainsi qu'à la collecte d'informations sur les ressources et sur le territoire à parcourir pour parvenir à la « mer de l'Ouest ».

En plus de l'information utile, les Indiens procurent aux explorateurs des méthodes de production agricole pour le maïs, la « folle avoine » ou riz sauvage, les courges, les pois. Ils complètent leur approvisionnement en produits de la chasse et de la pêche et assurent les moyens de transport, la main-d'œuvre et les chiens pour l'intendance au cours des déplacements. Les femmes participent aux expéditions et se chargent, selon la coutume, des poids les plus lourds, de l'installation des tentes lors des campements, de la préparation des repas, de l'entretien des vêtements et de toute autre tâche. C'est au cours de ces années 1720 et 1730 que les historiens datent le début du métissage franco-indien au Manitoba, qui connaîtra un destin tumultueux au XIXᵉ siècle.

L'expérience française de plus de deux siècles de familiarisation avec l'Amérique du Nord a permis à des explorateurs de parcourir enfin, en une vingtaine d'années, les grandes plaines de l'Ouest, que leurs prédécesseurs n'avaient pas affrontées jusque-là. On assiste alors à une modification considérable des moyens et des stratégies de déplacement. Les explorateurs canadiens, ayant grandi à l'est du pays, s'adaptent spontanément à un nouveau contexte géographique et adoptent progressivement le voyage terrestre peu en usage chez leurs prédécesseurs. Marins habiles à la barre de leurs voiliers, puis à manier l'aviron, les explorateurs ont dû apprendre à oublier parfois leur bateau ou leur canot et s'entraîner au voyage par terre, dans la poursuite d'une traversée du continent vers la « mer de l'Ouest ». L'obligation fréquente du portage conduit ces Européens des climats tempérés à apprivoiser l'hiver où, entre autres avantages, la terre gelée facilite la marche sur les sols autrement spongieux et marécageux. Le cheval, ramené de chez les Mandans, n'apporte son concours aux explorateurs des plaines qu'en 1741. C'est donc une profonde mutation des technologies, pratiques et stratégies que les hommes venus d'Europe ont dû opérer aussi bien pour vivre sur le continent nord-américain que pour s'y déployer à la poursuite de l'utopique « mer de l'Ouest ». 🐌

Sources principales par ordre d'importance

CHAMPAGNE, Antoine, *Les La Vérendrye et le poste de l'Ouest,* Québec, Les Presses de l'Université Laval, coll. « Les cahiers de l'Institut d'histoire », 1968. L'ouvrage toujours d'actualité sur les explorateurs des plaines. — LA VÉRENDRYE, Pierre Gaultier de Varennes de, *À la recherche de la mer de l'Ouest : mémoires choisis de La Vérendrye/In Search of the Western Sea : Selected Journals of La Vérendrye,* Denis COMBET, Emmanuel HÉRIQUE et Lise GABOURY-DIALLO (éd.), Saint-Boniface/Winnipeg, Éditions du Blé/Great Plains Publications, 2001. La reconstitution des voyages sur des cartes contemporaines est très éclairante. — LA VÉRENDRYE, Pierre Gaultier de Varennes de, *Journals and Letters of Pierre Gaultier de Varennes de La Vérendrye and his Sons : With Correspondence Between the Governors of Canada and the French Court, Touching the Search for the Western Sea,* Lawrence Johnstone BURPEE (éd.), Toronto, Champlain Society, 1927. Un grand nombre de documents originaux rassemblés dans cet ouvrage sont maintenant accessibles dans la base de données du site www.archivescanadafrance.org — RUGGLES, Richard Irwin, « The Historical Geography and Cartography of the Canadian West, 1670-1795 : The Discovery, Exploration, Geographic Description and Cartographic Delineation of Western Canada to 1795 », thèse de doctorat, Londres, University of London, 1958. L'exploration, la description géographique et la délinéation cartographique de l'Ouest canadien, avant 1795.

La Louisiane

TERRE DE PROMESSES

IL S'EN EST FALLU DE PEU que la Louisiane n'échappe à la France à la fin de la guerre de Succession d'Espagne. Au cours des longues négociations, de 1711 à 1713, en vue des multiples ententes qui aboutirent au traité d'Utrecht, le jeune roi d'Espagne, Philippe V, petit-fils de Louis XIV, provoque une réelle surprise en revendiquant le vaste territoire avoisinant la Nouvelle-Espagne, au nom de la bulle papale de 1493 et du traité de Tordesillas de 1494. Au grand soulagement de son grand-père, non seulement la Louisiane reste française mais les plénipotentiaires exigent que le roi d'Espagne renonce à ses prétentions au trône de France.

Au début du XVIIIᵉ siècle, la Louisiane représente, pour la France, des enjeux considérables : contenir les colonies anglaises à l'est des Appalaches et maintenir les possessions espagnoles au sud du Rio Grande. Louis XIV espérait encore y trouver ce que le Canada ne lui avait pas offert, soit les métaux prospectés inlassablement depuis les premières explorations. « La grande affaire est la découverte des mines », écrit le contrôleur des Finances Jérôme de Pontchartrain à Pierre Le Moyne d'Iberville en 1699 à son départ pour la Louisiane. Le ministre lui recommande de n'attaquer ni les Anglais ni les Espagnols ; il « étudiera les ressources du pays, et, particulièrement, s'il est possible de tirer de la laine des bœufs du pays. Il en apportera quelques peaux et même quelques bêtes vivantes s'il le peut. On dit qu'il y a des mûriers ; s'il en est ainsi, se rendra compte si l'élevage des vers à soie ne pourrait pas se faire avec profit. Etudiera le pays au point de vue des mines, etc. »

Plan des Chapitoulas, vers 1726

En 1726, il y avait à Chapitoulas (une bourgade située à une dizaine de kilomètres en amont de La Nouvelle-Orléans) 385 esclaves africains pour seulement 42 Européens. Ces esclaves cultivaient surtout l'indigo, plante qui produisait un colorant naturel de couleur bleu. Ce plan délimite avec précision les plantations d'indigo (nommées indigoteries) de Chapitoulas tout en marquant l'emplacement des principaux bâtiments, chemins, digues, canaux de drainage. Parmi les grands propriétaires terriens, se trouvent les frères Chauvin, nés à Montréal.

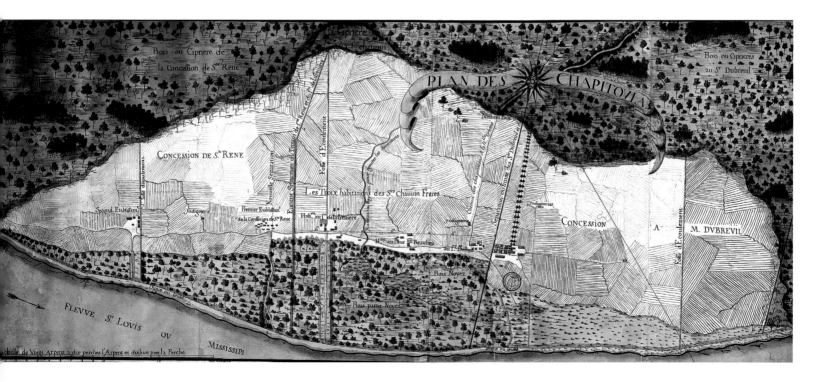

Carte du Mexique et de la Floride, par Guillaume Delisle, 1703

Installés dans des forts construits sur les rives du golfe du Mexique, les Français ont rapidement cherché à s'allier aux peuples de l'intérieur, situés le long du Mississippi et de ses affluents. Dès les premières années de la Louisiane, le commandant Le Moyne de Bienville se rend chez les Natchez et les Taensas ainsi que les Natchitoches et Cadodaquious sur les rivières Rouge et Ouachita. Les Indiens, pour leur part, trouvent chez les Français de puissants alliés pour les aider à contrer les raids esclavagistes des Chicachas. Pour réaliser cette carte, le géographe de cabinet Guillaume Delisle est informé par Pierre Le Moyne d'Iberville et par Pierre Le Sueur. Le cartographe appose une frontière qui sépare la colonie du Canada du territoire de la Louisiane. L'enjeu était de taille puisqu'il s'agissait de savoir qui avait autorité sur le bassin des Grands Lacs, le plus important réservoir d'animaux à fourrures d'Amérique.

Effectivement, d'Iberville rédige un état des ressources propres à justifier la colonisation. Conformément aux directives reçues, il fait construire le fort Maurepas à Biloxi (Ocean Springs, Mississippi) et le fort Saint-Louis à Mobile (Alabama). Avec son frère Jean-Baptiste de Bienville, il cherche à se concilier l'amitié de toutes les tribus de la région afin d'éviter que les Anglais de la Caroline et de la Georgie ne les gagnent à leur cause. Bienville, à vingt et un ans, commence alors sa carrière en Louisiane en 1701. Il est commandant de Biloxi, première d'une longue suite de responsabilités qui le conduiront jusqu'à celle de gouverneur, de 1732 à 1743. Sa tâche sera ardue : il faudra négocier la paix avec les tribus indiennes, rétablir la confiance des colons, assurer la protection de la Louisiane contre les Anglais et les Espagnols. S'il réussit sur ces deux derniers points, il échoue totalement dans ce qui était jusque-là son fort : la politique indienne.

Louis XIV avait compris que ce territoire immense serait long et coûteux à prospecter. D'autant que la période de fondation coïncide avec une succession de guerres, accaparantes et coûteuses à la France, qui laisse ainsi la colonie s'installer dans la pénurie. Les quelques habitants ne peuvent compter que sur les Indiens pour leur subsistance. On revient donc, en quelque sorte, aux compagnies de commerce, formule selon laquelle le Canada a été établi. Antoine Laumet, dit de Lamothe Cadillac, fondateur de Détroit (1702), puis gouverneur de la Louisiane (1710), entraîne le banquier Antoine Crozat, en 1712, à la création d'une compagnie qui obtient le monopole du commerce de la colonie pour quinze ans. Coïncidence favorable, la paix retrouvée incite de nombreuses familles, que la guerre a ruinées, à s'expatrier dans la nouvelle colonie. Mais Crozat n'investit pas assez et, à sa demande, son monopole est transféré, dès 1717, à la compagnie d'Occident du banquier John Law. Transformée en Compagnie des Indes en 1719, elle étend son monopole à l'Illinois, afin d'y exploiter les mines et mène une importante campagne publicitaire pour attirer les investisseurs. Une foule d'actionnaires se pressent alors pour apporter leurs valeurs à la compagnie qui voit affluer capitaux, colons, constructeurs et artisans. Membre du conseil d'administration de la compagnie,

Bienville fonde La Nouvelle-Orléans en 1718. Mais l'embellie est de courte durée. Dès 1720, l'excès de spéculation entraîne la banqueroute spectaculaire de la Banque de Law. Réorganisée peu après, en 1722, la Compagnie des Indes connaîtra une dizaine d'années de prospérité.

Les années 1720 sont celles du « Code noir », dont l'objectif est de protéger les esclaves des injustices de leurs maîtres mais aussi de définir la conduite des deux parties. Ce code interdit notamment la pratique de toute religion autre que le catholicisme et prévoit explicitement, le cas échéant, l'expulsion des Juifs de la Louisiane. Ainsi, les obligations et les rôles de chaque groupe social sont définis avec une extrême précision. Ils vont marquer durablement l'évolution de cette région.

En 1726, la Louisiane est peuplée de 3 987 personnes dont 44 % sont des esclaves. La population d'origine canadienne ou française vit surtout dans le Nord, au pays des Illinois ainsi qu'aux environs de La Mobile et de La Nouvelle-Orléans jusqu'au territoire des Natchez. Entre ces agglomérations du Nord et du Sud, séparées par des centaines de kilomètres, on ne rencontre que de petits postes de traite, entourés de tribus indiennes rarement favorables à la présence française. Aussi, la révolte des Natchez contre les Français sème la crainte dans la colonie, détruit la confiance envers les dirigeants de la Compagnie des Indes et introduit un doute fatal chez les actionnaires. Louis XV supprime donc, en 1731, les privilèges de la compagnie. La Louisiane revient alors sous

Carte de la Louisiane et du cours du Mississippi, par G. Delisle, 1718
S'inspirant d'une carte de l'abbé François Le Maire, Guillaume Delisle publie en 1718 cette *Carte de la Louisiane et du cours du Mississippi* sur laquelle on voit les nombreux affluents du fleuve, notamment le Missouri pressenti comme une voie possible vers la mer de l'Ouest. Sa carte montre aussi les forts français implantés au sein de diverses nations alliées. On y voit une « mission de los Teijas établie en 1716 », première mention du Texas sur une carte imprimée. Pendant près de 50 ans, cette carte sert de principale référence pour représenter le bassin du Mississippi.

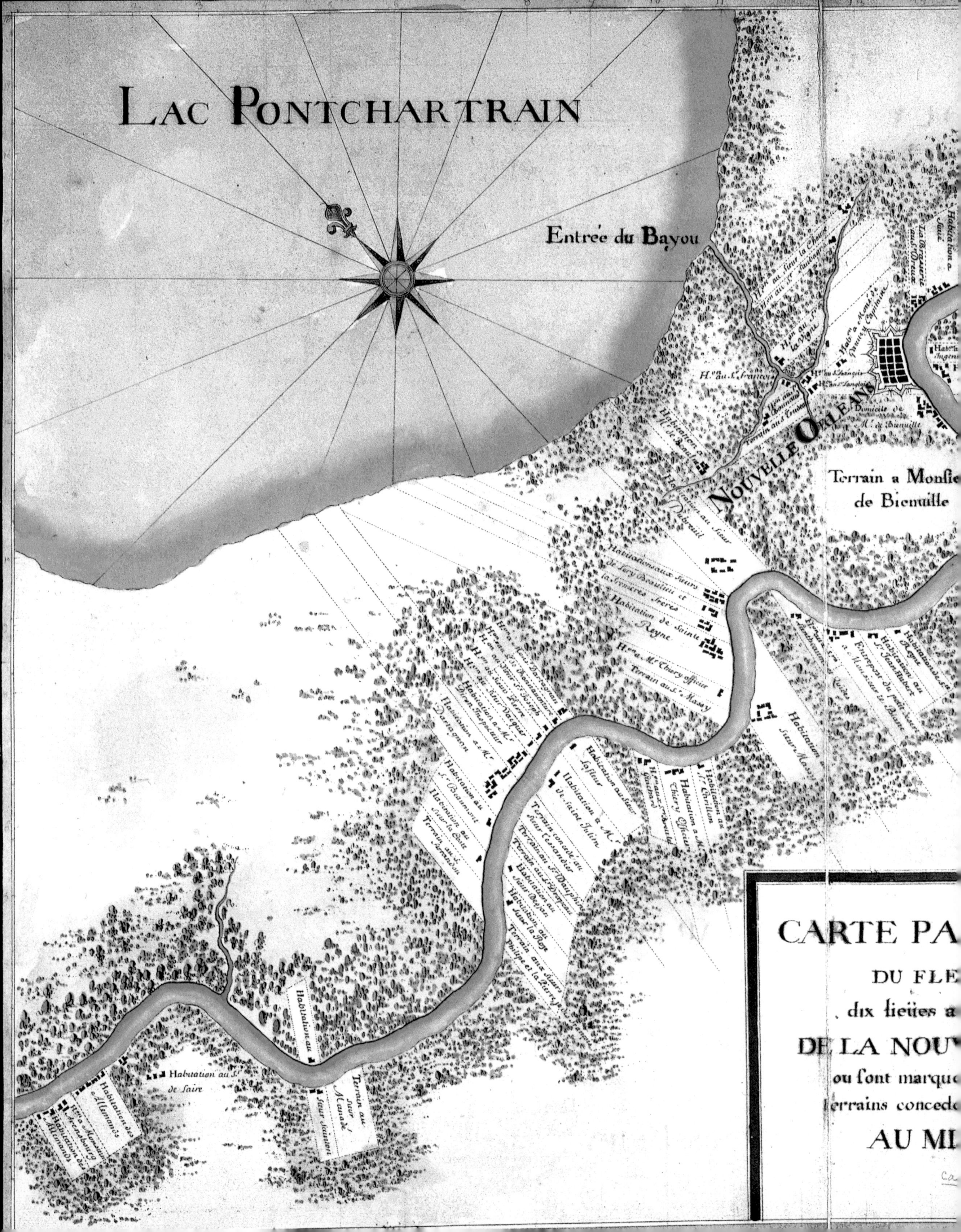

LAC PONTCHARTRAIN

Entrée du Bayou

NOUVELLE ORLEANS

Terrain a Monsie...
de Bienuille

Domicile de
M. de Bienville

Habitation aux Sieurs
de Sery Brouilli et
la Freneres Freres

Habitation de Sainte
Reyne

H.on a M.r Chiery officier

Terrain au S.r Massy

Habitation
Sieur Massy

Habitation au Sieur
Christian

Habitation a M.r
Thiery Officier

Habitation au Sieur
Lafleur

Habitation au
De Saint Julien

Terrain concedé au
Sieur Cassandre

Terrain au S.r Dauphin

Habitation au
Sieur Rejon

Terrain au Sieur
Philippe et la Barye

Habitation au S.r
de Saire

Terrain au Sieur
Canale

Habitation au S.r
Canale

Habitation au
Sieur Cuisinier

CARTE PA...
DU FLE...
dix lieües a...
DE LA NOUV...
ou sont marqu...
Terrains concedé...
AU MI...

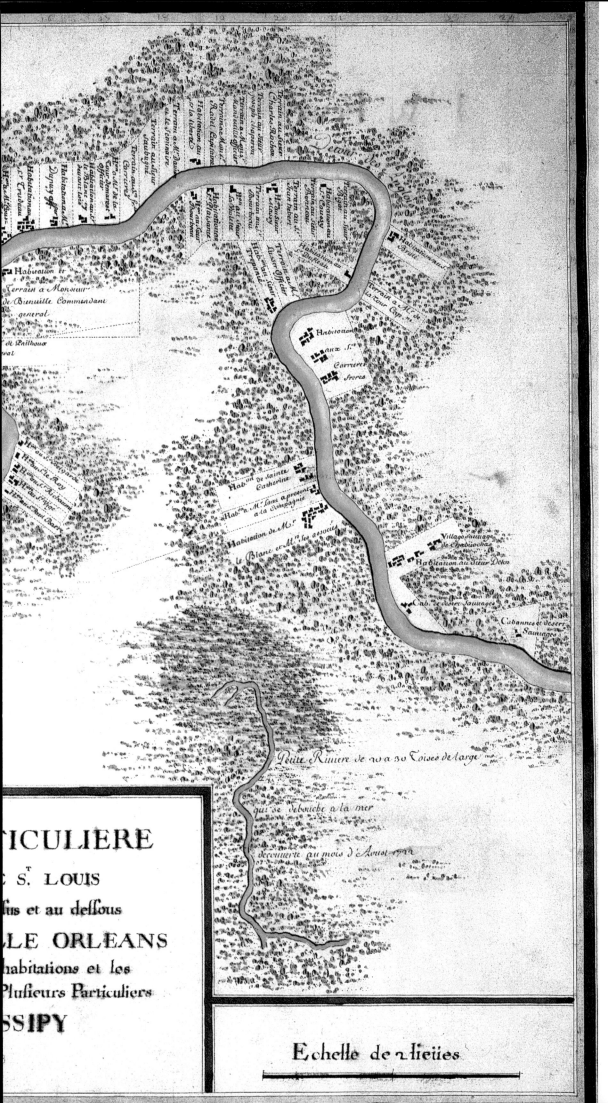

Echelle de 2 lieües

Carte du Mississippi aux environs de La Nouvelle-Orléans, vers 1723

Vers 1720, la situation de la Louisiane était toujours aussi précaire qu'à ses débuts, la capitale ayant déménagé pas moins de quatre fois en vingt ans d'existence. C'est alors qu'on décide de construire une ville plusieurs kilomètres à l'intérieur du continent, sur les terres fertiles de la vallée du Mississippi : La Nouvelle-Orléans. Cette carte anonyme en montre les environs quelques années seulement après sa fondation. On voit que la ville, déjà fortifiée, épouse le Mississippi au creux d'un méandre. Bien située, La Nouvelle-Orléans était joignable de deux façons : en empruntant le Mississippi depuis son embouchure ou en empruntant le lac Pontchartrain puis le cours d'eau du bayou Saint-Jean. L'emplacement avait un autre avantage : c'était un endroit surélevé, moins susceptible d'être inondé que les terres environnantes. L'ouragan Katrina en a fait la preuve en août 2005, inondant pratiquement toute La Nouvelle-Orléans, sauf le quartier français. La carte montre aussi que la plupart des terrains bordant le Mississippi sont déjà occupés. La taille et la forme des propriétés rappellent les concessions du Canada. On peut apercevoir le nom des propriétaires, notamment ceux du gouverneur Bienville et de l'ingénieur Pauger qui se sont réservé les meilleures terres autour de la ville. Et pour cause, l'un était gouverneur de Louisiane ; l'autre avait dessiné les plans de La Nouvelle-Orléans. En bas à gauche, on voit la mention « Habitation des Allemands », en référence à 300 colons recrutés par John Law, établis en 1722.

Plan de la mission des Tamarois au pays des Illinois, par Jean-Paul Mercier, 1735

Ce croquis a été réalisé en 1735 par le missionnaire Jean-Paul Mercier. Destiné au supérieur du séminaire de Québec, il présente la seigneurie des Tamarois située à l'est du Mississippi, à quelques lieues au sud de l'embouchure du Missouri. Il montre que le missionnaire loge dans une habitation de 84 pieds de long, entourée d'un hangar, d'une boulangerie, d'une grange, d'une écurie et d'une maison d'esclaves noirs. Il situe également la demi-douzaine de colons français à qui les missionnaires ont concédé des terres sans contrat. Ces colons cultivent des champs achetés aux Indiens Cahokias. Ceux-ci demeurent sur les lieux afin de bénéficier de la protection armée des Français.

l'autorité directe du roi et le commerce peut être pratiqué librement. L'administration de la Louisiane est à l'image des autres colonies françaises avec un gouverneur particulier, un commissaire-ordonnateur, un Conseil supérieur. Bien que faisant partie de la Nouvelle-France, ses liens de dépendance sont très distendus d'avec le gouvernement général de Québec. Poursuivant une politique économique pour le moins différente de celle du Canada et dont les autorités gouvernementales tirent peu de bénéfice, la Louisiane n'a guère avec celles-ci que des rapports obligatoires, et presque uniquement dans la mesure où, sa sécurité étant menacée, une action concertée paraît s'imposer.

La Louisiane ne connaît la prospérité qu'à partir de la fin des années 1740 : son commerce avec la France, les Antilles françaises et les colonies espagnoles s'accroît alors de façon prodigieuse, grâce à l'exportation du bois,

de l'indigo, de la cire, du lin, du brai, du goudron et des fourrures. Le gouverneur Vaudreuil y arrive, en 1743, au meilleur moment. Son mandat ouvre une période de paix, d'aisance et de festivités qui a laissé un souvenir de douceur et de raffinement. Sous son autorité, l'importante industrie du sucre est lancée. Cependant, après son départ en 1752, toutes les rivalités se réveillent entre Canadiens et Français, jésuites et capucins, Indiens Chicachas, Chactas, Natchez et Alibamons que le gouverneur Louis Billouard de Kerlérec aura beaucoup de mal à gérer dans le contexte de la guerre de Sept Ans.

La population de la Louisiane atteint, en 1746, environ 9 000 habitants. Plus de la moitié sont des esclaves, tant indigènes que Noirs, ces derniers étant largement majoritaires. Beaucoup de Canadiens s'établissent dans le haut Mississipi qui compte, en 1752, près de 800 colons. Ils fournissent à la basse Louisiane, ainsi qu'au Canada, de

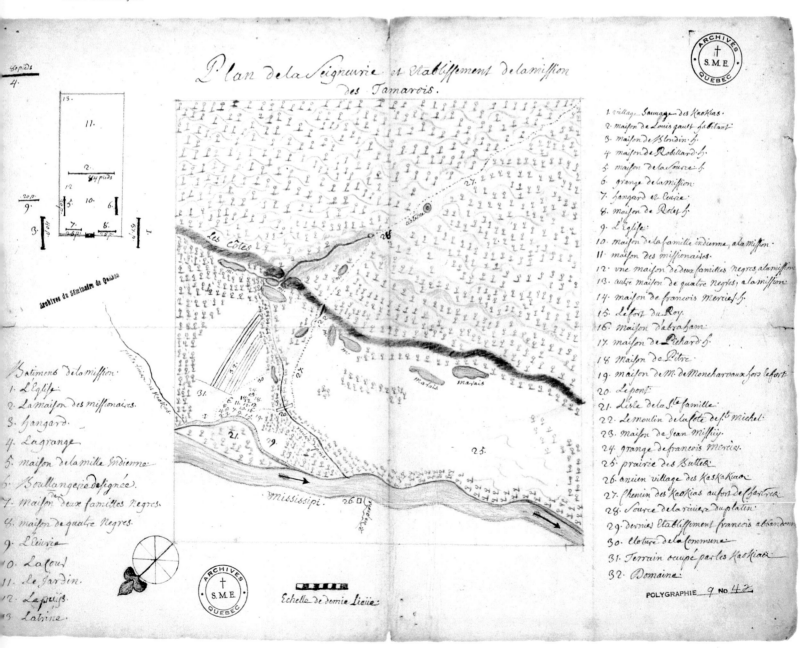

la farine, des viandes salées et des peaux d'animaux. À partir de 1755, s'ajoute un autre groupe de descendants de Français, les Acadiens chassés de la Nouvelle-Écosse. Ces exilés catholiques reçoivent des terres le long des berges du Mississippi, non loin de l'endroit où s'étaient installés les colons allemands qu'avait fait venir John Law.

Avec la chute de Québec et de Montréal, en 1760, la Nouvelle-France se réduit à la Louisiane, qui se trouve bien isolée. Les marchandises produites pourrissent dans les magasins, faute de vaisseaux et l'« élite » habituée à la corruption, au trafic et au jeu s'accommode mal de l'honnêteté scrupuleuse du gouverneur Kerlérec (1752-1762). Seule l'immensité du pays et son peu d'attrait commercial lui évitent la domination anglaise dévolue au Canada. En effet, les Anglais, devenus maîtres du fort Duquesne (Illinois), auraient pu étendre leur domination plus au sud.

Mais la Cour de Versailles n'est pas vraiment convaincue de la valeur potentielle de cette terre lointaine. Le 3 novembre 1762, Louis XV décide d'en faire cadeau à son cousin d'Espagne, en vertu d'un « pacte de famille ». L'arrivée au pouvoir de Napoléon Bonaparte va tout changer, car la colonie l'intéresse pour des raisons stratégiques. En 1800, par un traité secret, la Louisiane redevient française. Mais le président américain, Thomas Jefferson, craint que la France ne ferme un jour l'accès au Mississippi et ne contrôle ainsi le commerce. Un émissaire américain est envoyé à Paris, où il propose à la France 15 millions de dollars pour l'acquisition d'une petite partie des terres, dans le delta du Mississippi, permettant l'accès au fleuve. Surprise ! Pour le même prix, Bonaparte, en 1803, cède le territoire tout entier, soit 1 600 000 kilomètres carrés. Les États-Unis doublent leur superficie d'un seul coup. Le territoire sera ensuite découpé en une quinzaine d'États, débordant largement les frontières de l'ancienne Louisiane. La France vient de disparaître officiellement de l'Amérique du Nord. La voie est ouverte pour l'expansion des États-Unis vers l'Ouest. 🐚

Sources principales

La Louisiane : de la colonie française à l'État américain, Paris, Somogy/ Mona Bismarck Foundation, 2003. Un ouvrage accompagnant une exposition sur le même thème. — LANGLOIS, Gilles-Antoine, *1682-1803 : la Louisiane française* [en ligne], Paris, ministère de la Culture et de la Communication, 2003 [www.louisiana.culture.fr]. Exposition virtuelle réalisée à l'occasion du bicentenaire de la cession de la Louisiane aux États-Unis d'Amérique en 1803, par Napoléon Ier.

Plan of New Orleans the Capital of Louisiana, par Louis Pierre Le Blond de La Tour, publié à Londres en 1759

Construite *ex nihilo* à l'emplacement déterminé par le gouverneur Bienville, La Nouvelle-Orléans est ainsi nommée en l'honneur du régent Philippe d'Orléans. Les ingénieurs Leblond de la Tour et Pauger en dessinent les plans selon les principes architecturaux en vogue au XVIIIᵉ siècle. Comme le montre cette carte, la nouvelle capitale de la Louisiane affiche une grille de rues parallèles, formant des îlots parfaitement carrés. Au cœur, on retrouve la place d'Armes (l'actuel Jackson Square), autour de laquelle on a construit l'église paroissiale, le couvent des Capucins et la maison du gouverneur. Même si, au début, la population n'est pas assez nombreuse pour couvrir tous les îlots, on bâtit la ville sur une grande superficie (88 hectares), en prévision de l'expansion démographique.

Villes et postes fortifiés en Nouvelle-France

POUR SURVIVRE EN TERRE D'AMÉRIQUE, les Français érigent plusieurs constructions défensives. Dès les premières années de colonisation, la Nouvelle-France est en guerre. Grâce à des palissades de pieux bâties à partir d'arbres et de branches entrelacées, elle tente de parer aux raids indiens. Ces constructions ne sont pas nouvelles. On y a recours en Europe comme en Amérique depuis des siècles. Dès la fin du XVIIIe siècle, Québec, Montréal et Trois-Rivières sont dotées d'enceintes fortifiées, notamment pour assurer une protection contre l'artillerie anglaise. Plusieurs ingénieurs du roi sont envoyés dans la colonie pour orchestrer l'érection ou la réfection de constructions militaires. Initiés, dans l'armée, à la science des fortifications, ces hommes connaissent aussi l'art du dessin. Le premier à être envoyé au Canada en 1685, Robert de Villeneuve, est un excellent dessinateur qui a laissé plusieurs beaux plans de Québec et des environs. Il est cependant un piètre ingénieur, considéré par les autorités locales comme «fou, libertin, débauché et panier percé». Ses projets de fortification n'ont jamais été retenus par la Cour. D'autres ingénieurs compétents suivent, notamment Boisberthelot de Beaucours et Levasseur de Néré, mais celui qui a eu la plus grande influence en Nouvelle-France est certainement Chaussegros de Léry. Dépêché dans la colonie en 1716, il doit revoir les fortifications à Québec et à Montréal. Tandis qu'une enceinte de pierre est érigée autour de Montréal, Québec reste négligée malgré son statut de capitale coloniale. Ce n'est qu'en 1745 que ses fortifications sont terminées, et ce, sans l'autorisation du roi. En Amérique du Nord, la plupart des murailles qui gênaient la croissance physique des villes sont détruites. Seule Québec conserve aujourd'hui une partie des fortifications de Nouvelle-France, aujourd'hui patrimoine mondial protégé de l'Unesco.

Dès la seconde moitié du XVIIe siècle, les Français érigent d'autres fortifications qui protègent le Canada d'une invasion anglaise, notamment sur la rivière Richelieu (voir carte p. 186). Après le traité d'Utrecht qui confirme entre autres la perte de Terre-Neuve et de l'Acadie, ils construisent Louisbourg, une immense forteresse en bord de mer qui protège la lucrative industrie de la pêche et assure un meilleur contrôle de l'estuaire du Saint-Laurent (voir carte p. 185). À l'intérieur des terres, dans la région des Grands Lacs et du Mississippi, les Français érigent plusieurs forts, plus modestes, mais stratégiquement situés sur les principales voies de communication. Ces forts sont placés de telle sorte qu'ils forment de longues chaînes de ravitaillement reliant Montréal et La Nouvelle-Orléans aux points les plus avancés à l'intérieur des terres. Ainsi, les Français assurent à leurs colonies un meilleur approvisionnement en fourrures et bloquent par la même occasion l'expansion anglaise sur le continent. De leur côté, les Anglais répliquent en construisant des forts qui consolident leur position, notamment dans la vallée de l'Ohio.

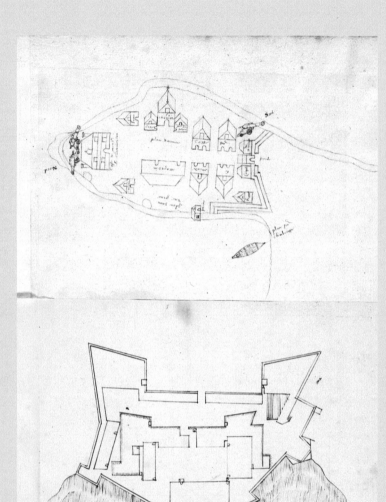

Plan présumé du fort de Ville-Marie, attribué à Jean Bourdon, ca 1647
Ce document serait le premier plan du fort Ville-Marie sur l'île de Montréal. Au moment de sa fondation cinq ans plus tôt, on a voulu en faire un haut lieu de spiritualité et de dévotion, point de départ des missionnaires vers la région à l'ouest. Bien vite, on abandonna cette utopie mystique et l'établissement fut plutôt appelé à devenir un lieu de traite incontournable en Nouvelle-France. Le fort représenté sur le plan était situé dans l'actuel Vieux-Port, sur le bord du Saint-Laurent, vis-à-vis de la pointe à Callière où se trouve actuellement le musée du même nom. Cette planche fait partie d'un ensemble de neuf plans attribués à l'arpenteur Jean Bourdon et conservés à la bibliothèque de l'Université McGill.

Plan de Boston, 1693

En 1689, la guerre éclate entre la France et l'Angleterre. Après avoir subi l'attaque avortée de Phips, le gouverneur Frontenac planifie, en guise de contre-attaque, l'invasion de Boston et de Manhattan. Pour mettre en œuvre ses plans, il y envoie en mission d'espionnage Franquelin et Lamothe Cadillac (1692). Fruit du voyage, cette carte met en évidence les principaux éléments de défense de Boston. Les routes qui mènent à la ville, par terre et par mer, y sont mises en valeur. La ville est située dans une baie profonde, bien protégée par une barrière de rochers et d'îles, dont l'ISLE DU FORT connue sous le nom de Castle Island. On y apprend aussi qu'il y a à Nantuckett (NOUTARQUET) les pilotes pour conduire les vaisseaux à Boston. Reliée au continent par un isthme particulièrement étroit, Boston était défendue par une palissade ainsi que des batteries bien positionnées, empêchant le mouillage des vaisseaux ennemis aux abords. Situé sur une colline, le fort ANDROS (fort Hill) devait aussi protéger la ville. Franquelin dira avoir travaillé cinq mois à cette carte, jusqu'à ce que ceux qui avaient été sur les lieux, Français, Anglais ou Indiens, les aient approuvés. En la comparant avec une image cartographique moderne, on constate que Boston et Charlestown ont, au XVIIe siècle, des péninsules beaucoup plus accentuées.

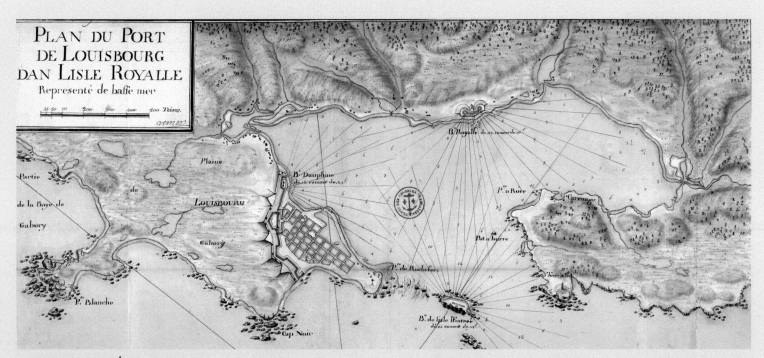

Plan de Louisbourg, par Étienne Verrier, 1735

Après avoir cédé l'Acadie à l'Angleterre, les Français construisent une véritable forteresse portuaire à Louisbourg sur l'île Royale. En protégeant ce lieu libre de glace à l'année, on favorise la communication avec la métropole, on soutient l'industrie de la pêche et on sécurise aussi l'entrée du Saint-Laurent. L'ingénieur Verger de Verville choisit l'emplacement dans la péninsule à l'extrémité sud du port, puis instaure un plan en damier qui correspond à l'esthétique classique de l'époque. Étienne Verrier, qui lui succède, dessine plusieurs plans d'aménagement, dont celui-ci, qui montre les trois principales batteries protégeant la ville. Malgré toutes les précautions prises, les Français doivent capituler à deux reprises devant l'assaillant anglais.

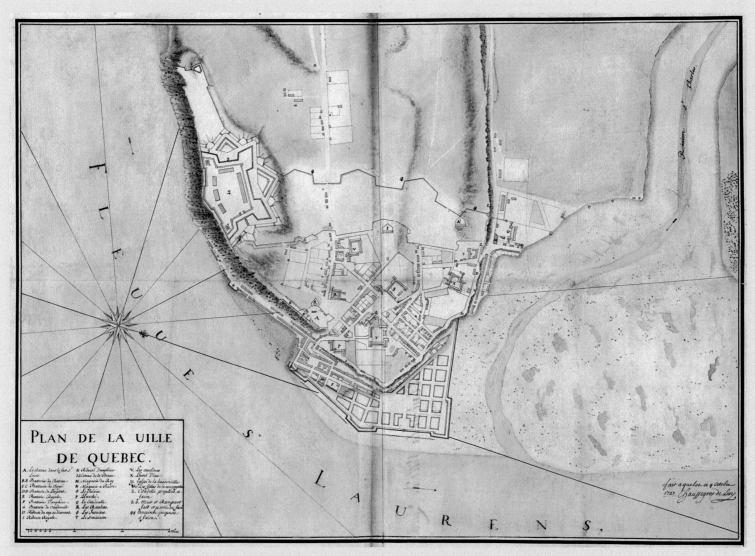

Plan de la ville de Québec, par Gaspard-Joseph Chaussegros de Léry, 1727

Dès son arrivée au Canada en 1716, l'ingénieur du roi Chaussegros de Léry reçoit le mandat d'améliorer les fortifications de Québec. Dès lors, il dresse un nombre impressionnant de plans qui présentent au roi des projets de construction ou de réparation. Celui-ci, daté de 1727, se veut une solution à l'engorgement de la basse-ville. Reprenant une idée avancée dès la fin du XVIIᵉ siècle, Chaussegros de Léry propose d'ouvrir l'espace urbain sur le fleuve. La construction d'une digue permettrait de récupérer une bonne partie du terrain à découvert à marée basse. Bien que ce projet soit approuvé par les autorités, il ne se réalise pas. Le plan propose aussi la construction d'une citadelle sur les hauteurs du cap Diamant. Cet édifice d'envergure commanderait d'un côté l'enceinte qui ferme la ville, de l'autre le passage sur le Saint-Laurent. Trop coûteux et trop long à réaliser, le projet est refusé par le roi. L'idée est reprise, après la Conquête, par les militaires anglais qui font construire une citadelle, prémunissant Québec contre une attaque américaine ou une rébellion populaire.

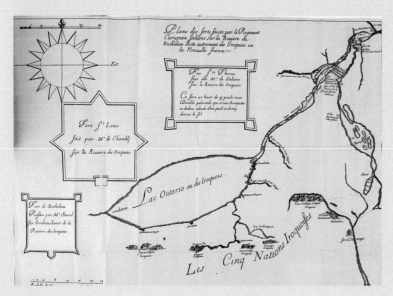

Plan des forts de la rivière de Richelieu, publié en 1666

« Jamais la Nouvelle France ne cessera de bénir nostre grand Monarque, d'avoir entrepris de luy rendre la vie, & de la tirer des feux des Iroquois. » Dompter l'Iroquois, comme jadis les Romains ont dompté les peuples barbares, voilà l'objectif à atteindre pour réussir à bâtir un « grand empire chrestien » en Amérique. L'auteur de la relation des jésuites publiée en 1666 n'est pas tendre avec ceux qui nuisent au commerce des fourrures. Ces préoccupations d'ordre militaire se manifestent aussi par la publication d'une carte des trois forts récemment construits sur la rivière Richelieu : Richelieu, Saint-Louis et Sainte-Thérèse. Ce cours d'eau, aussi nommé rivière des Iroquois, était la principale voie de communication entre l'Iroquoisie et la vallée du Saint-Laurent. Selon l'auteur de la relation, un quatrième fort est même projeté plus en avant en pays iroquois, endroit d'où les Français pourraient « faire des sorties continuelles sur les ennemis, s'ils ne se rendent à la raison ». Cette chaîne de fortifications est l'œuvre des hommes du régiment de Carignan-Salières, composé de 1 200 soldats et officiers envoyés au Canada en 1665 pour envahir l'Iroquoisie.

Vue de Québec tirée de l'*Atlantic Neptune*
Publiée pour la première fois en 1781 dans l'un des volumes de l'*Atlantic Neptune*, cette représentation fait voir Québec haut perchée sur un promontoire. La hauteur des falaises et des principaux bâtiments s'en trouve exagérée afin d'en faciliter le repérage par les navigateurs. L'illustrateur y met en évidence le fort Saint-Louis, la redoute du Cap, les batteries du port et deux navires de guerre, donnant l'impression, en plein conflit anglo-américain, que la ville est imprenable.

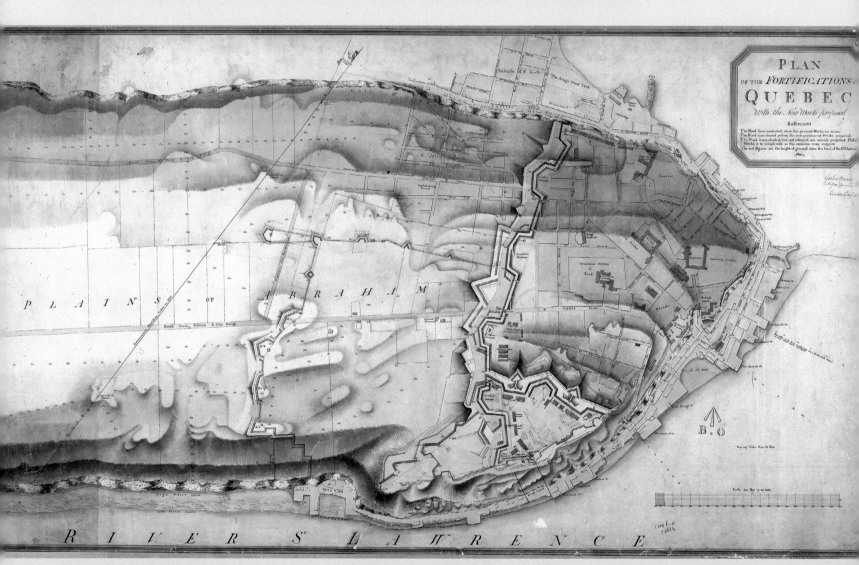

Plan des fortifications de Québec, 1804
Après avoir conquis la Nouvelle-France, les Anglais poursuivent les travaux amorcés par les ingénieurs français pour améliorer le système défensif de Québec, l'une des clés des possessions britanniques en Amérique du Nord. La guerre de l'Indépendance américaine aura démontré l'importance de la ville et de ses fortifications pour le maintien du Canada. Après le blocus de Québec par les troupes américaines de Montgomery, les autorités britanniques se décident à réparer l'enceinte de Chaussegros de Léry, reconnue pour son utilité, et font construire une citadelle temporaire. En 1804, l'ingénieur Gother Mann élabore un nouveau plan de défense dans lequel il propose de terminer l'enceinte de Chaussegros de Léry tout autour de la ville, d'occuper les hauteurs des plaines d'Abraham avec un camp retranché et de remplacer la citadelle temporaire par une citadelle permanente.

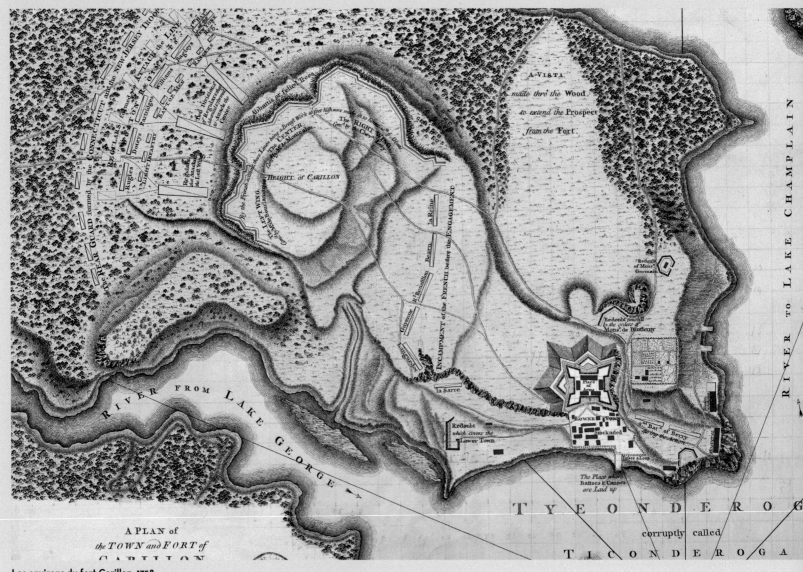

Vue cavalière du fort Chambly, 1721

En 1709, durant la guerre de Succession d'Espagne, le gouverneur Vaudreuil ordonne la construction d'un fort de pierre à Chambly, le long de la rivière Richelieu. S'inspirant des principes de fortifications de Sébastien Le Prestre de Vauban, l'ingénieur Beaucours réalise un ouvrage imposant, qui deviendra l'un des principaux points du système défensif de la Nouvelle-France.

Les environs du fort Carillon, 1758

Durant la guerre de Sept Ans, les Français construisent le fort Carillon à l'extrémité sud du lac Champlain, protégeant ainsi le Canada d'une invasion britannique. Cette carte montre les environs du fort assiégé par les troupes d'Abercrombie à l'été 1758, alors au nombre impressionnant de 15 000 hommes. Prévoyant l'imminence du danger et considérant les fortifications inaptes à soutenir un assaut, le marquis de Montcalm fait construire en hâte des retranchements sur les hauteurs à l'ouest de Carillon. Des troncs d'arbres sont ainsi superposés sur une hauteur de huit pieds, empêchant la progression de l'armée britannique vers Carillon. L'attaque anglaise du 8 juillet se révèle être un véritable fiasco durant laquelle près de 2000 soldats britanniques sont tués ou blessés, montre 377 du côté français.

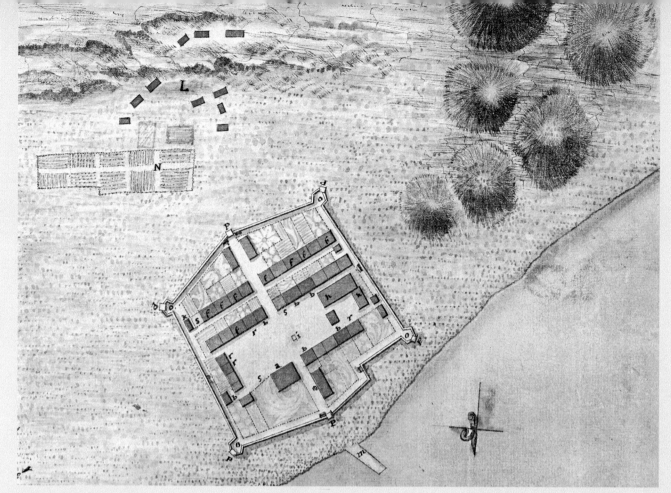

Le fort Michillimackinac, 1766

Petit poste militaire et commercial stratégiquement situé au confluent des lacs Huron, Supérieur et Michigan, le fort Michillimackinac était un lieu de passage incontournable pour les marchands canadiens qui s'aventuraient à l'intérieur du continent. Abandonné en 1696, le fort est reconstruit une vingtaine d'années plus tard et devient un important lieu de rencontre entre Indiens et Français, le cœur de la traite des fourrures dans les Pays d'en Haut. Après la capitulation de Montréal (1760), Michillimackinac passe aux mains des Britanniques. Ce plan, réalisé par le lieutenant Perkins Magra, montre l'état du fort quelques années après, en 1766. Cerné par une palissade de bois et six bastions (p), le petit village comprend alors divers bâtiments entourant le puits (i) : les quartiers du commandant (a), les baraquements des officiers (b), des soldats (f) et des commerçants (r), l'entrepôt (e) ainsi que la chapelle (h). À l'extérieur du fort, on retrouve un quai de débarquement (m), des étables (L) et un jardin (N). En 1781, le lieu est abandonné, au profit d'une nouvelle enceinte bâtie non loin, sur l'île Mackinac.

Fort Prince of Wales

Aux XVIIe et XVIIIe siècles, les agents de la Compagnie de la Baie d'Hudson édifient quelques postes permanents sur le pourtour de la baie. Cette gravure, tirée des relations de voyages de Samuel Hearne, fait voir le fort Prince of Wales, établi à l'embouchure du fleuve Churchill. Construit en pierre à partir de 1731, ce fort devait assurer la protection du commerce des fourrures et prévenir l'attaque des ennemis français, avec des murs de plus de 5 mètres de haut et 12 mètres d'épais. En plus de montrer la monumentalité de cet ouvrage en plein désert nordique, la gravure présente des wigwams d'Indiens Chipewyans, principaux partenaires commerciaux installés aux alentours de l'établissement.

Le face-à-face en Ohio

L'AFFAIRE WASHINGTON-JUMONVILLE

Sous l'influence de Champlain, les Français se sont lancés dès le début du XVIIᵉ siècle vers l'intérieur du continent. Sans relâche, ils ont marché, exploré, arpenté, cartographié l'Amérique du Nord. Des distances inouïes ne les rebutaient pas. À Lachine, ils s'embarquaient allègrement pour Michillimakinac, Kaministiquia, la baie des Puants, Kaskaskia, Cahokia, Vincennes et, un bon jour, carrément pour La Nouvelle-Orléans, dans ce cas un trajet de neuf mois. Le pays des Illinois, ou Haute-Louisiane, se fit octroyer le rôle de grenier à blé. Ses vastes prairies naturelles étaient prêtes à recevoir des colons ; les uns vinrent de la Basse-Louisiane, par le Mississippi, les autres de la vallée du Saint-Laurent, par l'Outaouais, puis possiblement par le sud des Grands Lacs, c'est-à-dire par la région de l'Ohio. La pacification des Iroquois rendait cette voie particulièrement intéressante.

Sans se sentir vraiment à l'étroit entre les Appalaches et la mer, les Américains commencèrent, au début du XVIIIᵉ siècle, à lorgner vers l'ouest, vers l'Ohio. Le traité d'Utrecht leur donna une occasion en or. L'article 15 plaçait en effet sous la protection des Britanniques « les cinq nations », les présentant comme « des Indiens soumis à la Grande-Bretagne ». La réciproque était prévue « envers les Amériquains [les Indiens bien sûr !] sujets ou amis de la France ». En fait, la libre circulation était autorisée « pour l'avantage réciproque du commerce, sans aucune molestation ni empêchement de part ni d'autre ». Le texte était assez tordu pour permettre à peu près n'importe quelle interprétation. Le pays des Iroquois, les Cinq-Nations, les Six à partir de l'intégration des Tuscaroras en 1722, était ouvert à la convoitise.

L'Ohio, c'est-à-dire la Belle Rivière, coule dans l'arrière-cour de la Virginie et de la Pennsylvanie. Ces deux colonies ont l'avantage de la proximité, mais elles ne s'entendent pas. Leurs intérêts sont divergents. Habilement, les Iroquois jouent les uns contre les autres. C'est leur spécia-

lité. En 1742, à l'occasion du traité d'Easton, ils confirment la cession, à la famille Penn, de 600 000 acres qui appartiennent en réalité aux Delawares. Deux ans plus tard, à Lancaster, ils reçoivent des montagnes d'or et d'argent en échange de la région de l'Ohio dont les limites tiennent du rêve pour les spéculateurs blancs. Les Virginiens ripostent en créant l'Ohio Company. Un poste de traite solidement fortifié est érigé sur la branche nord de la rivière Potomac à la hauteur de Wills Creek ; un second de même nature suit sur la rivière Monongahéla, trente-cinq milles en haut du confluent de la rivière Allegheny.

Les Français maintiennent la pression. Sur les ordres du gouverneur La Galissonière, Pierre-Joseph de Céloron de Blainville à la tête d'une expédition de quelque 250 hommes patrouille la région, réchauffe les sentiments des alliés indiens, distribue des présents et enfouit des plaques de plomb rappelant les prises de possession française de l'Ohio et de ses affluents. En novembre 1749, il rentre pour faire rapport à un nouveau gouverneur, La Jonquière. La région est de plus en plus fréquentée par des traiteurs pennsylvaniens. Il recommande des établissements permanents. Les autorités hésitent. En 1752, Duquesne prend les commandes. C'est un homme de décision. Dès le printemps suivant, une ligne de forts est planifiée et mise en chantier : le fort Presqu'île sur la rive sud du lac Érié, le fort le Bœuf sur un affluent de la rivière Allegheny, le fort Machault un peu plus au sud, tout près d'un village delaware (Venango) et surtout le fort Duquesne au confluent de l'Ohio. C'est une véritable forteresse flanquée de quatre bastions en même temps qu'un vrai village avec une boulangerie, une forge, un hôpital. Décidément, les Français sont là à demeure. Le décor est en place pour un sérieux affrontement. C'est alors que George Washington entre dans l'histoire avec l'assassinat de Joseph Coulon de Villiers de Jumonville.

L'affaire Washington-Jumonville est le genre d'incident de frontières qui peut mettre le feu aux poudres.

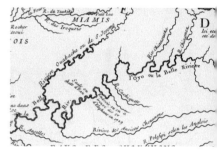

Vestiges de mammouths sur la rivière Ohio
Le long de la rivière Ohio, Nicolas Bellin signale la présence d'ossements d'éléphants. Cette mention rappelle l'expédition armée du baron Charles Le Moyne de Longueuil, qui, en 1739, fut vraisemblablement le premier Européen à explorer les environs de l'actuel Big Bone Lick State Park reconnu pour ses vestiges de mammouths.

La rivière Ohio selon John Mitchell, 1755 (traduite en 1756)
Comme les Français, les Anglais convoitaient la vallée de l'Ohio, pour sa faune et pour la fertilité de ses terres. Indigné par la stratégie française d'encerclement des colonies britanniques, Mitchell réalise une carte centrée sur l'Ohio. Incorporant ce territoire à la Virginie, le cartographe veut montrer l'ancienneté de la présence anglaise dans la région. On voit sur la carte les routes terrestres empruntées par les marchands, mais aussi les principales réserves de sel et de castor. En 1755-1756, au moment où cette carte est publiée, la situation est explosive. L'année précédente, le futur président des États-Unis, George Washington, était accusé d'avoir participé à l'assassinat de l'officier français Jumonville (près de l'actuel Jumonville, Pennsylvanie).

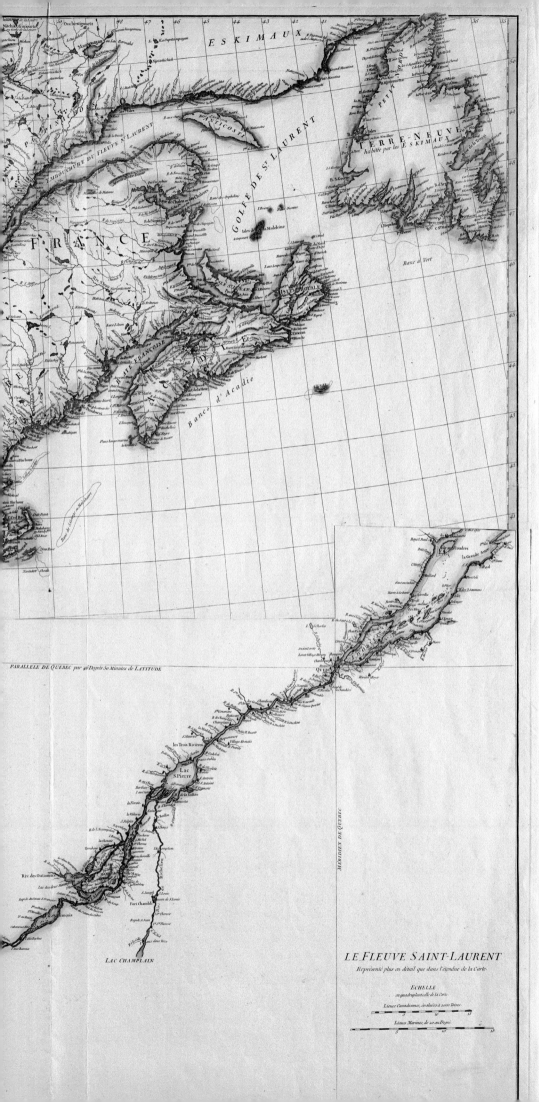

Canada, Louisiane et Terres angloises, par d'Anville, 1755

Devenu géographe du roi à 22 ans, Jean-Baptiste Bourguignon d'Anville (1697-1782) s'est imposé comme l'un des grands cartographes du XVIIIᵉ siècle. Connu tout d'abord pour ses travaux cartographiques réalisés pour l'*Histoire de Saint-Domingue* du père Charlevoix, d'Anville dresse, tout au long de sa carrière, plus de 200 cartes. Celle-ci, intitulée *Canada, Louisiane et Terres angloises*, est publiée en 1755, à l'aube de la guerre de Sept Ans, alors que Français et Anglais se disputent la vallée de l'Ohio. Cette carte témoigne de l'immensité du territoire revendiqué par la France avant la chute de la Nouvelle-France, s'étendant du Saint-Laurent jusqu'en Louisiane en passant par les Grands Lacs. On y voit un nombre impressionnant de noms indiens et français, rappelant avec éloquence comment une grande partie du continent était occupée par les Indiens et fréquentée par les Français. Cette représentation fait voir plusieurs améliorations par rapport aux cartes précédentes. Le Missouri, par exemple, présente un tracé plus près de la réalité grâce aux expéditions d'Étienne de Véniard de Bourgmond. D'Anville fait preuve de rigueur scientifique en décrivant dans un mémoire la méthode et les sources utilisées pour dessiner cette carte. Ainsi fait-il appel aux observations de divers voyageurs : le marquis Chabert de Cogolin pour l'île Royale (aujourd'hui l'île du Cap-Breton) ; Jean Deshayes, Gabriel Pellegrin, Jean-François de Verville et Michel Chartier de Lotbinière pour Québec et le Saint-Laurent ; Louis Jolliet et le père Laure pour la région au nord du Saint-Laurent ; les jésuites, notamment le père Bressani, pour les Grands Lacs ; Pierre Baron, Adrien de Pauger, Pierre Le Sueur pour le Mississippi. D'Anville avait un réseau de correspondants diversifié, parmi lesquels le père Lafitau, le maréchal d'Estrées, l'intendant Raudot, le contrôleur général des Finances Philibert Orry. Toutes les sources cartographiques qu'il obtient d'eux sont aujourd'hui conservées au Département des cartes et plans de la Bibliothèque nationale de France. Grâce à ces sources variées, d'Anville parvient à dresser une image relativement juste de l'Amérique du Nord, qui aura une influence profonde sur ses successeurs, notamment chez les cartographes anglais de la seconde moitié du XVIIIᵉ siècle.

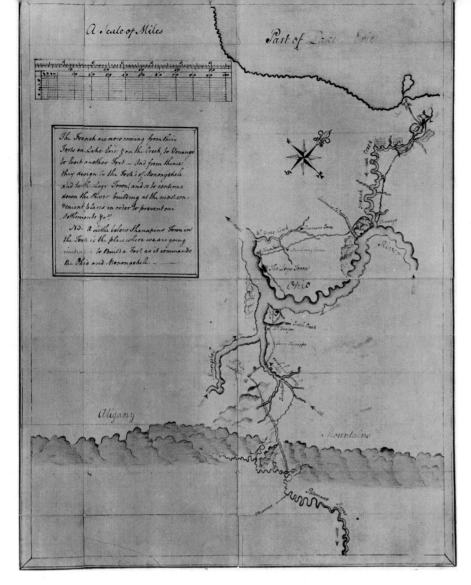

Forts français de l'Ohio

L'intérêt de cette carte (1754) réside avant tout dans le rôle joué par son auteur, George Washington. Son comportement dans l'affaire Jumonville aurait pu lui être fatal. Il s'en sortira avec passablement de chance, de même qu'il échappera par miracle à la mort lors de la défaite de Braddock en 1755. L'année précédente, il avait donc exploré l'Ohio depuis la Monongahela jusqu'aux abords du lac Érié pour constater avec inquiétude la forte présence française. Sans les nommer, il repère plusieurs forts et recommande de bloquer sans délai cette progression.

L'officier français avait été envoyé en ambassade pour sommer formellement les Anglais de quitter un territoire revendiqué par la France. Pris en embuscade, Jumonville tente de donner lecture de la sommation dont il est porteur. Les Américains n'écoutent rien, ils ont déjà ouvert le feu. Jumonville tombe sous un coup de tomahawk porté à la tête par l'Indien mingo Tanaghrisson (Tanacharisson surnommé le demi-dieu, né Catawba et élevé par les Tsonnontouans), selon les uns, ou atteint d'une décharge de fusil, selon les autres. La nouvelle parvient au fort Duquesne par un Canadien nommé Monceau qui a échappé au massacre. Un Indien viendra aussi donner sa version. Louis Coulon de Villiers, le jeune frère de Jumonville, prend la tête d'un fort détachement de plus de 500 hommes et se lance sur les traces de Washington. Sur les lieux de l'embuscade, les cadavres de dix Français ont été abandonnés sans sépulture; ils sont la proie des loups et des corneilles. Les Américains ont vraiment pris la fuite. Coulon de Villiers les coince dans un fortin nommé fort Necessity. Le 4 juillet, piteux, le jeune Washington – il a à peine vingt ans – se rend et signe une déclaration dans laquelle il reconnaît sa res-

ponsabilité dans «l'assassinat» de Jumonville. Le texte est en français. Washington prétendra plus tard que l'interprète Van Braam a traduit assassinat par mort ou perte. Chose certaine, son moral est au plus bas. Convaincus que la mort les attend et que les Français vengeront les leurs, ses hommes se sont enivrés. Quand il se rend compte que les Indiens qui accompagnent les Français «were all our own Indians, Shawnesses, Delawares and Mingos», il s'effondre littéralement. Il aurait signé n'importe quoi.

Coulon de Villers sera célébré pour la retenue dont il a fait preuve. Washington aura à s'expliquer. Des urgences le tirent momentanément d'embarras. La chance lui sourit: il sera un des survivants du désastre qui attend Braddock, en juillet 1755, à quelques kilomètres du fort Duquesne sur la Monongahéla.

Malgré la supériorité du nombre, les Anglo-Américains sont sur la défensive. En Europe, les hostilités sont générales. Le 17 mai 1756, l'Angleterre déclare la guerre à la France. George II dénonce «les empiétements et les usurpations des Français». En Amérique, cette déclaration était une formalité. Jusqu'à la bataille de Carillon (1758), les Français marquent des points, puis c'est la débandade: Louisbourg, fort Frontenac, fort Duquesne, fort Niagara, fort Carillon, fort Saint-Frédéric. 1759, les Anglais sont sur les plaines d'Abraham; 1760, Montréal capitule.

William Pitt, le grand vainqueur de la guerre de Sept Ans, serait prêt à rendre le Canada à la France. La présence de cet ennemi aux frontières des Treize Colonies a des effets salutaires. Il préférerait garder les «îles à sucre» également enlevées à l'ennemi. Les riches planteurs ne veulent surtout pas de cette concurrence en provenance de la Guadeloupe et de la Martinique. Pitt est désavoué. Le Canada est rayé de la carte. Une nouvelle colonie est constituée, la *Province of Quebec*. Les autorités britanniques s'activent, tracent des frontières. Depuis cinquante ans, les cartographes anglais, Herman Moll, John Senex, Henry Popple, prolongeaient les frontières des colonies anglaises jusqu'à la rive sud du Saint-Laurent. La Pennsylvanie et la Virginie prétendaient s'étendre jusqu'aux rives des lacs Ontario et Érié.

Londres en décide autrement. L'ouest des Alleghenys devient territoire indien; la *Province of Quebec* est limitée au sud par la ligne de partage des eaux. 🪷

Sources principales

Anderson, Fred, *Crucible of War: The Seven Years' War and the Fate of Empire in British North America, 1754-1766*, New York, Alfred A. Knopf, 2000. Un ouvrage monumental. — Frégault, Guy, *La Guerre de la Conquête*, Montréal, Fides, 1955. — Vaugeois, Denis, *La Fin des alliances franco-indiennes: enquête sur un sauf-conduit de 1760 devenu un traité en 1990*, Montréal/Sillery, Boréal/Septentrion, 1995.

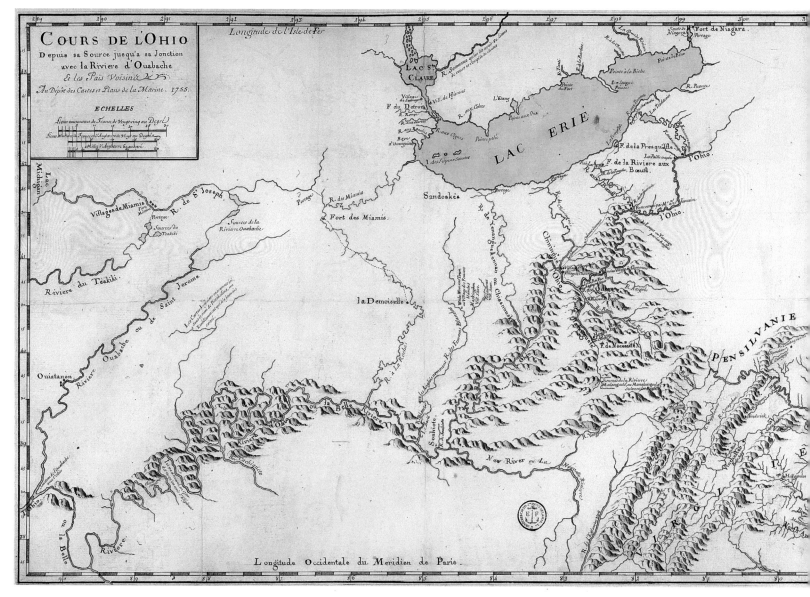

Cours de l'Ohio, 1755

Jusque dans les années 1740, la cartographie de la Belle Rivière, aussi nommée Ohio, était approximative. Mais, grâce à diverses expéditions militaires, les cartographes en améliorent le tracé. À l'époque, les alliances franco-indiennes, si cruciales pour contenir les Britanniques, sont mises à rude épreuve. Quelques chefs indiens s'installent dans la vallée de l'Ohio pour se soustraire au contrôle français et mieux commercer avec les Britanniques. Parmi eux, le chef miami Memeskia (surnommé La Demoiselle) établit le village Pickawillany sur la rivière à la Roche (rivière Great Miami), un affluent de l'Ohio. En 1749, l'officier Céloron de Blainville est envoyé à sa rencontre pour le convaincre de revenir dans le giron français, sans succès. En 1752, les Français adoptent une attitude plus musclée. Le Métis Charles-Michel Mouet de Langlade, à la tête de quelque 210 guerriers outaouais et 30 soldats français, capture plusieurs prisonniers, dont La Demoiselle qui est ébouillanté et mangé. Les Français reprennent alors le contrôle de l'Ohio sur les Britanniques. Cette carte montre notamment le village du chef La Demoiselle attaqué par les Français. Elle présente également les voies de communication entre le lac Érié et l'Ohio, que les Français tentent de maîtriser par la construction de forts : fort Presqu'île, fort de la rivière au Bœuf, fort Machault («poste occupé par Mr de Joncaire») et fort Du Quesne. Véritable clé du continent pour les Français et les Anglais, la région est ouvertement disputée avant même le déclenchement officiel des hostilités en Europe en 1756.

Journal de Chaussegros de Léry, 1754-1755

Tout comme son père, Gaspard-Joseph Chaussegros de Léry fils exerce la profession d'ingénieur militaire au Canada, et ce, depuis son plus jeune âge. Comme plusieurs officiers, il prend l'habitude de consigner par écrit les événements vécus jour après jour. Rédigé du 7 mars 1754 au 5 août 1755, ce journal témoigne des activités militaires des Français à la veille de la guerre de Sept Ans. Envoyé à Détroit par le gouverneur Duquesne, Chaussegros de Léry sillonne la zone frontalière disputée entre la France et l'Angleterre, occupé à la construction de fortifications et au transport d'approvisionnements et marchandises de traite. Son journal non seulement rappelle les difficultés de transport dans la colonie, mais comporte aussi de très belles esquisses cartographiques, notamment une carte dessinée d'après un informateur onneiout (voir p. 207).

L'hydrographie du Saint-Laurent

Avec le fleuve Hudson, le détroit d'Hudson et le fleuve Mississippi, le fleuve Saint-Laurent est l'une des principales voies de pénétration du continent. Grâce à la fondation d'un établissement permanent à Québec en 1608, les Français contrôlent étroitement l'accès à ce fleuve bien périlleux. Les écueils, les rochers et les battures effraient les marins les plus hardis. Il faut dire que ses eaux engloutissent plus d'un navire et prélèvent un bon nombre de vies humaines. Ses courants, brouillards et tempêtes entraînent la formation d'un véritable cimetière marin, surtout aux abords de l'île aux Œufs, d'Anticosti, de Sept-Îles et de l'île d'Orléans. De fausses manœuvres et de mauvaises conditions climatiques sur le Saint-Laurent sont d'ailleurs la cause d'une des pires catastrophes de l'histoire maritime : en route pour assiéger Québec à l'été 1711, l'amiral anglais Hovenden Walker perd, vis-à-vis de l'île aux Œufs, huit navires et 900 hommes et femmes, noyés ou morts de froid sur le rivage. Les difficultés de navigation sur le fleuve présentent ainsi quelques avantages. Elles constituent un formidable rempart pour la colonie.

Les Français eux-mêmes ont bien du mal à apprivoiser le Saint-Laurent et à le rendre plus accessible à leurs navires qui font la liaison entre le Canada, les Antilles et la France. Avec l'essor de la colonie, le nombre de navires empruntant le fleuve augmente et les naufrages deviennent plus fréquents. En 1665, l'intendant Jean Talon envoie un mémoire à la Cour dans lequel il souligne la dangerosité du fleuve,

souhaitant qu'il soit diffusé aux pilotes de La Rochelle et de Normandie. Afin d'endiguer les pertes de voiliers et de vies humaines, les autorités coloniales décident de mieux former les pilotes. À cette époque, les principaux ports de France ont leur propre école d'hydrographie. Aussi décide-t-on d'en faire autant à Québec. L'homme qui donne les premiers cours de navigation se nomme Martin Boutet de Saint-Martin. À l'instigation de Talon, cet enseignant laïque du collège des Jésuites ouvre les portes de sa classe aux aspirants navigateurs. Réjoui par cette initiative, l'intendant écrit quelques années plus tard que « les jeunes gens du Canada se dévouent et se jettent dans les écoles pour les sciences, dans les arts, les métiers, et surtout dans la marine, de sorte que si cette inclination se nourrit un peu, il y a lieu d'espérer que ce pays deviendra une pépinière de navigateurs, de pêcheurs, de matelots ou d'ouvriers, tous ayant naturellement de la disposition à ces emplois ».

Malgré ces efforts, le fleuve paraît toujours aussi périlleux. Dans une lettre envoyée en 1685 au ministre de la Marine, Louis Jolliet, seigneur de Mingan et d'Anticosti, écrit : « Ce n'est pas sans raison que de tout temps, ceux qui sont venus dans ce pays de la Nouvelle-France, ont appréhendé l'entrée du golfe de Saint-Laurent et tous les passages depuis Anticosti jusqu'à Québec, à plus de cent trente lieues l'un de l'autre. On sait, Monseigneur, que plusieurs navires envoyés par Sa Majesté aussi bien que par les marchands ont péri dans ledit fleuve, faute de cartes sur lesquelles

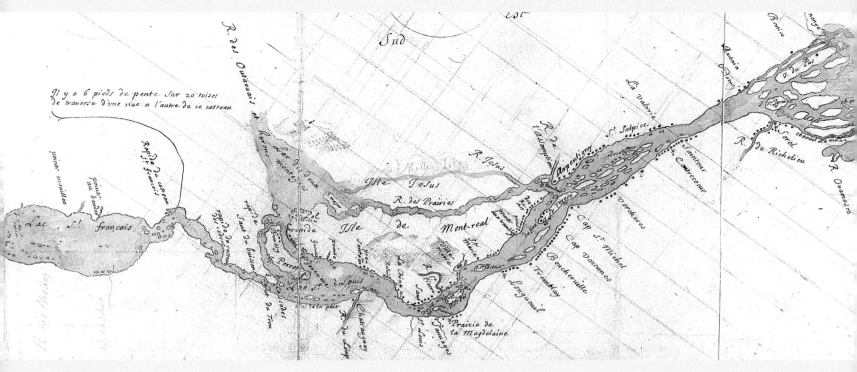

Il y a 6 pieds de pente sur 20 toises de traverse d'une rive à l'autre de ce costeau

Le fleuve Saint-Laurent selon Jean Deshayes, 1686

Carte du fleuve Saint-Laurent, par Louis Jolliet et Jean-Baptiste Franquelin, 1685

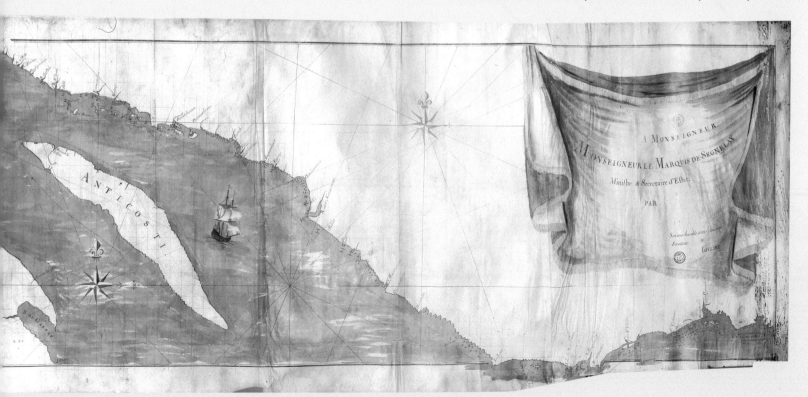

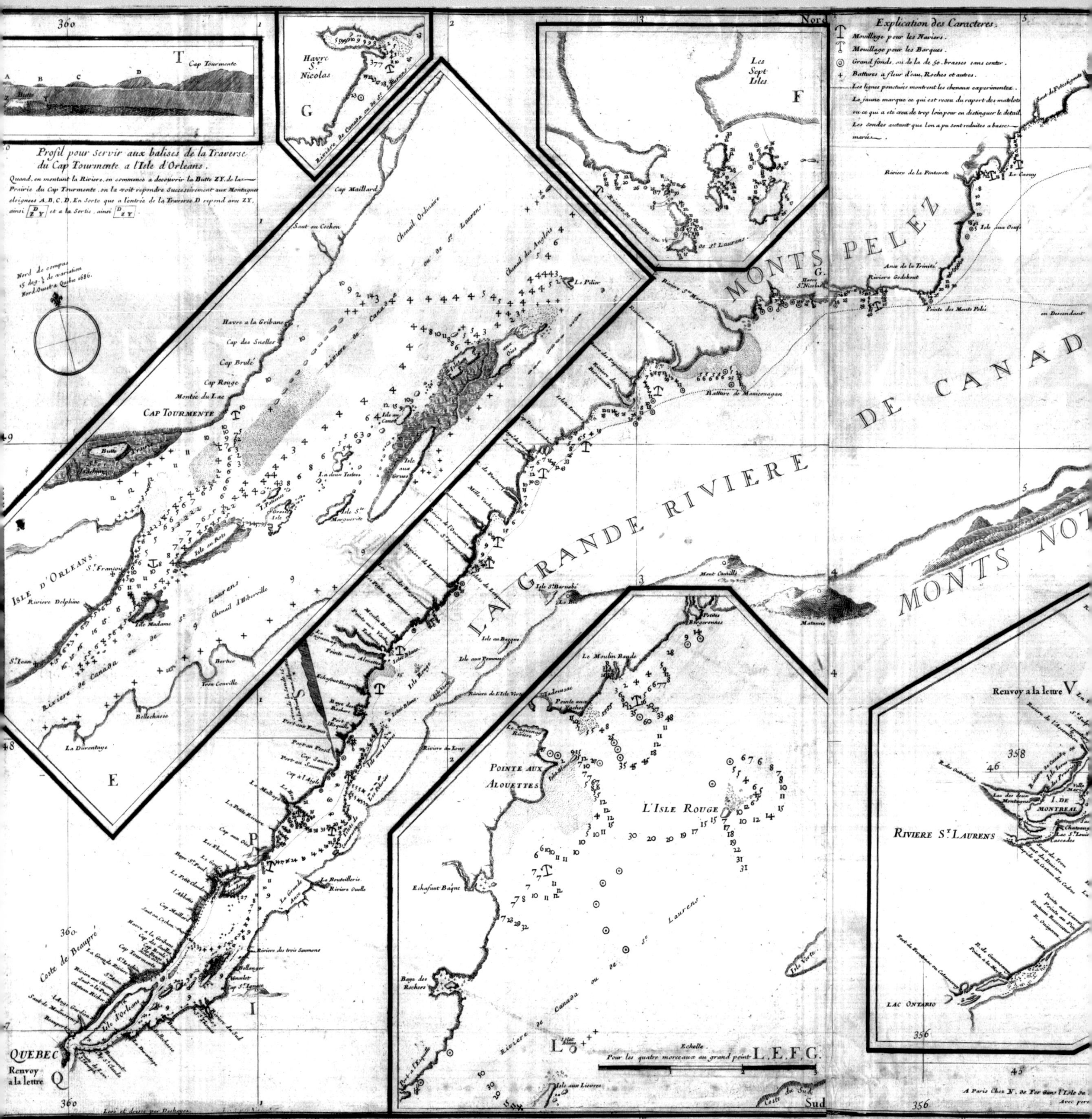

DE LA GRANDE RIVIERE DE CANADA. Appellée par les Europeens DE St. LAURENS.

Toute la Côte du Sud au raport d'anciens matelots porte mouillage au large. Plusieurs endroits, comme le Nord de l'Isle Percée, le Cap des Rosiers et autres sont pleins d'Ecailles, de Roches par lits de biais qui coupent les Cables s'ils ne sont Flotté. Les Nord Est, Nord-Ouest, et Sud-Ouest sont les trois Vents ordinaires de cette Riviere. C'est a cause des Nord-Ouest que l'on affecte jusqu'a present de hanter la Côte du Nord, pour avoir a l'autre bord de quoy tenir contre le Vent.

Quelque Connoissance que l'on ait de cette Traverse, le plus seur est de la faire a la Sonde, par ce que le Chenail en est étroit, et avec cela au large, loin des Balises de Terre. Ainsi la regle est premierement d'attendre Vent et marée, c'est a dire pour la marée, qu'elle soit montante la Riviere, et haute en descendant, puis s'étant assuré a la Sonde assé tost de la batture de la marée, suivre l'ecorre de cette batture l'oviant et Sondant souvent entre 5. et 6. brasses jusqu'aux marques de sa Sortie. j'entend par écorres vn milieu entre le haut et le Bas d'vn fond penchant. Outre les allignemens du Profil T. l'entrée de cette traverse en montant alligne encore avec les Clochers de St. Joachim et Ste. Anne de la Côte de Beaupré, avec la Pointe Est de l'Isle d'Orleans et le milieu apparant de sa largeur; et avec l'Ouest de l'Isle a deux Têtes et le Mont I. de la Côte du Sud. Sa Sortie alligne avec la Pointe Est de l'Isle d'Orleans et la Gorge de la Riviere d'Argentenay; avec la Côte de la même Isle depuis St. François jusqu'a St. Jean, et avec le milieu de l'Isle Patience et Mont I. Enfin le Vif c'est a dire le milieu et le plus profond de la traverse alligne avec le Cap Tourmente et le bas de l'Isle au Rots. ou bien il alligne pareillement avec la Montée du Lac et le tiers en bas de l'Isle au Rots. A la Sortie de cette traverse en montant la Carte montre vn banc, a moitié de distance entre l'Isle aux Rots et bas de l'Isle d'Orleans, et ce banc separe le Chenail en deux. l'avantag du Chenail du Côté de l'Isle aux Rots est la proximité de la Terre. ce qui donne plus de facilité de s'y conduire a veuë.

l'Isle aux Coudres.

On ne Sonde point en passant l'Isle aux Coudres, il y a vn grand fond, et le Chenail est aisé a connoître étant entre deux Côtes proches dont il n'y a qu'a tenir le milieu a veuë, ou bien vn peu plus pres de l'Isle que de la grande terre. la difficulté est de suivre ce Chenail qui est étroit en tournant, et extremement rapide, il faut marée derriere et du Vent de quel côté qu'il vient, sans quoy ne pouvant gouverner la vitesse du Navire acquise par le courant, tendant a continuer en ligne droite aux detours, porte le Navire dans les Rochers et le remouils de la Côte du Nord. Vent devant l'oviant cede au courant ou bien il seroit bien forcé. le seul vent contraire seroit le Sud-est qui ne regne pas dans cette Riviere.

Pointe aux Allouettes et l'Isle Rouge.

Pour parer la Pointe aux Allouettes en montant, on porte du mouillage du Moulin Baude au Sud Sud-ouest de Compas sur l'Islet aux Lievres marqué L. dans ce morceau de la Carte au grand point jusqu'a ce qu'on découvre du Cap Saumon. autant qu'en montre profil marqué S. dans la Carte general en petit. Ou bien descouvrant l'Isle Rouge dans cette route si c'est de marée montante, on peut ranger cette Isle pres jusqu'a 30 ou 40. perches. Mais pour parer la Pointe aux Allouettes en descendant, et de marée baissante, il ne faut pas enfiler le milieu du Chenail entre cette Pointe et l'Isle Rouge. il faut des en partant de l'Isle aux Lievres, passer a l'Echafaut Basque, puis ranger toujours la Côte du Nord selon la veuë du profil S. jusqu'a ce que l'Islet blanc de la Pointe aux Allouettes laisse découvrir l'Ance de Tadoussac. Si l'on ne range ainsi la Côte du Nord et que le Vent manque a mi Chenail pour gouverner en route, le grand Courant du jussant jette inmanquablement sur l'Isle Rouge, ou au Sud de cette Isle. En ce cas il ne faudroit pas s'obtiner a vouloir passer au Nord, il y a beau pour passer au Sud, pourveu que de la l'on reprenne bientost la routte du Nort, pour éviter le bas de l'Isle Verte, et autres fonds du Sud que l'on ne connoist pas encore bien.

Ce Passage comme on voit se fait sans Sonde a la veuë des Balises. En brune en cas de necessité on pouroit y passer a la Sonde par la connoissance des fonds que represente la Carte, s'assurant plustost des Ecorres de la Pointe aux Allouettes que de l'Isle Rouge. Passé la pointe aux Allouettes et l'Isle Rouge en descendant il n'y a plus de pareils détroits. A la Pointe entre Milvache et la Riviere de Port neuf a la Riviere aux Outardes, il y a des fonds inegaux de sables a n'aprocher pas plus de demy lieuë ou vne lieuë de la Côte et ou les mouillages ne sont pas de bonne tenuë.

Aux sables de Manicouagan il faut prendre le large a deux lieuës de la Côte. Apres y avoir l'ovié et sondé entre 5. et 6. brasses pendant deux heures de temps a vne lieuë et demy de Terre, On a trouvé tout d'vn coup 25. brasses, et puis plus de fond. Revirant vers Terre, on a trouvé encore point de fond puis 25. brasses, puis deux brasses. Arrivant et rebroussant Chemin sur ses pas, on a trouvé vne brasse et demy, puis 2. puis 6. puis 10. puis plus de fond. d'ou gouvernant au Nord Est on fut mouiller a la Riviere Godebout. Ce montre que deux lieuës au large est vne distance suffisante pour parer cette batture. Enfin il faut s'attendre de trouver des bancs de sable a toutes les Embouchures de Rivieres plus ou moins grands selon la grandeur de ces Rivieres.

Des Mouillages.

On peut mouiller dans toute la distance de Quebec a l'Isle aux Coudres. Il y a des endroits de vase et gravois meilleurs que d'autres de fond ferré ou sable mouvant.

Le mouillage du milieu de la Baye St Paul a 8. ou 9. brasses dans le concours des deux Côtes. celle des Eboulemens et celle du Cap Maillard est vase, mais il ne peut tenir commodement qu'vn seul bâtiment. De même le mouillage de la prairie de l'Isle aux Coudres est bon pour vne barque ou deux.

Le mouillage du Cap aux Oyes est bon pour plusieurs Navires, et si l'on approche de la Côte jusqu'a ce qu'on cesse de voir le Piton, ce que l'on distingue même de nuit. On trouve encore 11. brasses.

Le mouillage devant la petite Riviere entr
Le banc a l'Anglois au large de la Malbaye
a 20. ou 25. brasses, le fond est vase et
Le fond de l'Isle aux Lievres vers le bas
dres, pour la plus part il est vase. Continua
le Chenail des Anglois. Mr. d'Hiberville a
Par ces nouveaux Chenaux on évite l'Isle a
sujetion pour le temps de la marée. Appar
moins pour les Courants. Le Chenail ordina
mouillage de vase en cas de besoin. Les vn
La suitte de Sondes marquées depuis le pilier
qu'vne route a laisser, quand bien elle aur
Le grand fond pres du troisieme Islet Oue
Il en est de même apparament de 27. brass
Dans neuf a dix lieuës de la Côte du Nord
si ce n'est quelque petit espace pour les
Le Port au Persil a vne grêve de sable
La Baye des Rochers est pleine de Roche
l'Echafaut Basque et le moulin Baude so
aux Allouettes pour attendre le temps de l

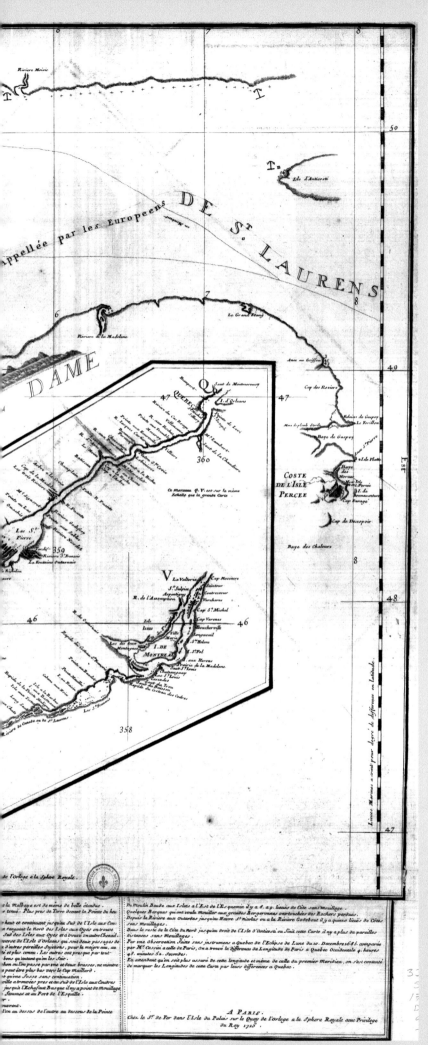

on peut naviguer.» Ces quelques lignes destinées au ministre introduisent une immense carte de l'estuaire du Saint-Laurent, depuis Québec jusqu'à Terre-Neuve, achevée après une cinquantaine de voyages en barque et en canot (voir p. 196-197). Cette carte ne porte pas la mesure de profondeur des eaux, mais elle comporte les caps, îles, battures, mouillages ainsi que les trajets à suivre pour éviter les récifs et hauts-fonds.

La même année 1685, la Nouvelle-France reçoit la visite d'un invité de marque : l'hydrographe Jean Deshayes, envoyé par l'Académie royale des sciences. Fondée en 1666, cette institution se donne pour mission de redessiner la carte du monde selon des mesures plus précises, tirées d'observations astronomiques. La nouvelle carte de France ainsi rectifiée fait dire à Louis XIV : «Ces messieurs de l'Académie m'ont pris une partie de mon royaume.» Deshayes est parmi les scientifiques français qui s'embarquent vers des terres outre-mer, perçues comme des laboratoires d'expérimentation. Il se rend donc à Gorée (Sénégal), puis dans les Antilles (Guadeloupe et Martinique), avant de débarquer à Québec en 1685 pour effectuer des observations astronomiques et un relevé du fleuve Saint-Laurent. À son arrivée, malgré une santé précaire, Deshayes navigue avec le gouverneur Denonville jusqu'au fort Cataracoui, à l'embouchure du lac Ontario. Le 10 décembre de la même année, il calcule la longitude de Québec grâce à une éclipse de Lune. L'année suivante, il cartographie et sonde l'estuaire du Saint-Laurent en aval de Québec. Deshayes utilise des instruments scientifiques à la fine pointe de la technologie, notamment un assemblage comprenant arbalète, compas et télescope. Il se déplace avec des moyens de transport typiquement canadiens, dont le canot et la raquette.

Deshayes ne reste qu'une seule année à Québec, mais revient en 1702, comme hydrographe du roi, pour enseigner la navigation et le pilotage jusqu'à sa mort en 1706. Son héritage le plus précieux est, sans conteste, ses cartes du fleuve. L'une de ses cartes manuscrites, conservée à la Bibliothèque du Service historique de la Marine (Vincennes), montre la portion du fleuve entre Québec et le lac Ontario (voir p. 196-197). On voit que Deshayes s'est très bien acquitté de sa tâche, allant jusqu'à indiquer maisons et moulins sur le fleuve. Après que l'Académie royale des sciences l'eut jugée d'une grande utilité pour la navigation, elle fut éditée à échelle réduite par Nicolas de Fer, en 1702, puis rééditée en 1715 (voir ci-contre). Cette carte est accompagnée d'un texte détaillé qui fourmille d'indications à l'intention des navigateurs : repères, direction, nature et profondeur des fonds, lieux de mouillage, éloignement souhaitable de la côte, battures, écueils. Selon certains dires, cette carte fait autorité auprès des pilotes et des capitaines de navire jusqu'à la fin du régime français. D'autres, comme le cartographe Nicolas Bellin, affirment qu'elle est dessinée à une échelle trop petite pour être utile à la navigation.

En fait, les navigateurs en découvrent bien vite les limites et font valoir la nécessité d'effectuer de nouveaux relevés. Dès lors, l'initiative en matière de cartographie émane non plus de l'école d'hydrographie de Québec, dirigée par les jésuites, mais de l'ingénieur-hydrographe du Dépôt des cartes et plans de la Marine, Nicolas Bellin. Celui-ci bénéficie d'un lieu central, à Paris, où sont conservées toutes les cartes du ministère. Même si Bellin y cumule des renseignements inédits, il avoue lui-même tarder à les rendre publics. Les Français sont ainsi devancés par les Anglais qui, après avoir conquis le Canada, publient rapidement de nouvelles cartes précises du fleuve. Des officiers de talent tels que Samuel Holland, James Cook et Frederik Wallet Des Barres poursuivent l'œuvre amorcée par leurs rivaux. Par la publication de l'*Atlantic Neptune*, l'Angleterre veut s'imposer comme la souveraine de l'Atlantique, comme la maîtresse d'un fleuve rebelle.

Ci-contre
La Grande Rivière de Canada, par Jean Deshayes, 1715

Imprimé et donné au Lumière Par
GERARD VAN KEULEN
Marchand Libraire au bout du Pont Neuf,
avec Prevelegie des Etats de Hollande et West Frise.
A. Amsterdam.

NOUVELLE FRANCE

Monts Pelez

Havre
St. Nicolas
Sur 49 degrée
30 minutes.

Riviere de Canada
ou de St. Laurens

1 Lieue de France.

LA GRANDE RIVIERE DE CANADA Appellée par les Europ

AMERI QUE

Septentri onale

NOU VELLE

BISCAYE

NOUVELLE ESCOSSE
ou NEW SCOTLAND

Monts de N

Mont
Camille

Matanne

NOUVELLE

ANGLETERRE

Apelle par les Habitans

ALMOUCHICOSEN

Sur 50 degrée
5 minutes
Les Sept
Isles

BEIN PROCHE
QUEBEC

ISLE D'ORLEANS

Riviere de Canada ou de St. Laurens

2 Lieues de France.

3 Lieues de France.

LA RIVIERE DE CANADA ou de St. LAURENS, DE QUEBEC Iusqua le LAC ONTARIO.

NOUVELLE FRANCE

NOUVELLE PAIS BAS

Riviere de Canada ou de St. Laurens

Ide-Montreal

Duytsche Mylen 15 in een Graad.

Nouvelle carte de la Rivière de Canada, par Gerard Van Keulen, Amsterdam, vers 1717

Avant la création du Dépôt des cartes et plans de la Marine, les officiers et les pilotes français se référaient aux cartes marines hollandaises. Celle-ci signée de Van Keulen est pourtant entièrement recopiée à partir de la carte de Jean Deshayes. Dur coup pour l'orgueil des Français qui ne manquaient pas de talentueux cartographes. Il a fallu attendre la création du Dépôt pour que les cartes des pilotes français soient enfin exploitées et considérées à leur juste valeur.

Pages suivantes (202-203)
L'*Atlantic Neptune* de Joseph Frederick Wallet Des Barres

Durant la guerre de l'Indépendance américaine, l'armée britannique a un urgent besoin de cartes marines précises pour mieux combattre les troupes coloniales américaines. L'*Atlantic Neptune* est l'ouvrage qui saura répondre à la demande. Cet atlas maritime est l'œuvre de Joseph Frederick Wallet Des Barres, un Suisse engagé dans l'armée britannique et envoyé au Canada durant la guerre de Sept Ans. Après le conflit, l'Amirauté britannique lui confie la tâche de cartographier les côtes du golfe du Saint-Laurent, de la Nouvelle-Écosse et de la Nouvelle-Angleterre, afin d'en faciliter la colonisation et de rendre la navigation plus sécuritaire. Appuyé par une équipe de plusieurs assistants et ouvriers, Des Barres effectue les relevés requis pendant une dizaine d'années. En 1774, il rentre à Londres corriger et compiler ses cartes ainsi que celles qui ont été réalisées par d'autres officiers tels que James Cook et Samuel Holland. Des planches individuelles sont publiées la même année, avant même la parution des quatre volumes échelonnée entre 1777 et 1784. En tout, l'*Atlantic Neptune* comporte environ 250 cartes hydrographiques couvrant toute la côte nord-américaine, depuis le fleuve Saint-Laurent jusqu'au golfe du Mexique. L'atlas comporte aussi de très belles vues de ports, havres ou baies (voir page 187), parfois utiles aux navigateurs pour reconnaître les lieux. Cette carte du Saint-Laurent est un exemple du détail des relevés hydrographiques qu'on retrouve dans l'*Atlantic Neptune*. L'extrait choisi (les environs de Québec et de l'île d'Orléans) montre la profondeur, les chenaux, les battures et les récifs du fleuve, mais aussi les chemins, collines, villages, bâtiments et terres défrichées qui servent de repères aux navigateurs.

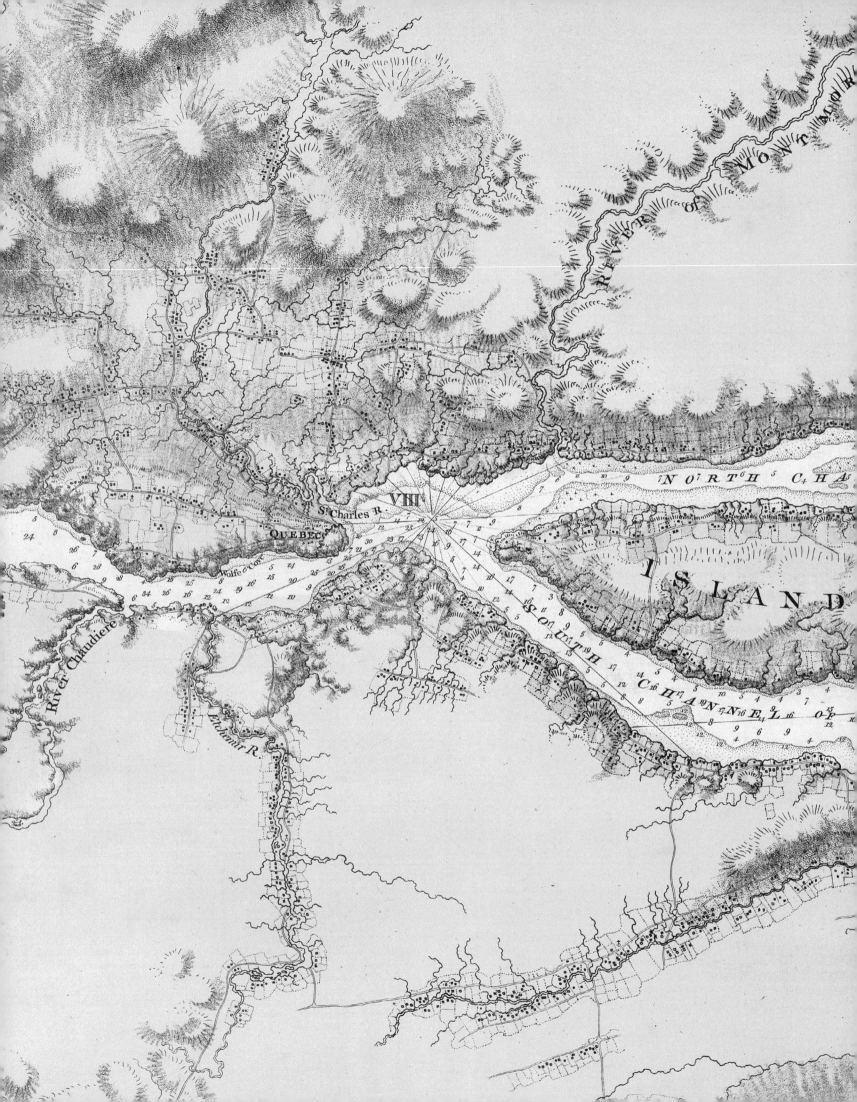

RIVER of MONT MOR

NORTH CHA

VIII

St Charles R.

QUEBEC

Wolfe's Cov

SOUTH

ISLAND

CHANNEL OF

River Chaudiere

Etchemin R.

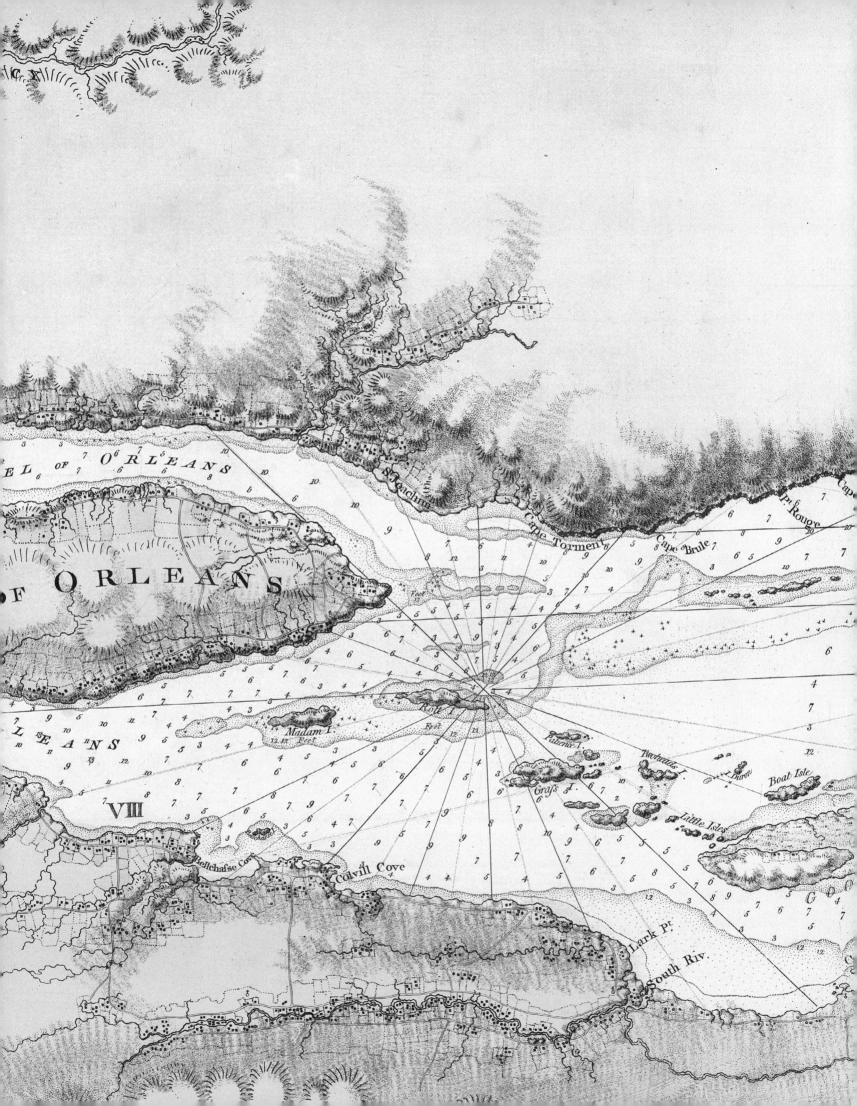

Les Indiens
et la cartographie

« ILS MARQUENT LE VRAI NORD »

AU MOMENT de l'arrivée des Européens, les Indiens avaient tissé, depuis des lunes, un vaste réseau commercial qui permettait des échanges à la grandeur de l'Amérique du Nord. Des sentiers de terre battue étaient venus s'ajouter aux routes d'eau.

Les meilleurs traceurs de routes sont les plus gros animaux ; ils utilisent de préférence les pentes douces et savent contourner les obstacles. Ils empruntent fidèlement les mêmes sentiers et l'homme les imite tout naturellement. La loi du moindre effort est d'application universelle. N'est-elle pas d'ailleurs à la base du progrès, du moins du progrès matériel et technique ? Les Blancs sont venus et ont utilisé les pistes indiennes et les couloirs naturels. Plusieurs routes et autoroutes d'aujourd'hui ont été tracées en les empruntant.

Les Indiens agriculteurs échangeaient les produits de leurs récoltes et de leur labeur tels des rets de chanvre (filets et cordes) pour du tabac et des peaux dont une partie était revendue. Les chasseurs-pêcheurs offraient des fourrures, des nattes, des baies séchées, du bois d'orignal. Les uns et les autres se procuraient des coquillages recueillis sur la côte atlantique ou dans le golfe du Mexique, du silex de la baie d'Ungava, du cuivre du lac Supérieur ou de l'argile de pipe en provenance du Dakota, aujourd'hui nommée catlinite en l'honneur du peintre George Catlin.

Un jour, les Hurons virent arriver de l'est des couteaux, des haches, des chaudrons. Placés au cœur d'importants réseaux, ils étaient eux-mêmes une large plaque tournante. De la Huronie partaient en effet de multiples chemins qui menaient dans toutes les directions.

À ces voies terrestres s'ajoutaient les routes d'eau. Pour certaines nations, elles étaient encore plus importantes. De Tadoussac par exemple, on pouvait se rendre soit à la baie James par la rivière Saguenay, le lac Saint-Jean, la rivière Ashuapmushuan, le lac Mistassini et la

rivière Rupert, soit aux Grands Lacs par le Saint-Laurent, la rivière des Outaouais, la rivière des Français, le lac Nipissing ou même par la route dite du cuivre qui passait par le nord.

Désireux de commercer, les Européens ne se sont pas questionnés longtemps sur les connaissances géographiques des Amérindiens. Il était évident que ceux-ci s'orientaient avec facilité et pouvaient se déplacer sur de longues distances. « Ces sauvages, écrivait l'intendant Raudot au début du XVIIe siècle, sçavent les routes des bois et les connoissent comme nous savons les ruës d'une ville. » Sans hésiter, les Français les recrutèrent comme guides et adoptèrent leurs moyens de transport. « Dans les forêts les plus épaisses & dans les temps les plus sombres, écrit le père Lafitau, ils ne perdent point, comme on dit, leur Étoile. Ils vont droit où ils veulent aller, quoique dans des païs impratiqués, & où il n'y a point de route marquée. »

Les Européens, eux, avaient besoin de cartes. Parmi les Français qui marchèrent le continent, plusieurs savaient faire des relevés étonnamment justes des endroits visités. Pour le reste, ils questionnaient les Indiens et leur demandaient de tracer des cartes ou du moins de faire des dessins. À la demande de Jacques Cartier qui aurait voulu s'engager à l'ouest d'Hochelaga, ses jeunes guides Iroquoiens posèrent sur le sol des bâtonnets pour représenter la rivière et placèrent par-dessus des petites branches pour indiquer les sauts ou rapides, raconte Richard Hakluyt dans une note accompagnant le récit du troisième voyage.

Cette pratique de « faire des dessins » aux Européens devint coutumière. Les Indiens en prirent l'habitude. « Ils tracent grossièrement sur des écorces, ou sur le sable, des Cartes exactes auxquelles il ne manque que la distinction des degrés », écrit un Lafitau enthousiaste. Les premiers explorateurs ne se privent pas de les questionner, ainsi

Sauvage shawnee
Dessiné d'après nature au pays des Illinois par Joseph Warin.

A new and accurate map of North America, dessinée d'après d'Anville, par Peter Bell, 1771
Cette carte du géographe anglais Peter Bell montre un territoire américain criblé de noms indiens, sur lequel les colonies anglaises s'étendent loin à l'ouest. Trois ans plus tard, ces mêmes colonies seront brimées dans leurs ambitions, lorsque l'Acte de Québec de 1774 réservera aux Indiens le territoire entre les Appalaches et le Mississippi. Jusqu'alors, encore peu de colons anglais se sont aventurés dans cette région. Le tracé et la toponymie sont inspirés du « célèbre » cartographe d'Anville (voir pages 192-193). Pour la plupart, les renseignements cartographiques ont ainsi suivi une longue trajectoire depuis l'Indien et le coureur des bois, en passant par la table à dessin des cartographes de Québec, puis de Paris jusqu'à Londres.

En septembre 1688, Lahontan quitte le fort de Michillimackinac non pas en direction de Québec comme lui demandait le gouverneur, mais vers le Mississippi. Guidés par une bande d'Outaouais et d'Outagamis (Renards), lui et dix soldats empruntent un cours d'eau inconnu, nommé RIVIÈRE LONGUE ou RIVIÈRE MORTE, sur lequel ils croisent plusieurs villages indiens densément peuplés : les EOKOROS, les ESSANAPÉS, les GNACSITARES. Longtemps, cette expédition a été jugée par les historiens comme une affabulation. Guillaume Delisle croyait que la rivière Longue était le prolongement de la RIVIÈRE MOINGONA (des Moines). D'autres ont cru que c'était le Missouri. Aujourd'hui certains spécialistes sont d'avis qu'elle correspond à la rivière Minnesota et que les Indiens rencontrés étaient des Dakotas. Très bien accueilli, Lahontan se voit offrir par le chef des Gnacsitares non seulement des compagnes, mais aussi une carte dessinée sur des peaux de cerfs. Trop fatigué et affamé, Lahontan refuse les femmes, mais accepte la carte qu'il publie dans ses récits. La représentation gravée se présente sous forme de dyptique, où les deux tableaux sont séparés par une ligne centrale et une fleur de lys. Du côté est, le cartographe a représenté les territoires connus. Du côté ouest, il y a retranscrit la carte indienne. On y voit entre autres une chaîne de montagnes correspondant à l'actuel coteau des Prairies qui sépare le pays des GNACSITARES de celui de leurs ennemis, les MOZEEMLEK.

que le fera John Smith pour sa carte de la Virginie publiée en 1612. Habituellement vantard, Smith confesse qu'il n'a pas exploré tout le territoire montré. Il indique même, par de petites croix de Malte placées ici et là, ce qu'il a obtenu par les informations reçues des Sauvages (« [...] *by information of the Savages* »).

Champlain pour sa part interroge constamment ses guides indiens. Il les apprécie de même que leur étonnante embarcation. « Mais avec les canots des sauvages l'on peut aller librement & promptement en toutes les terres, tant aux petites rivières comme aux grandes. Si bien qu'en se gouvernant par le moyen desdits sauvages & de leurs canots, l'on pourra voir tout ce qui se peut, bon & mauvais, dans un an ou deux », commente-t-il en 1603 en face de rapides toutefois infranchissables. Heureusement, « un homme peut porter aisément » un canot, d'où son optimisme. Il veut tout de même savoir ce qui l'attend au-delà. « Nous interrogeames les Sauvages que nous avions, de la fin de la rivière, que je leur fis figurer de leurs mains, & de quelle partie procédait sa source. » Habile cartographe, il indique sur ses cartes ce que lui apprennent les Indiens.

D'autres explorateurs transmettront le fruit de leur collecte aux cartographes de cabinet qui examinent avec soin tout ce qui provient de l'Amérique du Nord. C'est l'époque des Sanson et des Delisle. Principalement Guillaume Delisle qui produira, entre autres, de superbes cartes du bassin du Mississippi (1703 et 1718) grâce aux travaux de Franquelin et aux informations recueillies par de nombreux voyageurs dont Louis Jolliet, le père Jacques Marquette, Cavelier de La Salle, Henri de Tonty, le père Louis Hennepin et Pierre Le Moyne d'Iberville. Ce dernier, et son frère Bienville, questionne beaucoup les

Indiens. Lors de son voyage de 1699, à deux reprises au moins, d'Iberville demande à son guide de lui faire un dessin. Ainsi, le 22 mars, il interroge un Taensa et pour être certain de bien comprendre, à cause de problèmes de langue, il lui demande de lui préparer une carte. Sur quel support ? Il ne le dit pas. Si c'est sur une peau tannée, d'Iberville a pu la conserver précieusement, autrement il est certain qu'il en a fait une copie. Dans un cas comme dans l'autre, ses informations ont fait les délices des Delisle.

À la même époque, le récollet Chrestien Le Clerc notait dans sa *Nouvelle relation de la Gaspésie* : « Ils ont beaucoup d'industrie pour faire sur de l'écorce une espece de carte, qui marque éxactement toutes les rivieres & ruisseaux d'un Païs dont ils veulent faire la description : ils en marquent au juste tous les endroits ». Les Indiens du Mississippi et du Missouri n'avaient pas le même matériau, mais très certainement une habileté équivalente. Jean-Baptiste Trudeau en témoigne de façon élogieuse dans le récit de son voyage sur le Haut-Missouri en 1794-1796. Pour ceux du Centre-Ouest, Lahontan l'avait affirmé sans hésitation en 1702 : « Ils font les Cartes du Monde les plus correctes des Païs qu'ils connoissent, auxquelles il ne manque que les latitudes & les Longitudes des lieux. Ils marquent le vrai Nord selon l'Etoile Polaire [...] en contant les distances par journées, demie-journées de Guerriers ; chaque journée valant cinq lieuës. Ils font ces Cartes Chorographiques particuliéres sur des écorces de Bouleau [...]. »

Malgré leurs mérites, les informateurs indiens ont été oubliés ou ignorés tandis que leurs copistes ont été célébrés. Deux Indiens font exception : Ochagach et Ackomokki aussi appelé Acaoomahcaye ou Old Swan.

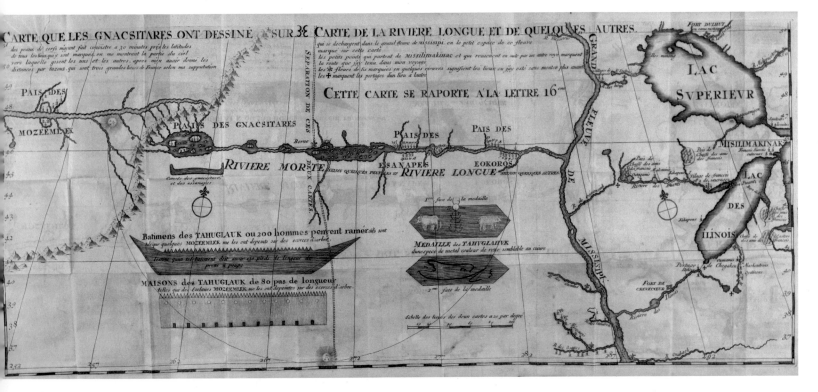

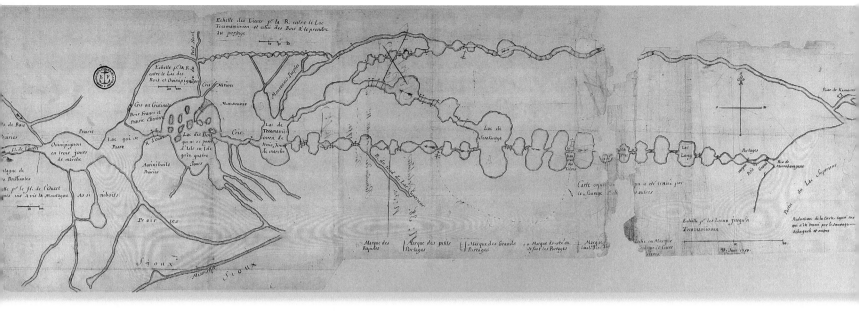

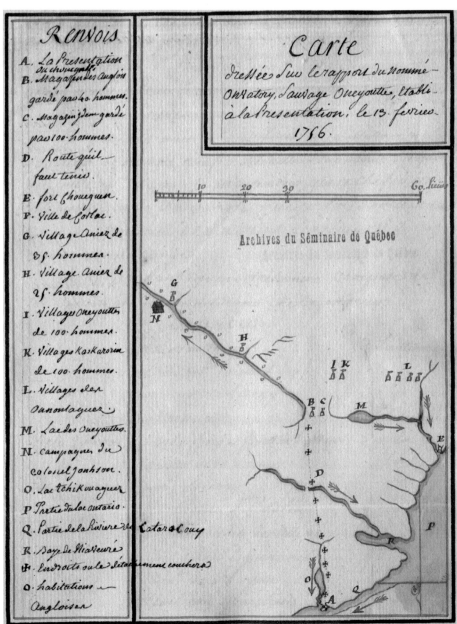

Ci-dessus

Carte de l'Indien cri Ochagach, vers 1729

Les voyageurs européens qui voulaient explorer des territoires inconnus ne pouvaient y arriver sans l'aide de guides et de traducteurs indiens. Les plus grands explorateurs en avaient certainement conscience, même s'ils n'ont pas toujours jugé bon de les présenter dans leurs récits. L'Indien cri Ochagach (ou Auchagah) est une exception. Vers 1729, ce trafiquant de fourrures croise le chemin de Pierre Gaultier de La Vérendrye à Kaministiquia et devient son guide pour atteindre, en *terra incognita*, la «grande rivière de l'Ouest». Ochagach est sorti de l'anonymat en dessinant au charbon de bois sur de l'écorce de bouleau le réseau hydrographique à l'ouest des Grands Lacs. Au moins deux autres chefs indiens, du nom de Tacchigis et La Marteblanche, ont aussi fourni des cartes à La Vérendrye. Toutes ces cartes originales sont fort probablement perdues à jamais. Mais La Vérendrye prend la peine de les compiler et d'envoyer le tout aux autorités comme preuve documentaire. Sa carte montre deux routes pour atteindre le lac La Pluie à partir du lac Supérieur : l'une part de Kaministiquia, l'autre de Grand Portage. Plus à l'ouest un fleuve coule du LAC OUINIPIGON, vers l'ouest, jusqu'à une montagne de pierre brillante. L'intention est de montrer qu'il est très proche de la mer du Sud, afin de ne pas décourager les autorités. En réalité, il est probable que le fleuve d'ouest soit plutôt la rivière Nelson se déchargeant dans la baie d'Hudson. Même si cette carte ne correspond pas aux standards de la cartographie européenne, elle répond aux besoins des voyageurs en mettant en valeur et en amplifiant les éléments les plus importants : lacs, cours d'eau et portages présentés en enfilade. Aussi, l'échelle n'est pas constante, représentant beaucoup plus le temps de parcours que la distance réelle. Plusieurs cartographes européens feront usage de la carte d'Ochagach, parmi lesquels Nicolas Bellin (voir carte page 233), Jean-Baptiste Bourguignon d'Anville, mais aussi, vers la fin du siècle, Jonathan Carver et Aaron Arrowsmith. Philippe Buache l'a d'ailleurs fait connaître en la publiant telle quelle en 1754, sous le privilège de l'Académie des sciences (voir pages 174-175).

Ci-contre

Carte dressée sur le rapport d'Onouatoury, par Chaussegros de Léry fils, 1756

Au début de la guerre de Sept Ans, la plupart des Indiens étaient alliés des Français. Ce soutien, qui compensait leur infériorité numérique, leur était particulièrement utile pour attaquer les positions ennemies. Cette carte montre comment le commandant Chaussegros de Léry a pu être renseigné par un Iroquois onneiout, du nom d'Onouatoury, pour préparer une attaque sur le fort Bull à partir du fort La Présentation.

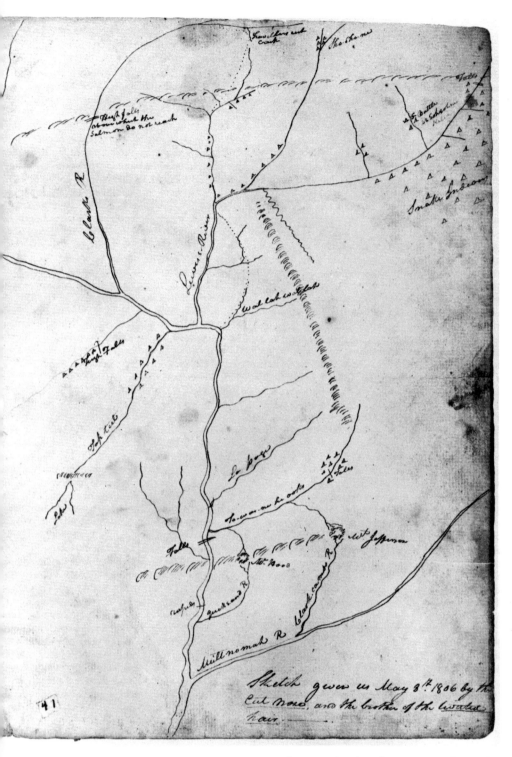

Carte de l'Indien Cut Nose

En mai 1806, Lewis et Clark sont sur le chemin de retour. Un Indien nez-percé dresse une carte pour leur montrer la meilleure façon d'atteindre les Rocheuses. Les distances sont en temps et non en espace. Ainsi, le trajet sur le fleuve Columbia entre la rivière Snake (Lewis River) et la rivière Spokane (Clark River), comportant peu d'obstacles, est beaucoup plus court qu'en réalité, alors que le parcours précédent, comptant plusieurs chutes, est représenté par un plus long espace.

par Aaron Arrowsmith dans la version de sa carte de l'Amérique du Nord publiée en 1802, juste à temps pour être remise par le président Thomas Jefferson à Meriwether Lewis, la veille de son départ pour sa fameuse expédition en compagnie de William Clark.

Tracées sur la neige ou sur le sable, parfois dans les cendres d'un feu, les cartes préparées par les Indiens étaient rapidement effacées. D'autres tracées sur une écorce de bouleau, une peau tannée ou un rocher pouvaient résister plus longtemps, mais pas assez pour se rendre jusqu'à aujourd'hui. Des copies ont survécu, elles témoignent de la contribution des Amérindiens à l'exploration de leur continent. Mais, par-dessus tout, ce sont les guides, indiens, métis ou canadiens, qui ont joué un rôle essentiel et, encore plus, les Indiennes ou les Métisses qui sont devenues les compagnes de grands explorateurs-cartographes tels Peter Fidler et David Thompson. À la façon du pays, le premier épousera, en 1794, une femme de la tribu des Cris appelée Mary et le second, une Métisse d'origine crie, Charlotte Small, en 1799. Le premier couple aura 14 enfants, le second au moins cinq. Revenus à la civilisation après bien des années à arpenter et à cartographier le continent, tous deux firent régulariser leur union à l'Église. Après avoir été presque uniquement franco-indien, le métissage devenait également anglo-indien. Plusieurs Métis sauront prendre le meilleur de deux mondes tout en demeurant généralement plus près de leurs racines indiennes, phénomène qui a été souvent constaté mais peu étudié. ⚓

Sources présentées par ordre de consultatio

MALCOLM, Lewis G., *Cartographic Encounters: Perspective on Native American Mapmaking and Map Use*, Chicago, University of Chicago Press, 1998. — MALCOLM, Lewis G., «Communiquer l'espace: malentendus dans la transmission d'information cartographique en Amérique du Nord», dans Laurier TURGEON, Denys DELÂGE et Réal OUELLET (dir.), *Transferts culturels et métissages Amérique/Europe XVIe-XXe siècle*, Sainte-Foy, Presses de l'Université Laval, 1996, p. 357-376. — MALCOLM, Lewis G., «Misinterpretation of Amerindian Information as a Source of Error on Euro-American Maps», *Annals of the Association of American Geographers*, vol. 77, n° 4, décembre 1987, p. 542-563. — WARHUS, Mark, *Another America: Native American Maps and the History of our Land*, New York, St. Martin's Press, 1997. — LE CLERCQ, Chrestien, *Nouvelle relation de la Gaspésie*, Réal OUELLET (éd.), Montréal, Presses de l'Université de Montréal, coll. «Bibliothèque du nouveau monde», 1999. — HAYES, Derek, *Historical Atlas of Canada: Canada's History Illustrated with Original Maps*, Vancouver, Douglas & McIntyre, 2002. — LAHONTAN, Louis Armand de Lom d'Arce, baron de, *Œuvres complètes*, Réal OUELLET et Alain BEAULIEU (éd.), Montréal, Presses de l'Université de Montréal, coll. «Bibliothèque du nouveau monde», 1990, vol. I. — TRUDEAU, Jean-Baptiste, *Voyage sur le Haut-Missouri, 1794-1796*, Fernand GRENIER et Nilma SAINT-GELAIS (éd.), Sillery, Septentrion, coll. «V», 2006. — BRESSANI, Francesco Giuseppe, *Relation abrégée de quelques missions des pères de la Compagnie de Jésus dans la Nouvelle-France*, traduit de l'italien et augmenté d'un avant-propos, de la biographie de l'auteur et d'un grand nombre de notes et de gravures par le R.P.F. Martin, Montréal, John Lovell, 1852. Le missionnaire souligne, avec insistance, le sens de l'orientation des Indiens.

Le premier était un Cri dont la carte, copiée par La Vérendrye, guidera Jacques-Nicolas Bellin pour la réalisation d'une carte de l'Amérique septentrionale publiée en 1755 et également Philippe Buache qui place en haut de sa «Carte physique des terrains les plus élevés de la partie occidentale du Canada» (1753) une «Réduction de la Carte tracée par le Sauvage Ochagach et autres». Deux autres Indiens avaient aussi fourni des cartes, semble-t-il, Tacchigis et La Marteblanche. Ackomokki, pour sa part, était un chef pied-noir, dont la carte du Haut-Missouri sera copiée par Peter Fidler et incorporée

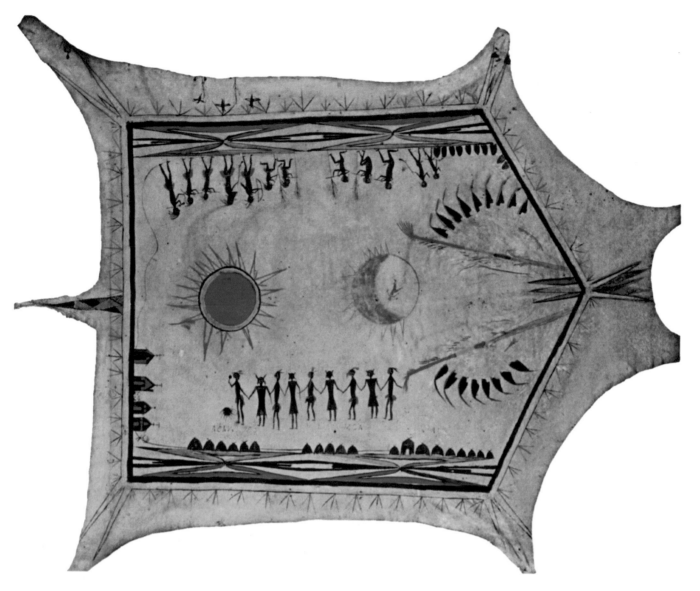

Peau de bison

Cette peau de bison finement peinte faisait partie d'une précieuse collection du Musée de l'Homme (Paris). Elle est aujourd'hui au Musée du quai Branly. Recueillies pour servir à l'éducation des princes de la Maison de France, les peaux rappellent, le plus souvent, la mémoire d'un chef ou un événement d'importance. Malgré un langage un peu hermétique, chaque détail de forme et de couleur finit par prendre un sens. La présente peau, l'une des plus belles de la collection, a une signification symbolique difficile à résumer. Il convient, pour la lire, de la placer à l'horizontale. À droite, deux bâtons emplumés (peut-être des calumets) s'ouvrent vers la lune au cœur de laquelle s'agite un homme. Un magnifique soleil brille tout à côté. Au bas, les habitants de trois villages se sont réunis pour une danse. L'histoire débute dans le village de droite et nous conduit vers des habitations de type européen. Dans le coin, un Indien armé d'un arc est accroupi tandis qu'au milieu des maisons deux autres Indiens fument la pipe. Une route conduit vers un autre village devant lequel a lieu une bataille. Les combattants du côté du village sont nus et apparemment bien excités par l'affrontement. Tous ont des fusils, sauf un qui bande un arc. À l'extérieur, on devine une chasse au canard. Selon les experts du Musée, l'action se situe dans le cours inférieur de la rivière Arkansas. (Voir le journal *Boréal Express 1790*, Trois-Rivières, 1967 : 341.)

Des toponymes plein la carte

L'ACTE DE NOMMER, comme celui de cartographier, est une forme d'appropriation du territoire, toute symbolique soit-elle. Nommer un territoire, un lieu, un *topos*, c'est en quelque sorte le baptiser, le soustraire au *no man's land* barbare pour le faire entrer dans sa propre civilisation. Pendant plus de trois siècles, les Français ont couvert de noms l'espace colonial qu'ils se sont taillé en Amérique, héritage encore visible sur les cartes actuelles du Canada et des États-Unis. La Nouvelle-France a été l'occasion, pour les esprits créateurs, de laisser libre cours à leur imagination en marquant le territoire de noms significatifs. Les milliers de toponymes inventés ou empruntés aux autochtones ont chacun une signification particulière, une histoire bien à eux.

Les explorateurs et géographes européens ont eu le réflexe de s'inspirer de leurs royaumes d'origine : Nouvelle-France, Nouvelle-Angleterre, Nouvelle-Castille, Nouvelle-Écosse, Nouvelle-Belgique, sans oublier les éphémères Nouvelle-Suède ou Nouveau-Danemark. En forgeant de toutes pièces ces nouveaux territoires, ils ont rendu un grand service à leurs souverains, car ils leur ont permis d'agrandir aisément leurs royaumes. L'Amérique était perçue comme un vaste territoire vierge où pouvaient être transposés un nom et, à sa suite, le concept de civilisation.

L'origine du nom Nouvelle-France illustre bien cette utopie américaine. Le nom apparaît pour la première fois sur une carte réalisée en 1529 par l'explorateur et cartographe italien Gerolamo Verrazzano. Il est alors inscrit sous sa forme latine : *Nova Gallia*. Fruit de l'expédition de son frère Giovanni sur les côtes nord-américaines, ce toponyme s'ancre solidement dans le paysage cartographique de l'époque. Et pourtant, la Nouvelle-France n'existe pas vraiment. Certes les Français ont tenté d'occuper les lieux, mais sans succès. Il a fallu attendre le XVIIe siècle et l'arrivée de Champlain au Canada avant que la réalité ne rattrape enfin le nom.

Avant l'implantation française sur le continent, la côte nord-américaine était tout de même bien connue des pêcheurs et des traiteurs qui fréquentaient les grands bancs de Terre-Neuve. Les premiers noms à figurer sur les cartes sont espagnols, portugais, basques, bretons ou français. Une bonne proportion d'entre eux ont d'ailleurs résisté à l'usure du temps. À Terre-Neuve, on retrouve encore aujourd'hui certains noms d'origine française apparus au XVIe siècle tels que cap Degrat, cap Blanc, île Fichot, île Saint-Julien, île Groais, cap Rouge, Belle Isle, baie Blanche (White Bay), cap Saint-Jean (cap St. John), Plaisance. Il en est de même de plusieurs îles au sud de Terre-Neuve : Saint-Pierre, Miquelon, Saint-Paul, Brion. Avant même l'arrivée de Cartier au Canada, Blanc-Sablon et le havre de la Baleine (baie Rouge ou baie Forteau) étaient déjà fréquentés par les Européens. Certains toponymes rappellent plus spécifiquement la présence des Bretons, par exemple le Cap-Breton et l'île Breton. Quelques cartes soulignent également la primauté des découvertes de ce peuple en 1504 (*Britonibius primum detecta*). Lorsque Jacques Cartier s'introduit dans le détroit de Belle Isle en 1534, il signale l'existence d'un havre nommé *Karpont* (Quirpon). Plus loin vers l'entrée du golfe du Saint-Laurent, il en rapporte un autre nommé *Brest*. Tous deux rappellent les ports d'attache des pêcheurs bretons fréquentant ces lieux durant l'été.

D'autres pêcheurs et traiteurs européens ont également navigué sur le Saint-Laurent assez tôt. Dès 1529, une carte de l'Espagnol Diego Ribeiro mentionne une certaine rivière Ochelaga sur la côte nord-américaine. Ce nom donné au Saint-Laurent au XVIe siècle, en référence à la bourgade d'Hochelaga, laisse croire que des Européens connaissaient le fleuve avant l'arrivée de Jacques Cartier. Dans les années 1540-1550, des cartes normandes de grande précision montrent le golfe et le fleuve Saint-Laurent, territoires explorés par Cartier, Roberval et Alfonce entre 1534 et 1543. Si certains toponymes semblent être inspirés de ces explorateurs (baie des Chaleurs, Blanc-Sablon, Canada, Gaspé, Honguedo, île d'Orléans, île aux Coudres, Saguenay, Stadaconé, Sept-Îles, etc.), d'autres proviennent de sources anonymes : Aquachemida, baie Sainte-Marie, Mecheomay (Mirimachi), Saint-Malo, lac d'Angoulême (lac Saint-Pierre), Chateaubriant, Grosse femelle, la Bastille, etc. Une autre carte normande plus tardive (Guillaume Levasseur, 1601) est également un excellent témoin de la présence française sur le Saint-Laurent. Très précieuse, elle précède l'arrivée de Champlain au Canada et affiche les noms Québec et Trois-Rivières avant même que ces lieux deviennent des établissements européens.

Malgré l'importance de leurs voyages, Cartier et Champlain n'ont laissé, toutes proportions gardées, que très peu de traces toponymiques.

Il disegno del discoperto della Nova Franza, par Paolo Forlani, 1566
Cette carte italienne exhibe une Amérique du Nord telle qu'elle était imaginée par les Européens dans la seconde moitié du XVIe siècle. De toute évidence, le continent est maintenant distinct de l'Asie, séparé par le détroit d'ANIAN (détroit de Béring). La Nouvelle-France, même si dans les faits elle n'existe pas vraiment, occupe, sur papier, une place enviable. Elle figure d'ailleurs dans le titre, en haut à gauche, qui se traduit par « Le dessin des découvertes en Nouvelle-France ». Si les contours du continent demeurent somme toute reconnaissables, l'intérieur sème la confusion. L'auteur se leurre notamment sur l'emplacement du fleuve Saint-Laurent, dessiné trop au sud et devant normalement arroser les villages de STADACONE, OCHELAI et OCHELAGA.

Carte de Nicolas Vallard, 1547 (détail)

Cette carte attribuée à Nicolas Vallard est d'une richesse toponymique remarquable. Datée de 1547, elle montre entre autres Terre-Neuve, le golfe du Saint-Laurent et le fleuve Saint-Laurent jusqu'au saut Saint-Louis (LE SAULT), tout juste après le passage de Cartier et Roberval. La majorité des noms géographiques sont portugais (RIO DO CANADA, R. CONOSCO, TERRA DE DAMAS, RIO DE PARIS, ARCABLANC, etc.) laissant croire que Vallard était lui-même d'origine portugaise ou qu'il était informé par des navigateurs portugais. La carte présente aussi plusieurs noms français (BREST, ST-LORENT, 7 ISLES, ISLE D'ORLEANS, ISLE DE COUDRE, ST-MALLO, CHATEAUBRIANT, GROSSE FEMELLE, etc.) dont la provenance est incertaine puisque plusieurs n'apparaissent pas dans les récits de Cartier ou de Jean Alfonce. Plusieurs noms témoignent aussi de la présence d'Indiens, avec qui les Européens échangeaient non seulement des objets matériels, mais aussi des renseignements géographiques (MECHEOMAY, AGNEDONDA, AGOCHONDA, OCHELAGA, TOTAMAGNY, CANADA, STADACONE, etc.).

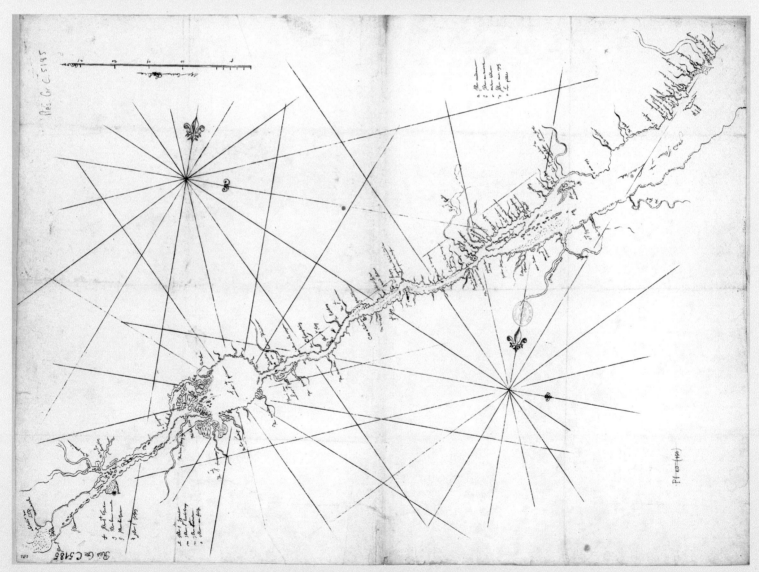

Rivière de St Laurens depuys Montréal jusqu'à Tadoussac, attribuée à Jean Bourdon, vers 1641

Cette carte méconnue montre le Saint-Laurent depuis Montréal jusqu'à Tadoussac. Elle aurait été dessinée dans les années 1640 par l'arpenteur et commerçant Jean Bourdon, faisant ainsi le pont entre la cartographie de Champlain et celle des cartographes de la fin du XVIIe siècle. On y voit, pour la première fois, plusieurs noms bien connus des Québécois : Cap-Rouge, rivière Portneuf, rivière Sainte-Anne, rivière de l'Arbre à la Croix, rivière de l'Assomption, rivière Nicolet, rivière Saint-François, chutes de la Chaudière, rivière du Sud, l'île aux Oies, Cap-Saint-Ignace, Château-Richer, Beaupré, Baie-Saint-Paul.

Carte du Domaine du Roi en Canada, par le père Laure, 1733

Réalisée en août 1731 à Chicoutimi, cette carte du missionnaire jésuite Pierre-Michel Laure décrit le *Domaine du Roi* au nord du Saint-Laurent. Son auteur fait découvrir un territoire largement inconnu où le revenu de la traite était réservé au détenteur du monopole, tenu pour sa part de verser au roi le loyer convenu. Étant donné l'importante source de revenus que représentait ce territoire, il n'est pas étonnant qu'on ait voulu le cartographier et en établir les limites. Ce domaine s'étendait sur la rive nord du Saint-Laurent, de l'île aux Coudres et La Malbaie jusqu'à la seigneurie de Mingan. Il comprenait les postes de traite de Sept-Îles, de la rivière Moisie, de Chicoutimi et de la région du Lac-Saint-Jean. D'une très grande richesse, la carte comprend une multitude de noms amérindiens. L'auteur a parcouru la région au gré des besoins apostoliques. Ayant appris l'algonquin, il a rencontré plusieurs peuples qui lui ont fait découvrir leur culture, notamment les Montagnais, Papinachois et Mistassins. Au lac Albanel, il découvre l'existence d'un « antre de marbre en forme de chapelle ». Dans une relation écrite un an plus tôt, le père Laure explique que seuls les jongleurs (c'est-à-dire les chamans) pouvaient entrer dans cette « maison du grand génie », pour communiquer avec les divinités. Le père Laure est également le premier à rapporter l'existence de peintures rupestres sur l'actuel territoire québécois : en aval de Tadoussac, vis-à-vis de la baie de Mille-Vaches, il marque le nom amérindien PEPÉCHAPISSINAGANE qu'il fait suivre de l'inscription « on y voit dans le roc des figures naturellement peintes ».

En 1730, le père Laure avait préparé un mémoire sur l'état du Domaine du Roi. L'année suivante, il préparait la carte ci-jointe tandis que l'intendant Hocquart envoyait en exploration Louis Aubert de La Chesnaye (1731), puis Joseph-Laurent Normandin (1732). Les informations recueillies servirent sans doute à la préparation de l'ordonnance de 1733 de l'intendant Hocquart. Voir Russel Bouchard, *L'exploration du Saguenay par J.-L. Normandin en 1732 : Au cœur du Domaine du Roi.* (Septentrion, 2002).

Pages suivantes (214-215)

A Map of the British Empire in America, par Henry Popple, Londres, 1733

Après la signature du traité d'Utrecht en 1713, les colonies françaises et anglaises vécurent une ère de prospérité sans précédent. Leurs objectifs étaient d'accroître l'étendue des territoires tout en restreignant, de manière pacifique, l'expansion des colonies rivales. Afin de mieux connaître les frontières entre les colonies, mais aussi certainement afin de mieux planifier l'expansion anglaise sur le continent, il fallait des descriptions géographiques plus précises. La carte *A Map of the British Empire in America* de Henry Popple, publiée en 1733, répondait à ces besoins. Une fois les vingt feuilles assemblées, le document mesure environ 2,5 sur 2,5 mètres et couvre un territoire borné par la baie d'Hudson au nord, le Panama au sud, Terre-Neuve à l'est et le Mississippi à l'ouest. La plupart des grands administrateurs américains en possédaient un exemplaire, par exemple George Washington ou Thomas Jefferson. Comme le frère de Popple faisait partie du Board of Trade and Plantations à Londres, bureau qui présidait aux destinées des colonies, il n'eut guère de difficultés à avoir accès aux meilleures sources cartographiques anglaises. Pour le territoire à l'ouest des Appalaches, il fait appel aux sources françaises, notamment la *Carte de la Louisiane* de Guillaume Delisle (voir carte p. 179). Popple récupère ainsi plusieurs toponymes indiens. Les appellations françaises sont soit traduites en anglais, soit tout simplement inscrites en français.

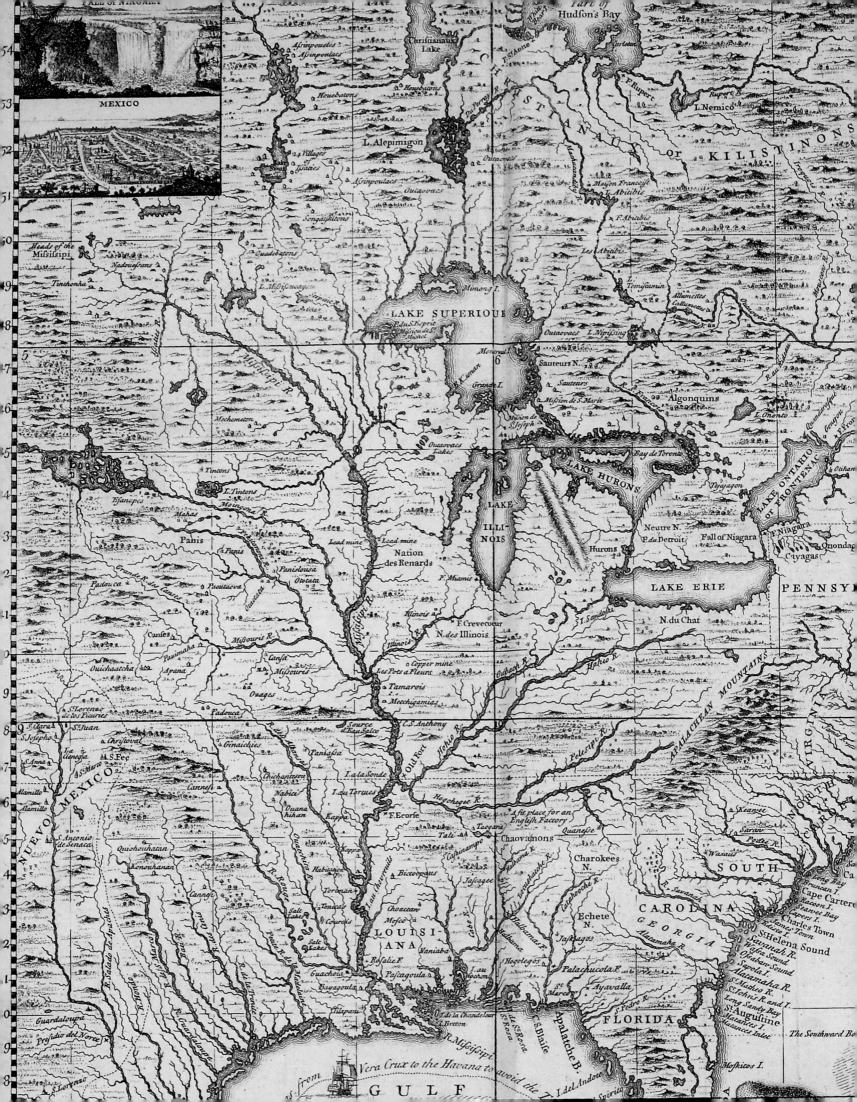

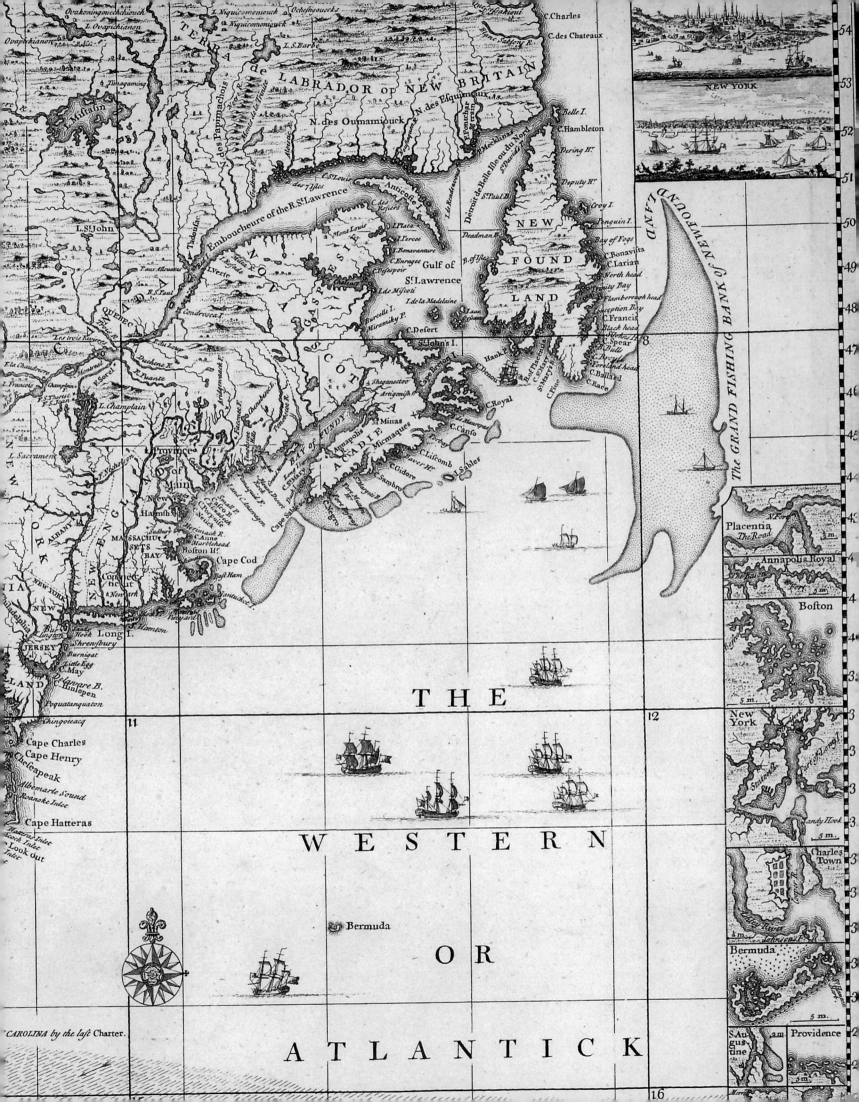

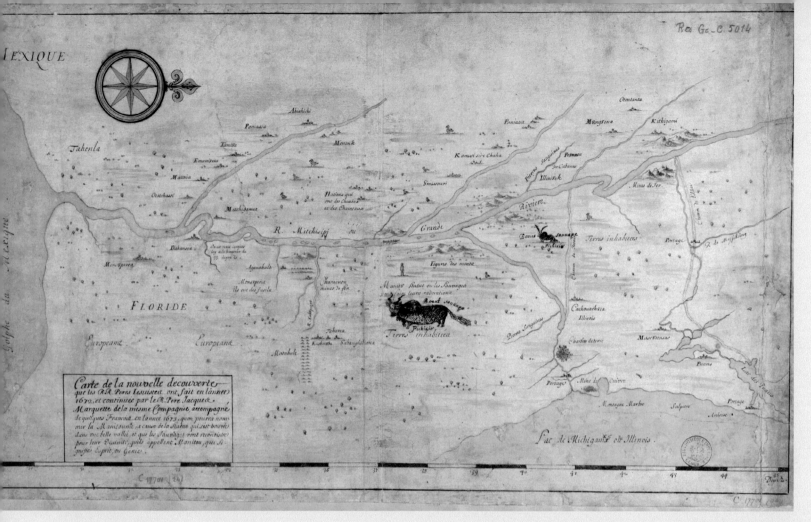

Carte de la Manitounie

Le pays des Illinois nouvellement découvert par les Français Louis Jolliet et Jacques Marquette a été l'occasion d'inventer divers noms rivalisant en originalité : Colbertie, Frontenacie, mais aussi Manitounie. Cette création toponymique est pour le moins originale puisqu'elle fait référence à une pratique culturelle indienne, plus particulièrement à une statue nommée Manitou et adulée comme une divinité par les habitants des lieux. Cette carte anonyme semble être le manuscrit original qui inspira la carte du Mississippi publiée par M. Thévenot quelques années plus tard (voir page 101).

La majorité des noms mentionnés dans leurs récits de voyages n'ont pas survécu. Parmi les facteurs qui augmentent les chances de survie d'un toponyme, l'usage fait par la population compte pour beaucoup. Dans la vallée du Saint-Laurent, les noms géographiques ne se stabilisent que vers le milieu du XVIIe siècle, après les premières vagues d'immigration française. Les premiers toponymes véritablement permanents apparaissent sur les cartes de Jean Bourdon dans les années 1640 et celles de Jean-Baptiste Franquelin dans les années 1680-1690. Plusieurs localités québécoises portent le nom des premiers seigneurs de Nouvelle-France, qu'ils aient participé ou non au peuplement du Canada. On peut ainsi lire sur les cartes de l'époque les seigneuries Berthier, Bécancour, Deschambault, l'Île-Bizard, l'Île-Perrot, Lauzon, Lavaltrie, Longueuil, Lotbinière, Neuville, Tilly, etc. Plusieurs de ces seigneurs étaient engagés dans le commerce des fourrures, tel Charles Aubert de la Chesnaye, l'homme le plus riche de la colonie, seigneur entre autres de La Chesnaye (qui deviendra Lachenaie), stratégiquement placée au confluent de la rivière des Mille-Îles et de la rivière des Prairies.

Afin de rechercher ou de confirmer le patronage royal, les explorateurs ont pris l'habitude d'immortaliser leurs souverains ou leurs principaux conseillers en donnant leur nom aux nouvelles découvertes. À cet égard, les exemples ne manquent pas. Christophe Colomb, parrainé par Isabelle de Castille, a baptisé l'actuelle île de Cuba *Isabella*. Les Anglais se sont établis en Virginie, appelée ainsi en l'honneur de la reine Élisabeth Ire d'Angleterre, surnommée la « Virgin Queen » parce qu'elle n'a pas eu d'enfants. Au Brésil, les Français ont construit le fort Coligny

(1555) pour remercier leur protecteur Gaspard de Coligny. Au Canada, ils ont baptisé l'île d'Orléans en référence au duc du même nom, futur Henri II. Ils ont également désigné l'actuel lac Saint-Pierre sous le nom de lac d'Angoulême, ce qui ne va pas sans rappeler la dynastie du roi François Ier, un Valois-Angoulême. Samuel de Champlain s'est aussi adonné à ce jeu, lui qui avait grand besoin du soutien de la Cour de France pour assurer le maintien du monopole de traite. On peut ainsi relever sur ses cartes une rivière du Pont (1612, riv. Nicolet), un cap de Chaste, des chutes de Montmorency, une rivière du Gast (1632, riv. Nicolet), un cap de Condé (sur l'île d'Orléans), un lac de Soissons (lac des Deux-Montagnes). Tous ces noms rendent hommage à des hommes qui, par leurs fonctions administratives ou leurs activités commerciales, ont influencé les destinées de la Nouvelle-France : le commerçant François Gravé Du Pont, le lieutenant Aymar de Chaste, l'amiral Charles de Montmorency, le commerçant Pierre Dugua de Monts, le prince de Condé, le comte de Soissons. D'ailleurs, Champlain lui-même a laissé à trois reprises sa signature sur le continent, au lac Champlain et à deux rivières différentes (l'une en Mauricie portant toujours ce nom, l'autre au Massachusetts maintenant nommée Mashpee River). Plus tard, les noms Richelieu, Colbert, Maurepas, Pontchartrain apparaissent plus souvent qu'à leur tour, témoignant ainsi de l'importance des ministres de la Marine dans les décisions influençant le sort de la Nouvelle-France. Dès son retour à Québec, l'explorateur et commerçant Louis Jolliet remet au gouverneur Frontenac une carte illustrant une découverte géographique fort attendue, celle du Mississippi. Cherchant à obtenir une concession au pays des Illinois, Jolliet baptise le Mississippi «fleuve Colbert» et sa région la *Colbertie*. Malgré ces dénominations originales, le puissant ministre de la Marine ne se laisse pas amadouer et refuse à Jolliet la concession qu'il convoite. «Il faut multiplier les habitants du Canada avant que de penser à d'autres terres», répond-il en substance. La création toponymique de Cavelier de La Salle aura meilleure fortune : en 1682, il nomme Louisiane le territoire dont il prend possession, en hommage au roi Louis XIV qui l'appuie dans ses visées expansionnistes.

D'autres noms rappellent des personnages plus modestes, qui ont néanmoins marqué le territoire. La rivière Marquette, par exemple, qui se jette dans le lac Michigan, est le lieu de décès du père jésuite. La rivière Perray qui débouche dans la baie d'Hudson évoque le passage de l'explorateur Jean Péré. Port-Rossignol en Acadie rappelle le nom du capitaine rouennais Jean Rossignol, fait prisonnier par Dugua de Monts pour avoir contrevenu au monopole de traite accordé au roi. Le saut au Récollet évoque pour sa part le père récollet Nicolas Viel, mort assassiné dans les rapides de la rivière des Prairies.

En général, les noms d'origine européenne ont eu plus de succès sur la côte atlantique, aux endroits où les Français pouvaient pratiquement vivre en autarcie, sans le concours des Amérindiens. Le nom Saint-Laurent en est un bon exemple, désignant à l'origine une baie de la côte nord du fleuve explorée par Cartier le jour de la fête de saint Laurent. Peut-être par erreur, Mercator et d'autres cartographes ont appliqué ce nom au golfe. Longtemps appelé rivière d'Hochelaga ou de Canada, le nom fleuve Saint-Laurent supplante ses rivaux au XVIIᵉ siècle.

Mais la tendance se renverse lorsque les Français quittent les rives de l'Atlantique et du Saint-Laurent pour s'aventurer à l'intérieur du continent. Les toponymes d'origine amérindienne deviennent alors majoritaires. Plus les Français s'avancent dans les terres, plus la présence amérindienne leur devient indispensable. Minoritaires sur le continent, ils ne peuvent se permettre de rebaptiser des kilomètres et des kilomètres carrés de territoire. D'autant plus qu'ils sont entièrement redevables aux Amérindiens pour les déplacements et l'approvisionnement en fourrures, clé de voûte de la Nouvelle-France. Pour se faire comprendre, les explorateurs n'avaient d'autres choix que d'utiliser la langue et les noms amérindiens.

Il y a bien eu quelques velléités «d'acculturation toponymique». En 1688, Vincenzo Coronelli publie une carte de la partie occidentale du Canada dans laquelle il décrit les plus importantes entités géographiques par leurs noms amérindiens et français : lac des Hurons / lac d'Orléans, lac Érié / lac de Conty, lac Ontario / lac Frontenac, lac des Illinois ou Michigami / lac Dauphin, fleuve Missisipi / rivière Colbert, rivière des Illinois / rivière Seignelay, rivière Nantounagan / rivière Talon, lac des Issati / lac Buade, etc.

L'année suivante, peut-être inspiré par Coronelli, le cartographe Jean-Baptiste Franquelin propose de diviser la Nouvelle-France «en provinces auxquelles on donnerait des limites et des noms français stables et permanents, aussi bien qu'aux rivières et aux lieux particuliers, en abolissant tous les noms sauvages qui ne font que la confusion parce qu'ils changent très souvent et que chaque nation nomme les lieux et les rivières en sa langue». On peut comprendre le cartographe, sûrement dérouté par la profusion de noms amérindiens, tous plus difficiles à retranscrire les uns que les autres. Mais l'essai de Coronelli et la proposition de Franquelin furent sans lendemain. Les Français se sont accommodés des noms autochtones pour construire leurs cartes.

La carte du père Laure (1731), représentant le domaine du roi au nord du Saint-Laurent, en est un bon exemple. Dans ce domaine qui n'a de royal que le nom, les Français sont pratiquement absents du fait que la traite y est interdite. Les Amérindiens sont maîtres du territoire, comme en fait foi la quantité impressionnante de noms géographiques

amérindiens rapportés par le cartographe missionnaire. Plus à l'ouest, un cartographe anonyme, baignant en pleine culture indienne, baptise du nom de *Manitounie* les environs du Mississippi, en référence à une statue nommée Manitou, vénérée comme une divinité par les Amérindiens.

L'héritage toponymique autochtone est d'ailleurs beaucoup plus présent que nous ne le croyons, habitués que nous sommes à utiliser des noms dans un contexte moderne. Aux États-Unis par exemple, plusieurs villes, États ou rivières ont des noms d'origine amérindienne révélés par les cartographes français sous des formes parfois différentes : Alabama, Arkansas, Chicago, Illinois, Kansas, Miami, Michigan, Minnesota, Mississippi, Missouri, Ohio, Wisconsin, etc.

Le Canada n'est pas en reste, avec un nom qui signifie «cabanes» en langue algonquienne. Quelques noms de provinces et grandes villes sont d'origine amérindienne : Saskatchewan, Winnipeg («eau sale» en winnipi), Manitoba, Toronto («enceinte de pieux reliée à la pêche» en mohawk), Nunavut («notre pays» en inuktitut), etc.

Au Québec, dont le nom d'origine algonquienne signifie «rétrécissement des eaux», l'héritage toponymique amérindien est tout aussi présent. Abitibi, Anticosti, Batiscan, Chicoutimi («là où se termine l'eau profonde» en montagnais), Hochelaga, Kamouraska, Manicouagan, Natashquan, Rimouski, Saguenay, Témiscaming, Témiscouata, Mascouche, Maskinongé, Mistassini, Nemisco, Tadoussac, Yamachiche sont quelques-uns des noms amérindiens qui ont été bien assimilés par les Français. Apparaissant pour la première fois sur des cartes d'explorateurs et géographes français, ils font maintenant partie intégrante du paysage nord-américain, témoins d'un métissage toponymique bien réussi.

Ce détail d'une carte de Franquelin (voir autre détail page 105) montre les lieux habités par les Français aux environs de Montréal. Encore relativement peu nombreuse, la colonie ne s'étend guère au-delà des rives du Saint-Laurent. En aval de Montréal, se trouvent des seigneuries confiées à des officiers du régiment Carignan-Salières pour protéger le couloir Québec-Montréal (Lavaltrie, Contrecœur, Saint-Ours, Varennes, Verchères). Ce détail présente aussi la mission de la Montagne (sur le flanc sud du mont Royal) et la mission du sault Saint-Louis (Caughnawaga, devenu Kahnawake) qui accueillaient les Iroquois, Hurons et Algonquins convertis au christianisme.

Pages suivantes (218-219)
Carte d'Amérique du Nord illustrant les frontières du traité de Paris de 1783, par Carington Bowles
Cette carte de l'éditeur londonien Carington Bowles illustre les frontières issues du traité de Paris de 1783 et témoigne de la naissance des États-Unis, pays qui s'est construit sur un territoire occupé par les Indiens et parcouru par les voyageurs français. Le bassin des Grands Lacs et celui du Mississippi regorgent de noms indiens qui ont souvent été récupérés pour nommer des États, des villes ou des comtés américains (Michigan, Akansas, Ilinois, Huron, Myamis, Alibamous, Ft Alabama, Chicago R., Ouisconsin, etc.). Pendant plusieurs années après la conquête de la Nouvelle-France, les Anglais doivent se fier à la cartographie française pour décrire ce territoire immense dont ils se sont rendus maîtres. Les cartes de Bellin et d'Anville sont ainsi recopiées en partie, les noms géographiques étant la plupart du temps traduits du français à l'anglais. Plusieurs noms rappellent ainsi cette présence française dans l'Ouest américain : Cristal de Roche, les Deux Mamelles, les Pots à Fleur, St. Jerome R., St. Joseph Fort, R. du Rocher, Puants Bay, St-Peter R., Cap St-Anthony, Marquette R., R. du Raisin, Lacs de Sel, Thuillier, I. Maurepas, Pontchartrain I, Lac des Vieux deserts, Vermillon R., etc.

L'Amérique, côté ouest

LE LITTORAL DU PACIFIQUE

L A CÔTE OCCIDENTALE de l'Amérique du Nord est une véritable énigme pour les navigateurs européens. La voie d'eau séparant l'Alaska de l'Asie, désignée sous le nom de « détroit d'Anian » dès le milieu du XVIe siècle, était censée ouvrir le passage du Nord-Ouest entre le Pacifique et l'Atlantique et offrir ainsi à l'Europe une voie plus courte vers l'Asie. L'intuition des navigateurs se rapproche de la réalité lors des expéditions de Béring qui donne son nom au passage entre l'Asie et l'Amérique. Au sud, sur la même côte, certains acquis géographiques élémentaires se perdent. Ainsi en est-il de la péninsule de la Californie, qui avait été délimitée avec exactitude lors du voyage de Francisco de Ulloa en 1539, puis appréhendée sommairement par les autres voyageurs, si bien que, pendant près de deux siècles, la Californie figure sur les cartes comme une île.

En réalité, un vaste littoral occidental de l'Amérique du Nord est considéré par les Européens comme la chasse gardée de l'Espagne qui l'aurait reçu en partage lors du traité de Tordesillas (1494). Après avoir abordé la « mer espagnole » ou océan Pacifique, les Espagnols se dirigent en droite ligne vers les Philippines, les Moluques, la Chine et les Indes, en fait vers l'Asie entière qu'espérait Christophe Colomb. Ils se désintéressent alors de la côte ouest de l'Amérique du Nord et portent leur intérêt plutôt vers le Mexique et les autres territoires offrant des ressources minières. Le détroit d'Anian et le passage du Nord-Ouest perdent aussi de leur attrait jusqu'à ce que des concurrents se manifestent.

En 1577, la reine Élisabeth Ire d'Angleterre confie à Francis Drake le commandement d'une grande expédition qui deviendra une circumnavigation. Durant plus de trois ans, il navigue jusqu'au détroit de Magellan, remonte à contre-courant la côte du Pacifique jusque vers 48° de latitude nord, contourne ensuite l'Asie et l'Afrique avant son retour en Angleterre. L'Espagne

comprend alors la nécessité de renforcer sa présence sur la côte californienne. Vizcaino, marin basque installé au Mexique, parcourt vainement, en 1602, les havres de la côte à la recherche d'or et de perles. Il remonte jusqu'à 43° de latitude nord, soit jusqu'au cap Mendocino, avant de retourner bredouille sur la côte ouest du Mexique. Par ailleurs, les villages et les missions religieuses progressent peu à peu à l'intérieur de la Nouvelle-Espagne, au nord du Rio Grande. Les explorations du jésuite Eusebio Francisco Kino, de 1685 à 1702, couvrent un vaste territoire, du golfe du Mexique jusqu'au golfe de Californie. Il faudra toutefois attendre les voyages de Fernando Consag, en 1747, pour que les autorités espagnoles reconnaissent de nouveau la péninsularité de la Basse-Californie.

La véritable menace de conquête de la côte du Pacifique surgit d'où on l'attendait le moins, non pas de la mer, mais de la terre donnant sur le Pacifique Nord. Le tsar de Russie, Pierre le Grand, lors d'un séjour en Europe occidentale, en 1716-1717, est très impressionné par les récits des explorations apportant de nouveaux fleurons aux couronnes des puissances coloniales. À l'extrême est de son royaume, au-delà du Kamtchatka, se trouve une région mystérieuse, celle du détroit d'Anian, dont le tsar envisage l'exploration. En 1725, il fait appel au Danois Vitus Béring, pour une mission consistant à traverser toute la Russie d'Europe et d'Asie et, par bateau, remonter le plus au nord possible. Béring va jusqu'à 67°18' dans le détroit qui, depuis, porte son nom et retourne à Saint-Pétersbourg, en 1730, par la même voie terrestre, après cinq années entières de voyage. Les résultats de l'expédition sont reçus triomphalement : la Russie, à son tour, découvre l'Amérique et confie une nouvelle expédition à Béring en 1733. Béring rapporte des informations géographiques qui remettent souvent en question quelques certitudes des

Indien Nootka

La côte Nord-Ouest de l'Amérique par Aaron Arrowsmith, Londres, 1802
Cartographe et éditeur londonien, Aaron Arrowsmith recueille les informations provenant d'explorateurs et de voyageurs. Il présente ici l'une des synthèses cartographiques les plus complètes de la côte ouest américaine au début du XIXe siècle, rendant compte des travaux d'explorateurs provenant de divers États européens. On y trouve aussi bien les relevés du trafiquant de loutres marines James Colnett que les tracés minutieux de George Vancouver, le « Port aux Français » de Lapérouse, les « Pamplona Rocks of the Spaniards », ainsi qu'une « Russian factory ». Le trait irrégulier apparaissant dans l'océan correspond au parcours de Vancouver, grâce à qui la cartographie de la côte s'est tant précisée. Cette carte est la première qui réussit à délinéer la côte occidentale de l'Amérique du Nord ainsi qu'à rendre compte des principales réalités géographiques et de l'occupation humaine dans la région des montagnes Rocheuses.

Cook est choisi par l'Amirauté britannique pour mener une expédition scientifique dans le Pacifique. On lui ordonne de se rendre à Tahiti afin d'observer un « transit de Vénus », moment astronomique rarissime pendant lequel Vénus s'interpose entre le Soleil et la Terre. Lors d'un troisième voyage, il a pour mission d'explorer la côte nord-ouest et d'y trouver un passage vers l'Atlantique. L'intérêt pour ce passage était grand ; une loi du Parlement d'Angleterre promettait une récompense de 20 000 livres à celui qui le découvrirait. Issue de son unique voyage dans le nord du Pacifique, cette carte de Cook apporte des informations totalement inédites sur la région explorée. Ses investigations, concentrées sur la baie de Nootka et la côte septentrionale, aboutissent à la mesure exacte de la longitude jusqu'au-delà du détroit de Béring. À la recherche d'une voie de passage vers l'océan Arctique, Cook ne s'attarde pas à rendre compte de tous les détails de la côte. Ses relevés du détroit de Béring, jusqu'à 65° de latitude nord, de la péninsule de l'Alaska et des îles Aléoutiennes, sont relativement précis mais, de là jusqu'à Nootka, il se contente d'un tracé linéaire révélateur d'une continuité du rivage, sans ouverture vers l'Arctique. Comme résultats directs des calculs longitudinaux, la distance séparant l'Amérique de l'Asie apparaît clairement et, pour la première fois, on peut enfin évaluer la dimension de l'Amérique du Nord, dans toute sa largeur.

géographes comme l'Allemand Gerhard Muller et le Français Joseph-Nicolas Delisle qui séjourne à la cour du tsar avec son frère Louis Delisle de La Croyère. De plus, un commerce extrêmement rentable s'amorce avec la chasse aux loutres marines, dont la fourrure est très prisée en Chine. Malgré les protestations des Aléoutes, la nation autochtone souvent mobilisée pour apporter son concours à l'abattage, ces animaux marins disparaissent presque complètement en moins d'un siècle.

L'Angleterre, pour sa part, étend son empire dans toutes les parties du globe. Déjà, de 1740 à 1744, le tour du monde de l'amiral Anson alerte les autres nations européennes des risques d'une implantation anglaise aux îles Falkland (ou Malouines), dans la partie la plus méridionale de l'Atlantique, lieu de ravitaillement et clé de l'océan Pacifique. En 1764, après la perte du Canada, la France prend sa revanche en y envoyant Bougainville avec plus de 150 personnes, dont quelques dizaines d'Acadiens, pour y fonder une colonie. Presque au même moment, l'Anglais John Byron explore les îles et y établit une base à Port Egmont. À la suite des vives réactions de l'Espagne revendiquant le territoire au nom du traité de Tordesillas, la France se retire des îles et rapatrie la plupart des colons, mais l'Angleterre y demeure et en assure la maîtrise. Cette première crise des Falkland se conclut par une victoire britannique prometteuse.

Cette fois, l'Espagne prend vraiment la mesure du risque et, à partir de 1769, effectue plusieurs expéditions navales au nord de la péninsule de la Californie. En 1774, Juan Pérez Hernandez remonte jusqu'au 55°30' de latitude nord, en vue de ce qui est aujourd'hui l'archipel Alexandre et prend contact avec les Indiens Haïdas dans la rade de Nootka. L'année suivante, Bodega y Quadra note l'embouchure du fleuve Columbia après

avoir atteint la latitude de 58°30'. En 1779, il se rend encore plus au nord en vue des monts St. Elias, jusqu'à 60° de latitude nord sans apercevoir aucune présence européenne autre que les Russes pratiquant la chasse des loutres marines.

Puis James Cook inaugure une nouvelle ère de l'histoire de la navigation. Les progrès scientifiques du siècle des Lumières permettent de voyager en de meilleures conditions, de se situer en mer avec plus d'exactitude grâce au chronomètre de Harrison et de résoudre les grands problèmes sanitaires de la vie à bord. En effet, les navires européens d'exploration et, en premier lieu, ceux de la Marine royale britannique jaugent de quatre cents à six cents tonneaux plutôt que cent auparavant. Ils ont acquis une résistance et un confort considérables grâce au doublage en cuivre des coques, ce qui sera particulièrement approprié à la circulation dans les mers du Nord où les glaces présentent un danger constant pour les coques en bois.

Au départ de l'Angleterre avec deux navires, Cook traverse l'Atlantique du nord au sud et, en juillet 1776, franchit le cap de Bonne-Espérance, traverse le Pacifique vers la Nouvelle-Zélande et les îles Sandwich, puis retourne vers la côte américaine qu'il aperçoit à 44°33' de latitude nord, soit au niveau de l'Oregon. C'était le 7 mars 1778, après deux années entières de navigation. La baie de Nootka lui offre un havre idéal pour radouber les navires et s'approvisionner. L'étonnement des navigateurs est grand devant l'architecture des habitations et des embarcations des Indiens Nootkas, leur habileté à la pratique du commerce et leur organisation sociale

reflétée par les fabuleux totems auxquels ils ne saisissent pas grand-chose. Les dessins de John Webber, membre de l'expédition, illustrent fidèlement le regard des visiteurs anglais sur cette nation d'origine sibérienne.

Les navires poursuivent vers le nord-est, en essayant de côtoyer le littoral pour faciliter les levés hydrographiques. Ayant presque contourné l'immense péninsule de l'Alaska, jusqu'à 70° de latitude nord, le 16 août, ils se trouvent entourés de glaces. Le capitaine est forcé de rebrousser chemin : « La saison était si avancée, et le moment si proche où il fallait s'attendre à ce que la gelée s'installât, que je ne jugeai pas possible, si je voulais être prudent, de poursuivre cette année mes tentatives pour trouver un passage vers l'Atlantique dans quelque direction que ce fût, tant il y avait peu de chances de succès. » En une seule saison de navigation, Cook a confirmé l'existence du détroit de Béring, délimité la péninsule de l'Alaska et tracé approximativement des centaines de kilomètres de côtes extrêmement découpées.

Jean-François de Galaup, comte de Lapérouse, donne suite aux explorations de Cook. La France tenait à s'affirmer de nouveau sur le plan international après la perte de presque toutes ses positions d'Amérique du Nord. L'armement des frégates la *Boussole* et l'*Astrolabe* est mené avec le plus grand soin, suivi de près par le roi Louis XVI lui-même. Ce dernier intervient directement, comme aucun souverain de France ne l'avait fait avant lui, sur beaucoup d'aspects de l'organisation du voyage, en particulier sur le choix de la dizaine de savants qui doivent faire partie de l'expédition ainsi que sur le matériel technique nécessaire à leurs recherches. Le

1er août 1785, les deux frégates quittent la rade de Brest en direction du cap Horn puis de l'île de Pâques, avant-dernière escale, le 9 avril 1786, avant celle des îles Sandwich. Le 23 juin, soit moins d'un an après le départ, Lapérouse arrive en vue des monts St. Elias. Il relève le littoral du nord au sud jusqu'à Monterey sans perdre de vue les possibilités d'y fonder des établissements, à l'instar des *factoreries* des Anglais de la baie d'Hudson, mais dans des conditions climatiques plus douces, bien qu'elles soient situées à la même latitude.

Le rapport de voyage de Lapérouse est celui d'un marin soucieux de rendre compte de tous les aspects techniques utiles, mais c'est aussi celui d'un humaniste représentant fidèlement la mentalité de son époque. Ses relevés hydrographiques sont présentés avec la modestie du navigateur chevronné sachant qu'une part d'inconnu se glisse inévitablement dans les observations les plus méticuleuses. Sa vision des territoires et des hommes rencontrés, tout en étant troublée par les différences de niveaux de développement, reflète l'optimisme rationaliste de son siècle, mettant toute sa foi dans l'intelligence humaine et le progrès qu'elle peut générer. Aussi, les êtres qui n'ont pas encore été touchés par les « Lumières » auraient tout à gagner à s'en laisser pénétrer. L'explorateur pratique une curiosité scientifique aussi dépouillée que possible de préjugés ainsi qu'une spontanéité dans la réflexion dont le produit aboutit à quelques idées nouvelles sur l'anthropologie et sur la présence étrangère dans les territoires à coloniser. Ainsi, le récit de voyage de Lapérouse, avec sa poésie, l'élégance de son style et son enthousiasme joints aux qualités professionnelles de

Les voyages de Lapérouse (ci-contre et ci-dessous)

Durant la guerre de l'Indépendance américaine, l'officier de marine Jean-François de Galaup comte de Lapérouse s'illustre à la baie d'Hudson aux dépens des navires et des établissements anglais. Entré dans les bonnes grâces du roi, il est investi d'une mission scientifique à la hauteur de son talent : découvrir un passage du Nord-Ouest en poursuivant les recherches amorcées par d'autres. La carte ci-dessous, dressée par ordre du roi en 1785, donne les routes empruntées par les navigateurs jusque-là : le Français Frondat en 1709, le Russe Tchirikow en 1741, les Anglais James Cook et Charles Clarke en 1778-1779. À l'été 1786, un an après son départ, Lapérouse accoste sur la côte de l'Alaska, dans un beau port tranquille, à plus de 100 kilomètres au nord de Los Remedios, dernier terme des navigations espagnoles. L'endroit est parfait, selon l'explorateur, pour y installer une *factorerie* (comptoir commercial). Pour faire valoir les droits des Français sur la côte, il impose audit lieu le nom de « Port aux Français ». La suite de l'expédition démontre de façon dramatique que les travaux de cartographie et d'hydrographie ne sont pas exempts de risques. Le 2 juillet, deux petites embarcations détachées pour sonder l'entrée du port sont emportées par la marée (voir ci-contre). Les corps des 21 matelots noyés ne sont pas retrouvés. En souvenir de cet événement tragique, Lapérouse et ses hommes érigent un monument sur la principale île de Port aux Français, nommée pour les circonstances « île Cénotaphe ». Deux semaines plus tard, les Français repartent, « émus par le malheur, mais non découragés ». Ce désastre allait plus tard être suivi d'un autre. En mars 1788, Lapérouse fait naufrage et meurt près de l'île Vanikoro, dans l'archipel des îles Salomon. Tout au long de l'expédition, il avait fait dresser des cartes marines des côtes visitées. Un astronome à bord fixait les coordonnées en latitude et longitude de tous les lieux abordés, grâce aux meilleurs instruments de l'époque (sextant, quarts de cercle, chronomètres marins). Le problème du calcul de la longitude était définitivement réglé, permettant ainsi d'améliorer la cartographie du Pacifique. Heureusement, avant son décès, Lapérouse avait confié rapports et cartes à l'interprète Barthélemy de Lesseps (oncle de Ferdinand de Lesseps, le créateur du canal de Suez) qui avait pu regagner l'Europe par voie de terre et rapporter l'un des plus importants documents de l'histoire maritime française. En 1797, le journal de voyage est enfin publié, accompagné d'un atlas comportant les cartes et les illustrations issues de l'expédition.

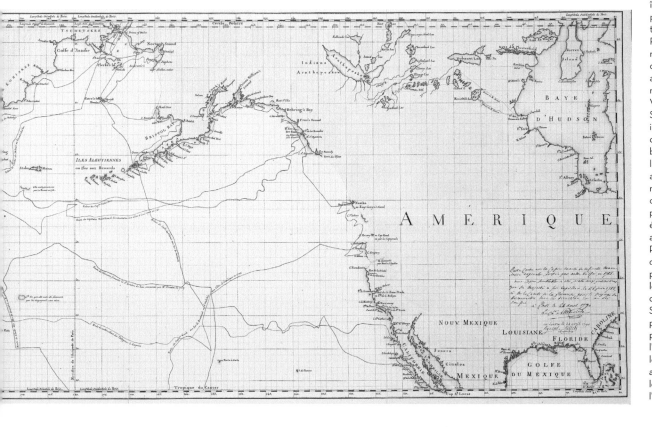

Côte nord-ouest de l'Amérique reconnue par le capitaine Vancouver

C'est en compagnie du célèbre explorateur James Cook que George Vancouver s'initie, entre 1772 et 1774, aux travaux d'hydrographie dans le Pacifique Nord. Envoyé de nouveau sur la côte nord-américaine en 1792, Vancouver somme les Espagnols d'appliquer les termes de la convention de Nootka, qui reconnaît aux Anglais des droits territoriaux. Par la même occasion, il explore et cartographie toute la côte située entre le 30ᵉ parallèle nord (actuel Mexique) et le détroit de Béring en Alaska. Ce travail de longue haleine dure trois ans et le résultat est publié en 1798, dans un récit qualifié d'ennuyeux par plusieurs. En revanche, les travaux d'hydrographie et de cartographie sont encensés. Sur ce point, Vancouver peut être considéré comme le digne successeur de son maître Cook. Cette carte fait voir la route parcourue par l'équipage de Vancouver vis-à-vis de l'actuelle frontière du Canada et des États-Unis. Après avoir pénétré le détroit Juan de Fuca (qu'on a longtemps cru être l'entrée d'une immense mer intérieure), Vancouver explore Puget Sound, aux environs de l'actuelle ville de Seattle. Il découvre ensuite l'insularité d'une vaste étendue de terre, que lui-même nomme «île de Quadra et Vancouver», en souvenir des deux négociateurs de la convention de Nootka. Cette carte et les autres parues dans le même ouvrage ont permis enfin de démentir toute allusion à un passage du Nord-Ouest à cette latitude. Ce fut la fin d'un mythe qui avait enflammé un grand nombre d'explorateurs.

L'auteur, est une œuvre de référence dominante de la littérature d'exploration au XVIIIᵉ siècle.

L'Espagne doit se rendre à l'évidence : plusieurs autres États occidentaux sont présents sur la côte occidentale de l'Amérique. L'Angleterre, la France et les États-Unis y ont trouvé un marché de fourrures formidable. Madrid rappelle que le site de Nootka a été exploré quinze ans plus tôt par des Espagnols qui n'ont pas l'intention de se laisser usurper une conquête faisant partie de leur aire d'exploration. Aussi, entre 1788 et 1793, l'Espagne n'envoie pas moins de huit expéditions dans le but d'occuper le territoire, d'imposer son autorité, de continuer les explorations et d'évangéliser les Indiens. Bien qu'elle soit dotée d'une flotte moderne, d'officiers et équipages remarquablement formés, elle n'a pas la force d'affronter l'Angleterre, devenue la plus grande puissance maritime européenne, et doit se résoudre à signer la convention de Nootka, le 28 octobre 1790, s'engageant à restituer les biens britanniques saisis, et surtout à abandonner toute prétention à la propriété ou à l'occupation exclusive de la côte du Pacifique Nord.

Mais la première nation colonisatrice de l'Amérique n'abandonne pas pour autant le projet de maintenir une présence sur la côte ouest et prend alors une option délibérément scientifique. L'expédition de Malaspina, avec des navires équipés selon les méthodes les plus modernes, des artistes et des hommes de science, bénéficie de moyens comparables à ceux des expéditions de Cook et de Lapérouse. Naviguant en 1791, vers 60° de latitude nord, Malaspina explore la côte et les îles de l'Alaska, s'arrête évidemment à Nootka, fraternise avec Muquinna, le principal chef des Nootkas, pendant que ses collaborateurs se consacrent à des descriptions minutieuses des autochtones et de leur environnement. De retour à Cadix en 1794, l'exploration est suivie par au moins quatre autres missions dans le Pacifique Nord. Toutes ces entreprises, qui ne soulèvent ni l'admiration de celle de Cook ni l'attente angoissée de celle de Lapérouse, ramènent toutefois l'Espagne parmi les grandes nations exploratrices et démontrent la qualité de ses marins et de ses savants, dont les rapports de recherche originaux et consciencieux en firent de dignes représentants, eux aussi, du siècle des Lumières.

L'Angleterre revient à la charge et commande une nouvelle expédition dans les mers du Sud et dans le Pacifique Nord. George Vancouver, excellent marin ayant déjà voyagé avec Cook dans le Pacifique, en prend la direction bien qu'il soit âgé de trente-trois ans seulement. Il est aussi chargé de négocier l'application de la convention de Nootka avec le commandant espagnol du poste. La mission principale consiste toutefois en l'étude hydrographique détaillée de la côte du Pacifique, de 30° et 60° de latitude nord. Une fois au 39°27', Vancouver entreprend d'examiner, en chaloupe, chaque échancrure et toutes les îles de la côte, pied par pied, pour en effec-

tuer le tracé. Le 19 août 1794, les embarcations reviennent de leur dernier ancrage, au sud-est de l'île de Baranof, dans une baie que Vancouver nomme opportunément *port Conclusion*. Il a parcouru environ 65 000 milles, auxquels il faudrait ajouter les 10 000 effectués par les embarcations, ce qui en fait une des plus longues expéditions de découverte de l'histoire. George Vancouver a rempli sa mission bien qu'il n'ait pas réussi à conclure la restitution des biens britanniques saisis par les Espagnols à Nootka. En effet, malgré les excellentes relations entre Vancouver et Bodega y Quadra, les deux hommes ne s'entendent pas sur les détails, préfèrent s'en remettre à leur gouvernement respectif et attendre les instructions. Plus marins que diplomates, ils n'ont pas voulu entrer en conflit, préférant conserver le ton scientifique de leurs relations pendant les trois étés passés ensemble sur la côte. Heureusement pour eux, aucune nouvelle instruction ne leur est parvenue pendant ce temps, ni d'Espagne ni d'Angleterre.

En dessinant chaque détail de la côte, Vancouver a réussi à faire disparaître des mythes tenaces, celui d'un passage au niveau du fleuve Columbia ou d'une « mer de l'Ouest » se déversant dans l'océan Pacifique. Grâce à leur exactitude, ses relevés hydrographiques s'inscrivent parmi les ouvrages de référence durables. Cent ans ont suffi pour que la côte occidentale de toute l'Amérique du Nord, à peu près inconnue au début du XVIIIᵉ siècle, soit en 1795 entièrement cartographiée. Un siècle de conquêtes scientifiques où la maîtrise du scorbut n'est pas la moindre des victoires car elle a permis de mener à terme de longues expéditions dans les mers froides. Menées par plusieurs pays européens dont les intérêts entrent en concurrence vive, les missions exploratoires passent bien près de déboucher sur des conflits armés mais la sagesse des négociateurs évite aussi bien les affrontements que les tentatives de colonisation. Il reste cependant les postes de commerce des fourrures, entraînant l'envahissement progressif des terres autochtones et le massacre des loutres marines. Ce négoce issu des explorations est accompagné de graves préjudices que ne mesurent ni ne contrôlent les commandants d'expéditions néanmoins animés des principes des « Lumières » et portant un regard humaniste sur les territoires abordés et leurs habitants. 🐚

Sources principales par ordre d'importance

GOUGH, Barry M., *The Northwest Coast : British Navigation, Trade and Discoveries to 1812,* Vancouver, University of British Columbia Press, coll. « Pacific Maritime Studies », 1992, vol. IX. — LA PÉROUSE, Jean-François de Galaup, *Voyage autour du monde sur l'Astrolabe et la Boussole (1785-1788),* Hélène PATRIS (éd.), Paris, La Découverte, coll. « Littérature et voyages », 1997. — PONIATOWSKI, Michel, *Histoire de la Russie d'Amérique et de l'Alaska,* Paris, Horizons de France, 1958. — BERNAR, Gabriela, et Santiago SAAVEDRA, *To the Totem Shore : the Spanish Presence on the Northwest Coast,* Madrid, Ediciones El Viso, 1986.

Une conquête annoncée

LA DOMINATION DE L'ANGLETERRE

L A GUERRE DE SEPT ANS (1756-1763) est avant tout une lutte entre souverains d'États européens pour la maîtrise de territoires situés aussi bien en Europe que sur les autres continents. D'une part, l'Autriche tient à reprendre la Silésie à Frédéric II de Prusse et, d'autre part, l'Angleterre, puissance alliée à la Prusse, veut s'approprier l'empire colonial français de l'Inde et de l'Amérique du Nord. Dès 1755, l'amiral anglais Edward Boscawen attaque les côtes de Saint-Malo, Rochefort et Cherbourg et, sans déclaration formelle de guerre, capture plus de 300 navires de commerce et 6 000 matelots. Parallèlement en Amérique, plusieurs importants points de friction, indépendants de ce qui se passe en Europe, éclatent aux frontières des colonies anglaises et de la Nouvelle-France, notamment sur l'Ohio et à Louisbourg. Il n'en fallait pas autant pour qu'un conflit, impliquant tous les continents, soit officiellement déclenché, au printemps 1756.

Affaiblie par la longue guerre de Succession d'Autriche (1740-1748), la France cherche quelque renfort en confirmant et en développant ses alliances par des traités avec l'Autriche, la Russie, la Suède, la Saxe et l'Espagne. Son champ de bataille obligé est alors l'Europe où l'armée française va se déployer sur plusieurs fronts et connaître quelques succès en 1756 et 1757. En Amérique, la France envoie de nouveaux bataillons qui vont renforcer les troupes de la Marine, les milices et les alliés indiens. Grâce à l'excellente connaissance de leur propre terrain sur lequel se déroulent les combats, des officiers français de grande valeur comme Bourlamaque, Bougainville et le chevalier de Lévis définissent une stratégie efficace. Le gouverneur général de la Nouvelle-France, Pierre Rigaud de Vaudreuil, né au Canada et auparavant gouverneur de la Louisiane, est particulièrement compétent sur tout ce qui touche les frontières franco-anglaises en Amérique, ainsi que la position des nations indiennes. Avec le

commandant des troupes françaises, Louis-Joseph de Montcalm, les Canadiens passent rondement à l'attaque et s'emparent du fort Oswego sur le lac Ontario (1756), lancent des raids « à l'indienne » contre les établissements anglais, prennent le fort William Henry sur le lac Saint-Sacrement (1757) et gagnent, de façon spectaculaire, la bataille de Carillon sur le lac Champlain (1758) avec 3 500 hommes contre 15 000 de l'armée anglaise.

Pour la France, l'Amérique n'est qu'une partie du front qu'elle veut et doit défendre. Mais, hors de l'Europe, c'est le plus convoité. Surtout quand William Pitt reprend les commandes en Angleterre, en 1757, avec l'objectif principal de s'approprier l'empire colonial français. Il y consacre des ressources fabuleuses, envoyant des troupes, du matériel militaire, du ravitaillement de toute nature. L'atout principal de l'Angleterre est sa flotte de 107 gros navires de guerre qui lui permettent de mener une impitoyable guerre de course sur l'Atlantique. Avec sa cinquantaine de vaisseaux, la France fait piètre figure sur les mers. Le ministre de la Marine a relancé la construction navale depuis 1748, mais il manque de bois d'œuvre et une quinzaine de vaisseaux seulement ont pu être mis à l'eau. De plus, les effectifs vieillissants, l'administration sclérosée et le népotisme omniprésent freinent considérablement l'armement des navires de guerre.

Malgré le triste état de sa marine et le harcèlement des corsaires anglais sur l'Atlantique, la France envoie, chaque année au Canada, plusieurs navires chargés de troupes et de ravitaillement. Il faut reconnaître cependant que l'effet de ces expéditions est dérisoire face à la flotte anglaise présente dans le golfe et le fleuve Saint-Laurent, d'autant que cette dernière arrive souvent à intercepter les convois français avant leur arrivée à Québec. Un événement tragique, indépendant de la guerre, affaiblit encore la marine française : en 1757, l'escadre de Dubois de La Motte, qui avait repoussé

Pages suivantes (228-229)
Plan des environs de Québec durant le siège de 1759, par Samuel Holland et Joseph F.W. Des Barres (ci-dessus : le Foulon. Pages suivantes : détail montrant le lieu de la bataille).
La carte dans son ensemble montre avec grande précision l'emplacement des troupes française et anglaise lors du siège de Québec en 1759. On y voit la capitale de la Nouvelle-France sous le feu des batteries ennemies installées de l'autre côté du fleuve, à la pointe Lévis. À l'est, on peut apercevoir le lieu de débarquement de l'armée du général Wolfe (Foulon Cove, c'est-à-dire l'anse au Foulon). Les travaux de levés et de dessin ont été effectués par des cartographes prolifiques, le Hollandais Samuel Holland qui deviendra arpenteur-général au Canada et Joseph Frederick Des Barres, huguenot d'origine française, ayant publié un atlas remarquable intitulé *The Atlantic Neptune* (voir page 201).

HAUTEURS D'ABR

Road

Road

Quebec
La
Languedoc
Bearn
La Guienne
Ro Rousill
Montcal
Trois Riv

FOULOU COVE

ANCE DES MERES

5

4

7   6   7

8

16

15   10

17   17

RIVER St. CHARLES

QUEBEC

CAPE DIAMAND

Dock Yard   Dock

POINT DES P

Une carte antifrançaise, publiée à Londres en 1755 (détail)

Plusieurs cartes ont été produites par la Society of Anti-Gallicans à la veille de la guerre de Sept Ans, visant à démontrer que les prétentions françaises en Amérique du Nord empiètent sur les territoires déjà occupés par les Britanniques ou par leurs amis et alliés indiens. Les zones de frictions se situent essentiellement dans la vallée de l'Ohio où la France a établi une chaîne de forts. Sur cette carte, les couleurs sont utilisées pour illustrer les colonies anglaises telles qu'elles sont décrites dans leur charte de fondation. Le Canada, pour les Britanniques, se limite à la rive nord du Saint-Laurent, au Cap-Breton et autres îles du golfe ainsi qu'à la côte de Terre-Neuve plus tard connue sous le nom de « French Shore ».

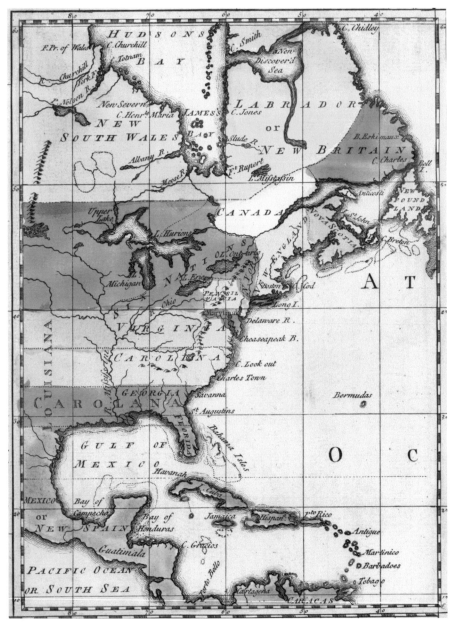

l'attaque anglaise de Louisbourg, est décimée, à son retour à Brest, par une épidémie de typhus. Six mille matelots en meurent. Les armements deviennent de plus en plus aléatoires.

On peut même s'étonner que les 85 000 habitants de la Nouvelle-France aient tenu aussi longtemps face à plus d'un million et demi de colons anglais. Au Parlement britannique, le chef de l'opposition, George Grenville, était d'avis que « ce n'est pas la guerre en Allemagne, mais le manque de marins qui a empêché les Français de poursuivre les opérations en Amérique et de débarquer en Grande-Bretagne ». Si l'on ajoute qu'en France le secrétaire d'État à la Marine dispose d'un budget de 30 millions de livres, alors qu'au même moment son homologue britannique a 150 millions, on n'a plus d'illusions sur les capacités françaises de gagner. D'ailleurs, après la célèbre victoire anglaise du 13 septembre 1759 sur les plaines d'Abraham à Québec, capitale de la Nouvelle-France, puis la victoire française du chevalier de Lévis au printemps de 1760, c'est l'arrivée de navires anglais devant Québec qui entraîne le repli des troupes françaises vers Montréal. Les chiffres sont éloquents : toutes les forces maritimes françaises réunies n'auraient pu réussir à contrer la Royal Navy et à protéger ses possessions dispersées en Amérique du Nord, aux Antilles en Afrique et dans l'océan Indien.

La guerre en Amérique se termine avec la capitulation générale de Montréal le 8 septembre 1760, qui accorde aux Canadiens la protection de leurs biens et le libre exercice de leur religion tout en les obligeant à rendre leurs armes. En attendant que les hostilités prennent fin dans les autres parties du monde, les Anglais mettent en place un régime militaire provisoire pour diriger le pays sous la direction du général Jeffery Amherst, de 1760 à 1763. Pendant ces années d'occupation, la coutume de Paris reste en vigueur, le régime seigneurial est maintenu, les capitaines de milice continuent à servir de lien entre les autorités et le peuple, l'Église catholique conserve son rôle, l'administration interne de la colonie se fait en langue française et la vie économique, fortement malmenée par plusieurs années de guerre, se redresse peu à peu. On garde les trois régions administratives du

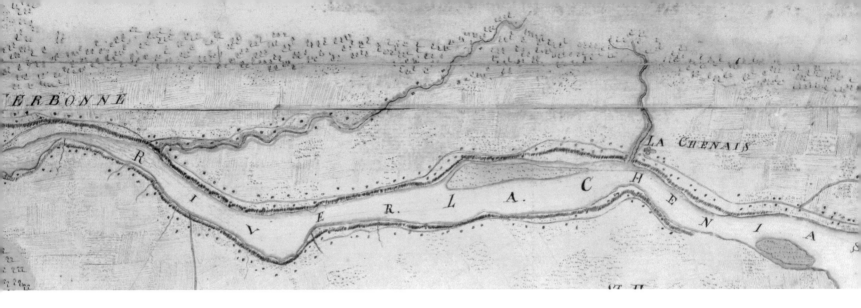

Canada, mais en les rendant plus autonomes : Ralph Burton est nommé gouverneur de Trois-Rivières, Thomas Gage, gouverneur de Montréal, et James Murray, gouverneur de Québec. Les nouveaux dirigeants anglais s'appliquent à évaluer leurs acquis. Thomas Jefferys, Richard Short, James Cook et Samuel Holland décrivent, dessinent, arpentent et cartographient le territoire conquis.

Pour leur part, les nations indiennes tirent aussi les conséquences de la guerre. Plusieurs tribus installées près de la vallée du Saint-Laurent négocient une certaine neutralité avec les Anglais. Les Hurons de Lorette, par un certificat signé en septembre 1760 du général James Murray, obtiennent de jouir « du libre exercice de leur religion, de leurs coutumes et de la liberté de trafiquer avec les garnisons anglaises ». Quelques jours plus tard, d'autres rencontrent sir William Johnson, surintendant des Affaires indiennes à Caughnawaga, pour discuter de paix. À Détroit et dans les autres postes de la région des Grands Lacs, les Anglais s'installent et changent les règles du jeu pour les tribus, dont la plupart étaient alliées des Français. Ils mettent un terme à la coutume des « présents », refusent tout crédit, exigent que la traite ne se pratique qu'aux postes et suppriment le trafic de rhum. Une alliance se forme alors sous la conduite du chef de guerre outaouais Pondiac (Pontiac) dans le but de « détruire tous les anglois qu'elles trouveroient sur les terres qu'elles avoient permis à leurs frères et bons amis les françois d'occuper ». Après plusieurs victoires indiennes en 1763, les Anglais finissent, là encore, par s'imposer.

Pendant ce temps, les diplomates négocient longuement en vue de la paix. La France, grande perdante de la guerre, ne peut guère faire valoir d'exigences et abandonne toute idée de retour en guerre. « Je pense comme le public, écrit Voltaire. J'aime beaucoup mieux la paix que le Canada et je crois que la France peut être heureuse sans Québec. » La préoccupation des négociateurs britanniques est d'abord d'assurer la protection des anciennes colonies contre une éventuelle attaque ; pour cela, ils ont donc besoin du Canada. Ils tiennent aussi à conserver les territoires qui offrent des marchés de consommation pour les produits fabriqués en Angleterre. Pour les Français, il faut d'abord conserver le marché européen, très friand de produits tropicaux, notamment du sucre des Antilles dont la production s'est multipliée par dix au cours du XVIIIᵉ siècle, générant d'importants revenus pour les négociants et pour la France.

Finalement, par le traité de Paris du 10 février 1763, l'Angleterre, l'Espagne, la France et le Portugal mettent fin au conflit de la guerre de Sept Ans. La France perd l'Hindoustan moins cinq comptoirs, le Sénégal moins l'île de Gorée qu'elle conserve pour la traite négrière. Elle récupère la Martinique, la Guadeloupe, Sainte-Lucie et l'ouest de Saint-Domingue (Haïti). La France a déjà cédé l'immense territoire de la Louisiane à l'Espagne en dédommagement de la Floride cédée par l'Espagne à l'Angleterre. Le 15 février 1763, Marie-Thérèse d'Autriche, Frédéric de Prusse et leurs alliés signent la paix à Hubertsbourg et prennent pour base de cet arrangement le *statu quo ante bellum*. On s'était donc battu sept ans en Allemagne pour arriver à se trouver à la fin de cette guerre meurtrière au même point qu'au début. La France, elle, était exsangue ; elle avait perdu sa marine, son meilleur poste sur la côte occidentale d'Afrique et plusieurs des petites Antilles, toutes ses possessions de l'Amérique du Nord, sauf Saint-Pierre-et-Miquelon « pour servir d'abri aux pêcheurs français ».

L'Angleterre sort appauvrie de cette lutte, mais elle a gagné, avec un accroissement énorme de territoire, un prestige qui lui permettra, jusqu'à la guerre de l'Indépendance américaine, d'être l'arbitre de l'Europe. En Amérique, elle exerce un contrôle total du territoire, y compris des possessions antérieures de la France et de l'Espagne. Le sud et l'ouest du continent sont dorénavant ouverts à l'implantation britannique. Le sort en est jeté : l'Amérique sera anglaise. 🦫

Source principale

TAILLEMITE, Étienne, *L'histoire ignorée de la marine française*, Paris, Librairie académique Perrin, coll. « Passé simple », 1987.

La carte de Murray montrant la rivière des Mille Îles entre Sainte-Rose et Lachenaie, 1761

Après que les troupes britanniques eurent soumis les villes de Québec et de Montréal, le général James Murray fait dresser la carte du pays nouvellement conquis. Entre février et novembre 1761, il met à pied d'œuvre les plus doués ingénieurs de son armée, dont Samuel Holland, John Montresor et William Spry, qui réalisent une œuvre de grande envergure : plus d'une quarantaine de cartes à grande échelle couvrant l'essentiel de l'aire seigneuriale, depuis les Cèdres, en amont de Montréal, jusqu'à l'île aux Coudres. Grâce à ce travail minutieux, les militaires britanniques connaissent précisément la topographie des lieux conquis, ce qui est toujours utile dans l'éventualité d'une rétrocession du Canada à la France. En plus d'être de formidables outils de gestion et de planification, ces cartes permettent d'assurer un contrôle militaire serré de la colonie. L'extrait reproduit fait voir la rivière des Mille Îles entre les villages de Lachenaie et Sainte-Rose en passant par Terrebonne. On peut y noter un souci du détail dans le relevé cartographique, faisant ressortir les principaux éléments de la topographie : les cours d'eau, les chemins, les églises, les moulins, le relief, mais aussi les maisons et les terres cultivées de chaque habitant.

Nicolas Bellin et le Dépôt des cartes et plans de la Marine

LA CARTOGRAPHIE FRANÇAISE a longtemps souffert de ne pas avoir, comme en Espagne ou au Portugal, de dépôt central pour les journaux de voyages et les cartes géographiques. Heureusement, cette lacune est corrigée au XVIIIᵉ siècle, avec la mise en place du Dépôt des cartes et plans de la Marine. Cette entité administrative française est certainement celle qui a le plus contribué à la connaissance de l'Amérique du Nord française. L'origine de ce dépôt remonte à Jean-Baptiste Colbert, qui obtient en 1669 la création d'un ministère de la Marine, responsable des colonies d'outre-mer. Dès 1682, on charge un ingénieur de réunir et de conserver les cartes envoyées au ministre. Divers types de documents sont ainsi recueillis au fil des ans, témoignant de l'aventure coloniale française sous l'Ancien Régime : cartes générales, cartes marines, plans cadastraux, plans et vues de villes, journaux de voyages, rapports et autres mémoires. Pour faciliter la gestion et la conservation des nombreux portefeuilles et cartons accumulés, mais aussi pour favoriser la production de nouvelles cartes, on détache ce corpus des archives administratives. C'est ainsi qu'en 1720 est créé le Dépôt des cartes et plans de la Marine.

L'année suivante, Jacques-Nicolas Bellin fait son entrée au Dépôt. En tant qu'hydrographe et ingénieur, il s'occupe de recueillir, de mettre en ordre et d'exploiter les cartes qu'il reçoit. Il occupera ces fonctions, qui équivalent aujourd'hui à celles d'un conservateur et d'un cartographe, pendant plus de cinquante ans. Grâce à la variété de documents qui lui parviennent, Bellin peut confronter les différentes sources, textuelles ou cartographiques. Aussi profite-t-il de ses contacts avec les pilotes et les capitaines pour contrevérifier certaines informations et mettre à jour les cartes inexactes ou imprécises. Il bénéficie également des quelques voyages maritimes scientifiques pour dessiner des cartes assez justes du golfe et du fleuve Saint-Laurent. Les observations de plusieurs navigateurs lui seront utiles : celles du marquis de l'Étenduère et de Chabert de Cogolin au Cap-Breton, celles de Testu de La Richardière dans le Saint-Laurent, celles de Gabriel Pellegrin à Terre-Neuve, celles de Jacques L'Hermitte à la baie des Chaleurs, etc. Une de ses missions consistait à mettre un terme à la pénurie de cartes marines, à remplacer les cartes hollandaises sur lesquelles se fiaient encore les pilotes français. Bellin, bien qu'il porte le titre d'hydrographe, n'a pas seulement dessiné des cartes marines. Grâce aux sources cartographiques que recevait le ministère, il a pu dessiner l'intérieur du continent. Pour ce faire, il s'est entre autres inspiré des voyages d'exploration des La Vérendrye à l'ouest des Grands Lacs. Bellin fait flèche de tout bois, ce qui se reflète dans ses cartes, très souvent avant-gardistes.

Bellin s'intéresse plus vivement à l'Amérique du Nord grâce à la publication de l'*Histoire et description générale de Nouvelle-France* de Pierre-François-Xavier de Charlevoix. En effet, le cartographe s'associe à l'auteur jésuite pour enrichir de 28 cartes cette synthèse historique la plus complète et la plus populaire de son époque. Mais l'ouvrage qui vaut à Bellin une renommée internationale est, sans aucun doute, l'*Histoire générale des voyages* de l'abbé Prévost. Ce livre dans lequel il publie plusieurs cartes est traduit en plusieurs langues et diffusé hors des frontières de France. Plus tard, deux nouveaux projets éditoriaux de grande envergure l'occuperont pendant plusieurs années : l'*Hydrographie française* et le *Petit Atlas maritime*, un ensemble impressionnant de près de 600 cartes et plans.

Bellin, homme de science spécialisé dans les questions de marine et de cartographie, est un fier représentant du siècle des Lumières. Il a d'ailleurs signé un nombre impressionnant d'articles de l'*Encyclopédie ou dictionnaire raisonné des sciences, des arts et des métiers* de Diderot et d'Alembert, plus de 1400. Bellin n'a jamais tenté de s'approprier indûment les renseignements collationnés. Honnête cartographe, il prend bien soin de toujours citer ses sources dans des mémoires accompagnant ses cartes principales. Sa réputation est sans faille et de grands explorateurs tels que Bougainville le consultent avant d'entreprendre des voyages au long cours. Pour toutes ces raisons, Bellin est devenu l'un des cartographes français les plus réputés de son époque.

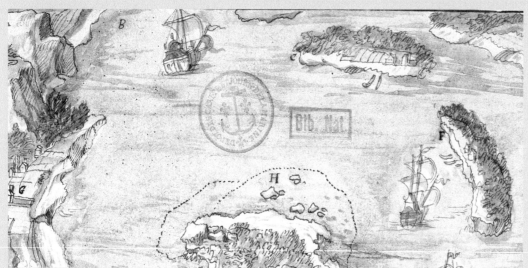

Le sceau du Dépôt de la Marine
On reconnaît par ce sceau les cartes ayant fait partie du Dépôt des cartes et plans de la Marine, fondé en 1720. Au XIXᵉ siècle, le Dépôt devient le Service hydrographique de la marine dont la collection est aujourd'hui répartie dans trois centres de conservation différents : le Département des cartes et plans de la Bibliothèque nationale de France, la Bibliothèque centrale du Service historique de la marine (Château de Vincennes) et le Centre historique des Archives nationales. De toute évidence, cette collection qui comprend de précieux trésors est la plus riche des collections de cartes liées à la Nouvelle-France.

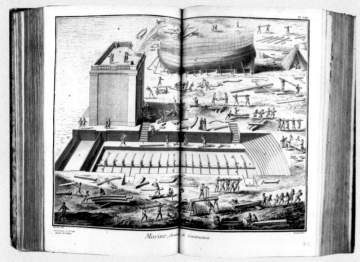

Illustrations accompagnant un article de Nicolas Bellin, *Encyclopédie des sciences*
Le cartographe Nicolas Bellin était étroitement lié avec la communauté scientifique de son époque. On lui doit plusieurs définitions parues dans l'*Encyclopédie ou dictionnaire des arts et des sciences*, plus de 1 400 en tout qu'il signait de la lettre Z. Cette planche, tirée de l'*Encyclopédie*, a été gravée à partir d'un dessin de Bellin.

Carte de l'Amérique Septentrionale pour servir à l'histoire de la Nouvelle France, par Nicolas Bellin, 1743
Pendant plus de deux siècles, les Français ont rêvé d'une route traversant l'Amérique pour atteindre la Chine. Cette carte de Nicolas Bellin, publiée en 1743, traduit bien leurs espérances. Elle montre vis-à-vis du 50ᵉ parallèle une rivière coulant vers l'ouest, du lac Tecamaniouen (lac La Pluie) jusqu'au Pacifique, non loin d'une « Montagne de Pierres brillantes » où « suivant le rapport des sauvages commence le flux et reflux ». Basée sur des renseignements cartographiques obtenus par La Vérendrye auprès de guides et de chefs indiens (voir page 207), cette carte laisse croire à l'existence d'une route facile d'un océan à l'autre. Il y avait lieu d'être optimiste : les La Vérendrye n'étaient pas loin de leur but. En vérité, au fort La Reine, ils sont à environ 2 000 kilomètres (à vol d'oiseau) de la côte du Pacifique. Comment expliquer cette erreur d'appréciation chez un cartographe aussi méticuleux que Bellin ? Le principal problème est l'absence de mesures de longitude. Le cartographe devait se fier aux estimations de distance, qui étaient altérées par la quantité de détours et portages que devaient effectuer les voyageurs. De plus, les données fournies oralement ou par écrit par les Indiens étaient souvent mal interprétées. Il est probable que cette rivière coulant vers l'ouest sur la carte de Bellin soit en fait la rivière Nelson, se déversant dans la baie d'Hudson !

Les Grands Lacs selon Nicolas Bellin, 1755

Au XVIIe siècle, les jésuites avaient donné une très bonne description cartographique des Grands Lacs (voir la carte de Bressani, page 94). Au siècle suivant, l'exploration des environs se poursuit, grâce surtout aux coureurs des bois. À Paris, Nicolas Bellin recueille les récits de voyages et autres observations géographiques qui sont envoyés au ministère de la Marine. Ces nouveaux renseignements lui permettent de détailler avec encore plus de précision le tracé cartographique. Les Français ont en effet reconnu un nombre impressionnant de lacs et de rivières. La carte montre aussi les quelques forts permettant à la France de garder la mainmise sur cette région, à la périphérie de son empire. Malgré ses grandes qualités, cette carte n'est pas exempte d'erreurs. Informé par un coureur des bois du nom de Louis Denys de La Ronde, Bellin ajoute des îles gigantesques au milieu du lac Supérieur, en l'honneur des ministres de la Marine (PONTCHARTRAIN, PHÉLYPEAUX et MAUREPAS). Ces îles qui devaient contenir des gisements de cuivre s'avèrent fictives.

Pages suivantes (236-237)
Carte d'Amérique du Nord, par Nicolas Bellin, Paris, 1755

Après la signature du traité d'Utrech (1713), la baie d'Hudson devient officiellement anglaise. Grâce aux renseignements du pilote anglais Middleton, le cartographe français Nicolas Bellin dresse un tracé relativement précis de la région. Sur la côte est de la baie (actuel Nord-du-Québec), l'auteur avoue manquer d'information, mais réfute la thèse d'un autre passage au sud du détroit d'Hudson. Même si les Anglais sont maîtres de la région, Bellin y inscrit le nom des forts en français. Sur la côte ouest de la baie d'Hudson, il résume de façon assassine plus d'un siècle de recherche : « Les Anglois cherchent un passage dans cette Partie mais il n'existe pas. » À l'intérieur des terres, Bellin intègre les renseignements relatifs aux expéditions des La Vérendrye. Le LAC OUINIPIGON (lac Winnipeg) est au cœur d'un réseau hydrographique passablement confus, notamment à cause d'une ligne de hauteur des terres mal placée. Aux limites du continent, Bellin figure une mer de l'Ouest qui fait rêver les explorateurs, mais qui n'a aucun contour certain. L'auteur avoue son ignorance sur la description de la plupart des terres aux alentours.

IV

TRAVERSER L'AMÉRIQUE

XIXe SIÈCLE

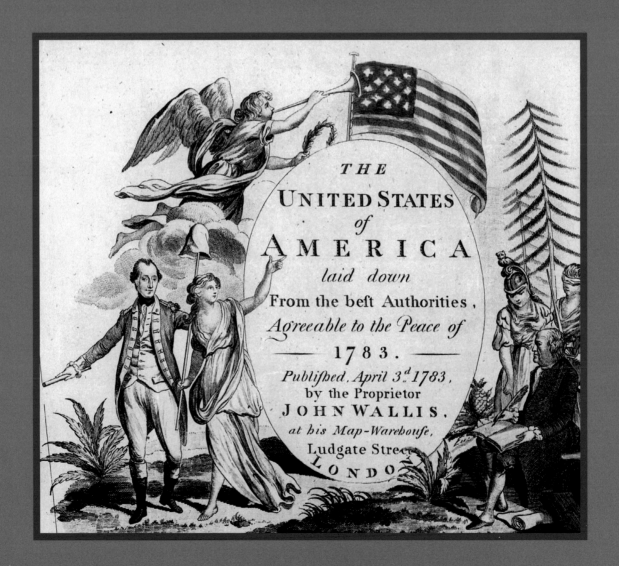

A New Map
OF THE
PROVINCE OF LOWER CANADA,
Describing all the
Seigneuries, Townships, Grants of Land, &c.
Compiled from Plans deposited in the
PATENT OFFICE QUEBEC;
By Samuel Holland, Esqr. Surveyor General
To which is Added
A PLAN of the RIVERS, SCOUDIAC and MAGAGUADAVIC,
Surveyed in 1796, 97, and 98,
by Order of the Commissioners, appointed to ascertain the True
RIVER ST. CROIX intended by the TREATY of PEACE,
BETWEEN HIS BRITANNIC MAJESTY,
and the
UNITED STATES of AMERICA.

LONDON.
Published by WILLM. FADEN. Geographer to His Majesty.
and to His Royal Highness the Prince Regent.
No. 5, Charing Cross, April 12th 1813.

De nouvelles frontières

FONDEMENTS HISTORIQUES

« REMERCIE DIEU, mon fils, aurait laissé échapper Sully Prudhomme, d'avoir placé des cours d'eau près des villes. » Commentaire ironique qui rappelle que les villes ne surgissent pas par hasard. Le long d'une route, elles s'expliquent par un temps d'arrêt le plus souvent lié à un obstacle : chaîne de montagnes, désert ou rivière, ou le long même d'une rivière, par une chute, un méandre important, un affluent. Parvenus à ces endroits, les voyageurs s'arrêtent le temps de changer de moyen de transport, de recruter un guide, de prendre du repos, de se divertir, de s'équiper du nécessaire, de faire des provisions. Un lieu de services se développe forcément.

Une ville peut aussi naître à proximité d'une mine, d'un gisement quelconque ou, mieux, de la rencontre de deux éléments. Elle peut aussi être un défi de l'homme à la nature comme dans le cas de la ville de Mexico, construite sur un lac, ou encore la manifestation d'une volonté politique, comme Washington, Ottawa ou Brasilia.

En Amérique du Nord, les villes n'ont pas échappé à ces règles. Québec, Montréal, Detroit, New York, Chicago, La Nouvelle-Orléans occupent des sites qui s'expliquent par la géographie. Habituellement, il en est de même pour les frontières qui délimitent les États. Parfois l'élément géographique n'est cependant pas évident. Ainsi, comment expliquer le choix du 49e parallèle pour établir la plus longue partie de la frontière qui sépare les États-Unis du Canada ? Quelles sont, dans ce cas, les particularités géographiques ? Elles ne sont certes pas évidentes. À quoi tient cet évident compromis ?

En octobre 1763, au lendemain du traité qui rayait de la carte la Nouvelle-France, Londres a ignoré les attentes pour ne pas dire les prétentions des Treize Colonies pour cette région qui va de la baie des Chaleurs jusqu'au lac Champlain. Au lieu de leur accorder, comme limites, la rive sud du Saint-Laurent, la métropole a opté pour une ligne qui longe « les terres hautes qui séparent les rivières qui se déversent dans le dit fleuve Saint-Laurent de celles qui se jettent dans la mer ». Rendue à la hauteur du 45e degré de latitude nord, près de la source de la rivière Connecticut, cette frontière quitte la ligne de partage des eaux pour se diriger vers le Saint-Laurent et de là vers la pointe sud-est du lac Nipissing. (Cette référence au 45e parallèle rappelle la limite nord du territoire concédé, en 1606, par le roi Jacques Ier d'Angleterre à la London Company et à la Plymouth Company.)

Dix ans plus tard, au moment de l'Acte de Québec (1774), les Britanniques maintiennent le tracé qui suit la ligne de partage des eaux jusqu'au 45e mais, en atteignant le Saint-Laurent, ils lui font suivre les rives sud des lacs Ontario et Érié puis, à mi-course de ce dernier, le dirigent à la rencontre de l'Ohio qu'il suit jusqu'au Mississippi. Les limites de cette nouvelle « Province de Québec » remontent en suivant *grosso modo* ce fleuve jusqu'au territoire déjà concédé aux « marchands-aventuriers d'Angleterre qui font la traite à la baie d'Hudson ».

Cette frontière ne résistera pas au second traité de Paris qui reconnaît l'indépendance des États-Unis d'Amérique (1783). Amputée du territoire situé à l'est de la rivière Sainte-Croix qui se jette dans la baie de Fundy, la « Province de Québec » conserve sa frontière au sud du Saint-Laurent qui revient vers ledit fleuve le long du 45e, s'y engage jusqu'au lac Ontario, mais cette fois le traverse par le centre de même que les lacs Érié, Huron et Supérieur. Rendu là, il fallait choisir entre deux points : Grand Portage ou, plus au nord, Kaministiquia. S'appuyant tant bien que mal sur la célèbre carte de John Mitchell (1755), la frontière quitte le lac Supérieur en suivant la rivière Pigeon et d'un lac à l'autre zigzague jusqu'au lac à La Pluie (Rainy Lake) puis au point le plus au nord-ouest du lac des Bois (Lake of the Woods) pour

Pages précédentes (240-241)
Arrowsmith, 1802, voir page 249.

CARTE
DU CANADA
Qui Comprend la Partie Septentrionale
DES ETATS UNIS
D'Amérique
Dressée sur plusieurs Observations
et sur un grand nombre de Relations imprimées ou manuscrites
PAR GUILLAUME DEL'ISLE
Premier Geographe de l'Académie des Sciences
Revue et Augmentée en 1783.
A PARIS
Chez DEZAUCHE Successeur des Srs Del'Isle et
Buache Rue des Noyers près celle des Anglois.

Echelles
Lieües Commune de France.

Lieües marines de France.

Milles Commune D'Angleterre.

Avec Privilège du Roy.

Indication des Couleurs.
Le Vert aux Etats Unis.
Le Rouge aux Anglois.
Le Bleu aux François.
Le Jaune aux Espagnols.

La Rivière Longue ou Rivière Morte a été découverte
depuis peu par le Baron de Lahontan jusqu'à l'endroit
qui est marqué dans la Carte ce qui est plus à l'Occident
a été dessiné sur des peaux de cerf par des Sauvages
de la Nation des Gnacsitares à moins que le Sr de
Lahontan n'ait inventé toutes ces choses ce qu'il est difficile de résoudre
étant le seul qui a pénétré dans ces vastes contrées.

Lac d'eau salée de 3 lieües
de large et 300. de tour
suivant le raport des
Sauvages qui disent encore
que son embouchure qui
est bien loin du côté du
Sud n'a pas plus de 2 lieües
de large qu'il y a environ 100 villes
autour de cet espece de mer
sur la quelle ils navigent
avec de grands batteaux.

BAYE DE BAFFIN
Détroit d'Alderman Jonas
Détroit de Jaque Lancastre
MER CHRISTIANE
ainsi nommée par Jean Munck Danois en 1619.
TERRES ARCTI
JAMES
ISLE DE JAQUES
Cercle Polaire
Ne Ultra
NOUVEAU DANEMARC
Port de Jean Munck
où il hyverna
l'an 1619.
BAYE D'HUDSON
TERRE DE LABRAD
LES POULS
ou
ASSENIPOILS
pays marécageux
Village du Assinipoil
portage
Pays des
Moosemlek qui ont
beaucoup de politesse.
Sources du Missisipi
suivant le raport
des Sauvages.
Pays des Gnacsitares
SIOUX ou NADOUESSIS
SIOUX DE L'OUEST
SIOUX DE L'EST
CANADA ou NOUVELLE FRANCE
LAC SUPERIEUR
OUTAOUAC
LAC HURON ou
MICHIGANE
Pays des Illinois
PANIS
LES
ILLINOIS
ETATS

Ph. Buache P.G.d.R.d.l.A.d.S. Gendre de l'Auteur. Avec Privilege.

ensuite chercher le cours du Mississippi. À partir de là, les disputes de frontières ne manqueront pas et dureraient sans doute encore n'eût été du rôle joué par la lointaine ville de La Nouvelle-Orléans.

Bien avant la guerre de Sept Ans, les Treize Colonies avaient commencé à lorgner vers le territoire, situé au sud des Grands Lacs, qui les séparait du Mississippi. Par la Proclamation royale du 7 octobre 1763, la Grande-Bretagne en avait fait un territoire indien. Cette décision n'avait pas résisté longtemps aux appétits des Anglo-Américains. Le temps de le dire, ils s'y installaient, jetant les bases des États du Kentucky (1792), du Tennessee (1796) et du futur État de l'Indiana, lesquels étaient coupés cependant de la côte atlantique par les Appalaches. L'autre accès à la mer était le Mississippi. En effet, au moment de leur indépendance, les États-Unis s'étaient fait céder par l'Angleterre le territoire situé entre les Appalaches et le Mississippi, acquérant de ce fait un accès à ce fleuve géant.

Théoriquement, conformément au traité de Paris de 1763, il était entendu que la navigation sur le Mississippi serait « libre tant aux Sujets de la Grande-Bretagne comme à ceux de la France, dans toute sa Largeur, & toute son Etendüe, depuis sa Source jusqu'à la Mer, et nommement cette partie, qui est sudiste Isle de la Nouvelle Orléans & la Rive droite de ce Fleuve, aussi bien que l'Entrée & le Sortie par son Embouchure ». Pourquoi ce « nommément » ? Tout simplement parce que la frontière ne suivait pas le Mississippi jusqu'à son embouchure. En effet, la ligne de démarcation entre les deux puissances suivait le « milieu du Fleuve Mississippi depuis sa Naissance jusqu'à la rivière d'Iberville, & de là une Ligne tirée au milieu de cette Rivière & des Lacs Maurepas & Pontchartain jusqu'à la Mer ». Cette précision concernant la rivière d'Iberville était lourde de conséquences. La ville de La Nouvelle-Orléans « et l'Isle dans laquelle elle est située » demeuraient à la Francé (ou éventuellement à l'Espagne). Le texte de l'article 7 est étonnamment clair : à partir de l'embouchure de la petite rivière d'Iberville, le Mississippi coule en territoire non-américain. Les Anglais cherchèrent bien à faire réduire les dimensions de ce qui était considéré comme une île, mais ils acceptèrent finalement de renoncer à la possession de la ville elle-même. Par prudence, ils voulurent tout de même introduire une clause interdisant toute fortification, sur l'une ou l'autre des deux rives, à la hauteur de La Nouvelle-Orléans. Les Français avaient protesté : une telle exigence ne pouvait-elle pas être mal interprétée ? Finalement, on se contenta de rappeler l'accord des deux parties en faveur de la libre navigation sur le Mississippi sur toute son étendue, « depuis sa source jusqu'à la mer ». Ultime précaution de la part des Anglais, il était « de plus stipulé, que les Batimens appartenans aux Sujets de l'une ou l'autre Nation ne pourront être arrêtés, visités, ni assujettis au Payement d'aucun

Carte du Canada et des États-Unis, publiée à Paris en 1783
Guillaume Delisle est l'un des cartographes les plus réputés de son époque. Pour plusieurs, il porte le flambeau de la modernité dans le domaine de la cartographie, comme en témoigne son parcours. Formé par son père Claude Delisle, grand professeur d'histoire et de géographie, puis par l'astronome Jean-Dominique Cassini, il est le premier géographe à pénétrer le cénacle de l'Académie des sciences. Sa renommée lui vaut de porter le titre de *premier géographe du roi*, créé spécialement pour lui. Les sources de Delisle sont en général multiples et variées. Il accorde une grande importance aux observations des académiciens, qui lui permettent, dans bien des cas, d'améliorer le tracé des cartes. Il a en sa possession un grand nombre de récits de voyages publiés, notamment les relations des jésuites. Delisle rencontre aussi à Paris plusieurs explorateurs, notamment Pierre Le Moyne d'Iberville et Pierre Le Sueur. À l'étude de la *Carte du Canada ou de la Nouvelle France* publiée à l'origine en 1703, on dénote de multiples influences, notamment celle du baron de Lahontan qui publie, la même année, ses *Nouveaux Voyages*. Delisle a pu ainsi incorporer, à la dernière minute, la Rivière Longue (voir p. 206), dans le prolongement de la rivière Moingona (des Moines), prenant soin de préciser que le baron de Lahontan a peut-être « inventé toutes ces choses ce qu'il est difficile de résoudre étant le seul qui a pénétré dans ces vastes contrées ». Cette carte est rééditée à plusieurs reprises pendant le XVIIIe siècle, jusqu'en 1783, où elle est utilisée pour montrer les nouvelles frontières entre possessions anglaises, américaines et espagnoles, déterminées par le traité de Paris. Au nord-est, le territoire américain est délimité par la rivière Sainte-Croix, puis par la hauteur des terres jusqu'au Saint-Laurent, coupant ainsi en deux le lac Champlain. Plus à l'ouest, la frontière est située au milieu des lacs Ontario, Érié, Huron et Supérieur, pour ensuite rejoindre le cours du Mississippi.

Droit quelconque » (art. 7). De toute évidence, les deux parties avaient fort bien compris la valeur stratégique de la ville de La Nouvelle-Orléans. Personne ne se doutait à quel point c'était le cas.

En 1800, Napoléon exigeait la rétrocession de la Louisiane. Le futur empereur avait des projets pour les Antilles, pour Saint-Domingue en particulier. Il lui fallait une base d'opération sur le continent. Avait-il en outre compris le moyen de chantage extraordinaire que lui procurerait la possession de La Nouvelle-Orléans ? De toute façon, tout alla plus vite que prévu. Les Haïtiens résistèrent aux Français. Pour leur part, les Américains, passablement irrités par les contrôles dont ils faisaient l'objet à la hauteur de La Nouvelle-Orléans, étaient déterminés à faire l'acquisition de cette ville. Soit pour un prix convenu, soit par la force. Pour Jefferson, ce pouvait même devenir un cas de guerre contre sa chère France. Qu'à cela ne tienne, Napoléon lui offrit tout le bassin ouest du Mississippi pour à peu près le prix qu'il était prêt à payer pour cette seule ville qui permettait le contrôle de cet immense fleuve.

Du coup, les limites nord des États-Unis s'étendaient jusqu'à celles de l'énorme bassin du golfe du Mexique. Or la source imprécise du Mississippi montait assuré-ment un peu au nord de celle de la rivière Rouge qui coule vers le nord. Cette zone se trouve sans doute aux confins de cette couche glaciaire qui, au moment de sa fonte, a dégagé le versant nord de l'Amérique du Nord, soit le bassin de la baie d'Hudson. C'était un beau problème de frontière en perspective ! Allait-on prolonger, dans des zigzags interminables, le type de tracé commencé à l'ouest du lac Supérieur ? Entretemps, la côte du Pacifique commençait à livrer ses secrets. Les retentissements de l'expédition de Lewis et Clark bientôt suivie de la fondation d'Astoria, à l'embouchure du fleuve Columbia, excitaient les esprits.

Les guerres napoléoniennes finirent par avoir leurs répercussions en Amérique. Britanniques et Américains s'affrontèrent en 1812. Ce fut un match nul. La raison prévalut finalement. Contrairement à ce qu'on affirme parfois, le traité de Gand (1814) laissa ouverte la question de la frontière à l'ouest des Grands Lacs. En 1816, la Grande-Bretagne accepta de céder la partie du bassin de la rivière Rouge situé au sud de la source probable du Mississippi et, deux ans plus tard, elle reconnaissait, dans un compromis fort honorable, le 49e degré de latitude nord comme frontière depuis le lac des Bois jusqu'aux Rocheuses. Bref, la Grande-Bretagne acceptait les limites

Carte de l'embouchure du Mississippi, par Guillaume Delisle, 1718

Dans l'angle inférieur droit de sa *Carte de la Louisiane et du Cours du Mississipi* de 1718 (voir page 179), Guillaume Delisle a jugé important de montrer une *Carte particulière des embouchures de la rivière S. Louis et de la Mobile*. Pour un cartographe de cabinet comme Delisle, une carte de cette importance, fruit d'années de travail, était élaborée par étapes, et à partir de diverses sources. Les précisions qu'il apporte en 1718 pour détailler l'embouchure du Mississippi ont été bien notées par les autorités et guideront de toute évidence les négociateurs français lors de la rédaction du traité de Paris en 1763. Il n'est pas exagéré de dire que les termes utilisés dans l'article 7 ont changé le cours de l'histoire. Avec les conditions convenues dans les traités de Paris, tant de 1763 que de 1783, les Américains étaient à la merci d'une puissance étrangère pour utiliser le Mississippi, du moins jusqu'au golfe du Mexique. Jefferson en fit un *casus belli* ; il insista pour convaincre les Français de vendre la ville de La Nouvelle-Orléans. Napoléon prit tout le monde par surprise en offrant de céder l'immense territoire qu'il venait de récupérer des Espagnols et qui sera connu comme le *Louisiana Purchase*. En 1803, les États-Unis doublaient leur superficie. Le fait que la rivière d'Iberville ne soit pas vraiment navigable avait déclenché ce bond gigantesque. Qui pouvait se douter que le fondateur de la colonie française de la Louisiane avait laissé son nom à un si modeste cours d'eau ? En 1763, les négociateurs français s'étaient moqués de leurs vis-à-vis, mais ils avaient en quelque sorte trop forcé le destin. La suite de l'histoire le montre bien.

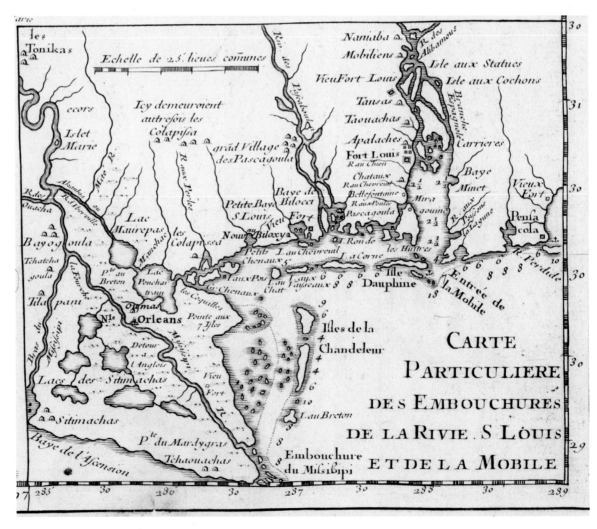

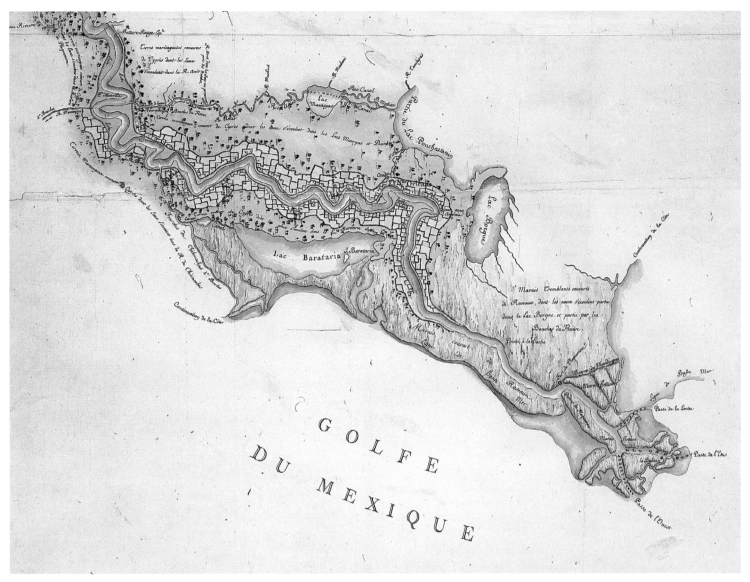

L'embouchure du Mississippi selon Collot et Warin, 1796

En 1796, le général Victor Collot était-il en mission secrète le long de l'Ohio et du Mississippi ? Lorsqu'ils sont informés de sa présence dans ces régions, certains Américains songent à le faire éliminer ; ce sont finalement les Espagnols qui le feront arrêter à La Nouvelle-Orléans. Certes, son activité inquiétait. La nature même de ses relevés topographiques le rendait suspect. Ils avaient une nette connotation militaire.

Ancien gouverneur de la Guadeloupe, « sans argent, sans marine, sans armée », Collot avait dû livrer son île aux Anglais qui l'avaient déporté aux États-Unis où il avait été menacé de poursuites par un marchand qui le tenait responsable de pertes personnelles. Ses états de service dans les troupes du comte de Rochambeau, venu à la rescousse des Américains au plus fort de la guerre de l'Indépendance, étaient bien oubliés. Forcé de rester à la disposition de la justice américaine, Collot accepta, à la demande du nouvel ambassadeur de France à Washington, Pierre-Auguste Adet, de se livrer à une mission de reconnaissance aux frontières occidentales des États-Unis. En mars 1796, il entreprenait, avec son précieux collègue, Joseph Warin, de procéder à l'examen attentif du cours de l'Ohio et de celui du Mississippi. Conscients des problèmes de frontières qui subsistaient tant au nord qu'au sud, Américains et Espagnols ne pouvaient manquer d'être agacés. Les uns et les autres soupçonnaient en outre la France de vouloir reprendre la partie occidentale de la Louisiane et, peut-être même, de soutenir un mouvement sécessionniste à l'ouest des Appalaches. L'enjeu suprême restait toutefois la libre navigation sur le Mississippi jusqu'au golfe du Mexique. En effet, conformément à l'article 7 du traité de Paris de 1763, la frontière occidentale des possessions anglaises suivait le milieu du fleuve Mississippi, non pas jusqu'à son embouchure sur le golfe du Mexique comme les Anglais l'avaient souhaité au moment des négociations, mais jusqu'à la rivière d'Iberville (*grosso modo* le 30e parallèle) qui conduisait au lac Maurepas. Bien au fait de cette clause qui n'est pas modifiée en 1783 lors du traité de Versailles, Collot fait détailler la rive est du fleuve de façon à montrer ladite rivière d'Iberville qui conduit au lac Maurepas et au lac Pontchartrain dont il ne signale toutefois que la rive ouest, sans négliger le lien avec la ville de La Nouvelle-Orléans. Sans doute, pour être encore plus clair, au bout du méandre situé face à l'embouchure de la rivière d'Iberville, il indique, sur la rive ouest, un terrain marécageux qui s'écoule dans la rivière Plaquemine. Celle-ci s'assèche à certains moments de l'année, précise son texte, de même que la rivière d'Iberville. Autrement dit, la navigation ne peut se faire que par le Mississippi, donc aux conditions des maîtres de La Nouvelle-Orléans. Collot prend soin de bien montrer le cœur de la ville, indique les marécages environnants et précise les profondeurs des trois principales sorties de fleuve vers le golfe du Mexique. Comme d'habitude, la carte ne montre que les rives et les principaux affluents. Un observateur peu familier avec cette région se demandera où se situe exactement le golfe. Un peu négligemment, le cartographe s'est contenté de signaler que la rive est un « marais couvert de roseaux » au-delà duquel se trouve la « ligne de haute mer ». Une question subsiste : cette carte est connue comme étant celle de Victor Collot, mais celui-ci a-t-il exécuté lui-même ses cartes ? Les observations et relevés sont-ils le fruit d'un travail d'équipe tandis que les cartes sont dessinées par l'ingénieur Joseph Warin ? Au moment de faire imprimer la *Carte générale du cours de la rivière Ohio*, Collot demande aux dessinateurs de préparer un cartouche avec la dédicace suivante : « Aux mânes de Joseph Warin. » Blessé gravement par deux Indiens chicachas, mis aux arrêts avec Collot à la fin d'octobre 1796, Warin est mort, selon les documents retrouvés, au plus tard le 27 octobre. Tout indique que les originaux étaient de sa main. Si la carte du Mississippi ne porte pas de signature, celle de l'Ohio porte en effet clairement la sienne.

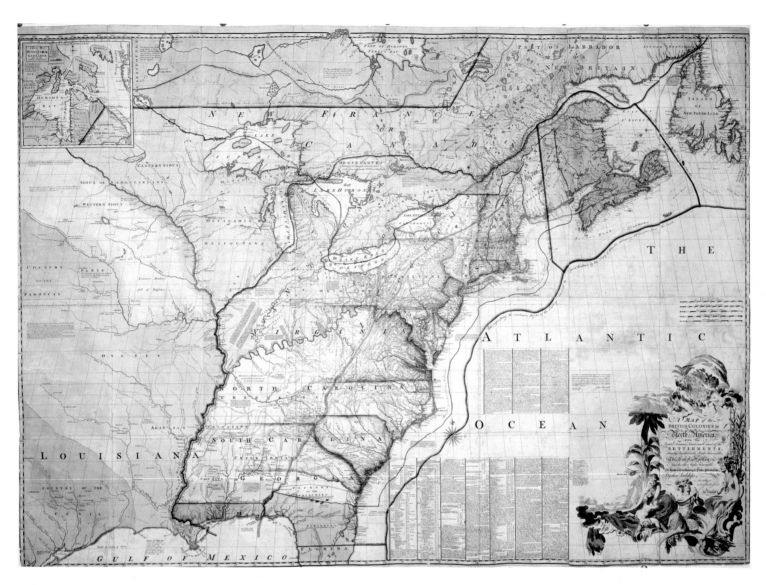

A map of the British Colonies in North America, par John Mitchell, Londres, après 1755

D'une valeur inestimable, cette carte de l'Américain John Mitchell a été surnommée la « red-lined map » en raison des lignes rouges tracées lors des négociations menant à la signature du traité de Paris de 1783. Ces lignes indiquent les limites du nouvel État créé : les États-Unis d'Amérique. La carte, maintenant conservée à la British Library, est aussi connue sous le nom de « King George's map », ayant appartenu au roi George III. Les couleurs utilisées sur la carte se rapportent aux nouvelles frontières établies après la conquête de la Nouvelle-France. La Louisiane, cédée par la France à l'Espagne en 1762, est coloriée en vert. On reconnaît en jaune foncé les limites de la *Province de Québec* (1763-1774) et en jaune pâle son agrandissement selon l'Acte de Québec de 1774, véritable provocation pour les colonies anglo-américaines.

nordiques du Louisiana Purchase (nom donné à l'achat du territoire de la Louisiane en 1803). Plus tard, en 1846, les États-Unis et la Grande-Bretagne prolongeront cette frontière (49e) jusqu'au Pacifique.

Sully Prudhomme pourrait aujourd'hui dire aux Américains : « Remerciez Dieu d'avoir placé la ville de La Nouvelle-Orléans sur la rive est du Mississippi et les Français pour avoir refusé d'en laisser le contrôle aux Anglais. » La situation de cette ville incitera en effet les Américains à en revendiquer la possession. Celle-ci leur sera offerte sur un plateau d'argent avec le bassin ouest du Mississippi en prime. Mis en appétit, les Américains en redemanderont, menaceront les Britanniques au nord, repousseront les Mexicains au sud, massacrant les Indiens au passage. Devenus maîtres, en 1853, d'une large partie du continent, ils se prendront, « manifest destiny » aidant,

pour tout le continent. Le mot America se substituera à United States of America. En Europe, on prendra l'habitude de dire « l'Amérique » pour désigner les États-Unis. Après tout, ne disait-on pas déjà « les Américains » pour nommer les habitants des États-Unis ? 🐚

Sources principales

Pour les textes du traité de Paris (1763), de la Proclamation royale, de l'Acte de Québec, du second traité de Paris (1783), on consultera Short, Adam, et Arthur G. Doughty (éd.), *Documents concernant l'histoire constitutionnelle du Canada, 1759-1791*, Ottawa, C. H. Parmelee, 1911. Je dois remercier Éric Bouchard de Bibliothèque et Archives nationales du Québec pour m'avoir fait connaître le travail de Theodore Calvin Pease sur les négociations du traité de Paris de 1763 publié par The Trustees of the Illinois State Historical Library, coll. « Illinois State Historical Library », 1936, vol. XXVII, sous le titre *Anglo-French Boundary Disputes in the West, 1749-1763*. [D. V.]

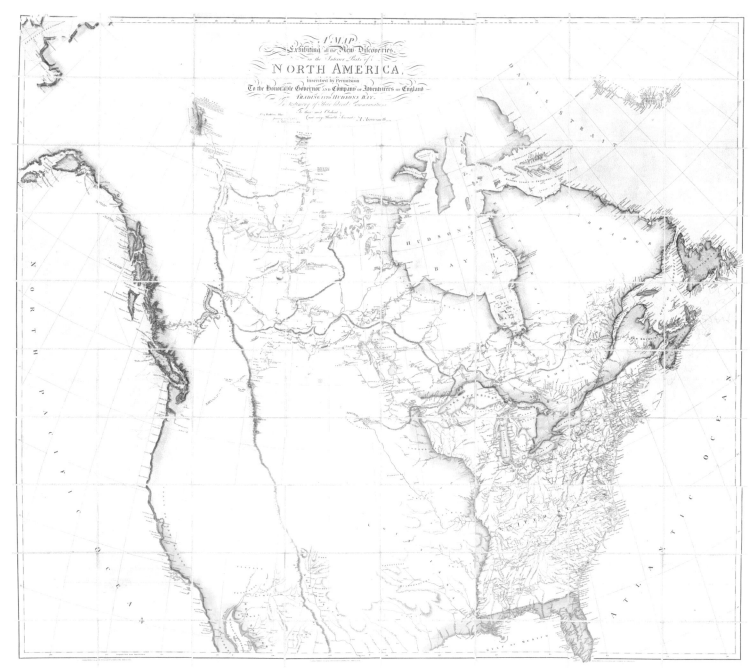

A Map Exhibiting all the New Discoveries in the Interior Parts of North America, par Aaron Arrowsmith, London, 1802

Au début du XIXᵉ siècle, le président américain Thomas Jefferson se passionne pour les territoires de l'Ouest. Il y envoie deux militaires, Meriwether Lewis et William Clark, trouver une route praticable jusqu'au Pacifique. Une carte en particulier leur est d'une grande utilité : *A Map Exhibiting all the New Discoveries in the Interior Parts of North America*, du cartographe et éditeur londonien Aaron Arrowsmith (1750-1823). Publiée à l'origine en 1795, cette grande carte murale est reprise, améliorée et rééditée de nombreuses fois jusqu'en 1850, faisant autorité aussi bien auprès des explorateurs que de l'administration britannique. Thomas Jefferson avait en main la deuxième édition, datée de 1802. Il en commanda aussi un exemplaire pour Lewis et Clark qui y notèrent leur propre parcours à travers le continent. La carte montre les rivières sillonnées par les traiteurs de Montréal et de la baie d'Hudson. Elle met en évidence la route empruntée par Alexander Mackenzie pour atteindre le Pacifique en 1793. Elle utilise aussi plusieurs autres sources, en provenance de la Compagnie de la Baie d'Hudson et de la Compagnie du Nord-Ouest, notamment les travaux de Samuel Hearne et Philip Turnor ainsi que ceux du trafiquant Peter Fidler, incluant la carte d'un chef pied-noir dénommé Ackomokki. Il situe approximativement le territoire respectif des nations indiennes et montre des rivières prenant leur source dans les montagnes Rocheuses. Plus au sud, le territoire reste encore vierge, entre un Mississippi connu depuis le XVIIᵉ siècle et le Pacifique récemment exploré par George Vancouver. Le cartographe dessine tout de même une ligne pointillée, dans le prolongement du Missouri qui traverse les Rocheuses et va rejoindre le fleuve Columbia. Probablement suggère-t-il ainsi que cette route demeure à l'état d'hypothèse. Toujours est-il que, par ce pointillé et par une note indiquant que l'océan peut être atteint en 8 jours (« The Indians say they sleep 8 nights in descending this river to the Sea »), l'auteur représente un accès facile des montagnes à l'océan Pacifique. Induits en erreur, les explorateurs Lewis et Clark croiront ainsi à l'existence d'un passage relativement aisé vers le Pacifique.

Lendemains de Conquête

DEUX CANADAS

QUÉBEC EST BIEN LOIN DE L'OCÉAN. À près de 1 500 kilomètres! Le Saint-Laurent est non seulement très long mais aussi extrêmement large, tellement qu'on peut le croire facile à naviguer. La vérité est tout autre. Ce fleuve géant compte une succession d'embûches qui offraient une protection naturelle contre les invasions. Les Français en étaient bien conscients et contrôlaient très sévèrement la production de cartes marines.

Des pilotes d'expérience sont requis

Faute de cartes, Américains et Anglais firent prisonniers, dès les débuts de cette nouvelle guerre qui éclate, en 1756, le maximum de pilotes français ou canadiens. Le moment venu, on leur confierait les navires; ils n'auraient pas droit à l'erreur.

Le plus connu d'entre eux est sans doute Théodose-Matthieu Denys de Vitré, pilote au service d'Abraham Gradis, le riche partenaire de l'intendant François Bigot. Vitré fut fait prisonnier dès 1757. Il expliquera plus tard que le vice-amiral Charles Saunders lui avait donné à choisir entre la pendaison ou une généreuse pension. Il choisit, bien sûr, de se mettre au service des Anglais, plus précisément du contre-amiral Philip Durell qui recrute de force, à l'entrée de l'estuaire, près d'une vingtaine de pilotes français ou canadiens auxquels il confie une forte escadre de quatorze navires de guerre chargés de couper le ravitaillement de Québec. Les Français les déjouent allègrement. À bord de la *Chézine*, Bougainville leur passe en effet au nez au printemps 1759, de même que la petite flotte du fameux lieutenant de frégate Kanon. Durell les suit de près et jette l'ancre à la hauteur du Bic.

Saunders, pour sa part, confie son *Neptune* de 90 canons à Augustin Raby, un pilote à l'habileté reconnue, capturé au Bic. Les Anglais avaient leurs espions. Ils visaient les meilleurs. Le rôle de Vitré et Raby fut connu de leurs compatriotes. Le premier décida de faire sa vie en Angleterre tandis que Raby, surnommé le Vilain, reprit du service à Québec où il côtoie, entre autres, Martin de Chennequy qui avait également été fait prisonnier et mis au service de la flotte anglaise. Il était le grand-père du fameux Charles Chiniquy (1809-1899), apôtre de la tempérance devenu apostat, lequel affirmait que son ancêtre était d'origine espagnole, de son vrai nom Etchiniquia ou Etcheneque, né dans une paroisse à proximité de Bayonne.

À l'été 1759, les navires d'une formidable armada se glissent avec succès les uns après les autres jusqu'à Québec. Tout au long de leur progression, Saunders ordonne de faire le plus d'observations possibles. Les Britanniques peuvent compter sur des topographes de grands talents, dont le huguenot Joseph Des Barres et l'Anglais James Cook que Samuel Holland prend sous sa protection. Ils sont infatigables et prennent sans répit des levés des hauts-fonds et des chenaux du Saint-Laurent. La dangereuse traverse de l'île d'Orléans est franchie en douceur. «Il est passé soixante bâtiments de guerre de l'ennemi où pas un de nos vaisseaux de cent tonnes, souligne un observateur français, ne s'aventurait de nuit ni de jour.»

Capitulation de Québec

Bientôt, Montcalm et Vaudreuil ont devant eux quelque 2 000 canons répartis sur une quarantaine de vaisseaux de guerre escortés de 80 transports, 50 à 60 bateaux et goélettes. Le 23 juin 1759, la flotte anglaise prend position au large de l'île d'Orléans. Au total, 30 000 marins et 9 000 soldats. Leur jeune général de 32 ans, James Wolfe, ne doute pas de la victoire. Pourtant Québec résiste. L'été s'achève. Wolfe s'énerve. Il cherche la brèche par où attaquer. Le 13 septembre, il joue le tout pour le tout. Il réussit à faire monter une partie de son armée sur les hauteurs à proximité de Québec. Montcalm tombe dans

Le Bas-Canada selon Samuel Gale et Jean-Baptiste Duberger, 1795 (détail)
En 1795, Samuel Gale et Jean-Baptiste Duberger réalisent une immense carte qui fait voir les limites des districts, seigneuries et cantons, mais aussi la frontière avec les États-Unis, passant par la hauteur des terres, en vertu du traité de Paris de 1783. On remarque que, depuis 1790, de nombreux cantons (townships) sont apparus entre le fleuve et la frontière, où l'on espère établir une population qui freine les ambitions américaines. Cette carte montre bien comment le découpage en townships (de forme carrée) vient se juxtaposer au découpage en seigneuries (forme de losanges), transformant radicalement le paysage de la *Province de Québec*.

Pages suivantes (252-253)
Carte de Murray, secteur de Québec (détail)
Conservé au Centre d'archives de Québec de BAnQ, ce document est une sixième version manuscrite, à plus petite échelle, de la carte de Murray (voir aussi page 231). Le dessin des ingénieurs anglais John Collins et Samuel Holland permet de voir l'état d'avancement du défrichement et du déboisement le long du fleuve au moment de la Conquête. On y voit non seulement les cours d'eau, le relief et la lisière des forêts, mais aussi l'emplacement des villages et des maisons. Dès le XVIIe siècle, les Français avaient commencé à coloniser l'intérieur des terres, en suivant notamment la rivière Saint-Charles au nord, mais aussi d'autres cours d'eau moins importants, pour former plusieurs noyaux villageois.

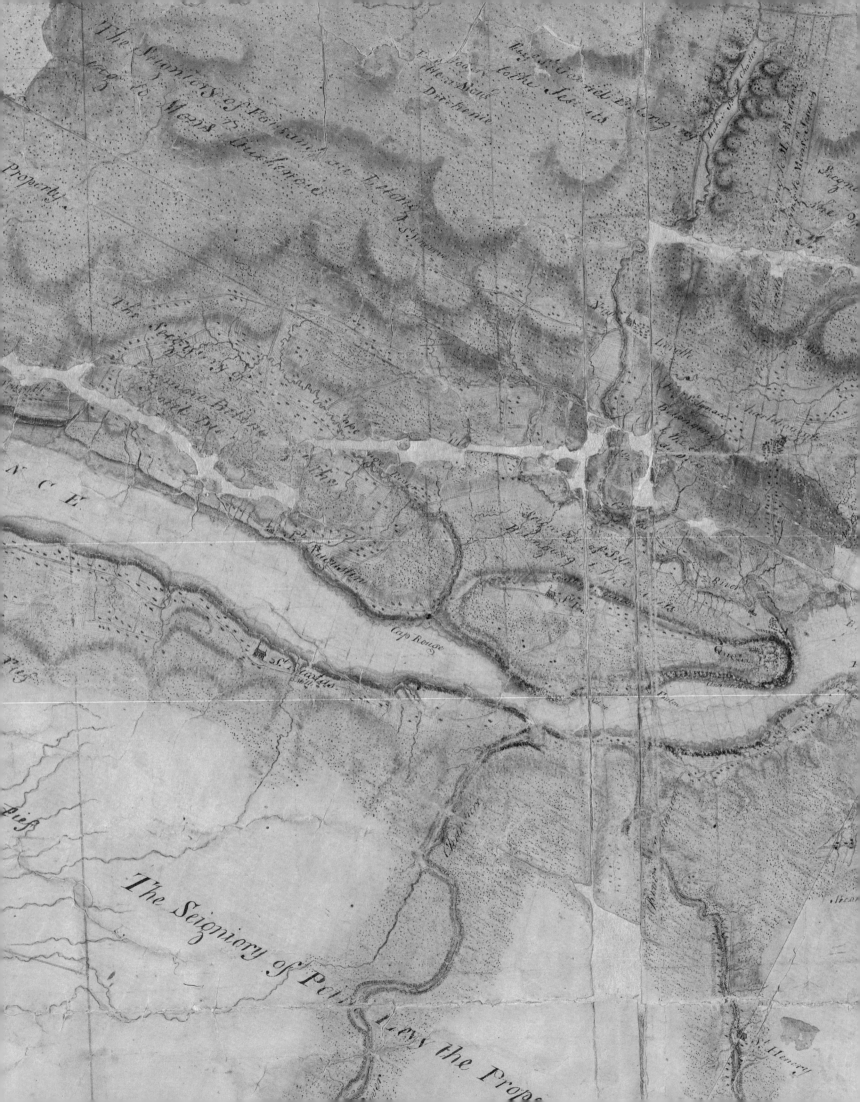

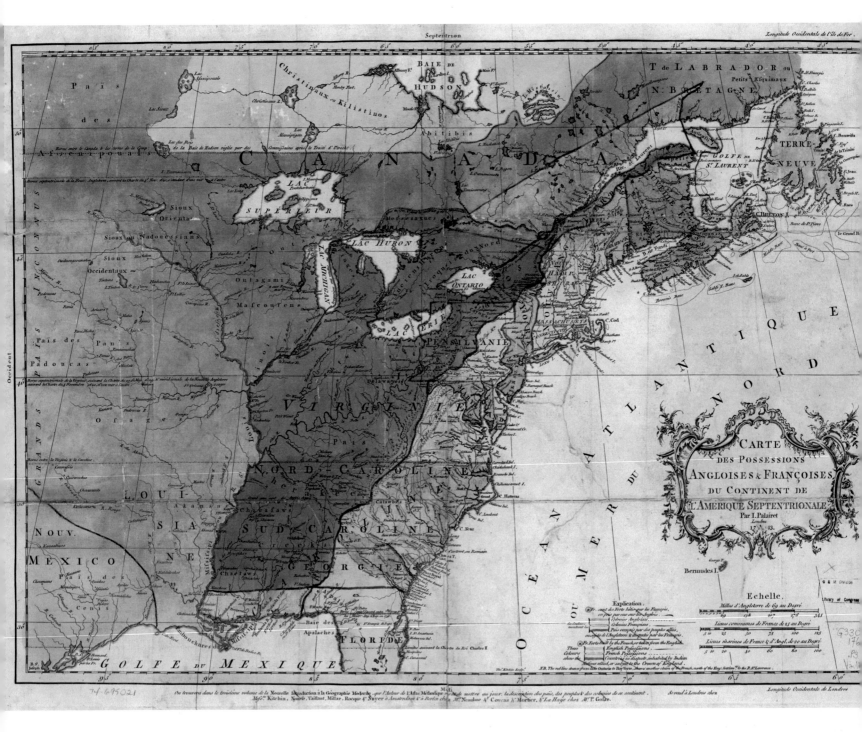

Carte des possessions angloises & françoises, par Jean Palairet, 1763

En février 1763, le sort de la Nouvelle-France est scellé. Sous la pression des commerçants américains, de nouvelles frontières sont dessinées de sorte que la vallée du Saint-Laurent est coupée de son arrière-pays et de la traite des fourrures qui s'y pratique. Un nouveau territoire est ainsi créé, la *Province of Quebec*, enfermée dans un quadrilatère restreint au Saint-Laurent moyen, ce qu'illustre la présente carte de Jean Palairet.

le panneau. Sans attendre des renforts possibles et malgré le fait que les Anglais soient coincés, il fonce à leur rencontre. Cinq jours plus tard, Québec capitule. La flotte de Saunders prend avec soulagement le chemin du retour. Murray hérite du commandement. Il relève d'Amherst qui traîne quelque part en Nouvelle-Angleterre. Il importe de faire le point pour la suite ces opérations. Quelle sera la prochaine étape? Guidé par Athanase La Plague, un Huron de Jeune Lorette, le lieutenant John Montresor se lance à travers les forêts du Maine. Au retour, il profite de la remontée des troupes anglaises vers Montréal pour prendre le maximum de notes. Très doué pour la cartographie, il prépare une

esquisse du fleuve depuis la baie des Mille Vaches jusqu'aux abords de Montréal. Il poursuit ainsi le travail amorcé par les hommes de Saunders. Impressionné par le résultat, Murray décide de mettre ses ingénieurs au travail. Pour l'instant la guerre est terminée; Montréal a capitulé à son tour en septembre 1760. Les Britanniques se doivent de connaître à fond le territoire. « Jamais plus nous ne serons incapables d'attaquer et conquérir ce pays en une seule campagne », écrit Murray à William Pitt qui, lui-même, songe à rendre le Canada à la France. Ne vaut-il pas mieux, se dit ce dernier, laisser au nord des Treize Colonies une présence étrangère capable de favoriser et d'entretenir l'amitié anglo-américaine?

Les ingénieurs prennent leurs tâches au sérieux. Ils décrivent les routes, les ruisseaux, les boisés, les marécages, les collines, les terres agricoles. Ils situent les villages, recensent les habitants, dénombrent les hommes aptes à porter les armes. La discipline d'un champ de bataille ne se retrouve pas toutefois dans les ateliers de dessin. Les officiers se disputent aisément. Montresor et Holland se jalousent ; Montresor et Murray s'invectivent. La collecte de données n'en est pas moins abondante. Sous les mains expertes de dessinateurs, une immense carte prend forme. Connue comme la « carte de Murray », elle mesure treize mètres soixante-dix sur onze. Des copies partent pour Londres, d'autres sont conservées sur place. Elles ne serviront cependant pas à une nouvelle campagne militaire. En effet, Pitt, qui songeait sérieusement à rendre le Canada à la France pour conserver plutôt les îles françaises, a été désavoué comme négociateur. Le lobby du sucre, formé autour de riches planteurs anglais, terrorisés par la perspective d'une concurrence éventuelle, avait milité avec succès pour faire rappeler Pitt et obtenir la restitution des îles à sucre à la France, principalement la Guadeloupe, la Martinique et Sainte-Lucie. Il faut rappeler que les planteurs français pratiquaient des prix beaucoup plus faibles que ceux des planteurs anglais. Amateurs de thé sucré, les Anglais étaient prêts à payer le gros prix pour leur sucre. Le Canada sera britannique à cause du sucre et non de la fourrure.

Il n'y a plus de Canada, il reste des Canadiens

Le 10 février 1763, le traité de Paris consacre la conquête britannique. Choiseul, le ministre français, se frotte les

Les États-Unis d'Amérique selon John Wallis, 1783
L'année 1783 voit la naissance d'une république en Amérique, les États-Unis, dont les limites sont ici tracées par John Wallis, cinq mois avant la signature du traité de Paris. Le cartouche de titre célèbre les deux principales figures de la révolution américaine, George Washington et Benjamin Franklin, en compagnie des personnifications de la liberté, de la justice et de la sagesse. Au-dessus, flotte le drapeau américain de treize lignes et treize étoiles, pour la première fois représenté sur une carte britannique.

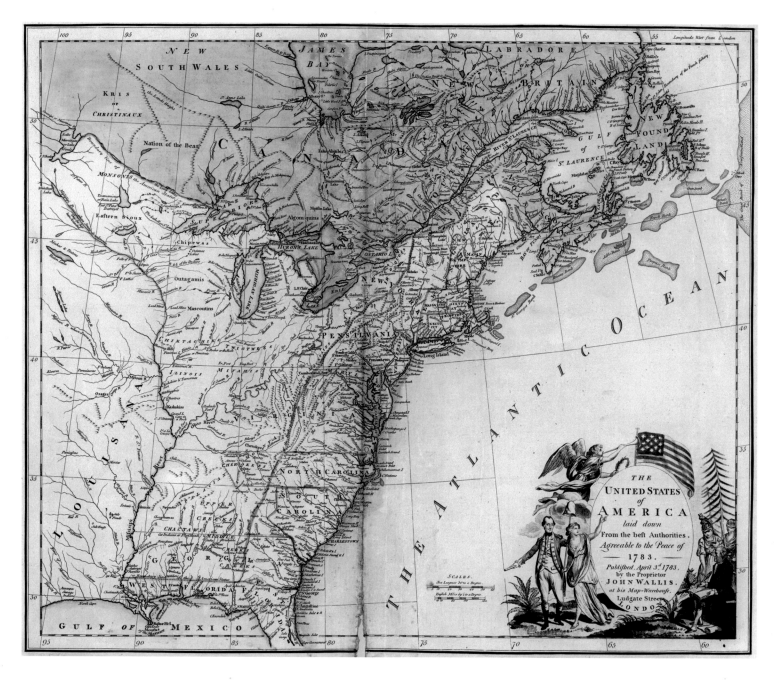

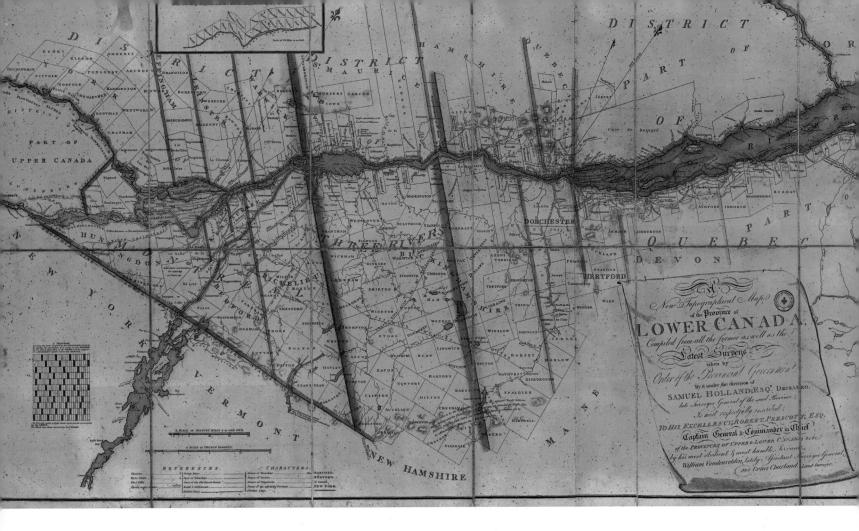

A New topographical map of the province of Lower Canada, par William Vondenvelden et Louis Charland, Londres, 1803

Immigrant arrivé au Québec en 1776, William Vondenvelden est un homme d'une grande polyvalence, tout d'abord traducteur, puis arpenteur et imprimeur. Il s'associe avec un Canadien né à Québec, Louis Charland, également arpenteur, pour publier en 1803 une carte détaillée faisant voir les seigneuries et cantons du Bas-Canada, largement inspirée de la carte de Samuel Gale et Jean-Baptiste Duberger (voir page 250). Cette carte est accompagnée d'un livre compilant des extraits de titres d'anciennes concessions faites avant et depuis la conquête de la Nouvelle-France. Ces deux publications permettent aux lecteurs de l'époque d'avoir une idée précise de l'état de la propriété terrienne au Bas-Canada.

mains. Il pense comme Pitt. Sans une menace française à leur porte, il juge que les Treize Colonies se montreraient plus indépendantes face à leur métropole. Débarrassés d'un ennemi à leurs frontières, les Américains n'auraient plus besoin de la protection de l'Angleterre. L'avenir lui donne raison. Vingt ans suffiront pour que se signe un nouveau traité de Paris reconnaissant cette fois l'indépendance des États-Unis. Les Français y trouveront l'occasion d'une douce revanche.

Au lendemain du traité de Paris (1763), les Canadiens, ces descendants de Français «habitués au pays», sont abandonnés. La France ne peut plus rien pour eux. Ils ont dix-huit mois pour quitter une colonie qui devient britannique. S'ils le font, ils peuvent vendre leurs biens, mais uniquement à des sujets britanniques. Les dirigeants n'ont pas le choix, ils quittent; une partie des élites également. Les familles pleurent leurs morts et reconstruisent leurs maisons. Les paysans reconstituent leurs troupeaux. L'argent français ne vaut plus rien. Il faut repartir à zéro. Le commerce change de mains; les charges publiques sont réservées aux anciens sujets, c'est-à-dire aux Britanniques. «En 1763, il reste encore des Canadiens, il ne reste plus de Canada», écrivait l'historien Guy Frégault en conclusion de son court essai intitulé *La Société canadienne sous le régime français.*»

Leurs alliés indiens ne sont pas en reste. La nouvelle d'une victoire anglaise les désole. Ils perdent cette sorte de balance de pouvoir qu'ils détenaient entre les deux forces coloniales. Leur complicité avec les Français

s'accompagnait d'une possibilité de négociations. Ils pouvaient aller vers les Anglais en cas de désaccords. Déjà la guerre avait ralenti le commerce. Le blocus appliqué par Pitt avait privé les Français de leurs marchandises de traite, de leurs fameux présents. Les Indiens craignent aussi pour leurs terres. Les Français, peu nombreux, ne constituaient pas une menace. C'est tout le contraire avec les Anglais. Un prophète indien s'en mêle. Il n'en faut pas plus pour que la révolte éclate, habilement menée par Pontiac, chef de guerre outaouais. Amherst ne sait pas comment s'y prendre. Désespéré, méprisant, il n'est pas loin de proposer le recours aux armes bactériologiques. S'il le faut, ordonne-t-il à Bouquet, faites-leur distribuer des couvertures contaminées et des mouchoirs infectés. Au fort Pitt, le trafiquant William Trent avait déjà pris l'initiative. Deux chefs delawares avaient prévenu les Anglais d'une attaque imminente, les enjoignant de quitter les lieux. Nous nous défendrons s'il le faut contre «all the Indians in the Woods», leur avait-on répondu. Des renforts sont en route, prenez plutôt soin de vos femmes et vos enfants. Mais les victoires des Indiens étaient inquiétantes. «We gave them two Blankets and a Handkerchief out of the Small Pox Hospital. I hope it will have the desired effect», note Trent, dans son journal, le 24 mai 1763, soit quelques semaines avant que Amherst et Bouquet y songent.

À Londres, on ne comprend pas. Quelques milliers d'Indiens tiennent tête au vainqueur de la Nouvelle-

France! Amherst est rappelé. La « vermine », c'est ainsi qu'il qualifie les Indiens, a eu raison de lui. Pitt pour sa part sait bien que celui qui a fait la différence dans la conquête du Canada, c'est William Johnson, le surintendant des Affaires indiennes. Mais on n'a pas le temps de le consulter. Il faut faire vite. Le roi George III hésite entre Grenville, Halifax et Egremont. De juillet à la fin d'août 1763, les nouvelles en provenance d'Amérique sont de plus en plus alarmantes. Le roi vient de se résigner à garder le ministère en place quand lord Egremont, premier responsable de la politique coloniale, meurt subitement. S'ensuivent de nouvelles hésitations qui se terminent par la confirmation du rôle d'Halifax et Grenville. Ceux-ci choisissent de se concentrer sur le court terme. À partir du plan qu'avait fait préparer Egremont, Halifax esquisse, dans la précipitation, ce qui deviendra la Proclamation royale du 7 octobre 1763.

Une nouvelle colonie : la Province of Quebec

Au sud et à l'ouest de la Georgie, deux nouvelles provinces sont prévues : les deux Florides. Au nord, le cœur de l'ancienne colonie française de la vallée du Saint-Laurent devient la *Province of Quebec*. Tout le reste, depuis les Grands Lacs jusqu'au bassin des Florides, depuis la rive est du Mississippi jusqu'aux Appalaches, est réservé, « pour le présent », précise le texte, pour l'usage des Indiens.

Les Américains sont profondément déçus par ce découpage territorial. George Washington, grand pro-

priétaire foncier, était de ceux qui convoitaient les terres à l'ouest. Il se confie à un de ses associés. Il considère cette proclamation « as a temporary expedient to quiet the Minds of the Indians ». Pour lui, c'est l'affaire de quelques années pour que la situation change, d'autant que les Indiens eux-mêmes sont d'accord pour permettre aux Américains d'acquérir ces terres. Londres a fait vite, mais sans prendre le moindre risque face aux Treize Colonies. On les bloque à l'ouest et aussi au nord. Ils convoitaient l'accès au Saint-Laurent et espéraient en annexer la rive sud. Ils devront limiter leurs ambitions à la ligne de partage des eaux située entre le fleuve et l'océan Atlantique.

Comme si ces mesures n'étaient pas suffisamment provocantes, Grenville décide de lever des taxes dans les colonies pour rembourser la dette de guerre et assurer l'entretien des troupes qu'il faut maintenir pour empêcher tout nouveau soulèvement. Londres a compris que des agitateurs canadiens avaient soutenu la révolte de Pontiac et qu'un soulèvement n'était pas exclu de la part des Canadiens eux-mêmes.

Les Américains n'ont pas le temps de digérer tous ces affronts que Londres modifie radicalement les frontières de la *Province of Quebec*. L'immense réserve indienne créée en octobre 1763 est incontrôlable. Les Canadiens, bien loin de se laisser enfermer dans les frontières étroites de 1763, ont renoué avec leurs vieilles habitudes et ont guidé les marchands anglais toujours plus loin à l'intérieur du continent. En 1774, avec l'Acte de Québec,

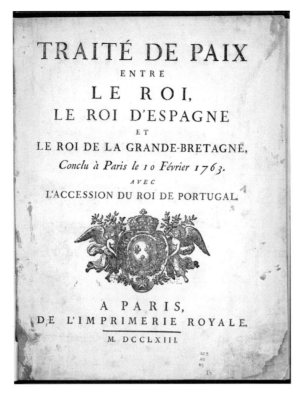

la Province de Québec retrouve presque les limites de la Nouvelle-France des lendemains du traité d'Utrecht. Elle englobe les Grands Lacs jusqu'au confluent de l'Ohio et du Mississippi. Les Treize Colonies se révoltent. Environ un million d'Américains, soit à peu près le tiers de la population des Treize Colonies, sont mûrs pour proclamer l'indépendance. Encadrés par de puissants leaders, soutenus par la France, ils triomphent. Devenue britannique en 1763, l'Amérique se scinde en deux en 1783 : au sud, une Amérique républicaine voit le jour, au nord, une Amérique britannique subsiste.

Tandis que les États-Unis se regroupent, l'Amérique britannique du Nord (*The British North America*) se morcelle. L'arrivée de milliers de Loyalistes provoque, en 1784, la création du Nouveau-Brunswick qui est détaché de la grande Nouvelle-Écosse issue de 1713. Bientôt, ce sera au tour de la *Province of Quebec* d'être scindée en deux.

La Province of Quebec *donne naissance à deux Canadas*

Dans la vallée du Saint-Laurent, la conquête britannique n'est pas suivie d'une forte immigration. Pour les mêmes raisons qui avaient nui à l'immigration française, l'immigration anglaise sera lente. « La portion industrieuse du peuple anglais ne passe pas dans les Colonies », fait observer la romancière Frances Brooke qui souhaite ardemment que le conquérant fasse tout pour garder les Canadiens. Autrement, que vaudrait cette nouvelle colonie ? Encore conviendrait-il de les inciter à parler anglais !

Pour l'instant, les Canadiens ont pour eux le nombre. En 1763, quelque 50 000 d'entre eux vivent de l'agriculture. Ils occupent alors environ 1 000 000 d'arpents de terre répartis en 200 seigneuries ou fiefs. Leur taux de natalité est élevé et ils intègrent facilement plus d'un millier de mercenaires allemands (venus soutenir l'armée britannique) qui choisissent de rester sur place au lendemain de la révolution américaine. Les Loyalistes qui affluent par milliers sont déterminés à continuer à vivre en anglais sous des lois anglaises. Ils obtiennent la séparation de la *Province of Quebec* en deux Canadas. L'Acte constitutionnel de 1791 prévoit la création du « Haut-Canada pour les colons anglais ou américains et du Bas-Canada pour les Canadiens ». Le premier ministre britannique, William Pitt fils, admet qu'il aurait préféré « une fusion en un seul corps de telle façon que les distinctions nationales puissent disparaître à jamais », mais il préfère ne rien bousculer. La révolution américaine a été un ferment de sagesse. « Ce sera l'expérience qui devra enseigner aux Canadiens que les lois anglaises sont les meilleures. » Londres en profite en outre pour céder aux pressions tant des Britanniques que des Canadiens et mettre en place des institutions parlementaires. Les Canadiens obtiendront l'illusion du pouvoir. Combien de temps leur faudra-t-il pour s'en rendre compte ?

Bilan. En une génération, de 1760 à 1792, les Canadiens ont connu trois constitutions (1763, 1774 et 1791) et ont vécu les contrecoups de trois révolutions (1763, 1775 et 1789). Au lendemain d'un important schisme anglo-saxon, ils survivent dans la partie la plus faible qui en est issue, le *British North America*. 🐚

Sources principales

ANDERSON, Fred, *Crucible of War: the Seven Years' War and the Fate of Empire in British North America, 1754-1766*, New York, Alfred A. Knopf, 2000. — FILTEAU, Gérard, *Par la bouche de mes canons : la ville de Québec face à l'ennemi*, Sillery, Septentrion, 1990. — MURRAY, Jeffrey S., *Terra Nostra : les cartes du Canada et leurs secrets, 1550-1950*, Sillery, Septentrion, 2006. — VAUGEOIS, Denis, *La fin des alliances franco-indiennes : enquête sur un sauf-conduit de 1760 devenu un traité en 1990*, Montréal/Sillery, Boréal/Septentrion, 1995. Des recherches croisées dans le *Dictionnaire biographique du Canada* ont permis de compléter l'information.

Le Nord-Ouest

COMPAGNIES RIVALES

LES EUROPÉENS voulaient atteindre la Chine. Longtemps, ils longèrent la côte nord-américaine dans l'espoir de trouver un passage. Au fil des ans, ils reconnurent le delta du Mississippi, l'embouchure du fleuve Hudson, l'estuaire du fleuve Saint-Laurent et la baie d'Hudson. Hélas, aucune de ces quatre voies de pénétration n'offrait la solution recherchée. Elles conduisaient cependant au cœur d'un continent rempli de surprises de toutes natures. Au premier chef, la fourrure annonçait la perspective de gros profits. La loutre, le renard, l'hermine et le vison faisaient rêver les élégantes et les élégants de l'époque. Une mode un peu folle fit cependant du castor l'animal le plus recherché, non pour son pelage mais pour le duvet que celui-ci recouvrait. Les chapeliers en fabriquaient des chapeaux de toutes sortes, appréciés pour leur lustre et leur solidité, tellement que le castor de la Baltique en était venu à se faire rare ; celui d'Amérique arrivait au bon moment.

Dans la traite des fourrures, les traiteurs de Montréal furent les rivaux de ceux d'Albany avant d'entrer carrément en concurrence avec ceux de la Compagnie de la Baie d'Hudson créée en 1670 à l'initiative de Radisson et Des Groseilliers. Avec les années, même les marchands de La Nouvelle-Orléans firent sentir leur présence jusqu'au pays des Illinois.

Quand on considère les distances en cause, ces rivalités commerciales sont absolument étonnantes. Les multiples routes de la fourrure comptent chacune des milliers de kilomètres parsemés d'obstacles. À première vue, l'axe du Saint-Laurent offre le plus d'avantages et conduit de diverses façons à l'ouest du lac Supérieur où Grand Portage et Kaministiquia servirent de nouveaux points de départ. Assez curieusement, le bassin de la baie d'Hudson n'est pas loin de présenter autant d'avantages que celui du Saint-Laurent. En effet, le versant nord du continent s'est précisé avec la fonte de la couche glaciaire dite du Wisconsin qui recouvrait la partie septentrionale de l'Amérique du Nord. C'est ainsi qu'est apparue une succession de rivières qui prennent leurs sources loin au sud pour venir se jeter dans la baie James ou la baie d'Hudson. Territoire d'abord disputé par les Anglais et les Français, son sort fut scellé par le traité d'Utrecht de 1713. Mais les marchands de la Compagnie de la Baie d'Hudson restèrent longtemps hésitants. Ils se contentaient d'attendre les Indiens dans leurs postes échelonnés le long des deux baies, principalement Moose, Albany, Severn, York et Churchill (Prince of Wales). Les hommes de la compagnie devaient rester à distance des Indiennes. Au début, les mariages mixtes étaient quasi interdits.

Malgré les succès de la traite, la recherche d'un passage vers l'Ouest continuait de hanter les esprits. En 1742, Christopher Middleton fit quelques explorations à l'ouest de la baie d'Hudson. Le vrai mouvement fut toutefois donné par Moses Norton, grand patron au fort Prince of Wales (Prince de Galles), à l'embouchure de la rivière Churchill. Poste stratégique qui, tout en étant un peu plus éloigné de l'Angleterre que Montréal, n'en est pas moins accessible une centaine de jours par année. En 1767, des Indiens chipewyans informent Norton de l'existence de mines de cuivre quelque part au Nord-Ouest. Matonabbee et Idotliaze ont même dressé une carte de la côte depuis l'embouchure de la rivière Churchill jusqu'à celle où se trouvent les mines en question. N'est-ce pas l'occasion de poursuivre la recherche d'un passage en même temps que de vérifier les dires des Indiens ? Samuel Hearne, jeune traiteur, remarqué pour sa force et son adaptation à la vie rude du Nord, est chargé de cette mission. Ses deux premières tentatives sont des échecs. La troisième fois, il s'allie à Matonabbee qui prend la tête d'une petite troupe composée principalement de ses sept femmes. Elles seront indispensables, explique l'Indien. Elles les protégeront du froid, s'occuperont des vêtements et des équipements, de la nourriture – elles-mêmes mangent peu – et du transport des

Lac Athapuscow (détail)
Gravure tirée du journal de Samuel Hearne qui décrit avec détails l'impressionnant lac « Athapuscow » parsemé de petites îles où se dressent de hauts peupliers, bouleaux et pins. Les chevreuils abondent et, sur les îles plus importantes, les castors sont en grand nombre.

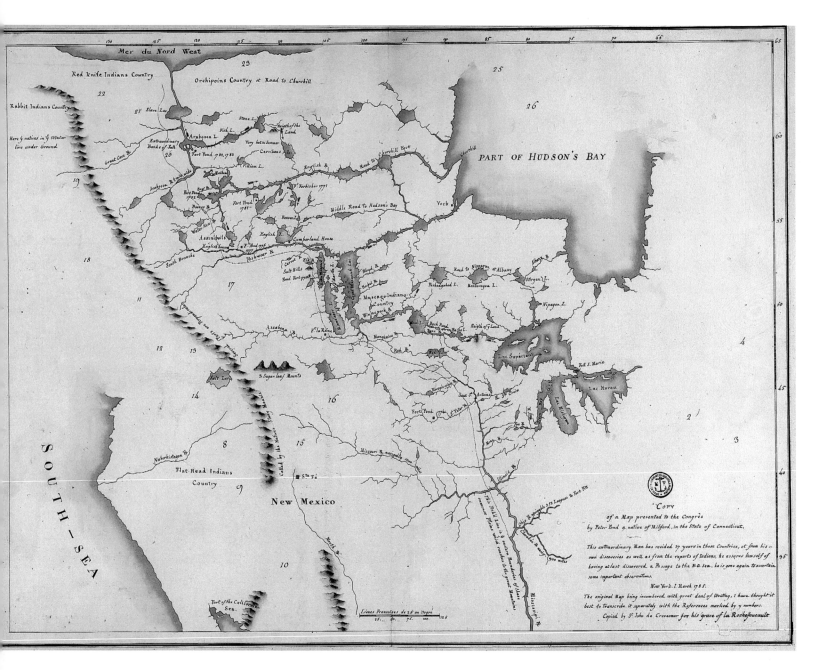

Carte d'Amérique du Nord de l'explorateur Peter Pond, « copied by St. John de Crevecoeur for his grace of La Rochefoucault », 1785

Carte de Peter Pond présentant le territoire situé entre les STONY MOUNTS et les Grands Lacs (1785). La présente copie a été préparée par St. John de Crèvecœur à l'intention du duc de La Rochefoucauld-Liancourt, deux Français dont les noms, comme auteurs, sont étroitement associés à l'histoire des États-Unis. Pour Peter Pond, l'ouest du lac Supérieur est un pays de rivières et de lacs parmi lesquels il parsème, ici et là sur sa carte, de nombreux « Fort Pond » accolés à une date. On ne peut en douter, il est allé partout. Quelques repères sont utiles pour lire la carte : WOOD LAKE, CUMBERLAND HOUSE, YORK, CHURCHILL, etc. On peut aussi repérer le SLAVE LAC situé au sud de la MER DU NORD WEST qui conduit vers le lac ARABOSCA (Athabasca) et la rivière du même nom (1/2 *mile wide*), située un peu au nord de la rivière BEAVER et à l'ouest du lac METHEA (Methye ou La Loche). En 1778, sur les conseils de ses guides, il s'était engagé dans un terrible portage d'une douzaine de milles qui lui avait permis d'atteindre plus directement le bassin hydrographique de l'Athabasca. C'est dans cette région qu'il avait rencontré des Indiens lourdement chargés de peaux en route pour le fort Churchill, dont le trajet est bien indiqué sur sa carte par l'inscription « Road for Churchill Fort » par la rivière des Anglais (English River). Une flèche indique la route de la rivière Hayes qui va de la région du lac Winnipeg au fort York ; une autre encore suit la rivière WINNEPEEK (Winnipeg) depuis le lac des Bois (Wood Lake) jusqu'au sud du lac Winnipeg. Bref, pour s'y retrouver, il faut être attentif, mais l'information est là. Astucieux, Pond ne dit rien du territoire situé à l'ouest des Rocheuses ; ainsi, les espoirs sont permis. Ne rêve-t-il pas en effet d'un accès au Pacifique ? La route pour Montréal est si longue ! Il en vient même à prendre ses désirs pour des réalités, induisant en erreur son second, Alexander Mackenzie, en présentant une importante rivière qui coulerait du Grand lac des Esclaves vers le Pacifique. Elle conduira Mackenzie à la mer Arctique. Aussi intrépide que belliqueux, énergique et audacieux, Pond avait préparé cette carte de 1785 pour influencer et convaincre. Elle était destinée au Congrès des États-Unis, tandis qu'une copie était acheminée aux autorités à Québec. La tactique de Pond est évidente. Il est Américain, mais il est prêt à travailler pour les Britanniques si ces derniers veulent bien soutenir financièrement ses projets d'explorations. Pourtant ses expéditions avaient été, jusqu'à ce moment, extrêmement lucratives, mais Pond était ambitieux ; il acceptait mal la concurrence, au point d'avoir été mêlé à deux meurtres. Il avait trop forcé la note. Il devint *persona non grata* dans l'univers de la fourrure. Il dessina d'autres cartes, mais sans plus de succès. Il avait tout de même contribué largement à établir la Compagnie du Nord-Ouest, dangereuse rivale de la Compagnie de la Baie d'Hudson.

bagages. Argument suprême : elles peuvent porter deux fois la charge d'un homme. L'expédition qui les mène jusqu'à l'embouchure de ladite rivière qu'on nommera Coppermine dure 19 mois (1771-1772). Bilan : peu de cuivre, point de passage et la conviction que le continent est beaucoup plus large qu'on ne le pense. Surtout, Hearne laissera un récit de son expédition ; ses observations font aujourd'hui les délices des historiens, des anthropologues et des naturalistes. Pour Hearne, Matonabbee était un personnage habile et fiable, Norton, un débauché, père d'une fille extraordinaire, Mary, laquelle fut le grand amour de l'explorateur.

Après ces trois expéditions, de 32 mois au total, malgré les souffrances endurées, Hearne continua de servir dans le Nord. En 1773, on lui confia la responsabilité de fonder un premier poste à l'intérieur pour contenir les trafiquants de Montréal. Prenant conseil auprès des chefs indiens de la région, il fixa son choix sur un emplacement au lac Pine Island (Cumberland) relié à la rivière Saskatchewan et à proximité du réseau de la rivière Churchill. Le fort Cumberland ne suffira pas à bloquer l'élan des Montréalais, mais il constituait un timide signal de la part des autorités de la Compagnie de la Baie d'Hudson.

Hearne servit un certain temps comme agent principal du fort Prince of Wales. En 1782, il en est délogé par nul autre que le comte de Lapérouse entraîné au nord par la guerre de l'Indépendance des États-Unis. Conscient de la supériorité des forces de l'ennemi, Hearne se rend sans combattre. Il a lui-même raconté que Lapérouse, fortement impressionné par son journal et ses notes, les lui rendit intacts, lui posant comme condition de les publier le plus rapidement possible. Il y travailla pendant des années, ajoutant des informations surtout sur les Chipewyans et leur environnement. Hearne avait la passion d'un naturaliste. L'ouvrage parut, en 1795, trois ans après sa mort. Il sera plusieurs fois réédité en anglais et traduit, au fil des ans, en allemand, en hollandais, en suédois, en français et en danois.

Une compagnie rivale : la North West Company
Au lendemain de la conquête de 1760, le commerce des fourrures gagna en intensité. Pour les coureurs des bois de la vallée du Saint-Laurent, il n'était pas question de

Samuel Hearne à la rivière Coppermine
Le 7 décembre 1770, Hearne quittait le fort Prince of Wales pour une troisième tentative (en rouge sur la carte) d'atteindre des mines de cuivre dont l'existence avait été signalée par des Chipewyans et des Cris. Cette fois serait la bonne ; il avait choisi comme guide principal, Matonabbee. Sur la présente carte, une ligne verte indique la seconde tentative. Le 14 juillet 1771, il atteint une rivière (Coppermine). Trois jours plus tard, il en atteignait l'embouchure après avoir assisté, impuissant, au massacre d'une bande d'Inuits. Au retour (ligne jaune), il traverse le Grand lac des Esclaves qu'il nomme Athapuscow et revient à son point de départ le 30 juin 1772. Malgré le peu de cuivre trouvé, Hearne avait réussi un véritable exploit. Dans son journal publié en 1795, il note : « The continent of America is much wider than many people imagine… » Ailleurs, il souligne n'avoir jamais rencontré de rivière de quelque importance coulant vers l'ouest et conclut à l'absence de passage au nord-ouest.

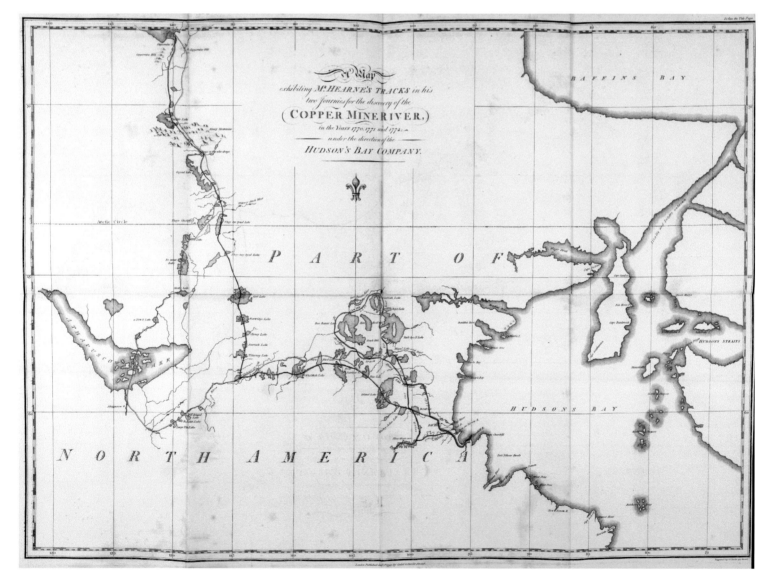

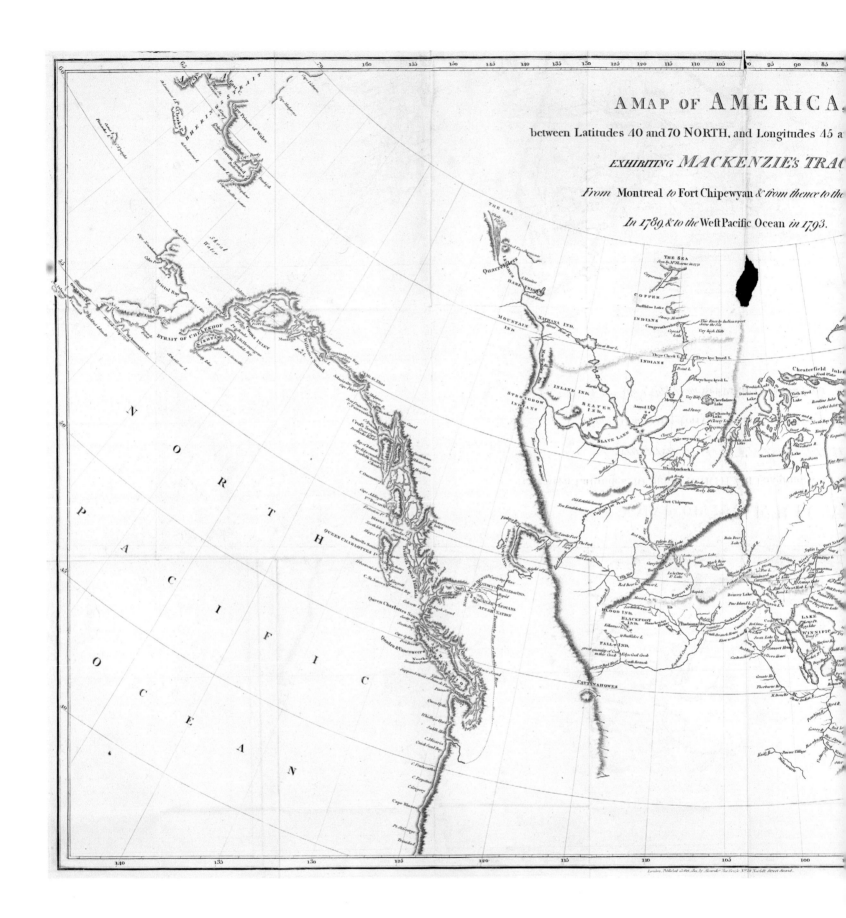

A MAP OF AMERICA,

between Latitudes 40 and 70 NORTH, and Longitudes 45 a

EXHIBITING MACKENZIE's TRAC

From Montreal to Fort Chipewyan & from thence to the

In 1789, & to the West Pacific Ocean in 1793.

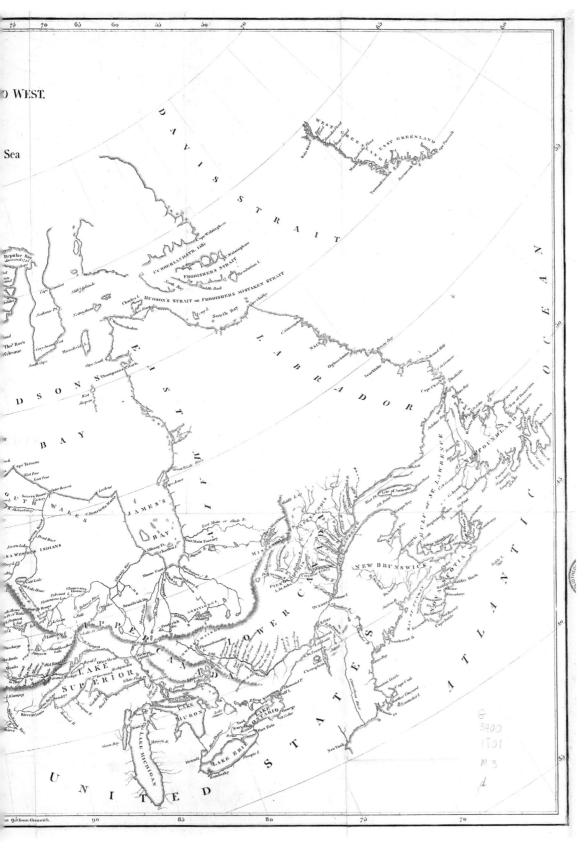

Carte des voyages d'Alexander Mackenzie, 1801

En juin 1789, Mackenzie entreprend un voyage d'exploration sur une «Grande Rivière», aujourd'hui nommée fleuve Mackenzie. Quatre Canadiens et trois Indiens l'accompagnent dans cette expédition. Pendant plusieurs jours, les explorateurs avancent allègrement vers l'ouest. Mais, au 15e jour de l'expédition, le cours d'eau bifurque brusquement vers le nord. Les voyageurs n'atteignent pas le Pacifique, comme ils l'avaient espéré, mais plutôt les rives de l'océan Arctique. Mackenzie n'était pas du genre à se laisser abattre. Prévoyant certainement un nouveau voyage dans l'Ouest, il se rend à Londres pour perfectionner ses connaissances et s'équiper en divers instruments pour se localiser : boussole, sextant, chronomètre, éphémérides et télescope. Il revient au Canada avec la ferme intention de trouver une percée vers le Pacifique. Cette fois-ci, il veut franchir les montagnes Rocheuses plus au sud, par-delà la rivière de la Paix. Il quitte le fort de la Fourche (Peace River Landing) le 9 mai 1793, un chronomètre à la main lui signalant l'heure de son point de départ. Grâce à cet instrument, Mackenzie pourra connaître sa position en longitude et saura ainsi la distance qu'il lui reste à parcourir avant d'atteindre le Pacifique, dont on connaît depuis peu la longitude. Avec lui, se trouvent deux chasseurs et interprètes Indiens d'une si grande utilité qu'à toute heure de la journée Mackenzie craint de les voir abandonner l'expédition. Au nombre des voyageurs, on retrouve aussi plusieurs Canadiens : Joseph Landry, Charles Ducette [sic], François Beaulieu, Baptiste Bisson, François Courtois et Jacques Beauchamp. Ces «mangeurs de lard», comme les surnomme Mackenzie, sont si habiles à conduire leurs canots qu'il ne leur arrive presque jamais d'accidents. Mais le trajet qu'ils empruntent, en pays inhospitalier, met à rude épreuve leurs habiletés. Les cours d'eau sont pour le moins tumultueux, remplis d'écueils et de cascades tandis que les rives sont souvent bordées de rochers très escarpés. Rendus très hauts, près des sommets enneigés, les explorateurs doivent quitter les cours d'eau, grimper dans la forêt, encore plus haut, avec canot et bagages, pour chercher une autre rivière, coulant vers l'ouest, dans le Pacifique. Ils affrontent mille et un obstacles, la chaleur, le froid, les maringouins, la disette, le brouillard, la pluie, la grêle. Le secret de leur courage est révélé par Mackenzie : «une chaudière de riz sauvage, avec du sucre, et la portion de rhum accoutumée [rendant] ce courage qui savait tout braver». Heureusement, des indigènes se trouvent sur leur passage et leur indiquent le chemin à suivre, comme ce vieil homme qui trace sur un grand morceau d'écorce la rivière courant vers le sud-est, ses affluents, cascades, écueils et portages à travers les montagnes. Mackenzie décrit plusieurs peuples rencontrés : les Cris, Tsattine, Sekani, Kluskus, Bella Coola et Bella Bella. Après plusieurs jours de voyage, les hommes, épuisés, atteignent enfin l'embouchure de la rivière Fraser (que Mackenzie croyait être le Columbia). L'explorateur laisse une trace de son passage sur les côtes du Pacifique, une sorte de graffiti en gros caractères sur le rocher où lui et ses hommes couchèrent : «Alexander Mackenzie, from Canada, by land, 22 July 1793.» Quelques années plus tard, en 1801, le traiteur et explorateur à la retraite publie ses *Voyages from Montreal* qui connaît un véritable succès d'édition. Accompagnant l'ouvrage, se trouve la carte intitulée *A Map of America…* qui montre avec tout le détail requis les deux principaux voyages de Mackenzie, permettant ainsi aux lecteurs de mieux suivre le déroulement de ses récits.

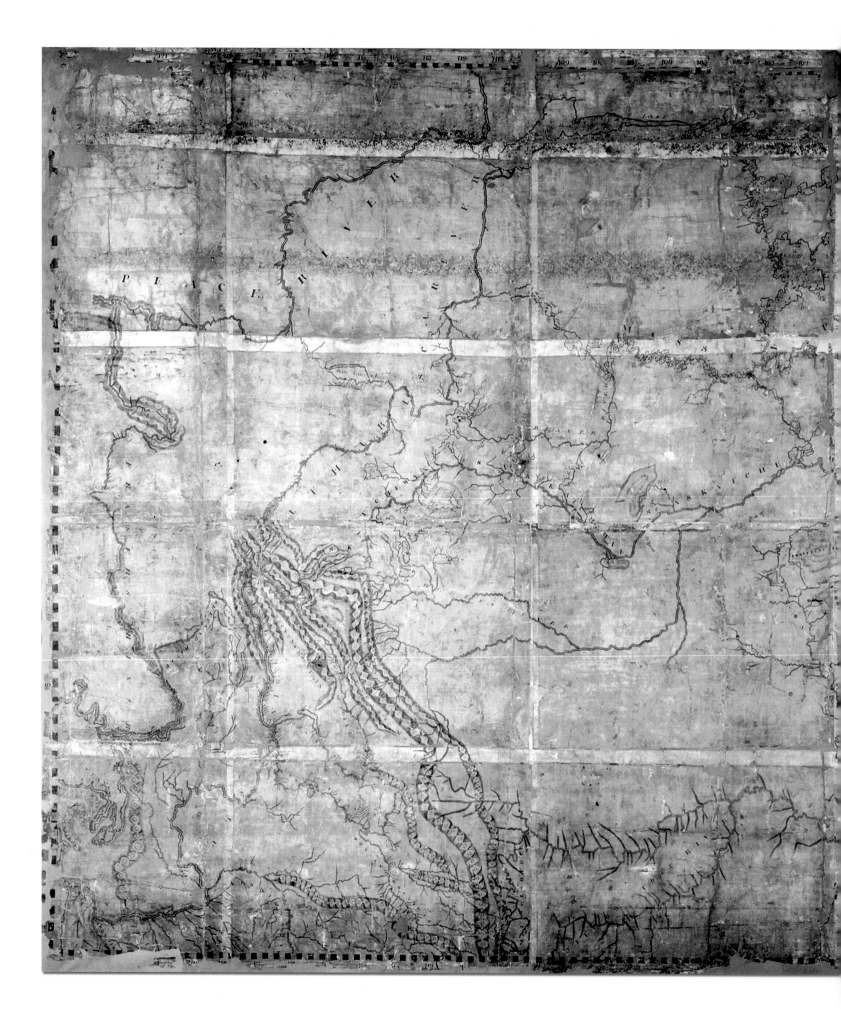

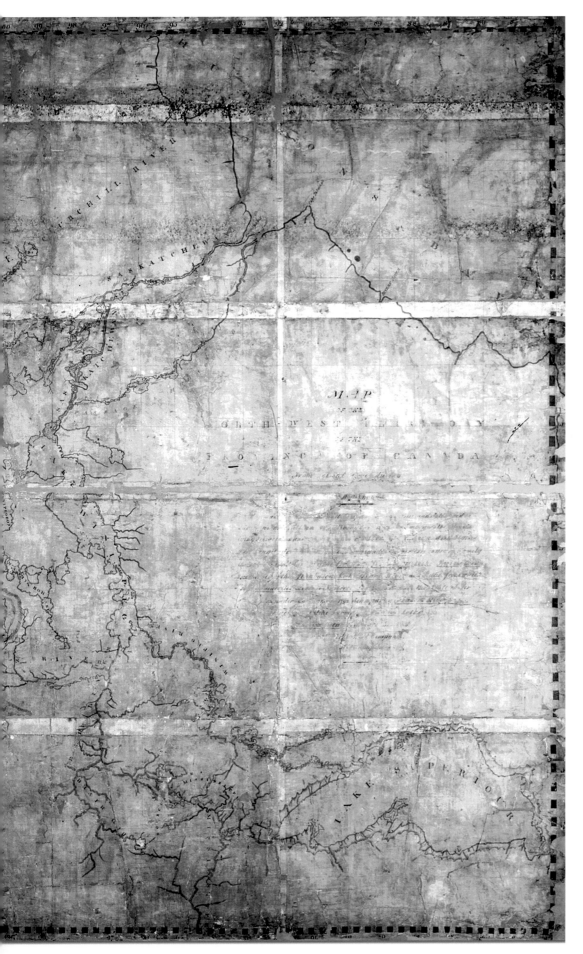

**Les territoires du Nord-Ouest,
selon David Thompson, 1814**

En 1814 paraissaient simultanément deux immenses
cartes qui font le bilan de vastes explorations
conduisant au Pacifique, but ultime depuis plus de
trois siècles. L'une, signée par William Clark, présente
une synthèse de son expédition conduite avec
Meriwether Lewis, de 1804 à 1806, enrichie de
données recueillies au retour auprès d'audacieux
voyageurs dont l'incomparable Georges Drouillard. La
carte de Clark fut gravée et largement diffusée, la
seconde, exécutée par David Thompson, fut remise à
la Compagnie du Nord-Ouest qui l'installa bien en
vue dans le poste de Kaministiquia où elle servit,
pendant un siècle, aux voyageurs en partance pour
l'Ouest. La préparation de cette carte gigantesque
clôturait 25 ans d'explorations à l'ouest du lac
Supérieur. Initié par Samuel Hearne, formé par Philip
Turnor, secondé par la Métisse Charlotte Small,
accompagné de guides indiens ou métis et de
voyageurs canadiens dont les Augustin Boisverd et
Michel Boulard, David Thompson a marché, arpenté
et cartographié la partie nord-ouest de l'Amérique du
Nord. Le 15 juillet 1811, il a bouclé la boucle en
atteignant le Pacifique. Rentré à Montréal en
septembre 1812, «fatigué de ces constants et
exténuants voyages», il décide de s'établir et de se
livrer à des activités moins épuisantes. Conscient des
vastes connaissances qu'il a accumulées, il décide
d'en réunir l'essentiel sur une même carte couvrant le
pays du lac Supérieur à l'océan Pacifique. Les points
de repère y sont : le lac des Esclaves (SLAVE LAKE), les
Rocheuses, de même que les grandes voies d'eau
dont l'Athabasca, le Fraser, le Yellowstone.
Préoccupé à juste titre par le problème des
frontières avec les États-Unis, il signale nettement la
position de la rivière Rouge (Red River) et situe la
région où se trouve la source du Mississippi.
Longtemps ignoré, aujourd'hui adulé, David
Thompson est le plus grand. Sa carte de 1814 fait, à
juste titre, la fierté des Archives publiques de
l'Ontario. On ne peut que s'incliner devant tout ce
qu'elle représente : la rencontre des Premières
Nations, des voyageurs canadiens et des explorateurs
britanniques. Ce sont eux qui ont fait l'Amérique,
terre d'accueil et promesse d'avenir.

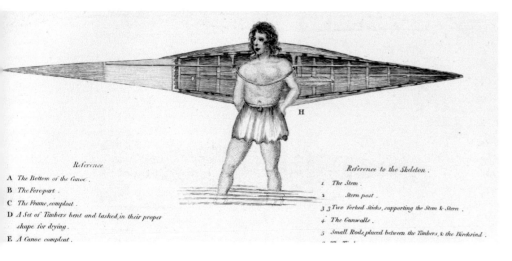

Canot chipewyan

Gravure tirée du journal de Samuel Hearne. L'auteur qui a beaucoup observé les Indiens insiste ici sur l'extrême malléabilité qu'offre le type de canot utilisé par les Chipewyans. Cette embarcation, assez légère pour être transportée par un seul homme, permet d'affronter des rapides et de parcourir de longues distances, été comme hiver.

se laisser enfermer dans les frontières de la petite « province de Québec » créée en 1763. Secoués par la révolte de Pontiac et les soubresauts de la révolution américaine, de petites compagnies de trafiquants se multiplièrent avant de regrouper leurs forces à l'hiver de 1783-1784 pour former la Compagnie du Nord-Ouest.

Ignorant le monopole et les droits de la Compagnie de la Baie d'Hudson, plusieurs marchands de Montréal avaient atteint la région du Nord-Ouest. Originaire de la Nouvelle-Angleterre, le fougueux Peter Pond travaille d'abord dans le Haut-Mississippi où rôdent des marchands de La Nouvelle-Orléans. Pond y apprend à connaître la traite, à comprendre les Indiens et à composer avec la concurrence. D'étape en étape, il se rend aussi loin qu'au lac Athabasca où il croise des Indiens qui se dirigent vers le fort Prince of Wales. Leur route est encore longue et épuisante. Pond leur offre d'échanger avec lui leurs énormes cargaisons de fourrures. C'est ainsi que, en 1779, Peter Pond jette les bases d'un établissement, le fort Chipewyan, à l'ouest du lac Athabasca, lequel devait bientôt servir de quartier général aux opérations des agents de la Nord-Ouest.

Rendus sur place, ceux-ci ne perdent pas une occasion d'enrichir leurs connaissances géographiques de l'Ouest. Elles devaient permettre à Alexander Mackenzie qui avait été le second de Peter Pond, après une tentative qui l'avait mené à la mer de Beaufort en 1789, d'atteindre enfin le Pacifique en 1793. Parti du fort Chipewyan le 10 octobre 1792, il y revenait le 24 août 1793, ramenant sains et saufs tous ses hommes, dont Joseph Landry et Charles Ducette qui avaient été du précédent voyage.

Un autre champion de la Nord-Ouest atteint quelques années plus tard le Pacifique. David Thompson avait fait ses classes à l'époque où il était à l'emploi de la Compagnie de la Baie d'Hudson. Durant l'hiver 1789-1790, il avait reçu en compagnie de Peter Fidler des cours de mathématiques, d'arpentage et d'astronomie de Philip Turnor, le premier arpenteur embauché par la compagnie pour travailler dans le Nord-Ouest. En quelques années, ce trio accumula une masse considérable de renseigne-

ments qui étaient portés sur des cartes et acheminés vers Londres. En 1795, le cartographe londonien Aaron Arrowsmith en tira une spectaculaire synthèse sous la forme d'une des premières cartes à représenter la totalité de l'Amérique du Nord.

Turnor et Fidler s'étaient d'abord employés à localiser les postes de la compagnie rivale, la Nord-Ouest, tout en cherchant à trouver une voie rapide et navigable pour aller de la baie d'Hudson au lac Athabasca et au Grand lac des Esclaves. Fidler fera sa vie dans ces régions où il avait épousé, en 1794, une Indienne crie. Les patrons de la Compagnie de la Baie d'Hudson avaient finalement assoupli les règles vis-à-vis des mariages mixtes, réalisant qu'ils constituaient un atout de taille pour les Canadiens. Ceux-ci n'hésitaient pas en effet à s'installer dans les communautés indiennes et à y prendre femme, façon de créer un réseau de confiance, de faciliter les échanges et de rendre plus facile et plus agréable la vie elle-même.

Thompson l'imitera en 1799 en épousant une jeune Métisse dont le père était un ancien associé de la Nord-Ouest. Deux ans auparavant, il avait d'ailleurs quitté la Compagnie de la Baie d'Hudson pour joindre les rangs de la compagnie rivale. Celle-ci lui commanda des travaux d'arpentage à l'ouest du lac des Bois. Passionné par ce travail plus que par la traite, Thompson se montra aussi habile que zélé. Il en vint d'ailleurs à considérer que la source du Mississippi se trouvait au lac Turtle. Cette information allait prendre la plus haute importance avec l'acquisition par les États-Unis, en 1803, du territoire de la Louisiane, c'est-à-dire de la rive ouest du Mississippi et de ses affluents occidentaux jusqu'à leurs sources. La frontière entre le Canada et les États-Unis y trouve son origine. Le 49ᵉ parallèle n'a pas été tracé au hasard ; cette ligne suit *grosso modo* une ligne de partage des eaux du centre du continent (entre les bassins respectifs du golfe du Mexique et de la baie d'Hudson) depuis les Grands Lacs jusqu'aux Rocheuses. Au-delà, pour couper court aux disputes, elle sera prolongée arbitrairement jusqu'au Pacifique. 🚢

Sources principales

HEARNE, Samuel, *Le piéton du Grand Nord : première traversée de la toundra canadienne (1769-1772)*, Marie-Hélène FRAÏSSÉ (éd.), Paris, Éditions Payot & Rivages, 2002. — MACKENZIE, Alexander, *Voyages from Montreal on the River St. Laurence through the Continent of North America to the Frozen and Pacific Oceans in the Years 1789 and 1793 : with a Preliminary Account of the Rise, Progress, and Present State of the Fur Trade of that Country*, Londres, R. Noble, 1801. — MACKENZIE, Alexander, *Voyages d'Alexandre Mackenzie, dans l'intérieur de l'Amérique septentrionale, fait en 1789, 1792 et 1793 […]*, Paris, Dentu, 1802, 3 vol. — MASSON, L.R., *Les bourgeois de la Compagnie du Nord-Ouest : récits de voyages, lettres et rapports inédits relatifs au Nord-Ouest canadien, publiés avec une esquisse historique et des annotations*, Québec, Imprimerie générale A. Côté, 1889, 2 vol. — NISBET, Jack, *Sources of the River : Tracking David Thompson across Western North America*, Seattle, Sasquatch Books, 1994. — THOMPSON, David, *Columbia Journals*, Barbara BELYEA (éd.), Montréal, McGill-Queen's University Press, 1994. Nettement la meilleure édition du journal de Thompson.

Reference

A The Bottom of the Canoe.
B The Forepart.
C The Frame, compleat.
D A Set of Timbers bent and lashed, in their proper shape for drying.
E A Canoe compleat.

H

Reference to the Skeleton.

1 The Stem.
2 Stern post.
3,3 Two forked Sticks, supporting the Stem & Stern.
4 The Gunwalls.
5 Small Rods, placed between the Timbers, & the Birchrind.

The Louisiana Purchase

LEWIS ET CLARK

L ES EAUX DU MISSISSIPPI sont « belles et claires » jusqu'à sa rencontre avec le Missouri. Au-delà, « elles deviennent troubles et limoneuses », notait le Chevalier de Rémonville, au début du XVIIIᵉ siècle.

Envoyé en 1719-1720 par le duc d'Orléans pour « examiner les nombreux bruits relatifs à l'existence et à la situation géographique d'une mer de l'Ouest » qui séparerait l'Amérique de l'Orient, le jésuite Charlevoix conclut, à son retour en France, en 1723, que le premier moyen de découvrir cette mer « était de remonter le Missouri, dont la source n'est certainement pas loin de la mer. Tous les Sauvages […] l'ayant unanimement assuré ». L'explorateur Véniard de Bourgmond aurait pu, pour sa part, corriger quelque peu cette information. Dix ans plus tôt, il avait en effet remonté le Missouri sur une distance de quelque 1 000 kilomètres, bien conscient de s'être arrêté encore loin de sa source.

Aucun des voyageurs qui descend le Mississippi ne manque de signaler ce « fleuve considérable » qui arrive de l'ouest. Il fascine d'autant plus qu'il mène vers l'inconnu, peut-être à la « mer de l'Ouest ». Sur sa remarquable carte de la Louisiane, datée de 1718, Guillaume Delisle prend un plaisir évident à montrer l'immense réseau fluvial du Mississippi, vaste région revendiquée par les Français qui l'explorent en tous sens depuis un demi-siècle. Au lendemain du traité d'Utrecht qui a passablement amputé la Nouvelle-France, le cartographe trouve une certaine compensation en représentant les colonies anglaises, blotties entre les Appalaches et la mer, à l'est d'une immense Louisiane.

La Louisiane est divisée en deux

Un nouveau conflit pousse, en 1762-1763, la France dans ses derniers retranchements. Le ministre Choiseul est prêt à céder la Nouvelle-France à l'Angleterre. Il souhaite toutefois protéger son allié espagnol installé au sud du continent. De son côté, le roi Louis XV aimerait bien faire plaisir à son cousin Carlos III. À Fontainebleau, en novembre 1762, la France cède secrètement à l'Espagne le bassin ouest du Mississippi, créant ainsi une vaste zone tampon entre ses colonies et les colonies anglaises.

La paix est conclue officiellement à Paris, le 10 février 1763, entre les quatre grandes puissances de l'époque. L'article 7 précise que la nouvelle frontière entre les possessions françaises et anglaises seront « fixées par une Ligne tirée au milieu du Fleuve Mississippi depuis sa naissance jusqu'à la rivière d'Iberville, & de là par une Ligne tirée au milieu de cette Rivière & des Lacs Maurepas et Pontchartrain jusqu'à la Mer ». Les Français qui ont certainement la carte de Delisle bien à l'esprit, sinon à côté d'eux, savent tout à fait ce qu'ils font. Ils ne veulent surtout pas céder la ville de La Nouvelle-Orléans ni laisser aux Britanniques le contrôle de la navigation sur le Mississippi,

Famille de Sioux

Le récit de voyage de Jonathan Carver, publié en 1781, reçut immédiatement un accueil enthousiaste. Son portrait des régions à l'ouest du lac Michigan offrait des perspectives exaltantes : « Une région capable de subvenir aux besoins d'une multitude d'habitants », écrivait-il. En outre, ajoutait-il, une simple chaîne de montagnes la séparait de la source des quatre grands fleuves de l'Amérique : le Saint-Laurent, le Mississippi, le Bourbon (Nelson), la rivière de l'Ouest (Oregon). Il donnait en outre un portrait rassurant des Indiens de la région. Ici, on aperçoit un homme et une femme avec son enfant de la nation naudowessie, nom par lequel il désigne les Sioux.

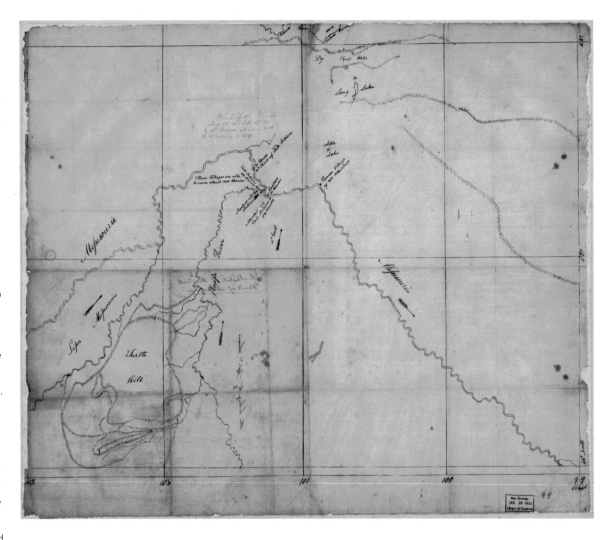

même s'ils affirment le contraire dans le traité. Ils font mine en outre de parler pour eux alors que le bassin ouest du Mississippi a été secrètement cédé à l'Espagne. De leur côté, les négociateurs anglais ignorent de toute évidence l'existence du traité de Fontainebleau.

Avec le traité de Paris, la rive est du Mississippi passe donc sous autorité britannique, du moins jusqu'à l'embouchure de la petite rivière d'Iberville. Les Canadiens qui habitent la rive gauche du grand fleuve choisiront pour la plupart de quitter Fort de Chartres, Prairie du Rocher, Cahokia ou Kaskaskia pour s'installer à Sainte-Geneviève ou Saint-Louis que fondent, en 1763, à l'embouchure du Missouri, deux marchands de La Nouvelle-Orléans, Pierre Laclède et son fils adoptif, le jeune Auguste Chouteau. D'autres villages se forment rapidement tout autour, tandis que les expéditions vers l'intérieur se multiplient. La traite devient intense, mais se limite d'abord à la région du Bas-Missouri. En 1790, Jacques d'Église atteint le pays mandan. Il y rencontre des traiteurs en provenance du Nord qui reprennent *grosso modo* la route suivie par les La Vérendrye en 1738.

Les Espagnols qui ont mis du temps à s'intéresser à cette Louisiane que leur a cédée la France, en 1762,

commencent à s'inquiéter. Le moment est vraiment venu pour eux de mieux connaître ce pays. En 1793, ils fondent la Société de découvertes et d'explorations du Missouri. Une récompense est en outre promise au premier Espagnol qui atteindra l'océan Pacifique par le Missouri. Les marchands de Saint-Louis s'organisent et envoient successivement trois expéditions vers le Haut-Missouri. Jean-Baptiste Trudeau, Montréalais d'origine, dirige la première en 1794. Il sera suivi l'année suivante par Antoine Simon Lecuyer de la Jonchère dont on sait peu de chose, puis par James Mackay, un ancien de la Nord-Ouest qui s'associe au Gallois John Thomas Evans. Trudeau et Mackay laisseront chacun un journal, écrit en français, de leur expédition.

Une hauteur des terres, point de départ d'importants cours d'eau

Tous ces efforts sont louables, mais la mer de l'Ouest reste un rêve inaccessible. L'arpenteur général de la Louisiane, Antoine Soulard, en profite pour enrichir ses cartes d'abondantes informations jusqu'à une chaîne de montagnes quelque part à l'Ouest. L'existence d'une hauteur des terres où d'importants cours prendraient leurs sources est de plus en plus admise.

Robert Rogers, l'infatigable Rangers que les Abénaquis n'oublieront jamais pour le massacre qu'il y perpétra à Odanak au lendemain de la bataille des plaines d'Abraham, n'est pas qu'un militaire. C'est un esprit curieux. Il rêve de voyages d'explorations vers le Pacifique. En 1765, il profite d'un voyage à Londres pour publier *A Concise Account of North America* dans lequel il tente de convaincre les autorités de financer une expédition jusqu'au Pacifique. Il compte suivre une rivière dite « Ouragan » ou rivière de l'Ouest qui prendrait sa source dans une probable hauteur des terres. Il envoie même l'explorateur-cartographe Jonathan Carver faire des relevés dans le bassin du haut Mississippi en prévision de sa mission. Ce dernier sera un des premiers Américains à explorer cette région. Il publiera à Londres, en 1781, *Travels through the Interior Parts of North America in the Years 1766, 1767, and 1768.* Il y soutient la thèse chère à Rogers et développe l'idée d'une ligne de partage des eaux. A-t-il fait tous les voyages qu'il mentionne dans son ouvrage ? Certains en doutent et soulignent le grand usage qu'il fait des récits de Hennepin, Lahontan et Charlevoix. Quoi qu'il en soit, Carver renforce l'image du « bon Sauvage » qui se répand en Europe et popularise le mot Oregon.

Le grand projet de Jefferson

Toutes ces sources et bien d'autres, comme celles qui avaient été compilées jadis par LePage du Pratz dans son *Histoire de la Louisiane*, sont longuement étudiées par Thomas Jefferson qui, en bon planteur virginien, lorgne tout naturellement les terres de l'Ouest. Au moment de leur indépendance (1783), les États-Unis font sauter la frontière des Appalaches, effacent la réserve indienne créée par les Britanniques en 1763 et s'étendent jusqu'au Mississippi.

Acteur clé de ce grand moment de l'histoire, Thomas Jefferson, passionné de géographie et désireux d'en savoir davantage sur ses nouveaux voisins, cherche à favoriser quelques expéditions à l'ouest du Mississippi. Personnellement sollicité, George Rogers Clark, un homme de la frontière et de surcroît un héros de l'indépendance, se désiste et Jefferson part pour Paris sans avoir pu amorcer un mouvement d'exploration dans cette direction. Au moment où il débarque en France,

Carte réalisée en 1803 par Nicholas King, cartographe du gouvernement américain
À la demande du président Jefferson et sous la supervision du secrétaire d'État, Albert Gallatin, King a préparé, à l'intention de Meriwether Lewis, la synthèse des connaissances acquises, non pas sur le trajet projeté, mais sur le territoire au nord du 45e degré de latitude nord. Plus précisément, King avait instruction de représenter le territoire allant de 88° de longitude ouest jusqu'à 126° (selon les données recueillies par Gray, Cook et Vancouver), et de 30° de latitude nord jusqu'à 55°. Comme références, King pouvait s'appuyer sur une carte synthèse d'Arrowsmith, mais surtout sur les cartes d'Alexander Mackenzie et de David Thompson.

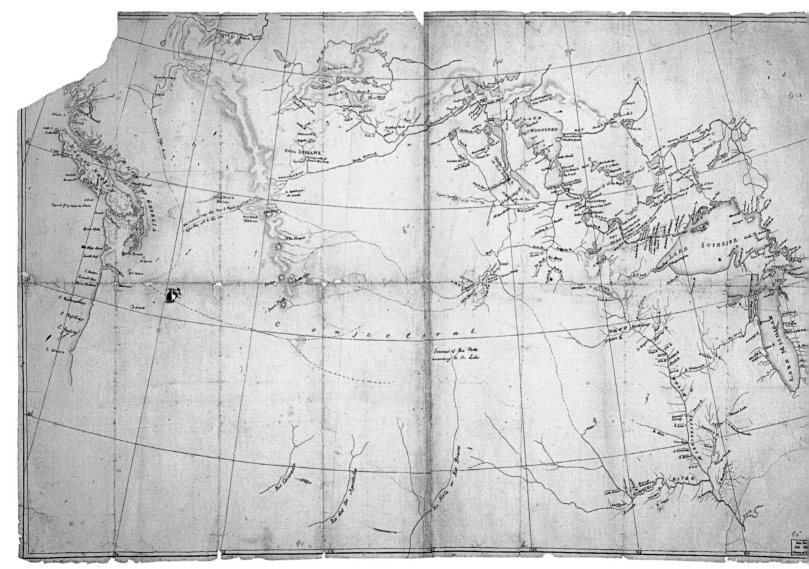

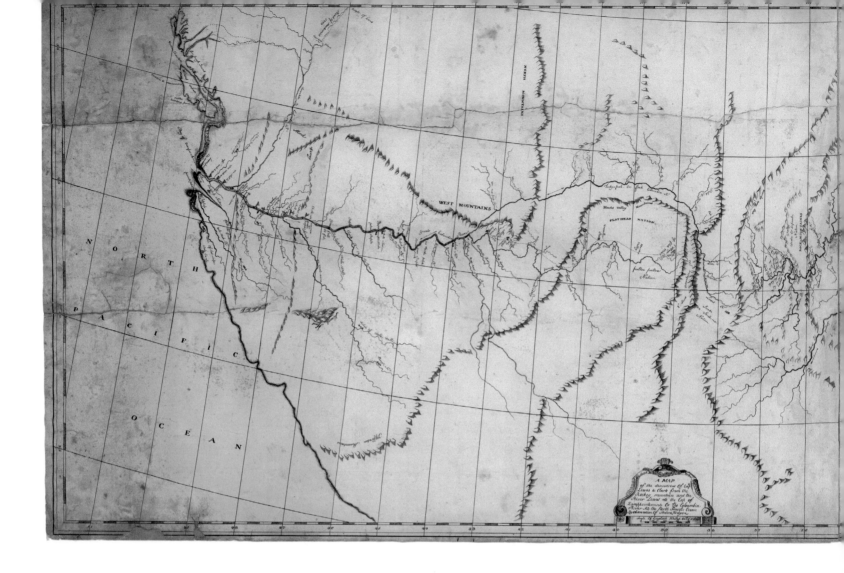

L'expédition de Lewis et Clark représentée par Robert Frazer

Malgré d'importantes distorsions, cette carte, attribuée à Robert Frazer, un des membres de l'expédition de Lewis et Clark, donne une idée du trajet qu'ils ont parcouru. Avec sa mince chaîne de montagnes, Frazer semble toutefois avoir oublié l'horreur de la traversée des Rocheuses, tant à l'aller qu'au retour. Clark, de son côté, a tendance à exagérer, ou presque. Il en met plein la vue (voir pages 272-273). Il convient de rappeler que Lewis avait mis le public en garde contre les projets de publication de Frazer «who was only a private [...] entirely unacquainted with celestial observations [...] and therefore cannot possibly gives any accurate information on those subjects, nor on that of geography» (Gilman, 2003: 163).

comme ministre plénipotentiaire, les récits d'explorations de James Cook sur la côte ouest de l'Amérique du Nord viennent d'être publiés (1784). Sans hésiter, l'année suivante, Louis XVI lance Lapérouse sur les traces de Cook «pour voir s'il n'y aurait pas quelque rivière ou quelque golfe étroit formant une communication, par le moyen des lacs intérieurs, avec quelque part de la baie d'Hudson». La recherche d'un passage au Nord-Ouest reste bien présente.

En 1792, le capitaine américain Robert Gray, suivi de George Vancouver, vient confirmer les relevés de Cook. L'embouchure du fleuve Columbia est située à 124° de longitude ouest et 46° de latitude nord. Washington est à 77° ouest et 39° nord. La distance entre ces deux points est donc d'environ 5 000 kilomètres. Jefferson croit à une formation symétrique du continent. La chaîne de montagnes située à l'est, les Appalaches, doit avoir son pendant à l'ouest. Entre les deux, un grand fleuve reçoit les eaux des rivières qui trouvent leurs sources dans l'une et l'autre chaîne de montagnes tandis que l'autre versant de chacune alimente des cours d'eau qui se jettent dans l'Atlantique ou le Pacifique. Il est donc logique de penser que le Missouri et le Columbia trouvent leur source de part et d'autre de la chaîne de montagnes située à l'ouest.

Voilà pour la théorie quand l'exploit d'un jeune trafiquant écossais vient accroître la pression. Parti de Montréal

pour le lac Athabasca, Alexander Mackenzie réussit, en 1792-1793, à faire le trajet aller-retour entre le fort Chipewyan, situé sur le lac Athabasca, et le Pacifique.

Moins d'une semaine après son accession à la présidence des États-Unis, le 17 février 1801, Jefferson propose à un jeune militaire, Meriwether Lewis, dont il connaît bien la famille, de se joindre à lui comme secrétaire particulier. Celui-ci devra l'aider à remplir un de ses engagements électoraux: réduire les dépenses de l'armée sans trop malmener ses partisans. Lors de leurs entretiens en tête à tête, l'exploration de l'Ouest est sans doute un de leurs sujets préférés. Lewis ne s'est-il pas déjà porté volontaire pour diriger une expédition vers l'Ouest?

À l'automne 1802, Jefferson est prêt. En novembre, il rencontre l'ambassadeur d'Espagne pour l'informer de son intention d'envoyer une expédition scientifique à la recherche d'une voie navigable vers le Pacifique par le Missouri. Quelques jours plus tard, il demande au Congrès d'autoriser une dépense de 2 500 $ «afin d'étendre le commerce extérieur des États-Unis», sous-entendu d'explorer l'ouest du Mississippi. Parallèlement, il mène une négociation pour acheter «l'île de la Nouvelle-Orléans». Comme l'avaient prévu et voulu les Français, cette ville contrôle en effet le passage sur le Mississippi. Aussi longtemps qu'elle était sous l'autorité espagnole, les Américains pouvaient s'arranger, mais tout

indique que les Français sont en train de se faire rétrocéder la Louisiane, c'est-à-dire le bassin ouest du Mississippi et la fameuse ville de La Nouvelle-Orléans.

Tandis que James Monroe partait pour la France prêter main-forte à Robert R. Livingston, chargé de divers mandats, dont celui de négocier l'achat de La Nouvelle-Orléans, Meriwether Lewis se lançait, sur ordre du président, dans les préparatifs d'une importante mission d'exploration : achat de fusils d'un nouveau modèle, le Harper Ferry Model 1803, construction d'une embarcation spéciale à Pittsburgh, recrutement de militaires et, par-dessus tout, cours intenses avec d'éminents spécialistes de Philadelphie pour s'initier aux calculs de la latitude et de la longitude, à l'arpentage, à l'observation du ciel tout en assimilant des rudiments de connaissances en histoire naturelle, en médecine, en ethnologie. Lewis devait aussi prévoir des présents pour les Indiens, des documents officiels à leur remettre, des provisions pour deux ans environ.

Au fur et à mesure des préparatifs, Lewis mesure l'ampleur de la tâche qui l'attend. Il propose au président de s'adjoindre un co-capitaine. Tous deux se mettent d'accord sur William Clark, un des frères de ce George Rogers Clark à qui Jefferson avait jadis proposé une semblable entreprise. Le tandem Lewis et Clark fonctionnera à merveille. Le succès de leur mission reposera largement sur leur complémentarité, leur esprit de discipline, leur intelligence et leur endurance.

Dès le début, la chance leur sourit. Ce qui est d'abord apparu à Lewis comme une succession de contrariétés se révéla un avantage réel. Son bateau à quille lui avait été promis pour le 20 juillet ; il ne pourra en prendre possession que le 31 août. Pendant le même temps, les choses s'étaient précipitées à Paris. Napoléon, humilié à Saint-Domingue, avait décidé de vendre non seulement La Nouvelle-Orléans, mais tout le territoire de la grande Louisiane. Le 14 juillet 1803, Jefferson en recevait la confirmation officielle. Dans les circonstances, les autorités de Saint-Louis, ne sachant à quel saint se vouer, refusaient de laisser passer qui que ce soit. De son côté, Lewis ne put atteindre Saint-Louis qu'en décembre. Il était de toute façon trop tard pour s'engager sur le Missouri avant l'hiver. Il valait mieux obéir aux autorités et attendre le printemps.

Ce délai permet à Lewis et Clark de se documenter auprès des marchands de Saint-Louis, de parcourir les journaux de voyage de Trudeau et de Mackay — le premier ayant été traduit en anglais par les soins de Jefferson, le second par un agent sur place —, d'examiner les cartes d'Arrowsmith et d'Antoine Soulard, et surtout de recruter des pilotes-interprètes, tels François Labiche et Pierre Cruzatte. Ce sont des Métis tout comme le

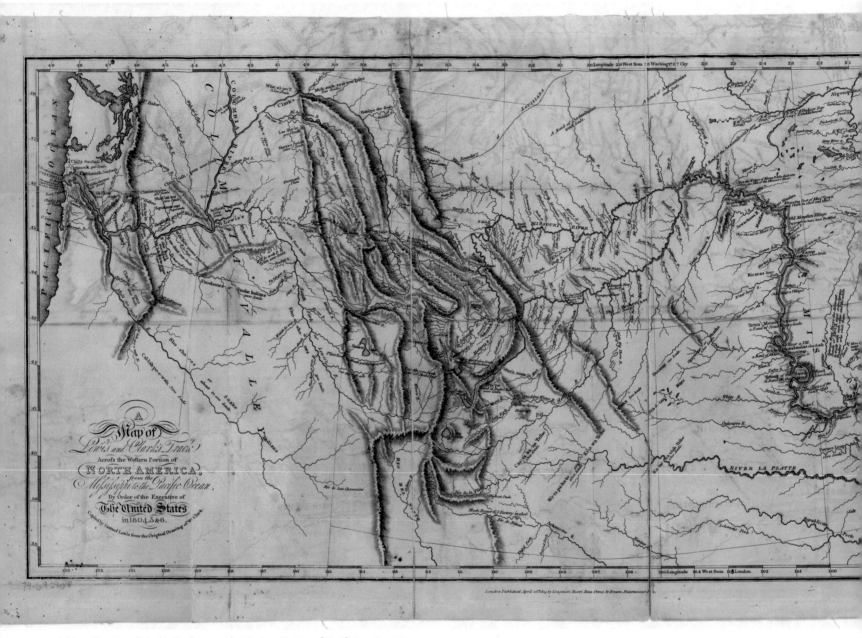

A Map of Lewis and Clark's Track across the Western Portion of North America, 1814

Cette carte, certes la plus connue de William Clark, a été préparée dans la quiétude de Saint-Louis, trois ans après le retour de la célèbre expédition qu'il a menée avec Meriwether Lewis. Destinée à accompagner l'édition des journaux tenus par les explorateurs, elle fait la synthèse des quelque 150 cartes dressées sur le terrain par William Clark. Cette fois, il a eu tout le loisir de les compléter d'informations recueillies ici et là et surtout auprès des traiteurs et des marchands qui fréquentent le Missouri. « Copied by Samuel Lewis from the original drawing of WM Clark », la carte aurait été préparée en 1809-1810. Elle porte toutefois la date de 1814, année de l'édition préparée par Nicholas Biddle et Paul Allen, avec la collaboration de William Clark, puisque Meriwether Lewis qui devait s'en charger était décédé en 1809, sans avoir pu en assurer la réalisation. Autant Lewis était doué pour la narration, autant Clark se révéla un remarquable cartographe. Il faut dire qu'il met un soin extrême à faire ses relevés, inscrire ses lectures de position, noter les distances parcourues, les hauteurs tant des montagnes que des chutes rencontrées. Il a une formation de base en tant que militaire, mais il a aussi l'esprit inventif. C'est ainsi qu'il met au point une méthode qui lui permet d'établir avec une précision étonnante la hauteur des cinq chutes successives du Missouri. Les multiples cartes de Clark fourmillent d'indications de toutes sortes. Sur sa carte de 1814, il nomme les principales rivières et, jusqu'aux Rocheuses, il les baptise allègrement de toponymes américains. Bref, il prend possession des lieux. Les tribus indiennes sont indiquées avec une évaluation de leurs populations, toujours extrêmement faibles. Des villages indiens abandonnés sont indiqués. De toute évidence, les épidémies ont fait leurs indescriptibles ravages, ce que confirment les journaux tenus par les explorateurs. Clark n'a pas oublié la pénible traversée des montagnes Rocheuses au pied desquelles le Missouri vient prendre sa source en recueillant les eaux de trois rivières, dites les Trois Fourches, qu'il nomme Gallatin pour celle le plus à l'est, Madison et Jefferson pour les deux autres. Tout naturellement, il donne le nom du président au cours d'eau qui lui semble le plus important. Contrairement à ce qu'espérait Jefferson, autodidacte passionné de géographie, la source du Missouri est bien éloignée de celle du fleuve Columbia qui arrive en réalité du Nord. Une fois les multiples chaînes de montagnes franchies, le Columbia peut toutefois être rejoint par la succession de deux imposantes rivières : Kooskooke (Clearwater) et Lewis (Snake). Sa carte suggère par ailleurs que les Rocheuses, si menaçantes dans leur ensemble, se limiteraient à une seule chaîne vis-à-vis de la source de la rivière Lewis, alors que la piste suivie par le corps expéditionnaire, indiquée par une ligne pointillée, en traverse 5 ou 6, dont au moins une couverte de neige. À cet égard, Clark semble avoir l'intuition d'une passe située quelque part au sud et ne manque pas de bien indiquer la rivière Platte, non navigable mais dont les rives deviennent carrossables à l'été, devenant le point de départ de la célèbre piste de l'Oregon. Conscient de l'importance des limites nordiques du *Louisiana Purchase*, William Clark trace une « Northern Boundary of Louisiana » qui se perd aux limites de la carte à proximité de la source appréhendée de l'imposante rivière Milk, affluent du Missouri. Il n'est pas loin de la vérité. La frontière canado-américaine passera à cette hauteur.

En 1998, le Dollar Coin Design Advisory Committee recommande que le nouveau dollar américain soit à l'effigie de Sacagawea «the Native American Woman who accompanied Lewis and Clark on their exploration of the American West». Comme un des mérites indiscutables de l'Indienne fut de porter son bébé naissant pendant ce long et difficile trajet, il fut décidé de la représenter avec son enfant, Jean-Baptiste, le fils de l'interprète Toussaint Charbonneau recruté durant l'hiver 1804-1805 chez les Mandans. Le père et le fils auront des destinées absolument étonnantes.

expansion territoriale. Elle nourrira le rêve américain et prépare la *manifest destiny*.

La première partie du voyage les conduira dans le haut du Missouri où cohabitent Mandans, Hidatsas et une poignée d'Amahamis. Ils y passeront leur premier hiver. Après deux mois de pénible navigation, au rythme de 20 à 35 kilomètres par jour, parfois 40, parfois seulement 10, le corps expéditionnaire d'une quarantaine d'hommes n'a toujours pas rencontré d'Indiens, sauf ceux qui accompagnent à l'occasion les traiteurs descendant le Missouri avec des cargaisons de pelleteries. Deux mois exactement après avoir quitté Saint-Charles et avoir parcouru 1 000 kilomètres, ils sont à l'embouchure de la rivière Platte. Quelques jours plus tard, Georges Drouillard, l'homme de confiance des deux capitaines, revient de la chasse avec un Indien missouri. Les siens ne sont pas loin. Ils ont toutefois été décimés par des épidémies récentes et les survivants, trop peu nombreux pour former un village, se sont réfugiés chez les Otos. Installés un peu plus haut, les Omahas ont connu le même sort tout comme les Aricaras et les Mandans qui, apprendra-t-on, ne comptent plus respectivement que trois villages sur dix-huit et deux sur cinq. Lewis et Clark y parviennent à la fin d'octobre; ils ont parcouru environ 2 700 kilomètres en cinq mois. Bilan: partout des nations indiennes balayées par des épidémies de variole.

Durant l'hiver, Lewis et Clark rencontrent des traiteurs de la Compagnie du Nord-Ouest dont le jeune François-Antoine Larocque qui a laissé un intéressant journal de voyage. Ayant pris conscience, surtout au contact des Sioux Tetons, de l'importance d'avoir des interprètes, ils recrutent Toussaint Charbonneau et sa femme shoshone, Sacagawea, de même que Baptiste Lepage, qui a déjà voyagé un peu plus haut sur le Missouri.

Au printemps, un petit détachement commandé par le caporal Warfington est renvoyé à Saint-Louis à bord du bateau à quille, chargé de spécimens de toutes sortes, lequel est confié au pilote et interprète Joseph Gravelines (recruté à l'automne chez les Aricaras) assisté de quelques engagés. Pour leur part, Lewis et Clark reprennent la route avec «sept pirogues», comme nous l'apprend Larocque. Ils espèrent atteindre assez facilement les Grandes Chutes dont leur ont parlé les Indiens. Il leur faudra deux mois pour franchir les 1 600 kilomètres en question. Deux mois sans rencontrer d'Indiens. Ils peuvent bien se passer des Corbeaux ou des Têtes-Plates qui devraient pourtant être dans les parages, mais c'est autre chose pour les Shoshones. Marchands de chevaux, ces derniers détiennent le seul moyen de franchir les montagnes. Sacagawea n'est-elle pas avec eux pour faciliter les négociations? Elle finit d'ailleurs par jouer le rôle qu'on attend d'elle, même si la chaîne de traduction ne s'avère pas particulièrement simple: de l'anglais au français, à l'hidatsa, au shoshone, c'est-à-dire de Lewis à Labiche ou

chasseur-interprète Georges Drouillard, qui s'est déjà joint au corps expéditionnaire. S'ajouteront une dizaine d'engagés placés sous la direction de Jean-Baptiste Deschamps. Ils enseigneront aux militaires comment naviguer à la perche et à la cordelle.

L'expédition de Lewis et Clark

Lewis et Clark quittent Saint-Charles, petit village situé un peu en haut de Saint-Louis, le 21 mai 1804. Ils seront de retour à leur point de départ le 21 septembre 1806. Leur expédition compte aujourd'hui parmi les principaux mythes fondateurs de l'histoire des États-Unis. Elle s'organise au moment où, avec l'acquisition du territoire de la Louisiane, les États-Unis doublent leur superficie qui passe de 540 millions d'acres en 1783 à 1 070 en 1803. Elle ouvre la « route de l'Ouest », voie impraticable pour l'instant, mais bientôt synonyme d'une implacable

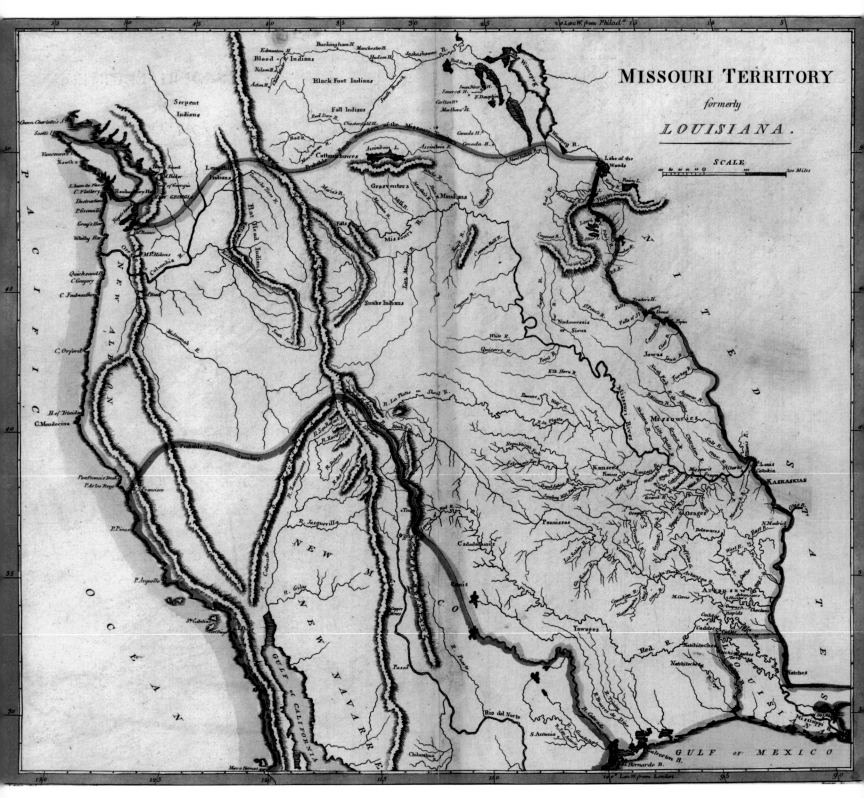

Missouri Territory, 1814

En 1803, Napoléon cédait, pour une bouchée de pain, le bassin ouest du Mississippi aux Américains, soit un immense territoire (voir la page voisine) s'étendant jusqu'à la source du Mississippi et de ses affluents occidentaux. Par commodité, on désigne le tout comme le *Louisana Purchase*. Il faudra des années pour en établir les limites dans un contexte de disputes et de controverses. On ne connaissait pas vraiment la source du Mississippi, ni celles de ses affluents nordiques telles les rivières Milk et Maria. Lewis et Clark avaient reçu instructions de chercher à en établir la source, mais ils n'y parviendront pas. Sur la présente carte de 1814, Mathew Carey indique au nord une ligne courbe qui part du lac des Bois, passe au sud de la rivière Winnipeg, contourne divers accidents géographiques et s'arrête au nord du mont REINER, un peu au-dessus du 47ᵉ degré de latitude nord. « Probable North Boundary of the Missouri Territory », écrit-il. Le Missouri Territory est le nouveau nom du Louisiana Territory depuis la création de l'État de la Louisiane en 1812 qu'on distingue bien d'ailleurs à l'embouchure de Mississippi. Autre élément de dispute : la frontière ouest du *Louisana Purchase* entre le 30ᵉ et le 35ᵉ degré. Jefferson osa réclamer jusqu'au Rio Grande, mais les négociateurs américains retraitèrent vite au fleuve Colorado. En réalité, le *Louisana Purchase* ressemblait davantage au croquis de droite et concède aux Américains une bande de terre entre la rivière Sabine et le Mississippi.

Drouillard, à Charbonneau, à Sacagawea et au chef Cameahwait qui se trouve être le frère de l'Indienne, jadis enlevée aux siens lors d'un raid d'Hidatsas.

De peine et de misère, la troupe franchit, avec l'aide de guides shoshones, les interminables chaînes de montagnes. Les Salishs, les Têtes-Plates, les Nez-Percés et les Wallas Wallas se relaient pour venir en aide aux explorateurs. Une fois rendus à la rivière Clearwater, les Américains apprennent des Indiens à se fabriquer des canots à partir de gros troncs d'arbres qui sont creusés non pas à la hache mais par le feu.

À partir de la mi-octobre 1805, Lewis et Clark notent, dans leur journal, que les Indiens rencontrés possèdent des objets d'origine européenne obtenus sans aucun doute de leurs semblables de la côte. L'océan Pacifique n'est pas trop loin. Ils l'atteignent à la mi-novembre.

Depuis les Grandes Chutes du Missouri, ils ont parcouru 1 500 kilomètres, dont 230 dans les terrifiantes pistes des montagnes, puis 600 autres aidés des Wassapans, des Yakimas et des Umatillas. Ils avaient atteint le Pacifique après un an et demi d'efforts et un parcours de quelque 6 000 kilomètres. L'hiver à proximité des Clatsops et des Chinooks fut long et triste. Drouillard nourrit la troupe grâce à son efficacité de chasseur, Lewis traite les maladies vénériennes de ses hommes, Clark travaille à ses cartes.

Le retour fut infiniment plus rapide, ponctué toutefois d'un affrontement meurtrier de Lewis avec une bande de Pieds-Noirs. Le Missouri représente environ 40 % du trajet à parcourir. Ils le prennent dans le sens du courant et franchissent parfois des distances de 120 à 130 kilomètres par jour. Les deux capitaines ramènent sain et sauf tous les membres du corps expéditionnaire si l'on fait exception du sergent Floyd, décédé au début de l'entreprise d'une crise d'appendicite.

Pas plus que la route suivie par Mackenzie, celle de Lewis et Clark n'est vraiment praticable. Il faudra se faire à l'idée qu'une voie navigable n'existe pas. Paradoxalement, c'est tout de même un cours d'eau qui indiquera la route à suivre. Un des affluents du Missouri, la rivière Platte, qui coule à partir de l'ouest, fournira la solution. Peu profonde et parfois très large, cette rivière dégage des rives qui deviennent carrossables vers la fin de l'été. Elle donnera naissance à la piste de l'Oregon, la route des pionniers.

Lewis et Clark n'ont pas trouvé le passage tant recherché, mais ils ont brisé une barrière imaginaire et rapporté une masse d'informations. Ils révèlent aux naturalistes enthousiastes l'existence de 178 plantes et de 122 animaux inconnus jusque-là. Les multiples cartes de Clark serviront de références pendant des années. Les journaux eux-mêmes des deux capitaines et de leurs officiers sont d'une richesse encore peu exploitée. Anthropologues et historiens tardent en effet à se les approprier et pourtant les récits de premiers contacts entre Indiens et Blancs sont assez rares. Les journaux des

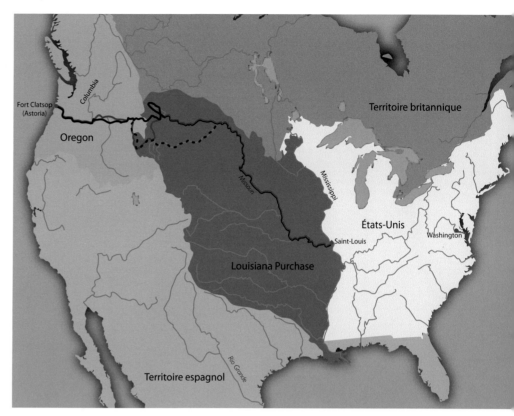

explorateurs ont mis du temps à être publiés. Certaines parties ont été momentanément égarées ; ainsi on n'a pas encore retrouvé toutes les notes relatives aux Indiens.

La matière disponible est tout de même énorme. Thwaites en avait tiré huit volumes pour son édition savante réalisée à l'occasion du centenaire de l'expédition. Gary Moulton vient d'en publier le double. Ce sont de grands travaux, des modèles du genre tout à fait à la hauteur des mérites de cette remarquable expédition qui avait clos trois siècles d'aventures, d'explorations, d'entêtements, de rêves. 🐚

Sources principales

APPLEMAN, Roy E., *Lewis and Clark : Historic Places Associated with their Transcontinental Exploration (1804-06)*, Washington, U.S. National Park Service, 1975. — CHALOULT, Michel, *Les Canadiens de l'expédition Lewis et Clark, 1804-1806 : la traversée du continent*, Sillery, Septentrion, 2003. — FOUCRIER-BINDA, Annick, *Meriwether Lewis & William Clark : la traversée d'un continent, 1803-1806*, Paris, M. Houdiard, 2000. — MOULTON, Gary E. (éd.), *The Journals of the Lewis and Clark Expedition*, Lincoln, University of Nebraska Press, 1983-2001, 13 vol. — RONDA, James P., *Lewis and Clark among the Indians*, Lincoln, University of Nebraska Press, 1984. — THWAITES, Reuben Gold (éd.), *Original Journals of the Lewis and Clark Expedition, 1804-1806*, New York, Antiquarian Press, 1959, 8 vol. Même si l'édition de Moulton marque un progrès évident, l'édition de Thwaites garde son intérêt. — VAUGEOIS, Denis, *America, 1803-1853 : l'expédition de Lewis et Clark et la naissance d'une nouvelle puissance*, Sillery, Septentrion, 2002. On y trouvera la liste de plusieurs essais de grande qualité dont ceux de James Ronda et John Logan Allen ou de recueils de documents établis par Donald Jackson et A.P. Nasatir et une traduction réalisée sous la direction de Michel Le Bris. Comme introduction à l'épopée de Lewis et Clark, je recommande fortement le stimulant essai de Stephen AMBROSE (*Undaunted Courage*, Touchstone/Simon & Schuster, 1996) lequel m'a jadis lancé sur la piste de Lewis et Clark.

Le *Louisiana Purchase* et l'*expédition de Lewis et Clark*
Les États-Unis sont en voie d'expansion avec l'acquisition du bassin ouest du Mississippi. À noter le trajet suivi par Lewis et Clark, de 1804 à 1806, depuis Saint-Louis jusqu'à Fort Clatsop, à l'embouchure du fleuve Columbia.

Pages suivantes (276-277)
Map of the United States with the contiguous British & Spanish possessions, par John Melish, Philadelphia, 1816
Pour certains, au XIXᵉ siècle, c'est le destin évident de la nation américaine de s'étendre et de conquérir l'ensemble du continent. Cette carte de l'éditeur John Melish est, en quelque sorte, précurseur de cette idéologie qu'on a surnommée *manifest destiny*. On y voit la représentation des États-Unis d'un océan à l'autre (en partie redevable aux voyages de Lewis et Clark), ce que l'auteur considère être une nouveauté notable pour une carte grand format. En commentant son travail, Melish trouve les mots suivants : « The map so constructed, shows at a glance the whole extent of the United States territory from sea to sea ; and, in tracing the probable expansion of the human race from east to west, the mind finds an agreeable resting place on its western limits. »

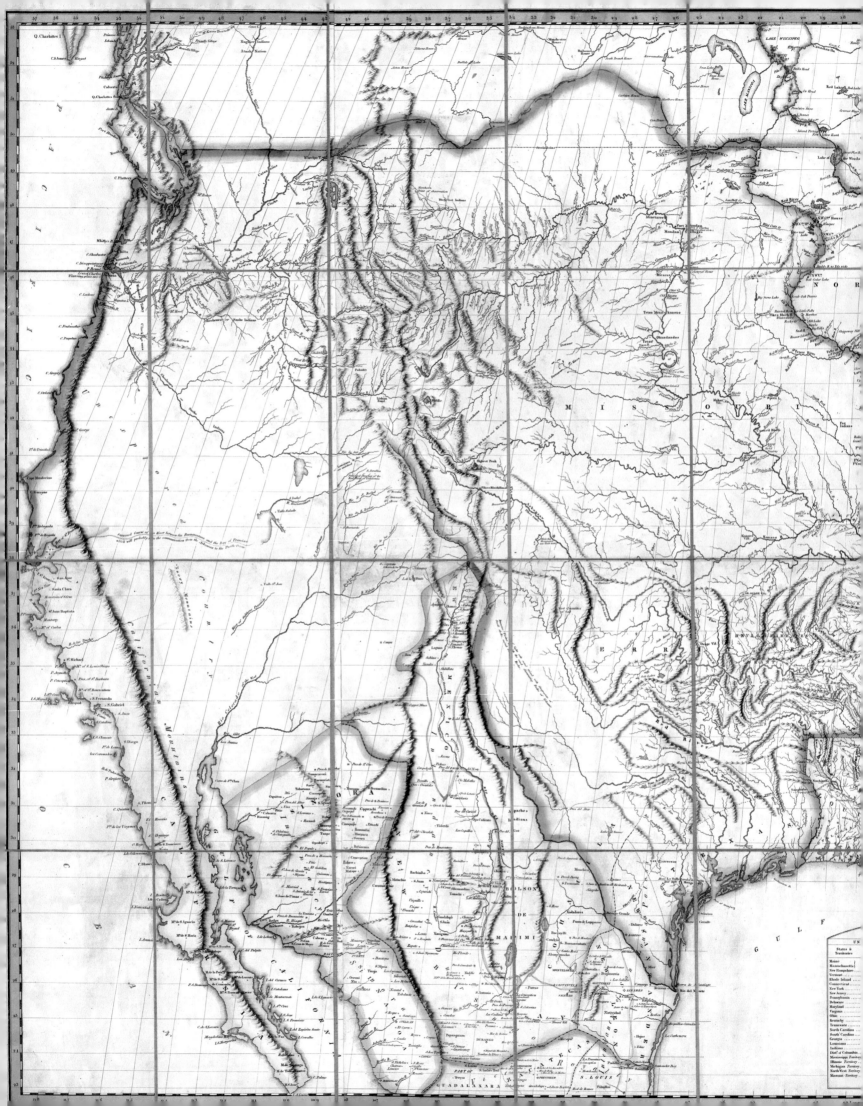

MAP
of the
United States
with the contiguous
BRITISH & SPANISH POSSESSIONS
Compiled from the latest & best Authorities
BY
John Melish

ENTERED according to Act of Congress the 6th day of June 1816.
Published by John Melish Philadelphia.

WEST INDIES.

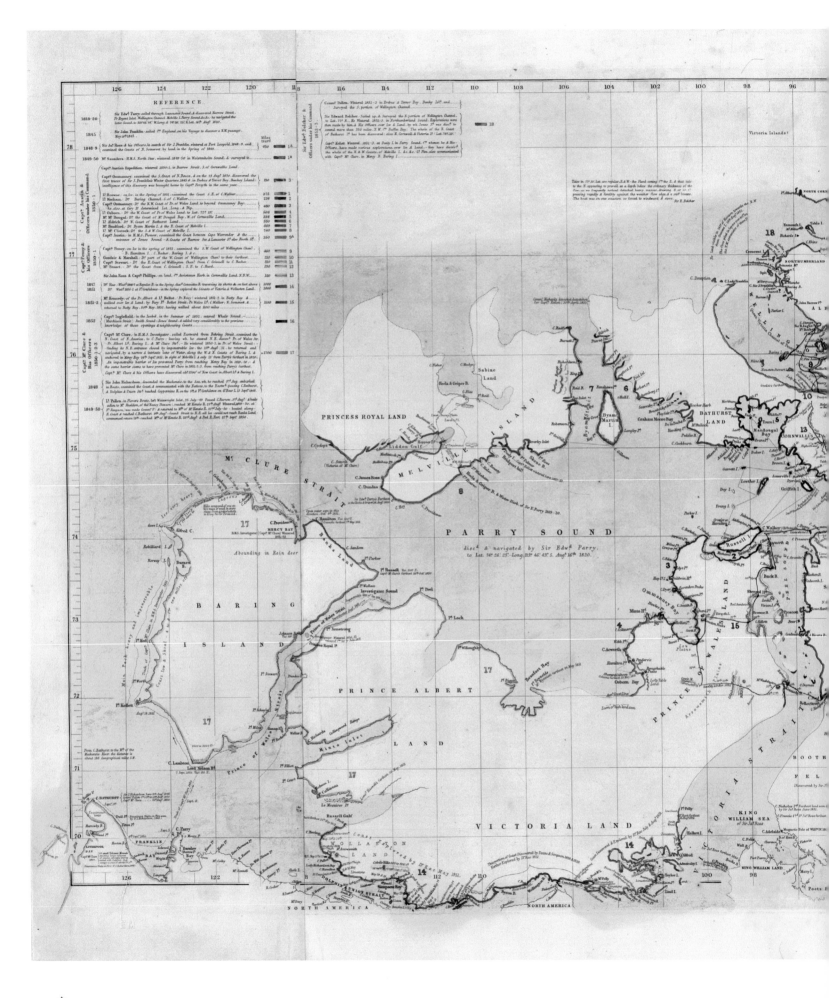

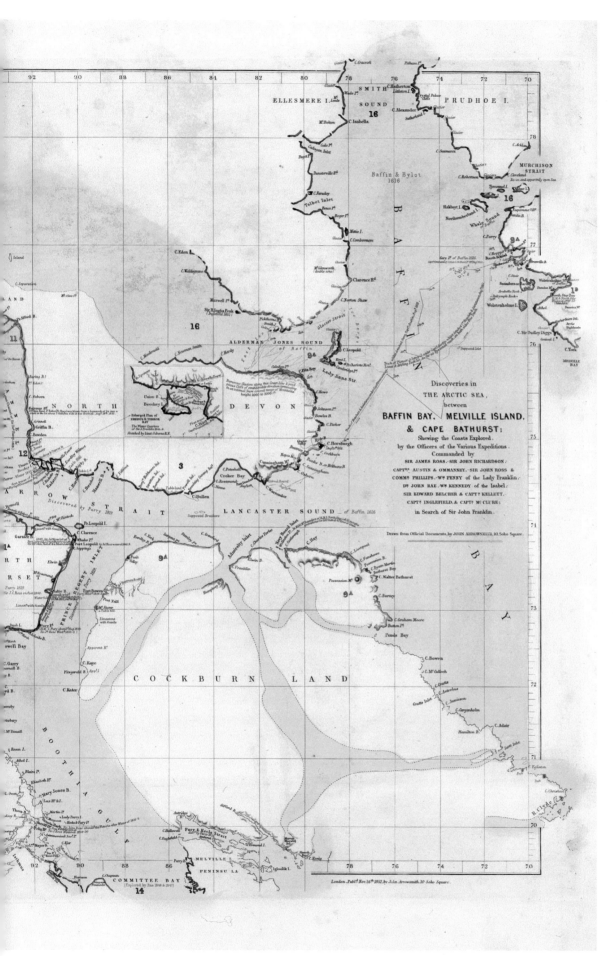

En guise d'épilogue...

Une synthèse des principales expéditions dans la mer Arctique, par John Arrowsmith, 1852 [c 1854]

En 1492, Colomb est en route pour les Indes. Un obstacle de taille apparaît. Que faire? Portugais et Espagnols choisissent la route du sud. Pour leur part, Français, Anglais et Hollandais cherchent un passage à travers le continent nord-américain. Après trois siècles d'explorations, Mackenzie, Lewis et Clark, Hunt et Thompson réussissent à atteindre le Pacifique par des voies quasi impraticables. Il faudra se résoudre à troquer le canot pour le chariot. Peu navigable, la rivière Platte devient une des premières pistes de l'Ouest. Parallèlement, l'intérêt reprend chez les Anglais pour réexaminer l'hypothèse du passage du Nord-Ouest. Sur une carte datée de 1852, mais mise à jour vers 1854, John Arrowsmith fait la synthèse des principales expéditions, depuis Edward Parry et John Franklin. C'est Sir Robert John Le Mesurier-McLure, en 1851-1853, qui réussit à déterminer le passage du Nord-Ouest, lors d'un voyage à la recherche de Sir John Franklin et des membres de son équipage, disparus en 1847. En fait, le cartographe John Arrowsmith est à l'affût de toute information sur la géographie de la zone arctique. Les employés de la Compagnie de la Baie d'Hudson sont ses principaux informateurs, auxquels s'ajoutent les navigateurs à la recherche de Franklin, dont la liste apparaît dans l'angle supérieur gauche de la gravure. Arrowsmith peut compléter, rectifier et mettre ses cartes à jour profitant ainsi des informations ramenées par Le Mesurier-McLure en 1854. Le passage du Nord-Ouest sera enfin franchi en 1903-1906 par le Norvégien Amundsen. Avec le réchauffement climatique, il devient vraiment praticable quelques semaines par année et acquiert ainsi une immense valeur stratégique. ⚓

La grammaire des cartes

À SON PREMIER VOYAGE SUR L'ATLANTIQUE, aux abords des côtes américaines, le baron de Lahontan subit un rite initiatique bien ingrat : des matelots au visage noirci, en guenilles, lancent cinquante seaux d'eau à la figure des nouveaux voyageurs, et ce, après les avoir contraints de jurer à genoux sur un recueil de cartes marines. Quelques années plus tard, au cœur du continent, le même Lahontan traîne dans ses bagages un astrolabe, un demi-cercle, plusieurs boussoles, deux grosses montres, des pinceaux et du papier à dessin pour pouvoir faire les cartes des pays qu'il visite. Lorsqu'il se rend chez les Gnacsitares, un chef indien lui offre une grande carte dessinée sur des peaux de cerf. De retour en Europe, Lahontan publie ses récits de voyages, dans lesquels il insère des cartes, « ce qu'il y a de plus utile et de très conforme au goût du siècle », permettant de « [voir] d'un coup d'œil la véritable disposition de ce pays-là ». Observateur perspicace, témoin lucide de la vie en Amérique du Nord, le baron de Lahontan rappelle ainsi, par plusieurs exemples, l'importance de la carte géographique à son époque. Utilisée tant par les navigateurs, les officiers d'armée, les Indiens ou les rois d'Europe, elle est avant tout un objet, un artéfact indispensable qui répond à un besoin universel de communication, dont l'identité se définit essentiellement par une fonction : situer les hommes dans leur environnement.

Prenant la relève d'une parole impuissante, cet objet bénéficie d'un avantage certain sur le texte : celui de l'instantanéité de l'image, qui donne à voir un tableau synthétique du savoir géographique. D'un seul coup d'œil, la carte peut montrer une parcelle de terrain ou un continent entier, avec ses particularités physiques et humaines, sans devoir suivre les détours sinueux du texte écrit. La carte est un mode de communication qui nécessite une forte capacité d'abstraction. Elle fait appel à une opération perceptive et cognitive relativement complexe, cherchant à imiter, par divers subterfuges, la réalité géographique. Avec ses pictogrammes, ses lignes régulières et irrégulières, ses formes, son écriture, ses ornements, la cartographie possède un vocabulaire détaillé, une grammaire, un code graphique superposant plusieurs couches d'information, selon des conventions connues et acceptées. Aussi, pour déchiffrer les cartes anciennes, il peut être utile de connaître les principaux éléments qui les composent.

La carte géographique est avant tout un objet scientifique, un dessin mathématique. Ainsi, il n'est pas rare de croiser des géographes qui ont également porté le titre de mathématiciens. La carte géographique est une image réduite du monde. L'**échelle** graphique indique au spectateur quel est le degré de miniaturisation du réel. En général, un cartographe de métier voudra réduire le monde selon des proportions régulières, selon une échelle uniforme et constante. À une époque précédant l'invention du mètre, cette échelle fait appel à des mesures variées. Les **lieues** et **milles** sont les mesures les plus fréquemment utilisées, possédant des valeurs différentes en France, en Angleterre, en Espagne ou ailleurs en Europe. D'où l'habitude, chez quelques cartographes, d'inscrire plusieurs échelles différentes pour satisfaire tous les publics.

Si le **globe** permet de représenter fidèlement la sphère terrestre, ils sont aussi encombrants. La carte est vite devenue le moyen le plus pratique de représenter le monde. Afin de représenter une surface courbe sur une surface plane, les cartographes ont inventé diverses **projections**. La plus célèbre est la projection de Mercator, qui déforme les terres éloignées de l'Équateur, mais conserve les angles, ce qui est particulièrement utile à la navigation. Une fois la projection choisie, le cartographe fixe la position des points sur un canevas de lignes imaginaires qui structurent l'espace graphique de la carte. La grille la plus souvent utilisée, qui sert de repère principal au lecteur, est le quadrillage des **parallèles** et **méridiens**. Les **parallèles** sont des cercles imaginaires parallèles à l'équateur (ou l'équinoxial) ; les **méridiens** sont les lignes qui, d'un pôle à l'autre, coupent les parallèles à la perpendiculaire. Une fois cette grille dessinée, le cartographe peut fixer les localités dont il connaît les coordonnées géographiques en latitude et longitude. La **latitude** est la mesure de la distance, en degrés, entre un point et le parallèle de l'équateur. La **longitude** est la distance, toujours en degrés, entre ce même point et le méridien de référence. Aujourd'hui, le méridien de Greenwich est universellement reconnu comme **méridien d'origine**. Toutefois, entre les XVe et XIXe siècles, ce méridien d'origine variait d'un royaume à l'autre, d'un cartographe à l'autre, pouvant passer par Terceira aux Açores, l'île de Fer aux Canaries, Paris ou Londres. À ces lignes, il faut ajouter deux autres parallèles fréquemment dessinés, les tropiques du Cancer et du Capricorne, là où le soleil passe au zénith aux solstices.

Parfois, une autre grille plus complexe se juxtapose ou remplace le quadrillage des latitudes et longitudes : la grille des **rhumbs des vents** surtout utile à la navigation. À partir d'un point central, le cartographe trace un certain nombre de lignes droites équidistantes (au nombre de 8, 16 ou 32), qu'on appelle lignes des vents (le rhumb étant l'aire de vent, l'espace entre deux lignes). Le point central, d'où partent toutes ces lignes, imite ainsi la **rose des vents**, permettant un déplacement facile du regard, de la carte à la boussole, de la boussole à la carte. Pour assurer une couverture uniforme, d'autres roses des vents et lignes de rhumbs

Cartouche de la *Carte du Canada ou de la Nouvelle France*, par Guillaume Delisle, 1703
Sur ce cartouche, le graveur indique non pas seulement le titre de la carte, mais rajoute de très belles scènes de prédication, de conversion et de scalp.

Atelier de gravure
Cette vignette tirée de l'*Encyclopédie des sciences* représente les principales opérations de la gravure à l'eau-forte et au burin :
vernir la planche, noircir le vernis au flambeau, faire mordre la planche à l'eau-forte, graver à la pointe et graver au burin.

peuvent être tracées, créant ainsi un effet d'enchevêtrement complexe, plutôt déroutant pour l'œil moderne, mais tout à fait significatif pour le marin de l'époque. Les quatre **points cardinaux**, nord (septentrion), sud (midi), est (orient) et ouest (occident), sont les points de repère nécessaires à la navigation. Pour bien fixer l'orientation, les cartographes prennent l'habitude de dessiner une fleur de lys sur la ligne nord et ce n'est que vers la fin du XVIᵉ siècle qu'on commence à placer, avec une certaine constance, le nord en haut et le sud en bas.

Plus que de simples objets de science, les cartes sont parfois aussi de magnifiques objets d'art, destinés à des rois, des princes, des ministres et autres personnages. Les cartographes cherchent à plaire aux puissants de leur royaume et obtiennent leur patronage par des dédicaces ou des armoiries bien placées. Certains attirent aussi le regard par une riche iconographie, au cœur ou en marge de la carte, représentant navires et monstres en mer, faune, flore et autochtones sur le continent. Le **cartouche du titre**, invention des maniéristes italiens, est la cible des artistes tout comme l'est la page frontispice d'un atlas ou d'un livre. Plus ou moins ornementée selon l'époque de production, cette zone était le lieu tout indiqué pour décrire le monde par symboles interposés, faire appel aux quelques emblèmes de l'Amérique (l'Indien, le missionnaire, le castor, le poisson, etc.) et montrer l'intégration des nouvelles terres aux valeurs culturelles, religieuses et scientifiques de l'Europe. En plus du cartouche de titre qui renferme généralement le titre, le nom de l'auteur, celui de l'éditeur, la date, l'édition, et parfois aussi le destinataire, la carte peut comprendre des **cartons**, sorte d'encart représentant plus en détails une région, une ville, un port.

Depuis les débuts de l'imprimerie jusqu'à la fin du XVIᵉ siècle, les cartes sont **imprimées** sur des planches de bois, avant d'être gravées en taille-douce au burin ou à l'eau-forte sur des plaques de cuivre. À l'aide d'un calque, le graveur exécute les traits, frappe au poinçon les villes et villages et trace le lettrage. Encré et nettoyé en surface, le cuivre est placé sur une presse. Deux cylindres actionnés à la main pressent la plaque sur une feuille de papier. Une fois la carte bien sèche, un enlumineur peut la colorier au pinceau, pour les clients prêts à en payer le prix. Avec l'arrivée de l'imprimerie, la cartographie devient plus accessible. D'ailleurs, il n'est pas rare qu'on réimprime une carte, avec des variantes et des mises à jour. Et tout comme les livres, les cartes sont aussi contrefaites, d'où l'insistance à inscrire le «privilège du roi», sorte de copyright de l'époque. Au siècle des Lumières, le chevalier Louis de Jaucourt aura ce mot dans l'*Encyclopédie* de Diderot : «Grâce à [la gravure et à l'imprimerie en taille-douce], avec un peu de goût, on peut sans grande opulence renfermer dans quelques portes – feuilles choisies, plus de morceaux en gravure, que le potentat le plus riche ne peut avoir de tableaux dans ses galeries». Les cartographes hollandais sont parmi ceux qui élèvent l'art de la gravure cartographique à des sommets inégalés. Ils produisent notamment des recueils de cartes de différentes parties du monde, type d'ouvrage qui prend pour la première fois le nom d'**atlas** sous la plume de Mercator en 1595 (contrairement à la croyance populaire, l'invention de ce terme n'est pas inspirée du dieu grec Atlas, mais d'un roi astronome de Mauritanie, portant le même nom).

Qu'elle soit gravée ou manuscrite, la carte est aussi une forme d'écriture qui peut servir aux revendications territoriales. Même si elle se veut un reflet fidèle de la réalité géographique, elle sert également aux puissances qui veulent asseoir leur domination sur un continent vierge de présence chrétienne. Iconographie et toponymie se conjuguent alors pour la cause impériale. Certains cartographes affichent des pavillons espagnols, portugais, français, anglais, témoignant d'une primauté revendiquée par leur roi. D'autres profitent du flou des traités juridiques pour agrandir ou réduire les limites des empires coloniaux en Amérique. Parfois, en temps de crise, ils n'ont d'autre choix que de délaisser l'objectivité propre au siècle des Lumières, obligé de plaire au souverain et à ses sujets. Bref, quoi qu'il en soit, la carte demeure une arme symbolique redoutable. 🐚

Liste des cartes et des illustrations

ACJCF   Archives de la Compagnie de Jésus. Province du Canada-français (Saint-Jérôme)
ACPSS   Archives de la Compagnie des Prêtres de Saint-Sulpice (Paris)
APO   Archives publiques de l'Ontario
BAC   Bibliothèque et Archives Canada (Ottawa)
BAnQ   Bibliothèque et Archives nationales du Québec
BAV   Biblioteca Apostolica Vaticana (Vatican)
BL   British Library (Londres)
BnF   Bibliothèque nationale de France
BRB   Bibliothèque royale de Belgique (Bruxelles)
BSHM   Bibliothèque du service historique de la Marine (Vincennes)
CAOM   Centre des archives d'outre-mer (Aix-en-Provence)
CHAN   Centre historique des Archives nationales (Paris)
CL   William L. Clements Library (Ann Arbor, University of Michigan)
ES   Éditions du Septentrion (Québec)

GM   Gilcrease Museum (Tulsa, Oklahoma)
HL   Huntington Library (San Marino, Californie)
LC   Library of Congress, Geography and Maps Division (Washington)
MC   Musée de la civilisation (Québec)
MG   McGill University Library, Rare Books Collection and Special Collections Division (Montréal)
MN   Museo naval (Madrid)
MQB   Musée du quai Branly (Paris)
MS   Musée Stewart (Montréal)
NL   Newberry Library, Edward E. Ayer Collection (Chicago)
NYPL   New York Public Library, Rare Books Division (New York)
SHAT   Service historique de l'armée de terre (Vincennes)
UKHO   United Kingdom Hydrographic Office (Taunton)
UdeM   Université de Montréal, Livres rares et collections spéciales (Montréal)

Bibliographie générale

Monographies

ALLEN, John Logan (dir.), *North American Exploration,* Lincoln, University of Nebraska Press, 1997, 3 vol.

BENSON, Guy Meriwether, *Exploring the West from Monticello: A Perspective in Maps from Columbus to Lewis and Clark,* Charlottesville, Department of Special Collections, University of Virginia Library, 1995.

BOORSTIN, Daniel Joseph, *Les découvreurs,* Paris, Laffont, coll. « Bouquins », 1988.

BOUDREAU, Claude, *La cartographie au Québec, 1760-1840,* Sainte-Foy, Presses de l'Université Laval, coll. « Géographie historique », 1994.

BUISSERET, David (dir.), *From Sea Charts to Satellite Images: Interpreting North American History through Maps,* Chicago, University of Chicago Press, 1990.

BUISSERET, David, *Mapping the French Empire in North America,* Chicago, Newberry Library, 1991.

BURDEN, Philip D., *The Mapping of North America: A List of Printed Maps, 1511-1670,* Rickmansworth, Herts, Raleigh Publications, 1996.

CHARBONNEAU, André, Yvon DESLOGES et Marc LAFRANCE, *Québec, ville fortifiée du XVIIe au XIXe siècle,* Québec/Ottawa, Éditions du Pélican/Parcs Canada, 1982.

CORBIN, Alain, et Hélène RICHARD (dir.), *La mer, terreur et fascination,* Paris, Bibliothèque nationale de France, 2004.

CUMMING, William Patterson, Raleigh Ashlin SKELTON et David Beers QUINN, *La découverte de l'Amérique du Nord,* Paris, Albin Michel, 1972.

CUMMING, William Patterson, et autres, *The Exploration of North America, 1630-1776,* Toronto, McClelland and Stewart, 1974.

DAHL, Edward, et Jean-François GAUVIN, *Sphæræ mundi: la collection de globes anciens du Musée Stewart,* Sillery, Septentrion, 2000.

DAWSON, Nelson-Martin, *L'atelier Delisle: l'Amérique du Nord sur la table à dessin,* Sillery, Septentrion, 2000.

Dictionnaire biographique du Canada, Québec, Presses de l'Université Laval, 1966-2005, 15 vol. [www.biographi.ca].

GOETZMANN, William H., et Glyndwr WILLIAMS, *The Atlas of North American Exploration: From the Norse Voyages to the Race to the Pole,* New York, Prentice Hall General Reference, 1992.

GOSS, John, *The Mapping of North America: Three Centuries of Map-Making 1500-1860,* Secaucus, Wellfleet Press, 1990.

HARLEY, John Brian, *Le pouvoir des cartes: Brian Harley et la cartographie,* Peter GOULD et Antoine BAILLY (éd.), Paris, Anthropos, coll. « Géographie », 1995.

HARRIS, R. Cole (dir.), *Atlas historique du Canada. Des origines à 1800,* Montréal, Presses de l'Université de Montréal, 1987, vol. I.

HAVARD, Gilles, et Cécile VIDAL, *Histoire de l'Amérique française,* Paris, Flammarion, 2003.

HAYES, Derek, *Historical Atlas of Canada: Canada's History Illustrated with Original Maps,* Vancouver, Douglas & McIntyre, 2002.

HAYES, Derek, *Historical Atlas of the Pacific Northwest, Maps of exploration and Discovery: British Columbia, Washington, Oregon, Alaska, Yukon,* Cavendish Book, Vancouver, 1999.

HAYES, Derek, *Historical Atlas of the United States, with Original Maps,* Berkeley, University of California Press, 2007.

JOHNSON, Adrian Miles, *America Explored: A Cartographical History of the Exploration of North America,* New York, Viking Press, 1974.

Journal de la France et des Français. Chronologie politique, culturelle et religieuse de Clovis à 2000, Gallimard, coll. « Quarto », 2001, vol. I.

LACOURSIÈRE, Jacques, Jean PROVENCHER et Denis VAUGEOIS, *Canada-Québec: synthèse historique, 1534-2000,* Sillery, Septentrion, 2001.

LA RONCIÈRE, Monique de, et Michel MOLLAT DU JOURDIN, *Les portulans: cartes marines du XIIIe au XVIe siècle,* Paris, Nathan, 1984.

LE CARRER, Olivier, *Océans de papier: histoire des cartes marines, des périples antiques au GPS,* Grenoble, Glénat, 2006.

LEVENSON, Jay A., *Circa 1492: Art in the Age of Exploration,* Washington/New Haven, National Gallery of Art/Yale University Press, 1991.

LITALIEN, Raymonde, *Les explorateurs de l'Amérique du Nord, 1492-1795,* Sillery/Paris, Septentrion/Klincksieck, 1993.

PASTOUREAU, Mireille, *Voies océanes: de l'ancien aux nouveaux mondes,* Paris, Hervas, 1990.

PELLETIER, Monique (dir.), *Couleurs de la Terre: des mappemondes médiévales aux images satellitales,* Paris, Seuil/Bibliothèque nationale de France, 1998.

PROULX, Gilles, *Entre France et Nouvelle-France,* La Prairie/Ottawa, Éditions Marcel Broquet/Parcs Canada, 1984.

THOMSON, Donald Walter, *L'homme et les méridiens: histoire de l'arpentage et de la cartographie au Canada. Avant 1867,* Ottawa, Ministère des mines et des relevés techniques, 1966, vol. I.

TRUDEL, Marcel, *Atlas de la Nouvelle-France/An Atlas of New France,* Québec, Les Presses de l'Université Laval, 1968.

TRUDEL, Marcel, *Histoire de la Nouvelle-France,* Montréal, Fides, 1963-1997, 5 vol.

VACHON, André, Victorin CHABOT et André DESROSIERS, *Rêves d'empire: le Canada avant 1700,* Ottawa, Archives publiques du Canada, coll. « Les Documents de notre histoire », 1982.

VACHON, André, Victorin CHABOT et André DESROSIERS, *L'enracinement: le Canada de 1700 à 1760,* Ottawa, Archives publiques du Canada, coll. « Les Documents de notre histoire », 1985.

VIDAL, Laurent, et Émilie d'ORGEIX (dir.), *Les villes françaises du Nouveau Monde: des premiers fondateurs aux ingénieurs du roi, XVIe-XVIIIe siècles,* Paris, Somogy, 1999.

WILSON, Bruce Gordon, *Identités coloniales: le Canada de 1760 à 1815,* Ottawa, Archives nationales du Canada, coll. « Les Documents de notre histoire », 1988.

WOODWARD, David, et G. Malcolm LEWIS (dir.), *Cartography in the Traditional African, American, Arctic, Australian, and Pacific Societies,* Chicago, University of Chicago Press, 1998.

Ressources en ligne

Plusieurs cartes et illustrations reproduites dans l'ouvrage sont accessibles sur Internet. Parmi les sites les plus importants, il faut souligner *Gallica* de la Bibliothèque nationale de France, *American Memory* de la Library of Congress, le site des collections numériques de Bibliothèque et Archives Canada de même que celui de Bibliothèque et Archives nationales du Québec. Quelques sites Internet présentent également des cartes numérisées sous forme d'expositions virtuelles. Parmi les sites les plus remarquables sur le plan du contenu documentaire, il faut consulter *La France en Amérique* de la Bibliothèque nationale de France, *Nouvelle-France, horizons nouveaux,* réalisé conjointement par la Direction des Archives de France, Bibliothèque et Archives Canada et l'Ambassade du Canada ainsi que *La Louisiane française: 1682-1803* par Gilles-Antoine Langlois.

Index des textes suivi de deux index des cartes

Index des noms propres contenus dans les articles et les légendes

Beaucoup de noms de lieux et surtout de noms de nations indiennes contenus dans cet index ont aujourd'hui disparu ou sont totalement inconnus. Dans le but de faciliter l'interprétation de ces noms, nous avons cru préférable de les regrouper plutôt que de les disperser dans la liste de cet index. Ainsi, à l'entrée «Indiens», avons-nous regroupé les nombreux noms de nations indiennes présents dans cet ouvrage; nous avons fait de même avec les noms de baies, caps, détroits, fleuves, forts, îles, lacs et rivières. Soulignons encore

que tous les noms de lieux de cet index qui proviennent des légendes et qui, dans celles-ci, sont composés en petites capitales, sont des noms qui figurent sur les cartes. Le lecteur qui souhaite avoir une meilleure idée de la richesse onomastique et toponymique des cartes consultera avec intérêt les deux index qui suivent celui-ci. Enfin, lorsque le nom d'un cartographe est suivi d'un numéro de page en caractères gras, cela signifie que cette page contient une carte de cet auteur. [R.C. et D.V.]

Abercrombie (militaire anglais), 188
Abitibi, 217
Académie des Sciences (Paris), 72, 101, 136, 138, 172, 199, 207, 245
Acadie, 21, 40, 72, 79, 80-83, 86, 89, 104, 107, 121, 124-127, 145, 147, 155, 158, 159, 161, 165-167, 169, 170, 184, 185, 217; cession à l'Angleterre, 127, 147, 159, 165, 166, 184; déportation des Acadiens, 169; origine du nom, 37; principales cartes, 168-170
Ackomokki (chef indien), 206, 208, 249
Acte constitutionnel (1791), 258
Acte de Québec, 205, 257
Adet, Pierre-Auguste, 247
Afrique, 11, 23, 24, 26, 30, 33, 50, 66, 73, 109, 113, 221, 230, 231
Agnedonda, 211
Agochonda, 211
Ailly, Pierre d', 19, 26, 27
Akwesasne, 133
Alaska, 164, 221, 224-226
Albanel, Charles, 112
Albany, 1, 69, 80, 86, 91, 96, 113, 145, 154, 259; voir aussi: fort Orange
Alberta, 162
Alembert d', 27, 232
Alexander, William, **48, 126,** 170
Alexandre le Grand, 23
Alexandre VI (pape), 30, 32, 41
Alexandrie, 23
Alfonce, Jean, 46, 51, 71, 72, 210, 211
Allaire, Bernard, 114
Allemand, Pierre, 107
Allen, Paul, 272
Allouez, Claude, 91
Almageste, 23
Amadas, Philip, 65
Ambrose, Stephen, 275
Amérindiens, origine du mot, 31; voir: Indiens
Amérique (et America), origine et premières apparitions du nom, 27, 30, 32, 248
Amherst, Jeffery, 230, 254, 256, 257
Amsterdam, 55, 109, 136, 175
Amundsen, Roald, 164, 279

Anadabijou (chef indien), 129, 149
Anaximandre, 23
Anchieta, José de, 62
Anderson, Fred, 194, 258
Ango, Jean, 36, 50
Annapolis Royal, 126, 165
Annebaut, Claude d', 46, 50
Anse au Foulon, 227
Anson (amiral anglais), 224
Antilia, 25, 26, 30; voir aussi: Antilles
Antilles, 19, 21, 24, 25, 36, 55, 67, 73, 79, 83, 124, 147, 167, 182, 196, 199, 230, 231, 246; origine du nom, 25; principales cartes, 10, 20, 34, 42-43, 52,54, 78, 117, 146
Anvers, 110, 136
Anville, Jean-Baptiste Bourguignon, duc d', **169, 192-193, 204,** 205, 217
Appalaches, 67, 80, 139, 161, 177, 191, 205, 213, 245, 247, 257, 267, 269, 270
Appelbaum, Robert, 67
Appleman, Roy E., 275
Aquachemida, 210
Arabes (et monde arabe), 19, 24
Aragon, Ferdinand d', 26
Arcadie, 37, 81, 165; voir aussi: Acadie
Archives publiques de l'Ontario, 265
Arctique (océan et région), 11, 13, 51, 80, 109, 111, 113, 114, 129, 161, 163, 164, 224, 260, 263, 279; principales cartes, 108, 111, 113, 114, 262-263, 278-279; références sur l'Arctique, 114, 164
Argall, Samuel, 125, 145
Aristote, 27, 132
Arkansas, 217
Armada (espagnole), 66, 109, 148
Arrowsmith, Aaron (1750-1823), 139, **164, 207, 208, 220,** 221, **240, 241,** 243, **249,** 266, 269, 271
Arrowsmith, John (1790-1873), **278-279**
Asie, 11, 13, 19, 21, 23-27, 30-32, 37, 50, 53, 64, 81, 83, 86, 87, 109-111, 163, 210, 221, 224
Astoria (fort Clatsop), 246, 275
Athore (roi des Timucuas), 59-61
Atlantique (côte et littoral), 11, 24, 26, 27, 30, 46, 50, 63, 66, 67, 71, 72, 79-81, 86, 124, 125,

169, 205, 217, 245; principales cartes, 51, 63, 78, 85, 88, 94, 106, 107, 168, 204, 244, 245
Atlas Miller, **10,** 11, **34-35,52,**53
Aubert, Thomas, 36, 50, 145
Auchagah, 207 (Ochagach)
Aulnay, Charles de Menou d', 126
Australie, 5, 101
Axelrod, Alan, 154
Axtell, James, 67

Baffin, William, 111
Baie
    Blanche (White Bay), 210 – d'Angoulesme, 81 – de Chesapeake, 37, 67 – de Fundy, 79, 82, 83, 125, 169, 243; voir aussi: Française – de Gaspé, 43 – Delaware, 66 – de Matagorda, 116 – de Mille-Vaches, 213, 254 – de Nootka, 221– de Nottawasaga, 87 – de Pensacola, 118 – de Philipeaux (de Bradore), 121 – des Chaleurs, 43, 51, 71, 81, 210, 232, 243 – des Chasteaulx (détroit de Belle Isle), 41 – des Morues, 71 – des Puants (Green Bay, Wis.) 91, 102, 133, 138, 154, 176, 191, 217 – des Trépassés, 50 – de Verrazzano, 40 – d'Hudson, 11, 80, 86, 88, 91, 95, 104, 109, 111-115, 121, 145, 147, 151, 155, 158, 159, 161-164, 172, 175, 207, 213, 217, 225, 233, 237, 243, 246, 249, 259, 266, 270; attribution à l'Angleterre, 147, 158, 237, 259; principales cartes, 96, 111-114, 158, 162, 163, 175, 249, 260 – d'Ungava, 111, 205 – Française, 83, 125, 169; voir aussi: de Fundy – Géorgienne, 87, 94, 95 – James, 110, 111, 113, 205, 259 – Notre-Dame (Boyd's Cove), 121 – Repulse, 162 – Rouge (havre de la Baleine ou baie Forteau), 210 – Sainte-Geneviève, 45 – Sainte-Marie, 210 – Verte, 121 – Wager, 162
Baie-Saint-Paul, 211
Balboa, Vasco Nuñez de, 27, 33
Bâle, 30
Baley, Henry, 114
Bangor, 82
Barlowe, Arthur, 65
Barré, Nicolas, **60,** 65

Bas-Canada, 243, 251, 256; voir aussi: Québec (province)
Basin, Jean, 32
Basques, 31; pêcheurs et chasseurs de baleines, 25, 27, 37, 121, 124; marins, 30, 36
Basse-Californie, 221
Bastille, 210
Batiscan, 129, 217
Bayonne, 71, 251
Beaubassin (Amherst), 107, 127
Beauchamp, Jacques, 263
Beaucours, Boisberthelot de, 184, **188**
Beauharnois, Charles de, 147, 154, 173
Beaulieu, Alain, 208
Beaulieu, François, 263
Beauport, 129
Beaupré et côte de Beaupré, 129, 211
Bécancour, 216
Behaim, Martin, **26**
Bell, Peter, 205
Bellenger, Étienne, 82
Bellin, Nicolas, **57,** 136, 138, 139, **168-169,** 172, **191,** 199, 207, 208, 217, 232, **233, 234-235, 236-237**
Benincasa, Gracioso, 30
Benzoni, Girolamo, 56
Béring, Vitus, 221
Bernar, Gabriela, 226
Bernou, Claude, **116-117**
Berthier, 132, 216
Biblioteca Apostolica Vaticana, 37
Bibliothèque centrale du Service historique de la Marine (France), 114, 199, 232
Bibliothèque de l'Université McGill, 184
Bibliothèque et Archives nationales du Québec, 9, 13, 248
Bibliothèque nationale de France, 13, 26, 45, 103, 135, 193, 232
Bibliothèque Saint-Sulpice, 132
Biddle, Nicholas, 272
Bideaux, Michel, 48
Bienville, voir: Le Moyne de Bienville
Biggar, Henry Percival, 47, 48
Bigot, François, 251

Index partiel des nations et tribus indiennes mentionnées sur les cartes

L'arrivée du numérique permet de procéder à une lecture plus détaillée des cartes et de compléter les données recueillies dans les textes d'époque. L'index qui suit n'a d'autre ambition que d'attirer davantage l'attention sur le contenu des cartes. Il en ressort une liste impressionnante et même déroutante de noms pour laquelle il nous a semblé pertinent de fournir quelques repères qui sont placés entre parenthèses. Généralement, nous donnons l'orthographe la plus courante, ainsi Agniers, Goyogouins ou Susquehannocks. Dans d'autres cas, nous indiquons des groupes apparentés. Le plus souvent, aucun indice n'est fourni et certains se demanderont, tout comme nous, si tous ces noms correspondent bien à des groupes amérindiens. Il est alors utile de retourner à la carte d'où ils proviennent. Prenons pour exemple le cas des Moroa présents sur la carte de Coronelli de 1688

(p. 136). Le cartographe a pris soin de mentionner clairement « Les Moroa ou Tamaroa » au sud de la rivière des « Ilinois ou Seignelay ». Tamaroa nous renvoie à Tamarois de la famille des Illinois. Parfois, le mystère demeure et la prudence s'impose. Ainsi, plusieurs noms recueillis sur les cartes, particulièrement celles de Franquelin, ont été délibérément omis. Il en reste toutefois assez pour enrichir considérablement les nomenclatures existantes. Comme l'orthographe des noms des nations indiennes reste en évolution, nous avons choisi de respecter celle des cartes d'où ils proviennent. Abénaquis ou Abenakis, Shoshones ou Shoshonis, Ojibwa ou Ojibway, Onontagué ou Onnontagué, Mandan ou Mandane, Atticamegues ou Atikamekw, le débat est ouvert. [D.V.]

Abénaquis, 105, 134, 146, Abenakis, 63, 98, 168, Abnaquois, 92
Abitibis, 146, 244, Abbitibees, 241, Abbitibbes, 273, Abitibes, 160
Acancea, 146 (Torimans)
Agnies, 168, Agniez du Saut St. Louïs, 98, Agniez, 150, Anniez, 105, 106, 146 (Agniers)
Akansa(s), 136, 190, 219, 241, Arkansaws, 274 (Quapaw)
Aiaouecs, 146
Alemenipigon, 137
Algonquins, 90, 92, 137, 146, 160, 179, 214, 241, 244, Algommequins, 84, Algomchini, 94, Algomquins, 192, Algonkins, 63, 98, 204
Alibamous, 179 (Alibamons)
Amicoüé, 104, Amikoué, 244 (Amikwa)
Analao, 146
Anclastogheronons, 137
Andastes, 63, 106, ou Sasquehanoes, 179 (aussi Susquehannocks)
Anniaouenres, 106
Apaches, 179, 218, 236, 240, 276, Apaichen, 40
Apissintas, 106
Aquauachuques, 68
Ariatoöronon, 104
Aricara, 236, Ricaras, 272, 276, Ricarees, 63 (aussi Arikara, Rees)
Arintons, 98
Armeomeks, 68
Armouchycoy, 78
Arounoué, 106, 146
Asquimeouecs, 146
Assiniboines, 236, Assenipoels, 204, Assimpouals, 98, Assiniboils, 174, Assiniboins, 63, 272, Assinibouels, 162, 146, Assinibouènes, 173, Assinipoils, 114, Assinipoils, 240, 244, Assinipoüalaes, 137, Assinipouals, 98, Assenipoualacs, 106
Ataoueiabisca, 147
Athapascas, 63 (Athapascan)
Atnah, 63, 240, 276
Attacapas, 63
Atticamegues ou Poissons Blancs, 113, Attikamègues, 244, Atticameonets, 241 Atticameouecs, 168, Atticameoüacs, 105, Atticameoüëc, 146, Attiquamecques, 92, Attikaniek, 98 (Atikamekw)
Attik Irinouetchs, 168

Beaver Indians, 63, 240, 262 (voir Amicoüé)
Bersiamites, 92, 113, 146, Besiamites, 107, Betsiamites, 160, 213
Black Feet Indians, 63, Black Foot, 240, 262, 272, 274, 276 (Pied Noir)
Blood, 240 (Kainah)
Caddos, 63, 274 (Kadohadacho)
Cadodacoos, 146, Cadodaquios, 179 (Cadodaquious)

Cahihonoüaghe, 137
Calipoyas, 63, Callahpoewah, 272 (aussi Callapuyas, Callapooahs ou diverses autres formes)
Canibas, 98, 105, 146
Cannes, 136
Cannibequechiches, 107
Canoatinos, 241 (aussi Kanohatino)
Canomakers, 68
Cahokia, 274, Caoquias, 236, Caouquias, 179
Capitanesses, 68
Cappa, 146
Carriers, 63
Casquinampo, 146 (Kakinomba)
Castahana, 272
Catawbas, 63
Cathalan, 105
Cathalina, 105
Catlamah, 272 ou Catlahma, 276 (Cathlamet)
Cayugaes, 219 (Cayugas, Goyogoins)
Cenis, 179, 236, 241, 274
Chactaws ou Chattas, 219
Chaouanon, 146, Chaovanons, 214, Chaïënaton, 146, Chouanons, 179, 195 (Shawnee)
Charioquets, 68
Chattas ou Tetes Plates, 179
Chayenne or Sharha, 272, Shyennes, 63 (Cheyenne)
Chekoutimiens, 168, 212, 237, Chekoutimis, 241, 273
Chepawayans, 240, Cheppeyans, 63, Chipaways, 241 (Chipewyans)
Chepoussea, 106, 146 (ou Chepoussa)
Cheraws, 63
Cherokees, 63, Charokees, 214, Cherakees, 204, Cherakis, 190
Chestigouets, 168
Chicachas, 179, 190, 236, Cicacha, 146 (Cicaca, Canca, Chichasaw)
Chikalish, 63 (?)
Chiningué, 195 (?)
Chinnook(s), 63, 272, 276 (Chinook)
Chipewas, 63, ou Chippeway, Ojibway)
Choctas, 63, ou Choctaws, 274
Chomonchouanistes, 168, Chomonchoubauistes, 212
Chongaskethon, 136, Chongasketon, 137
Chopunnish, 272 (Nez Percés)
Cicaca, 136
Clamouths, 63
Clatsop(s), 63, 272, 276
Clistinos, 98 (Cree)
Coaquis, 146
Coenis, 146 (voir Caddos)
Colapissa, Indiens, 246 (ou Acolapissa)
Conittekock, 68 (Connecticut)
Cris ou Cristinaux, 162, Cris ou Cristinots, 174, Cristinaux, 114, 137, 162, 236, Christinaux, 146, 244, Christianaux, 214, Kris, 204, Cree,

Kristineaux, 240, Kristinaux, 63, Kiristinous, 104
Croatan, 146
Crows, 63 (Corbeaux)
Cutaganas, 240

Dahcota (Sioux), 63 (Dakotas)
Delawares, 63, 274 (Loup)
Denees, 262
Dog Rib indians, 63, Dog Rib'd, 240
Dotame, 272, 276

Eriés, 235
Ermomex, 68 (Eriwonec)
Esanapes, 244 (rencontrés par La Hontan. Des Isanyati?)
Esquimaux, 63, 107, 114, 147, 215, 237, Eskimaux, 98, 107, 169, 193, Esquimaus, 92
Esquimaux, 215
Etchemins, 63, Etechemins, 92, 98, Etchemini, 94

Fall, 240 (Atsina)
Five Nations, 63 (voir Iroquois)
Flat Bows, 63
Flat Head, 260, Flat heads, 63 aussi Têtes Plates ou Salish, 63 lesquels n'ont pas la tête aplatie
Fox, 63 (voir Renards)
French Mohaks Ca (en face de Montréal), 156

Gacheos, 68 (Cayuga)
Ganaraské, 104 (ou Ganeraske)
Ganatchio, 146
Ganatchitiagon, 104
Ganeious, 104, Ganneiout, 146 (Ganneious)
Gannataigoïan, 105
Gaspésiens, 98, 107, 147, 168
Gatacka,106
Gnacsitares, 244 (mentionnés par La Hontan)
Goiogouen, 106, 146, Goyogouen, 179, Goyoguen, 235 (Goyogouins)
Grands Misstassins, 212, Grands Mistassins, 168
Grosventers, 274 (Gros Ventres)

Hinhancton, 146 (Hinhaneton)
Horhenton, 146
Horicans, 69, Horikans, 68
Houetraton8. 106
Hurons, 90, 98, 137, 146, 195, Hurons de Loreto, 98, Hurons détruits, 179

Illinois, 63, 106, 190, 214, Ilinois, 104, 137, 146, 150, 179, 192, 204, 234, 244, Ilinois de Chegakou, 98, Illinese, 162
Iroquois, 63, 90, 92, 96, 106, 137, 146, 158, 160, 168, 179, 192, 195, 204, 219, 235, Irocoy, 78, Hirocois, 84, Iroquese 5 Nations, 162, les V

Nations iroquoises, 237, Iroquois de la Montagne de Montréal, 98
Issati, 136, 137

Jowas, 274 (Iowas)

Kakouagoga, 137
Kanehavish, 272
Kansa, 106, 146, Kansees, 274, Kansez, 236, Cansez, 179 (aussi Cansa)
Kaouamigou, 104
Kaskaskias, 274, Kaskasquias, 234, Cascaquias, 236, Caskaquias, 179, Caskoukia, 244
Kaskinampo, 106
Keeheetsa, 272 (sans doute des Crows)
Kenipessa, 106
Kennebeka, 69 (Kennebec)
Kicapou(s), 63, 98, 146, 244, Kicapoux, 106, Quicapoux, 146
Kilantica, 106 (Kilatica)
Kilistinons, 137, 160, 214
Kristinaux, 63, Kiristinous, 104 (voir Cris ou Cristinaux)
Konekotays, 68
Konzas, 63 (Kansas)
Koroa(s), 106, 136
Kris, 204 (Cree)
Kuscarawaoks, 68 (Cuscarawaoc)

Little Eskimaux, 160
Loucheux, 63
Loup(s), 146, 147
Lower Creeks, 204
Lower Creeks, 241

Machakandibi, 98 (Michacondibi)
Mackwaas, 68 (Mohawks)
Maha, 98, 179, 244
Mahikans, 68, Mahingans, 98 (Mohican)
Mahouheha, 106
Malomimis, 98 (Folle Avoine)
Mamiouetz, 212
Mandan(s), 63, 212, 272, 274, 276, Manden, 269, Mentons, 236, Mantous, 146, Mentous, 179
Manhattans, 68
Mannahoks, 63 (Manahoac)
Manruth, 106, 146 (Kiowa)
Maoueha, 146, Mahouheha, 106, Maouëla, 146 (Maouila, Mobile)
Mascoutens ou Nation du Feu, 106, 137, 146, 179, 190, 192, 234, 244, Maskoutens, 98, 137, Masc8tens, 104 Masconten, 137, Maskoutes, 244
Massachuset, 69 (Massachusett)
Massenecqs, 137
Massorites, 136 (voir Missouris)
Mataouan, 104, 106, 179, 237, Mataoüan, 114 (Matawin?)
Matchincoa, 106

Index partiel des noms de lieux présents sur les cartes

Il a fallu, pour établir cet index, faire certains choix que le lecteur a intérêt à connaître pour lui en faciliter l'usage. La plupart des noms de lieux qui figurent sur ces cartes anciennes sont les mêmes aujourd'hui, bien que leur orthographe ait souvent varié. Dans la mesure du possible nous avons conservé l'orthographe ancienne qui toutefois n'est pas toujours celle que nous avons choisie pour faire les entrées de cet index. Par exemple, le fleuve Saint-Laurent s'est longtemps écrit « St Laurens ». En général, pour des cas semblables, nous avons fait l'entrée avec l'orthographe la plus usuelle pour le lecteur d'aujourd'hui, puis nous avons indiqué l'orthographe ancienne qui d'ailleurs, dans bien des cas, est multiple. On pourra également constater que, dans certaines entrées, nous n'avons pas utilisé l'ordre alphabétique pour la liste des variables orthographiques ; nous avons plutôt procédé par rapprochement : ainsi, à *Labrador*, l'appellation Terre de Cortereal figure-t-elle en dernier, malgré l'ordre alphabétique, car elle est la plus éloignée de la racine commune aux différentes appellations.

Il a encore fallu simplifier certaines abréviations pour éviter d'insolubles problèmes de classement : les S, S. et St. (saint) sur les cartes ont été ramenés à St et Ste dans l'index ; les B et B. pour baie, se retrouvent sous l'entrée *Baie* ; les I et I. (île), se retrouvent à *Île*, de même que les R, R. et Riv. à *Rivière*, etc. Nous avons toutefois distingué Isle, Ysle et Baye. Ces graphies ont l'intérêt de marquer l'ancienneté d'un nom sur une carte. Le lecteur remarquera également que nous avons respecté l'usage ancien pour ce qui est des traits d'union et des accents : en général, ils ne sont pas utilisés.

Ces « accrocs » aux règles classiques des dictionnaires et des index ont pour but de faciliter la transition entre ce qui est connu du lecteur d'aujourd'hui et ce qui se trouve sur les cartes ; les auteurs de ces cartes se souciaient beaucoup moins de rigueur orthographique que nous le faisons de nos jours. [R.C.]

MALGRÉ LA DÉCOUVERTE D'UN PASSAGE VERS LA CHINE
PATIEMMENT RECHERCHÉ PAR COLOMB, CHAMPLAIN, LA SALLE,
LEWIS ET CLARK ET COMBIEN D'AUTRES,
LE PRÉSENT OUVRAGE A ÉTÉ IMPRIMÉ ET RELIÉ AU QUÉBEC
TÉMOIGNANT DU SAVOIR-FAIRE
DE L'ÉQUIPE DE L'IMPRIMERIE LITHOCHIC DE QUÉBEC
ET DES ARTISANS DES ATELIERS MULTI-RELIURE S.F. DE SHAWINIGAN.

COMPOSÉ INITIALEMENT EN MINION CORPS 11 ET EN NEUTRA CORPS 10.3 ET 8.5
SELON UNE MAQUETTE CONÇUE ET RÉALISÉE PAR JOSÉE LALANCETTE
CE SECOND TIRAGE DE LA MESURE D'UN CONTINENT
PRÉSENTÉ DANS UN FORMAT RÉDUIT DE 10 %
GRÂCE AUX HABILES AJUSTEMENTS GRAPHIQUES RÉALISÉS PAR JOSÉE LESAGE
A ÉTÉ RÉIMPRIMÉ PAR TRAMAGE STOCHASTIQUE, EN FÉVRIER 2008,
POUR LE COMPTE DE GILLES HERMAN, ÉDITEUR À L'ENSEIGNE DU SEPTENTRION.